Biblioteca Era

Carlos Monsiváis
DÍAS DE GUARDAR

Carlos Monsiváis

DÍAS
DE
GUARDAR

Biblioteca Era

FOTOGRAFÍAS DE HÉCTOR GARCÍA
[excepto El Heraldo de México: sucesos en el Estadio Olímpico
y las correspondientes al Archivo Casasola]

Primera edición: 1970
Decimoséptima reimpresión: 2000
ISBN: 968-411-188-6
DR © 1970, Ediciones Era, S. A. de C. V.
Calle del Trabajo 31, 14269 México, D. F.
Impreso y hecho en México
Printed and made in Mexico

****
A FERNANDO BENÍTEZ
y va de nuevo:
A FERNANDO BENÍTEZ
****

Días de guardar:

No se engañe nadie, no, pensando que ha de durar

lo que espera más que duró lo que vio: multitud

en busca de ídolos en busca de multitud, rencor

sin rostro y sin máscara, adhesión al orden, son

oras gobernadas por frases, certidumbre del bien

ganizarse para las gr
comodidades y hace
existencia placenter
ingenio humano ha
ventado descubierto b
una de las prerrogativ
Boccaccio es, precisam
haber sido creado
pletamente por el hom
para el placer del ho
Boccaccio, cham
pandero, música y cor
ello alegría, es el hoga
vacacionista cuando
fuera de casa. Allí hay
cidad, que es por
empieza el amor del ho
La gente llega a Boc
y de inmediato los pri
elementos de su alegrí
ponen a la mano: una b
de champaña y un par
símbolo inmemoria
hombre que canta y

De esta manera, Aca
se convierte en uno
lugares donde la alegr
mayor distintivo. De
del mar, queda Bocca
ente lugar es el precis
dar rienda suelta al ri
y a la petición continua
ritmo que el cuerpo

Boccaccio es el
plemento ideal para
vacaciones en el p
vacaciones que deja
el ánimo de cualquier
las viva un sobreco ara
recuerdo feliz per
desfilan la alegría, la
amor, los hermosos
dentes de una noche,
en un sitio muy especi
memoria, un pandero
botella de cham
símbolos universales
alegría, cuyo hogar e
Boccaccio de Acapulc

1: La linda hijita de
2: Con el pandero
clientes bailan arrib
mesas. 3 y 6: La be
señora Astúnulo
dueños de Galerías T
5: Un arquitecto con
suerte en el amor. 7:
Aarón Fux. 8: Beck
con Benny.

Cómo se Divierten en ACA

Por JOSE LUIS PLANTER

en el Cyrano's

l hombre lograra alguna
al hacer que las rocas
ran digeribles. Cyrano's
Acapulco lograría se
ramente las platillos más
quisitos a base de este
rediente, porque en
rano's la cocina no es
amente una tradición sino
ciencia y un arte que se
heredado a través de los
os.
El arte del buen comer
ernacional exige no
amente el gusto sino el
sto educado, y para en
ntrar un lugar donde en
idad se pueda comer
orme a los cánones
stronómicos más rígidos,
necesita andar y probar.
re Cyrano's no tiene la
sidad de esperar a que
clientes lleguen para
nvencerlos. Cyrano's tiene
el prestigio que le dan los
urmets que lo visitan.
Y es tan frecuentado por
nte de exquisito comer,
que aquí se elaboran los
atillos con la más precisa
igencia. Se balancean
ores y se utilizan en cada
atillo sólo los elementos de
ayor calidad en el merca-
o. De esta manera,
rano's puede equipararse
mejor restaurante del
undo.
Además, nada hay im
ible en Cyrano's. Todo se
uede hacer tratándose de
mida. Y a cualquier
elador podemos en sólo dar
sto sino verdadero placer
Placer que principia por la
sta, ya que una comida no
completa sin que su
cesión principie cuando él
mensal la mira, y Aca
ulco puede ahora
llecerse de la mejor
mida del mundo, gracias a
yrano's y su gusto in-
rnacional.
Tono y Leda Rivas, son
entes asiduos al Cyrano's
Julie Richardson canta

de pocos consuelo de todos (sólo podemos asoma

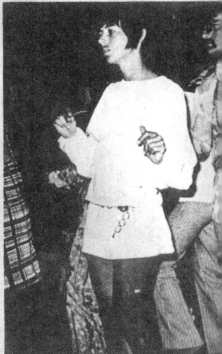

En Armando's Le Club

El ritmo es parte de la vida humana, y parte escencial. El ritmo empieza por los latidos del corazón,

rnos al reflejo), fe en la durabilidad de la apa

riencia, orgullo y prejuicio, sentido y sensibi

idad, estilo, tiernos sentimientos en demoli

ción, imágenes que informan de una realidad don

de significaban las imágenes, represión que gara

ntiza la continuidad de la represión, voluntad de

nocrática, renovación del lenguaje a partir del

silencio, eternidad gastada por el uso, revela

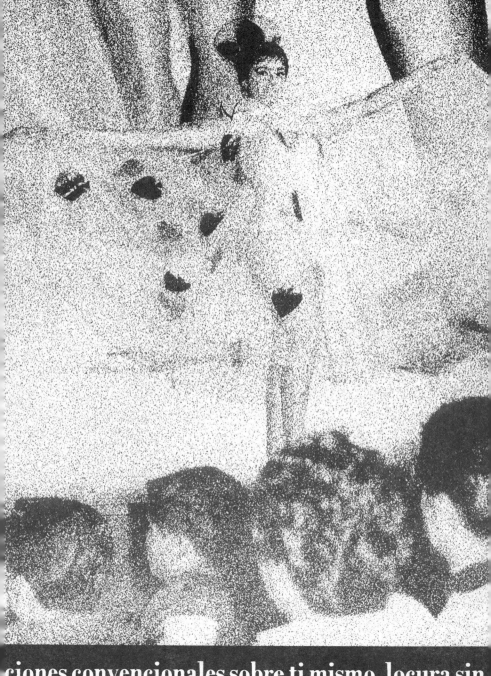

ciones convencionales sobre ti mismo, locura sin

sueño, sueño sin olvido, historia de unos días

★ ÍNDICE

"En nuestro territorio, más fuerte que las pirámides y los sacrificios, que las iglesias, los motines y los cantos populares, vuelve a imperar el silencio, anterior a la Historia."

Octavio Paz, *El laberinto de la soledad.*

Once we had a country and we thought it fair,
Look in the atlas and you'll find it there:
We cannot go there now, my dear, we cannot go
   there now.

W. H. Auden, *Twelve Songs.*

"...ciudad puñado de alcantarillas, ciudad cristal de vahos y escarcha mineral, ciudad presencia de todos nuestros olvidos, ciudad de acantilados carnívoros, ciudad dolor inmóvil, ciudad de la brevedad inmensa, ciudad del sol detenido, ciudad de calcinaciones largas, ciudad a fuego lento, ciudad con el agua al cuello..."

Carlos Fuentes, *La región más transparente.*

Smoke weakens the dim greens of Mexico,
the city, not the nation; as if field fires
of marijuana fumed in the back yards.
One sees the green dust as the end of life;
and through it, heaven...

Robert Lowell, *Notebook 1967-1968.*

13

¡Los días en la ciudad! Los días pesadísimos
como una cabeza cercenada con los ojos abiertos.
Estos días como frutas podridas.
Días enturbiados por salvajes mentiras.
Días incendiarios en que padecen las curiosas
   estatuas
y los monumentos son más estériles que nunca.

   Efraín Huerta, *Declaración de odio*.

 "...and in a dying city, theatre is life, Camp is
all."

   Norman Mailer, *Cannibals and Christians*.

14

☆☆☆☆☆☆☆☆ La inauguración formal

El país en ascenso. ¿Dónde se localiza su personalidad moderna? En el crecimiento de la industria, en el desenvolvimiento de la banca, en el impulso desarrollista de las ciudades. México y la explosión demográfica. México y el auge de la burguesía nacional. México y las inversiones extranjeras. La dimensión contemporánea se ve estimulada a contrario sensu por las nuevas subculturas y, de modo afirmativo, por el estallido que deposita en cada hogar automóviles y refrigeradores. El retrato de la burguesía incluye sus pretensiones y sus incertidumbres. Venga a nos el universo concentracionario de los hoteles disneylándicos: Continental Hilton, María Isabel Sheraton, Fiesta Palace. Venga a nos el reino de los grandes almacenes y las cadenas de restaurantes, el reino de Dennys, Sanborns, Aunt Jemima, Aurrerá, Minimax, las boutiques y los supermercados, la televisión a colores y el autoestereo, las tarjetas de crédito y las giras de veintiún días por el viejo continente. Pero también venga a nos el reino de los psicoanalistas y la quiromancia, de los tranquilizantes y el terror a no pertenecer. La burguesía se ha trazado un plan de ataque, de apropiación de seguridades y grandezas. La burguesía carece de la fuerza para llevarlo a cabo y debe recurrir a la imitación y al autoelogio (que le confirma el verdadero nombre de su incertidumbre: modestia). El boom económico

15

o se menosprecian los datos sobre la eficacia de la reforma agraria, sobre la distribución del ingreso... Frente al boom, las primeras respuestas imprevistas las proporcionaron la literatura y el impulso de pequeños grupos radicales. En literatura, se recupera, con la parcialidad demostrable, la visión crítica, una de cuyas vertientes más celebradas ha sido la antisolemnidad, o como se llame esa empresa fallida fundada por la urgencia de renovar y vivificar el lenguaje.

Estos años recientes han sido propiedad de la clase media. Datos de la expansión: los equipos de offset a colores, el auge de las novelas pornográficas, la aparición cotidiana de nuevas industrias, el culto de la astrología, la reproducción de la conducta del burgués norteamericano de 1920 que es la aspiración formativa del burgués mexicano de 1970. La animada recepción social de la antisolemnidad es parte del boom: ya podemos darnos un lujo, desempolvemos las caritas sonrientes de la cultura prehispánica, siempre que no aspiren a ser tomadas en cuenta.

1968: Hay quienes consideran que el Movimiento Estudiantil fue lo más importante que ha sucedido en sus vidas, y lo más importante que le ha ocurrido al país a partir de 1917. (La afirmación es discutible, tanto como la autoridad moral de quienes la impugnan.) La voluntad democrática (con sus errores) se enfrentó a quienes decidieron inexpugnables, inmodificables, incluso en mínima medida, a las instituciones y a las costumbres. La transformación de 1968: en *El proceso,* de Kafka, ningún veredicto es dictado jamás; aquí, kafkianamente, ningún proceso se inicia a menos que el acusado sea, desde antes de cometer acción alguna, culpable. Para ser absuelto, el requisito es no haber sido acusado jamás. Los presos políticos se vuelven el filtro, el tamiz impalpable, las más de las veces ignorado, a través del cual las noticias y las existencias pierden o adquieren fuerza, trascendencia, seguridad.

Dos de octubre de 1968: La frase, si definitiva, no es exagerada. "Lo ocurrido en Tlatelolco divide definitivamente el proceso de la vida mexicana." *Dudas:* ¿Tiene tanta importancia un acto represivo? ¿No lo ocurrido en la Plaza de las Tres Culturas está a un paso de olvidarse, de diluirse en una memoria colectiva que, por inexistente, es omnipresente? ¿Se puede creer en la eficacia divisoria de las fechas? Si se atiende a la información escueta, los cambios a partir de 1968 sólo han sido los inevitables y necesarios: se han producido las elecciones y un nuevo régimen se apresta a tomar posesión, ha renunciado un jefe de policía, han salido libres Demetrio Vallejo y Valentín Campa luego

16

de once y diez años de cárcel, se ha derogado el delito de disolución social, hay calma en el país. Pero, desde otra perspectiva, nada logra disminuir o atenuar el peso específico de los hechos y a la luz del 2 de octubre la historia de los años recientes cobra otra significación. Un acto represivo ilumina un panorama por esa virtud de las situaciones límite que esencializan y concentran. 1968, dice Octavio Paz, fue un año axial. Nos explicó al país de modo sustantivo, nos despojó de la adjetivación.

Obviedades para el mejor manejo del pesimismo: en gran número de casos, en la superficie de esa vasta erosión melancólica que hemos dado en llamar la vida nacional, el oportunismo suple a la esperanza y la esperanza personal resuelve y dirime todos los problemas ideológicos. A partir de 1968 los caminos posibles parecen ser la asimilación sin condiciones al régimen o el marginamiento con sus consecuencias previsibles. Los días de la ciudad se alargan y se contaminan, se impregnan de la torpeza y la densidad de los sueños irrecuperables. Impresión personal, no generalizable, pero lo peor de todo es que nos hemos quedado en manos de las generalizaciones. Generalizar: mentir y decir la verdad al mismo tiempo, sin dejar de mentir y sin dejar de decir la verdad.

Lejanos ya los días de los sesentas: días de la credulidad, de fe en lo absoluto de la bonanza, en lo inmaculado y pródigo de la abundancia. El candor de la burguesía nacional discurrió diversas expresiones de consolidación: barrios que sólo a ella le perteneciesen, fines de semana en un trópico exclusivo, modas que dictaminasen sitio y prestancia. Antes de julio de 1968, todo concurría a elaborar esa jactancia, el optimismo de un alza infinita. De un modo u otro, nadie se eximía del juego, el juego de ser una voz disidente o el juego de elaborar un México pop, que no dejase fuera a nadie, que fuese la versión frívola de la unidad nacional propuesta por la sociedad de la abundancia. El México pop, con sus tradiciones nonatas que creían ser efímeras y sus aspirantes a petronios que se disolvieron en la autocelebración patética, duró un instante.

Como ya viene siendo costumbre, en 1970 la organización de la ceremonia del dos de octubre le ha correspondido a la vigilancia oficial. Despliegue policiaco, concentraciones granaderiles en la Unidad Nonoalco-Tlatelolco, intensificación de la propaganda que define lo ocurrido en la Plaza de las Tres Culturas como producto extremo de una conspiración internacional en contra del buen nombre del país, el vil ofrecimiento de la corona de México a Daniel Cohn-Bendit que frustraron el noble sacrificio y la oportuna intervención de las fuerzas de la paz. *Los ojos del mundo entero:* la expresión, tantas veces oída, quiere iniciar una explicación de la matanza: los ojos del mundo entero estaban fijos en México y por eso, una pequeña minoría frenética y antimexicana decidió alterar el orden, para destruir tan admirable unanimidad visual. Nunca las pruebas exhibidas van más allá de ese réclame supranacional, que se acompaña de frases cabalísticas: "ahora no se puede decir", "llegará el día en que se den a conocer pruebas terribles". Mientras se precipita el día de las sagradas revelaciones que evidenciarán la buena fe de la represión, el juez Eduardo Ferrer McGregor (símbolo y realidad de la injusticia) continúa sometiendo a los presos políticos a uno de los procesos más monstruosos, anticonstitucionales y totalitarios que registra la historia de México.

Lo inexplicable de lo sucedido en la Plaza de las Tres Culturas, es lo explicable de la necesidad de dominio de una clase en el poder. Mas disponer de interpretaciones lógicas de Tlatelolco no es aminorar el mundo irracional que ha desatado. Más irracional que la matanza, se levanta el deseo de establecer que nada sucedió en el fondo, locura momentánea, abuso unipersonal del poder, no hay ni puede haber responsabilidades colectivas. No han cesado las discusiones sobre Tlatelolco, pero tampoco han disminuido las referencias optimistas, luminosas, en relación al futuro. Referencias que se inician haciendo a un lado los hechos, negando que lo ocurrido el dos de octubre de 1968 cercena las perspectivas democráticas de México, impide la visión (así sea muy remota) del cambio de estructuras, reafirma los vicios de la política nacional, consagra la adulación, deifica el oportunismo y la delación. No es gratuito el nivel ínfimo de discusión política mostrado y demostrado en los meses pasados: se han destruido los últimos contextos que volvían inaudible la demagogia pública. Ahora, sólo quedan las palabras libradas a su condición específica. Ya ha perdido su vigencia la lectura entre líneas que era invención de la confianza, de la creencia en un proceso de recuperación nacionalista. La lectura entre líneas siempre significó una atribución del lector: el discurso era una concesión y un ripio, pero detrás del discurso estaba la lucha por la unidad nacional, la lucha por integrar y restaurar un patrimonio, la lucha por resistir a las presiones extrañas. Ahora sabemos que detrás del discurso y la promesa y la afirmación democrática hay un contexto de caos económico, de despilfarro administrativo, de corrupción, de miseria campesina, de irrisión electoral, de sindicalismo blanco, de desempleo masivo, de asesinatos impunes y presos políticos. Las palabras de la demagogia quedan abandonadas a su propio sonido. *1970: Let it Be: speaking words of wisdom.* Al cabo de un formidable impulso, todo desciende, se incorpora al ras de la tierra. El progreso formal es innegable: la ciudad dispone de metro, la ciudad dispone de nueva Cámara de diputados. Se perfila la existencia de un periodismo crítico y se afirma que todo se olvidará y sin embargo nada se olvida. Entre la pena y la nada, se nos va la última oportunidad de hacer uso del sufragio efectivo.

[México, octubre de 1970]

☆☆☆☆☆☆☆☆☆☆ Con címbalos de júbilo

El Teatro Acuario es, si se ha de ser exacto, un jacalón restaurado en el viejo Acapulco, provisto todavía de la húmeda resistencia que oponen los cines desvencijados al paso de las comodidades, nutrido de esa terquedad arquitectónica que ve amenazas modernistas incluso en Frank Lloyd Wright. La proliferación de anuncios y mantas a través de la Costera, complementa la información del taxista: "Dicen que esa obra está de poca. La ponen donde estaba el Cine Acapulco", y uno se imagina, por lo menos, unas contemporáneas Cuevas de Altamira donde se consignan eternamente, al lado de bisontes y cazadores, los bailables de Ninón Sevilla o los chistes usados por el fiel Chicote para amenizar los silencios musicales de Jorge Negrete.

Esto fue antes. Antes de que la expresión familiar (ACA) indicase la intimidad, la confianza singular de una burguesía con nada menos que toda una Perla del Pacífico convertida en escaparate de sábados y domingos. Ahora, el Teatro Acuario está *in* desde el nombre: el signo del dueño es Acuario, la obra del estreno posee una canción "Acuario" y la astrología es la religión más respetada de Occidente (¿O en qué momento ocurrió el Gran Cambio, de la pregunta "¿Crees en Dios?" al interrogante: "¿Tú de qué signo eres?").

Hoy se estrena *Hair* en Acapulco. Afuera del teatro, una compacta ausencia de multitud evita la recepción popular, posterga la irrupción gloriosa de The Beautiful People, que va llegando envuelta en esa pausa metafísica que solicita la admiración ajena y que antes se conocía como tardanza. Traspuestas las rejas, el lobby pretende hablar del Nuevo País que principia en el Nuevo Acapulco: estatuas de yeso, anuncios de la obra, una taquilla elemental, un bar precario y —atención, geopolítica, aquí comienza la Nueva y Vigorosa Nación Azteca— la admirable decoración humana: los representantes del jet set, los *happy few*, los cuic, los Favoritos del Destino.

Alfredo Elías Calles, uno de los productores, pasea nervioso, aguarda incrédulo un invisible desfile de encapuchados que administran sellos y potros de tortura, se aconseja, hace comentarios a ras del oído. Mientras no transcurran los momentos álgidos de la obra, los fotógrafos deben ceder su cámaras. Alguien apacigua con el escándalo:

—Es que salen totalmente desnudos.

Héctor García entrega su parafernalia en manos de uno de los innumerables asistentes que le otorgan al vestíbulo la condición de un campo de batalla donde sólo se produjesen los partes de guerra, jamás los combatientes.

—Ni siquiera a los de *El Heraldo* se les permitió...

Eso ya es decir: *El Heraldo de México* es causante notorio de la expectación, se ha encargado de concentrar la atmósfera de espera en torno de la obra al publicar durante semanas el astrológico anuncio a color.

—¿A que ni sabes a qué beldad vas a saludar de beso en la mejilla? ¡A mi i i í!

Los in continúan llegando. El reportero —o sea, quien esto escribe y que así se sueña— lamenta muchísimo su ignorancia de la Buena Sociedad Mexicana y del Jet Set, lo que provoca su indiferencia ante los Ilustres Apellidos congregados y lo que le impulsa a revisar —en un vano intento de retener estilos— la variada falta de imaginación que organiza la vestimenta. Ya reconoció a alguien, descubre con alivio: aquí está Yul Brinner con su aire pelliceriano y la mirada que sabe previamente se posará en miradas que ya lo han reconocido. Y ese otro, destinado a ser Monstruo Sagrado a partir del gesto de terror ante la multitud de cinco vendedores de chicles que no piden autógrafos, es John Phillip Law, el joven soviético de *The Russians are coming*, el homosexual de *Alta infidelidad*, el ángel ciego de *Barbarella*. ¿Y qué culpa tiene el reportero de que los Redo, los Cusi, los Escandón, los Goríbar, los Corcuera, los Cortina, los Rin-

cón Gallardo, los López Figueroa, no hayan trabajado para
Hollywood? Al lobby desciende Agustín Barrios Gómez, comen-
tarista de celebridades, con un atuendo groovy (o con "indumentaria antes estrafalaria" ¿cómo se oirá mejor?) y el saco marrón
se une al caftán turquesa de/ —y uno empieza a maldecir la
educación juarista y su absurda manía zapoteco-queretana de
impedir el florecimiento del Who's Who y el Gotha Nacional
—el caftán turquesa de/

Lástima que el reportero tampoco distinga entre un nehru y un
tuxedo o entre una creación de Pucci y otra del Palacio de
Hierro o, viéndolo bien, entre una creación de Balenciaga y
otra del mejor sastre de la Colonia Obrera, porque la crónica
sería inolvidable. Es tiempo de sentarse y el Antiguo Cine Acapulco se alimenta de la élite mexicana y de los extranjeros con
(o sin. Who cares?) grandeza social en sus respectivas tierras.
Sólo lo que fue gallola —que todavía debe retener en sus paredes
los besos que preludiaron el engendramiento del actual Acapulco
popular— se ve semivacía en el apogeo de la mole rectangular
y absurda. Una escenografía reminiscente de Felipe Ehrenberg
remata el largo salón tan adecuado para que la palabra *muégano*
resuene con fruición. Cunde el ánimo expectante.

Y no es para menos. En los intersticios que nos dejaba un
convulso 1968, hemos sido alimentados por revistas y comentarios orales/ *Hair* es la primera comedia musical del rock/ Es
La Traviata de la nueva Bohemia/ fuman mariguana en escena/

SALEN PRÓDIGAMENTE DESNUDOS/

se oponen a la guerra de Vietnam/ ensalzan la Revolución
sexual/

ELOGIAN EL MENAGE MONTÓN/

empezó en Off Broadway o en Off-Off-Broadway y ahora triunfa
en Broadway y en otras quince ciudades gabachas amén de Londres y/ Ya adquirió el reportero el disco de RCA Victor y posee
su propia y convencional idea sobre música y letras de *Hair*:
música agradable, memorizable y comercial, lyrics buenos, incluso
sensacionales. Silencio. Ya viene otro subtítulo.

I GOT LIFE MOTHER

Alfredo Elías Calles y Michel Butler (el otro productor en
los carteles) ascienden al escenario junto con los autores de la

22

obra, Gerome Ragni y James Rado, y Calles declara a *Hair* un intento de unir, de hacer que se comprendan las generaciones. Es breve en su ambición expresa de erradicar el generational gap. En el escenario una figura acuclillada y harapienta. Emergen de la parte posterior del teatro dos procesiones de antorchas que bracean por los pasillos en ánimo estatuario, morosamente, como si en la imaginación visual del director se identificasen las fotografías más difundidas de Haight Ashbury y la ofensiva apariencia hippie con el relato bíblico de la mujer de Lot. Y las estatuas de sal producidas en serie culminan en el foro, y al cabo de cinco minutos, ya incluso el reportero (tan preocupado por su crónica que no capta nada de lo que ve) se ha percatado de que *no* contempla una obra tradicional —revelación que se produjo al observar las diferencias de *Hair* con *El abanico de Lady Windermere*— sino un assamblage, un desfile orgánico de sketches sobre una comunidad hippie y su dramatización de la parábola de la Oveja Perdida. Sólo que esta vez el Hijo Pródigo no se reintegra al seno colectivo: lo retienen los fosos de Vietnam. *Hair* es una pieza sobre el Rechazo, la Experiencia, el Patín, el Ondón, *to be high, pot is top,* descender es ajustarse a las normas de Main Street, aceptar los dictados de un sargento en Saigón, un vendedor de seguros en Milwaukee, un policía del Departamento de Narcóticos en Chicago.

El escenario va adquiriendo una vitalidad premiosa: se desencadenan los sketches y las blasfemias y los ires y venires de desenfados corporales como proposiciones para terminar con la idea de obscenidad, y de tan proferidas y pregonadas las malas palabras,

FUCK-FUCK-FUCK-FUCK...

dejan de serlo y obligan a los arcaísmos a convertirse en las nuevas malas palabras. Quizás uno se ha insertado en otro collage de lugares comunes o de inminentes lugares comunes sobre la disidencia, a propósito o a partir de la aceptación y promoción industrial de los drop-outs, los exiliados o los desechos de la sociedad, vueltos moda y artículos de consumo y mercado potencial. O tal vez... Pero no tiene sentido la discusión. Dentro de unas horas, el monopolio de juicios sobre los hippies le corresponderá a las autoridades que aleccionarán a la prensa.

(VAGOS MANIÁTICOS SEXUALES PERVERSOS PERVERTIDOS ANTIMEXICANOS SUCIOS DEGENERADOS)

Por el momento, uno percibe la gran validez de los clichés sobre amor, libertad o desenajenación, cuando se encarnan y musicalizan con ingenio, brío y ferocidad.

Irrumpe un desfile de carteles no demasiado celebrables a la manera de textos de esos botones que han infestado suéteres y sacos a nombre de la singular rebelde originalidad de las mayorías, so pretexto de la adquisición industrial del sentido del humor: "Jesucristo usaba el pelo largo", "Ir juntos es magnífico. Venirse juntos es divino", "Nixon en Rosemary's Baby", "Semen retentum venenum est", "El PRI toma LSD". Se genera una innovación:

"RECUERDE EL 2 DE OCTUBRE"

Y al desfilar la alusión hemopolítica (como antes y como después al exaltar los actores el signo de la V), se enfatiza la evidencia: los productores se han equivocado de público. Una obra sobre la desenajenación, tan demodée o tan actual como se quiera, ante un auditorio *capaz* de emitir cuatrocientos pesos por boleto.

CUATROCIENTOS PESOS
($ 400.00 MONEDA NACIONAL)

Nadie que disponga fácilmente de cuatrocientos pesos para fines de caridad puede ser libre, sentencia el reportero con ese rencor social primitivo que identifica la riqueza con la enajenación. Pero la moraleja no es indispensable. La fábula de las satisfacciones acumuladas por estos Elegidos de la Fortuna* refiere orden y virtudes y amor al sacro origen de la propiedad privada. ¡Oh lejano y admirable Primer Día de la Creación! El caos se fue difuminando y Don Agustín de Iturbide distribuyó los primeros títulos de propiedad del cielo y de la tierra. Item más: Recordarle a este público crímenes masivos es invitarlo a que los vuelva a cometer.

This is the dawning of the age of Aquarius.

The age of Aquarius.

Y la disquisición (tan anacrónica, tan fuera de contexto geopolítico que conducirá al reportero a soñarse anarquista en palacio o bolchevique viendo filmar a David Lean *El Doctor Zhivago*) se verá interrumpida al día siguiente cuando Israel Nogueda,

* Nótese la complicidad de la retórica con la realidad.

24

alcalde de Acapulco, decrete la prohibición de *Hair* porque el puerto, ya lo sabemos, resulta "ajeno a la inmoralidad y a la depravación" y no se pueden consentir "espectáculos que atenten contra las buenas costumbres". Y la noticia suscitará el mayor entusiasmo entre los asistentes al estreno, "justamente irritados por la burla a que fue sometida su amplitud de criterio". Eso después. Después, cuando la policía migratoria persiga a los actores extranjeros y les obligue al abandono del país "por abusar de nuestra hospitalidad"; después, cuando de los periódicos fluya una severa reprimenda hacia quienes se especializan en la corrupción; después, cuando el productor de la obra declare que el letrero decía "RECUERDE EL 12 DE OCTUBRE" y era una alusión al descubridor de América.

Por ahora, el público pospone su toma de conciencia y prefiere fingir que se diverte in the grooviest way. Por su parte, y seguramente para evadirse de su responsabilidad moral ultrajada, el reportero anota las fallas técnicas, el trémulo sonido que no consigue persuadir a la acústica del cielo abierto, la falta de timing, el inglés de algunos actores viva y penosamente memorizado, las escenas donde el apiñamiento desplaza a la concentración. Aunque el entusiasmo y la ambición trascienden a los excesos y a las impurezas escénicas

Gliddy glup gloopy
Nibby nabby noopy
La la la lo lo
Sabby sibby sabba
Nooby abba nabba
Le le lo lo.

Una obra se convierte en un medio de vida: es la ansiedad de un reparto que anhela la piedriza filosofal, que se considera el nacimiento del verdadero teatro mexicano, sin prejuicios, moderno, sin miedo a/ Van a bailar desnudos, van a contravenir el terror al cuerpo humano que instauraron, a la hora del Ángelus, los Reyes Católicos. Son jóvenes de la Era de Acuario.

When the moon is on the Seventh House
And Jupiter aligns with Mars
Then peace will guide the planets
and love will steer the stars

—La Era de Piscis fue una era de penas y lágrimas, centrada en

25

la muerte de Cristo. En 1904, ingresamos a la Era de Acuario, que será de gozo, de logros y de ciencia, centrada en la vida de Cristo, le afirmará horas después al reportero uno de los actores de la obra

No more falsehoods or derisions
Golden living dream of visions

—Las características positivas de Acuario son la falta de prejuicios, la intuición, la calidad humana. Las características negativas: rebeldía, suspicacia, ineficiencia.

Es por demás. El empeño está condenado: quienes podían asimilar *Hair* no acudieron. La paradoja mexicana vuelve a la carga: ¿encontrarán algún día los espectáculos a su verdadero público? Moby Dick siempre implorará la persecución del Capitán Ahab o —seamos regionalistas— la falta de curiosidad de Pedro de Alvarado siempre afligirá al comunicativo Moctezuma. Se resiente la ausencia de un público integral y el reportero la percibe —cree percibirla— al advenir los desnudos totales

TAL COMO DIOS LOS TRAJO AL MUNDO

Si quienes se desnudan se cubren, en un sentido amplio o macluhaniano del término, con la gente que los contempla, esta noche los actores se han vestido con la libertad de criterio de que dispone una sociedad, que al día siguiente acatará la censura con la misma cosmopolita gratitud. No hay quien cubra a los actores de *Hair:* hay quien los desolle. Por una vez, los actores desnudos deben atenerse a las posibilidades de su piel. Al concluir la piel, comienza una censura que, carente de referencias morales, acepta como legislación el punto de vista de la eficacia. Ni lascivia ni alegría vital: la única ropa al alcance de ese público de Acapulco es el recelo y la desconfianza. Está bien que se encueren si eso va a servir de algo. Pero si esto no es un burdel o un baño turco o un gimnasio, ¿por qué se han desnudado? Todo a su tiempo y como es debido y el teatro no es strip-tease. Un día, en un prólogo, Alejandro Casona dijo/

Y la obra llega a su fin y los actores invitan al público a subir al foro, que todos bailen tomados de la mano, que la orquesta siga tocando, hay que hacer la V, hay que participar del rito que la representación pretendió celebrar. Y los espectadores se inmovilizan en sus sitios y aplauden con cortesía y sólo unos cuantos se animan y la fiesta litúrgica no se consuma porque todos se respetan mucho a sí mismos.

Y además ¿quién dijo que *Hair* en Acapulco fuese espectáculo para disidentes o inconformistas? Los caprichos de fin de semana no disponen de ideología. Los weekends no militan, aunque pululen los guerrilleros dominicales que leen el Diario del Che Guevara o los ensayos de Camilo Torres para apaciguar la mala conciencia, lo que les da la ilusión de tener mala conciencia, que ya es algo en materia de pertenencias. Pero, no exageremos, no es para tanto: una cosa es andar "arriba" y otra treparse a la sierra.

Va disminuyendo el entusiasmo de actores y productores. En la fiesta del estreno, en Tiberios, se especula sobre el éxito, alguien apunta la inminencia de la prohibición. Mas el pudor nacional que se revelará al día siguiente, los escrúpulos de la patria que baja la vista para esquivar un desnudo, no organizarán (evitarán en todo caso) el desastre, al hacer intervenir el escándalo. *Hair* en Acapulco ingresará a las leyendas de los happy few.

Y el resentimiento militante del reportero (tan próximo y tan distante de su proletarización) se manifiesta como homilía: ¿qué han visto en *Hair,* a qué conclusiones pueden arribar estos espectadores? Una pachanga movida, un relajito, una onda que aguanta.

Fragmento II de la Homilía: No hay educación que los habilite para ir más allá de la aparente riqueza de su atavío, del aparente buen gusto, de la alegría cierta que les provoca no captar del país sino su propia imagen, inventada y apresada por ese triste y cromático espejo de las páginas de sociales.

Homilía (Fragmento III): Y la relación entre obra y público se precipita hacia el desencuentro irremisible y el vigor de *Hair* disminuye si se advierte que quienes admiran y aplauden debieron silbar, debieron salirse del teatro entre protestas...

Homilía (Grand Finale): porque lo hippie, por anacrónico o voluntarista o conformista que a alguien le pudiese parecer, sigue siendo lo opuesto —por fortuna— al espíritu de las páginas de sociales y a sus disfraces.

Y a ese sentido de la orientación que identifica la constancia en un night club con la práctica del elitismo riguroso.

Y la información se complementa indicando el horario de los vuelos a Miami.

[1969]

27

☆☆☆☆☆ Las ceremonias de Durango

A Arturo Viveros

● MAÑANA ⊙

5 de febrero de 1970 en el ejido "5 de Febrero", cerca de Durango, capital del estado del mismo nombre. Un camino improbable —pavimentado por esa polvorienta, sobresaltada sensación de spleen que adelgaza a determinados paisajes mexicanos, ignorantes de la técnica que los convertiría en seductores y dinámicos— conduce a un pueblo elemental, dueño de esa pobreza que nunca acaba de aceptarse como tal: siempre hay una barda recién encalada, un estanquillo nuevo, cordones de globos, una sucesión de botes rigurosamente pintados de verde limón en una ventana de marco amarillo. Hoy, un carro de sonido patrocina la ilusión municipal de que alguien, todavía, no esté advertido del gran acontecimiento. El altoparlante nos previene: en unos cuantos minutos llegará el ingeniero Alejandro Páez Urquidi, gobernador de la entidad, a inaugurar la escuela.

Rodeado de un ex terreno baldío que delata su intrusión, su aviesa presencia en lo que —seguramente— era la plaza pública y el estadio local, se levanta el motivo de los festejos. Reitera, con sus ladrillos sintéticos y sus aulas funcionales y sus pupitres contemporáneos y su costo de doscientos cincuenta mil pesos, la compacta eficacia de las escuelas primarias oficiales de México, con su generoso empecinamiento liberal en torno del sexenio educativo que proponen. Un magnavoz impío reconstruye, con redovas y canciones rancheras, el estrépito del sitio de Stalingrado, sin siquiera la esperanza de una bomba vindicadora que lo atempere. Las alumnas visten de gala: marrón nivelador, azul igualitario. El color rojo estalla en un sombrerito con furia que sólo aplaca, al difundirla, el rencor solar. La banda ocupa sus asientos.

Un hombre cuarentón, de aspecto recio, como de quien se aferra a su apariencia porque no tiene tiempo de contar su vida, es el centro de un pequeño grupo. Se le adivina político de tercera fila: todos los políticos mexicanos de tercera fila parecen miembros de un trío romántico, a punto de interrogar al cliente: "¿qué le gustaría que le cantáramos, patrón?", con los labios a punto de musitar "Vereda tropical". En su aire contenido y en su bigote recortado y en la pulcritud de su corbata azul con blanco hay la decisión de una voz colaboracionista que emita gemidos seductores en función de un ideario: *"Como un duende yo sigo tus pasos, por tu mente voy siempre contigo, ahuyentando pecado y fracasos..."*
—He sido dos veces regidor, diputado federal suplente, diputado local, secretario de organizaciones, responsable del municipio. Soy un servidor público. ¿Ve a ese hombre? Le tuvimos que escribir el discurso, pero no porque sea flojo, sino porque ya bastante trabajo tiene el pobre.

Un viejo de ojos claros se afirma en sus muletas y lee y relee un papel. El maestro de primaria —extraído directamente de la narrativa mexicana de los treintas: Cipriano Campos Alatorre, Efrén Hernández, José Mancisidor— enseña los locales, comprensiblemente ufano.
—Mis revistas predilectas son *Siempre* e *Impacto*. Me gustan por sus escritores revolucionarios. Moheno... ¿cómo se llama Moheno?

Se va estableciendo la valla. Llega la camioneta que indica la existencia de un comité juvenil del PRI. El líder desciende: es fogoso, en su casa habrá libros (subrayados) de las distintas campañas presidenciales, en su voz hay un trémolo peligroso: allí hay discursos agazapados, emboscados que aguardan el menor descuido del viandante. El líder juvenil es hábil: se le ha dicho que un político debe escuchar y su rostro subraya de antemano la atención que presta. También se le ha dicho que un político no debe dejarse sorprender y por eso habla sin cesar. Unifica criterios: no cae en trampas y sabe conceder atención. Es su discurso y es su público: unidad inviolable que convierte un simple apretón de manos en una entrevista de prensa.

—Yo respaldo en todo la política del Señor Gobernador. Los muchachos están mal orientados. Eso que dicen de los campesinos encerrados en un corralón, secuestrados en un pueblo como animales es falso. Lo que sucedió en Santa María del Oro es otra cosa...

No termina de deshacer el infundio. Reconoce a su compañero de la camioneta y lo vuelve a saludar con afecto y lo presenta. Ventaja de las comunidades cerradas: la falta de novedades se compensa con la novedad de la permanencia. Somos los de siempre pero nunca somos los mismos: crecen vínculos económicos, se crean vínculos familiares, se fomentan vínculos anecdóticos. Ya no eres el mismo: ahora, además, eres mi socio, mi compadre, mi consuegro, mi yerno, el maestro de mi hijo, el rival para la diputación, el compañero en el juego de baraja, el literato reconocido del rumbo, el afortunado que hospedó al jefe político, el padre de esa niña que salió ligera de cascos. En provincia, la gente permanece, las relaciones se modifican.

En el pueblo "5 de Febrero" la ninguna expectación se ve premiada con el escaso arribo. Las hileras de papel picado encuentran razón de existencia. Bienvenido el Representante del gobierno del estado. Lo acompaña la reina de las festividades. Él sonríe ("Por mi conducto, el señor Gobernador les envía un saludo y se disculpa...") y los campesinos se agolpan. A codazos, dos jóvenes ensayan su futura importancia y adquieren terrenitos espirituales a la vera del Representante. Dos bandas, una militar y otra de policía, acompañan el ascenso de la bandera. Los ánimos se apoyan en el fastidio, se acodan en una fatiga extraída del joie de vivre de las estrellas del cine nacional. (La fatiga de los pueblos está en razón directa de la alegría parrandera de las películas que frecuentan. ¿Quién que es no es triste, si su idea del gozo la ha derivado de los ademanes de Luis Aguilar "El Gallo Giro", de la sonrisa del cantante Demetrio González, de la risa cotorra del Piporro, de la expresividad de El Santo, el Enmascarado de Plata?)

Teresita I, reina de los festejos. A los quince años no es posible fugarse de la sensación de vigilancia, de la carga doble de la crinolina y la envidia de sus compañeras. Teresita I responde a esa aspiración monárquica de las sociedades democráticas y empuña el cetro que nos consuela, simbólicamente, del sufragio efectivo. El Maestro de Ceremonias interviene:

—En el presidium de este bello poblado se encuentran el Director de este plantel, el Director de Educación Pública en el estado, el Comandante de la X Zona Militar.

Las eminencias locales se aprestan. El orador en turno, Director-del-Plantel, le habla al Representante que ya ha patentado su respetabilidad y la desmenuza en cambios de perfil. ¿Por qué el perfil será siempre lo más venerable? ¿Por qué si se da la cara se disminuye el prestigio?

—Por su conducto, queremos que le haga llegar al señor gobernador de este estado nuestro saludo, que le comunique que en este pueblo, "5 de Febrero" aún revive en nosotros la visita que nos hiciera hace unos cuantos meses, dándonos una muestra palpable de la unidad de pensamiento y acción, de esfuerzo y sacrificio, dedicada a obras satisfactorias en bien de la sociedad...

Ánimo retrospectivo: Municipio Libre. ¿Qué pasaría en Querétaro tal día como hoy hace...? ¿En qué estaría pensando el Constituyente Heriberto Jara? ¿A qué le dedicaría su atención el Constituyente Francisco Mújica?

—*nuestros hijos queremos que sean el mañana...*

(Los rayos del sol deshacen la receptividad, la vuelven sudor irrespetuoso. De un modo jamás verbalizado y sin embargo difuso y adulador, se sabe que el mérito de la ceremonia no yace en los discursos, ni en los bailables, ni siquiera en los aplausos, sino en su característica integral de evocación prematura, de acontecimiento que desde su origen es recuerdo-de-infancia, ese recuerdo que contradice a la-madurez-lo-es-todo y afirma que monótono es lo excepcional, no lo que se repite.)

—*aquilatamos esta obra...*

(La provincia es la patria)

—*representadas las ideas, las aspiraciones de un gobernante que en todo momento se ha preocupado por todos los pueblos* (aplausos).

(*Lugar común:* la esposa del diputado local sale de misa con un propósito fijo: alto a la disolución de las costumbres.

—Pero vieja, espérate a que yo cobre fuerza.

—No hay pero que valga. Es la salvación de mi alma.

—Está bien: vamos a ordenarle a las prostitutas que ya no caminen por el pueblo.)

—*el mejor regalo que ellos reciban en su vida...*

(A las tres de la tarde no hay nadie en las calles. No es el abandono: la hora de la siesta en provincia no es una fuga: es un ritmo venerable y sagrado en honor del sol y del trabajo.

La digestión es lo más logrado que se conoce en materia de fenomenología de las costumbres)
—*las normas precisas para encauzarse por el sendero del bien*. . .
(Viene serpenteando la quebrada / la pastora y su manada / y su tralalalalá)
—*no faltarán aulas ni educadores'n*. . .
(El sol bruñe las horas que ellos han gastado en mutua compañía: cómo deben anticipar el movimiento de su vecino, cómo deben reír el chiste que adivinan. *El tiempo recurrente:* ellos ya estuvieron aquí antes y observaron con hastío el presidium y se fueron a jugar y se olvidaron de la presencia de la gente grande [Los Adultos] hasta el día de su recepción profesional con una tesis sobre la Reforma Agraria, hasta el día en que acompañaron a su padre a la petición de mano de la que ahora/)
—*niños que son el alma y la alegría de mi patria*. . .
(La vuelta de la noria: entre la perplejidad y la alabanza, entre el azoro y la resignación)
—*al cortar la cinta, corto la relación de un pasado lleno de esperanzas con un futuro prometedor*. . .
(Las tijeras, de un solo golpe, convocan y hacen aparecer al nuevo edificio)
—*Acto seguido, bailable de los niños de la escuela*. . .
(La niñez en provincia: humillación, horca caudina: recitaciones, coros, piezas dramáticas, bailables, repetición en el seno familiar de recitaciones y coros y papeles dramáticos y bailables y tienes que oír Tía Emma, cómo dijo Rosita "Si tienes una madre todavía")
—*"A mi bandera", recitación ofrecida por la niña María Aurora*. . .

> Por amor a mi bandera
> hoy luchamos con tesón,
> con ahinco sin igual. . .
> porque hacemos juramento
> de promesa y de lealtad,
> para verte siempre digna
> de mundial estimación.

Las niñas bellas continúan aterradas. Inmutables sobre sus caballos, un grupo de rancheros —camisas a cuadros, paliacates y sombreros de palma— observa. Un investigador de la década del cincuenta ya se habría desbordado en notas sobre la impasibilidad autóctona y su fatalismo. No exactamente: hay que ser disciplinados y cada cosa en su momento. En las esquinas, mujeres campesinas remotas. Escenografía como de teatro folklórico, costumbrista, estreno en provincia, probable adaptación al cine: una miscelánea "El Sagrado Corazón", un pozo de agua, una pequeña iglesia blanca y exacta, jícamas, nieves, mandarinas, palomitas, refrescos, gente que espera, huaraches, cerdos y perros trotamundos, indiferencia.

El turno es del viejo de ojos claros, el que dispuso de ghostwriter. Se cala los anteojos y se equilibra sobre las muletas. Lo insólito: su intervención es una loa al PRI: *"nuestras sinceras muestras de admiración y respeto."* No lee bien. Le falta esa presión popular en la boca del estómago, esa pedagogía de la tribuna en los concursos de oratoria, que elevaría y proyectaría su voz:

—*y dejan tras de sí una hoguera inapagable*...

y que lo prepararía, con citas de Ignacio Manuel Altamirano y denuedo republicano, a la réplica inmediata de cualquier chiste de la galería sobre la utilidad de los bomberos.

El acto se desarrolla frente a la estatua de Juárez. El Representante, Don Epifanio, declara:

—Diversos compromisos le impidieron tener el gusto de estrechar la mano honrada del campesino, la mano de la mujer, la mano del niño... Los exhorta a que continúen con esta unión, con este trabajo en conjunto... a los niños voy a pedirles que cuiden su edificio como si fuese algo propio... Es el sacrificio de sus padres, los que quieren para ustedes una vida mejor.

Brota la diana, la versión mexicana de la rúbrica del Apocalipsis, cuando todos serán declarados inocentes. La banda del estado "que hábilmente dirige el Maestro de la Rosa" le consigue a esta música su dimensión inalterable: anuncio del homenaje, corona del vencedor, vísperas de la barbacoa. Propósito de la diana: amenizar la fiesta. Propósito de la fiesta: justificar la diana. La diana es la autocelebración instantánea de la diana.

Los campesinos usan camisas azul eléctrico (en los pueblos, el siglo XX se introduce a través de los saldos de ropa, las baratas de los mercados, las ventas en abonos). Aburrimiento: no se demanda mayor compostura en este presidium. Desagradecidos, los niños juegan. El calor desolemniza.

—Estuvo bien para un pueblito como éste.

La comitiva visita la escuela. Los comentarios elogiosos se ven acallados por "El Gato Montés". La comitiva enfila hacia sus automóviles. Leve conmoción. El gobernador ha llegado a última hora. Demasiado tarde para él. En los recuerdos-de-infancia de una generación escolar, su Representante le ha ganado definitivamente de mano.

Durango o el western. Parras, Coahuila fue sede de Sam Peckinpah y *The Wild Bunch,* pero a cambio del encuentro del grupo de Bishop Pike (William Holden) y el ejército huertista del General Mapache (el Indio Fernández), Durango ha visto repetidas veces a John Wayne, el Ringo Kid de *La diligencia,* el Rooster Cogburn de *True Grit.* Wayne es el western. El western es un género cinematográfico donde el hombre se enfrenta a su destino en circunstancias adversas y bajo la dirección de John Ford. Este 5 de febrero prosigue en Durango la filmación de *Macho Callahan,* una historia de los años posteriores a la Guerra de Secesión, que dividió a los Estados Unidos en dos facciones, Norte y Sur, integradas respectivamente por Henry Fonda y Clark Gable. Dirige Bernie Kowalski, el de *Krakatoa al este de Java,* película que ha conmovido telúricamente a la burguesía del Distrito Federal, cuya lealtad a los temblores de tierra y a los volcanes en erupción no tiene que ver con los presagios funestos reafirmados por el Paricutín, sino con el deseo secreto de que algún día la lava impida el cambio vertiginoso del tráfico, de que algún día la lava estipule el sentido inalterable de la circulación y suprima las molestias que le causa esta obra. En *Macho Callahan* trabajan Jean Seberg, Lee J. Cobb, David Janssen. Se filma en exteriores. La naturaleza de Durango posee la espectacularidad que Hollywood requiere: *flota en todo el paisaje tal pavura, como si fuera un campo de matanza.* Manuel José Othón debió ser escenarista de Raoul Walsh, de Anthony Mann, de Bud Boetticher, de Burt Kennedy. Previó el paso de todos los jinetes perseguidos y todos los jinetes vengadores y apuntaló con imágenes la huida o la persecución: "la llanada amarguísima y salobre", "el cobre y el sepia de las rocas del desierto", "en un cielo de plomo el sol ya muerto".

Junto a una cabaña, Pedro Armendáriz Jr. monta llevando en brazos a un oso pequeño. Corte. Toma dos: junto a una cabaña, Pedro Armendáriz Jr. apura a David Janssen:
—Let's go, Macho.

Janssen, el Fugitivo, le pregunta a Jean Seberg (Santa Juana, la adolescente saganizada de *Bonjour Tristesse,* la voceadora del *Herald Tribune* en *A bout de souffle*)

—¿What's this?
—A ring, it belongs to Herring.
—I don't want it, murmura con rabia atenuada Janssen.
—I don't want it, either.
La Seberg arroja el anillo al suelo y monta. Espolea su caballo y lo lanza hacia un arroyo. El día es clarísimo. El western es el tramo de historia de la humanidad que abarca del paso de Roncesvalles a las vísperas de Hiroshima.

● TARDE ●

Las consignas de las pancartas son un metalenguaje: se bastan a sí mismas, explican la marcha y hacen innecesarias las pancartas:

"Ideas versus ideas y venceremos"
"RIP Artículo 14"
"Justicia no limosna"
"Ratas inmundas"
"Exigimos liberación presos"
"Hasta la victoria siempre"
"Queremos siderúrgica"
"Empleos no miseria"
"Abajo APU"
"Pueblo libre y trabajo"
"Libertad a los hermanos presos"
"Libertad estudiantes plagiados"
"Fuera el hijo de Prieto"
"Ratas mugrosas fuera"
"Es la Hora de los Hornos"

Esta manifestación es una síntesis, un corolario, un antecedente. En 1966, el pueblo y los estudiantes de Durango lucharon —instigados inicialmente por *El Sol de Durango* de la Cadena García Valseca— exigiendo un trato económico equitativo de Fundidora de Monterrey, concesionaria del Cerro del Mercado, uno de los (dos) recursos básicos del estado. Al principio catorce estudiantes, cinco mil a continuación, se apoderaron del Cerro, en la afirmación de un movimiento que se tradujo visiblemente en la desaparición de poderes y la destitución del gobernador Enrique Dupré Ceniceros, en el mínimo doblegamiento de Fundidora de Monterrey (cabeza visible: Carlos Prieto) que aceptó entregarle a Durango cuatro pesos cincuenta centavos por

35

tonelada de mineral extraído (60 centavos al municipio y 3.90 a un fondo de desarrollo industrial) y en la decepción y el escepticismo militante de una comunidad. En el ínterin, apariciones y milagros: defenestración en *El Sol de Durango* con máquinas y archivos y escritorios esparcidos en la calle; nutridísimos mítines diarios durante dos meses; conversaciones típicas entre el Consejo de Gobierno Estudiantil y las autoridades. El final decepcionante por previsible: los dirigentes estudiantiles acataron los términos del pacto, Fundidora de Monterrey continuó detentando el Cerro (pese a los ataques combinados del cacique económico de la entidad, Gilberto Rosas y Hojalatas y Láminas y Cartones Titán del consorcio Garza Sada) y el pueblo durangueño, dolido, resentido, llamándose a traición, le arrojó a los estudiantes tomates y piedras.

En 1968, Alejandro Páez Urquidi es nombrado gobernador Se rodea de colaboradores impopulares, se deja circundar rápidamente de una mala reputación administrativa. Se cobran veinte centavos de impuesto por gallina, cuarenta pesos por burro, ochenta pesos por tonelada de cereales producida, ciento cincuenta pesos de impuesto por cada uno de los seis elevadores que hay en Durango. Un encuentro breve: el gobierno se niega a pagar las vacaciones de los maestros. Los estudiantes confiscan camiones y automóviles del gobierno. Páez enmienda su decisión.

A fines de 1969, los senadores Alberto Terrones Benítez y Cristóbal Guzmán Cárdenas acusan públicamente a Páez Urquidi: desviación fraudulenta de los recursos económicos del Patronato del Cerro del Mercado / asociación delictuosa en lo relativo al legado Raymond Bell (la herencia de un latifundista arrepentido que le dejó todo a los niños pobres, herencia cuantiosa reducida —a la hora de rendir cuentas— a su mínima expresión) / despojo de tierras a los campesinos del Municipio de Ocampo / malversación de fondos del erario público / violación de la Constitución del estado.

El movimiento va creciendo. Contra el gobernador se unifican los comerciantes, los propietarios de fincas y los funcionarios de la Sección Especializada de Turismo (organismo privado). El senador Terrones Benítez presenta pruebas de la acción represiva del gobernador contra los ejidatarios. Los estudiantes participan y se apoderan del Palacio de Gobierno. El gobernador, insultado y tratado a empellones, se refugia en la oficina del jefe de la Décima Zona Militar. Los estudiantes formulan sus demandas: que se aclare el destino de los fondos del Patronato del Cerro del Mercado, que se establezca una siderúrgica en la localidad, que desaparezca la Dirección de Seguridad en el estado, que se investigue lo del legado Raymond Bell. Mas acontecimientos para inaugurar 1970: los estudiantes se rehusan a dialogar con el gobernador, destitución del inspector general de policía, los campesinos del norte del estado (dirigidos por Álvaro Ríos) se apoderan de los latifundios de Santa Teresa y Santa María del Oro, los estudiantes insisten en la desaparición de poderes, llegan cuatro batallones de infantería y uno de paracaidistas a Durango, quinientos jóvenes permanecen en el cerro, secuestro de activistas, una manifestación de niños pregunta por el legado Raymond Bell, desaparece la Dirección de Seguridad en el estado, mítines y manifestaciones, choferes y panaderos y carniceros y trabajadores de la construcción apoyan a los estudiantes, 53 primarias suspenden clases por determinación de los padres de familia.

Las mantas también combaten: "Repudiamos Páez Urquidi", "Unión de Ladrilleros Libres DGO", "Unidos al Movimiento", "Los choferes CTM repudiamos APU".

Una mujer comenta en una tienda: "Si no regresan a clases perderán el año."

—¿Cuál año? Si en Durango llevamos 40 años perdidos.

En la manifestación de protesta más de diez mil personas: contingentes del Frente Popular de Durango, de la Federación de Padres de Familia, maestros, habitantes de colonias populares, campesinos, pequeños comerciantes. Una precaria camioneta de sonido se obsesiona con las consignas. Este movimiento ha sido vocinglero. Los estudiantes, aprovechándose de la contigüidad de la Universidad y el Palacio de Gobierno, han creado Radio Repudio, desde donde emiten canciones, discursos, parodias (como la metamorfosis de un comercial de moda de Volkswagen, donde Miguel y Malena hablan por teléfono y exaltan las virtudes eróticas del automóvil, transformado en un diálogo entre Alejandro y el pueblo). Se lanzan cohetones. Hay engomados: "Repudiamos PU." Sobrevuelan gritos y declaraciones:

—Fuera los traidores.

—Está la clase media. Es un movimiento *popular*.

—Vino el Sindicato de Ladrilleros.

—Puede ser que la derecha intervenga, pero ni quien me niegue que el movimiento es popular.

Una cámara de cine trabaja. La duda metódica: ¿serán agentes? Se pasean los campesinos enchamarrados.

—Vámonos puesn'.

Otro contingente: "Los maestros con el Frente Popular de Lucha." Aplausos, emoción.

—Ya si se pierde esta pelea... Les van a quitar el puesto.

Más pancartas: "El pueblo con la Constitución. El gobierno la viola." "Los paterfamilias repudian APU." "Habla con tu vecino." Las pancartas son la nueva sabiduría popular, el nuevo refranero, el almanaque de la impugnación.

Una mujer campesina busca prosélitos: "Aquí hay lugar."

—Ese viejito ya no va a alcanzar a ver que echen a Páez Urquidi.

Mantas aleccionadoras: "La ambición de dominar un pueblo es la peor de las ambiciones."

—¡Libertad Presos Santa María!

Ante la presencia, intuida y evidente, de los agentes de la policía, la prevención: "Caminen, caminen, no le tengan miedo a las ratas."

Solidaridad de los errores ortográficos: "Apollamos a los estudiantes."

Una anciana interroga: "¿Somos o no somos?"

—Fórmense, fórmense.

—¿Dónde está el legado de Raymond Bell? No te hagas guaje Alejandro.

Cartel: "Que se muera uno pero que vivan mil."

La columna marcha por las calles de Durango. Las mujeres se animan: "Muera el pelón." Allí se escucha la fórmula más desoída de los últimos cuarenta años: "Únete pueblo." El resto de los doscientos mil habitantes de Durango no aparece.

● NOCHE ●

Una pared con el escudo de Durango y la leyenda: "Durangueño honra a tu ciudad." En otras bardas, las admoniciones prosiguen: "Conserva limpio el frente de tu calle", "Adelante con fe." Los fundamentos pedagógicos del muralismo han descendido al nivel de la reprimenda o la moraleja. Diego Rivera termina en el Catecismo del Padre Ripalda. En su casa, el gobernador de Durango accede a una entrevista. Es un hombre tranquilo, que oculta el nerviosismo con tenacidad, a tal punto que sólo lo pone nervioso el esfuerzo de los demás por averiguar de qué modo oculta su nerviosismo. Posee ese rostro irreconocible de los visitantes ilustres a quienes siempre se confunde con su intérprete. La casa podría ser definida como de "clase media alta". (La ventaja de las clasificaciones: el término "clase

38

media alta" más que socioeconómico es de índole decorativo-descriptiva y nos ahorra una reseña agotadora. Ya no hay por qué enumerar jarrones, silencio prefabricado, fotos iluminadas de familia, artesanía oriental, intuición de un piano Steinway, reproducciones de bailarinas de Degas, el oro de sus cuerpos tal y como lo captó el turista Gauguin, cuadros de pintores locales con naturalezas desdeñosas, un grabado de la carroza de Juárez, una pareja campesina sostenida en su penosa caminata por la firma de Leopoldo Méndez.)

Páez Urquidi tiene la conciencia tranquila.

—En primer lugar, lo del legado Raymond Bell se hizo cuando yo no era gobernador. Por lo menos, que esa mínima justicia se me haga. Yo les digo, si desconfían del Banco Nacional de México y del señor Legorreta, que se vayan a México y se denuncie el hecho ante la Comisión Nacional Bancaria. Yo no puedo hacer nada.

El despacho es compacto. Un pequeño escritorio coordina una biblioteca pequeña y oficial.

—A los campesinos de Santa María del Oro traté de hacerlos entrar en razón. Les mandé explicar varias veces la situación. No me hicieron caso. Invadieron tierras. Mi obligación es aplicar la ley. No es cierto que hayan muerto niños. Es otra calumnia. Ya nada más quedan ocho detenidos. Estoy para hacer cumplir la Constitución.

Lo ha dicho muchas veces. Casi se le escucha la convicción de que, como de costumbre, no se le está entendiendo. Lo alimenta una regla áurea: repetir es convencer.

—El problema son los impuestos. Los comerciantes de Durango quieren evadir el pago de impuestos y me acusan de despotismo. ¡Qué curioso! y la izquierda le hace el juego a la derecha. Es la iniciativa privada la que promueve esto y usan a los estudiantes para sacar la castaña de un fuego que ellos propalaron. Los muchachos están desorientados, los manejan influencias extrañas.

El gobernador ha manejado una de las teorías escatológicas de México: nada es tan verdadero como su origen indescifrable. Detrás de cualquier acto está la conjura, se filtran los intereses bastardos, germina la batalla de las facciones. No se mueve una hoja del árbol sin la voluntad de cien grupos en pugna.

—¿Sofía Bassi? Sí, le solicité a Caritino Maldonado, el gobernador de Guerrero, su libertad. Es una gran artista y estoy convencido de su inocencia Es una surrealista apasionada.

Páez Urquidi continúa defendiendo su punto de vista:

—A esos muchachos les hace falta un correctivo. ¿Por qué son indisciplinados, anarquistas, revoltosos? Porque no tienen control, porque en sus familias no se les inculcó la decencia elemental. Gran parte de los problemas que aquejan a mi entidad vienen de la mala educación familiar... ¿Sabe cuál me parece la acusación más ridícula de todas las que me han lanzado? Que me dedico a enriquecerme. No soy rico pero tengo dinero, tengo unas pequeñas empresas metalúrgicas. Me metí a esto de la política porque me interesaba dejarle algo a mi estado, devolviendo algo de lo mucho que me ha dado.

Una hora después, en la esquina de la Farmacia Benavides, centro social de Durango, uno de los líderes estudiantiles se enardece.

—Se lo juro, maestro. Le digo que Páez Urquidi no dura. Mire: aposté a que desaparecía la Dirección de Seguridad y ya ve. Ahora se lo aseguro: Páez va a caer. El gobierno federal no puede sostenerlo. Le doy dos semanas de duración.

1857: La Constitución es la renovación de la Independencia.
1917: La Constitución es la síntesis del proceso revolucionario.
1970: La Constitución es una telenovela.

◆ POST SCRIPTUM

● MANES DE VIGILOPOCHTLI ●

Alguien siempre ha sostenido la no muy aparatosa tesis que afirma *nuestra* (plural de mexicanos) confusión cotidiana en lo relativo a las fronteras entre la historia y el folletón. Los límites jamás son precisos: puesto que la mayoría de los mexicanos hemos sido entrenados en el empeño de captar el nivel o la dimensión anecdótica de la historia (la propagada habitualmente), ya que se nos educó para vislumbrar como teoría general del pasado una serie de flashes que iluminan la escena de conjunto del tercer acto, se ha llegado, en una conmovedora confusión populista, a identificar historia con melodrama, historia con despliegue interpretativo, historia con caracterización de los personajes.

Los instantes climáticos que se retienen son a la vez teatro y amonestación, presencia sobre el foro y lección en el vestíbulo: un hombre, de pie junto a un río, practica un ademán supremo y afirma: "Va mi espada en prendas. Voy por ella." Al decir la frase, cae el telón. El propósito se ha cumplido: es Julio César que musita: "Vine, vi y vencí." Es Cortés capitalizando la quema de sus naves. Es Washington al cruzar el río. Es MacArthur en las Filipinas. Al dramatizarla en la perspectiva, al extraer la imagen y difundirla como enseñanza de temple, valor o denuedo, se ha procedido con criterio pictórico (al principio) y cinema o-gráfico (a partir de Griffith). El museo es la historia: de la historia permanecen, como todo residuo, cuadros al óleo. De este modo, se conserva lo prestigioso de las actitudes y se les agrega el encanto sin límite de la posibilidad de la estatua o de su herede-ro contemporáneo, el poster.

Historia es la Corregidora en 1810 avisándole a los conjurados el descubrimiento del complot. Es la decisión de crear un país independiente, pero en primer término, son toques en la puerta y actitudes febriles y atmósfera de angustia aterrada y decisión en el fondo del pecho y una dama que lo enfrenta todo con tal de...

Lo dramático, lo teatral es la garantía de permanencia. ¿O qué le dice a la memoria popular el nombre de Leona Vicario, aparte de su ubicación segura de heroína de la patria? Historia es Ni-colás Bravo liberando a trescientos prisioneros. Es el gesto de una mano levantada que remata una arenga con el indulto, y es lo que intuimos: los rostros felices, las porras de entonces, el ademán sereno del rencor destruido, la desilusión de algún in-surgente sediento de sangre. Como de costumbre, la anécdota es la pedagogía a que tenemos derecho: la generosidad como espec-táculo o perdónalos que yo te recordaré.

Historia es el General Pedro María Anaya informando de las consecuencias turísticas de la carencia de municiones. Historia es Gustavo Madero enloquecido y torturado ante la burla de la soldadesca. Historia es Guillermo Prieto deteniendo a los soldados con un llamado a su vanidad. Historia es Guajardo, coronel del ejército, esperando a un comensal en Chinameca. Allí están los momentos estelares, que aguardan convertirse en rushes. Del des-pojo de las conclusiones rigurosas, de la banalización del odio y la fe de un pueblo a cargo de una clase en el poder, se pasa a los resultados: un conjunto deshilvanado de escenas culminantes, de cuyo dramatismo o eficacia se responsabiliza el tamiz dudoso: el recuerdo colectivo.

Del hilvanamiento, de la estructura, de la continuidad de esas escenas, se encarga hoy la televisión. Primero en *La tormenta,* luego en *Los caudillos* y ahora en *La Constitución,* la TV me-xicana, ha resuelto el hilo conductor entre una entereza y una simulación, ha regalado el contexto que enlaza una renuncia que dice tiernamente: "Usted, señor, es mi padre, pero la patria es primero" con una voz que susurra: "Ahora o nunca, señor Presidente." La TV ha seleccionado y embellecido nuestras imágenes del pasado. Lo más justo es consagrar estas series que confirman y ejemplifican la idea común entre los mexicanos: la historia es una sucesión de episodios, unidos entre sí por un título amable y por un protagonista central, a quien se ha llamado (a falta de mejor intérprete) el Pueblo.

Y allí estaba la Revolución Mexicana, ante los ojos de Telesistema. La Revolución Mexicana, dramatizable en episodios de 24 minutos (más comerciales), compilables los domingos. La cámara transita de la dictadura a la legislatura y en el trayecto descubre lo serializable, lo variado de la Revolución: canciones, batallas, reflexiones a horcajadas sobre la lucidez histórica, bailes y saraos que se alternan con chozas y saqueos, monólogos del arrepentimiento o de la exaltación, adioses dramáticos, dureza del enemigo ante la serenidad del fusilado, actos de heroísmo, amaneceres decorados con cadáveres, fogatas que iluminan facciones visionarias, desvencijamiento del núcleo familiar, regreso al lugar natal con paseo entre ruinas y fosas, frases inmarcesibles, marcos verbales. En materia de ofrecimientos visuales, sólo la desdicha y la tragedia de un amor imposible superan a la Revolución.

En el lugar del Pueblo, la Heroína. Guadalupe Arredondo (María Félix) es el enlace inmejorable entre situación y situación, entre el vals porfirista y la matanza de los yaquis. Y dieciséis millones de compatriotas (dato cortesía de Telesistema) se abisman en la versión ideal, en la versión monstruosacralizada del pasado.

(Y en otros sectores de la vida nacional es notoria la influencia de este esquema, de esta concepción dramatizante. Se efectuó, por ejemplo, en abril de 1970, un simulacro en el Estadio de la Magdalena Michuca, para exhibir y comprobar la calidad de los tanques antimotines. Fue el primer simulacro de estrategia militar urbana de que se tiene noticia en México y los organizadores condujeron al límite sus proposiciones teatrales. Por una parte, al diseñar esa mise-en-scène donde unos granaderos, disfrazados de jóvenes levantiscos, enarbolan pancartas en el estilo de "Estudiante, si tu padre es granadero, mátalo. La patria es primero", "Comunismo sí, granaderos no", "Viva la mariguana", etc.; al decidir por cuenta propia lo que consignarían los manifestantes más agresivos, se está confeccionando una visión, una elaboración a escala de lo que fue, según este criterio oficial, el Movimiento Estudiantil de 1968. Técnica de la reconstrucción: se rescata lo memorable: las manifestaciones. Y de inmediato, se escenifica el encuentro crucial: los estudiantes, luego de rechazar con altanería la invitación cordial a retirarse, provocan física y espiritualmente a los granaderos y se refugian en edificios, desde donde, en plena sublevación, se defienden a tiros. Acuden con los tanques de parapeto, con gases lacrimógenos y paso firme, los granaderos. Y expulsan de los edificios a los conjurados.

Teatro de masas. Psicodrama al alcance de la explosión demográfica. Primera representación [re-presentación] oficial de los sucesos de Tlatelolco. No es muy distinta la técnica de *La Constitución*. Además, no es sólo el pasado, sino también —como en toda lección teatral que se respeta— el porvenir lo que se dramatiza. Tragedia popular para la science-fiction. Al reconstruir se evoca y se anticipa. Eso puede pasar. Eso *les* puede pasar. *Defensa del orden*: no te unas a Villa porque será destruido en Celaya. *Elogio del vencedor, desdén por el vencido*: no acompañes a Carranza en la retirada porque al final se yergue Tlaxcalantongo. *Terror ante la insurgencia*: no asistas a la comida en Cuernavaca con Serrano. *Sabiduría contemporánea*: nunca vayas a un mitin estudiantil en una plaza pública. Los beneficios de la teatralidad van del pasado a la revisión ejemplarizante del porvenir. Bernal Díaz del Castillo y Julio Verne. El simulacro de los tanques antimotines trasciende la capacidad de Telesistema, aún entregado de modo casi exclusivo al goce de la memoria.)

Aceptemos *La Constitución*. Falsifique o no la Historia, nos permite acercarnos a la recitación, al clímax, a esa oportunidad de adornarse de los héroes que es siempre del gusto del gran público. ¿Y quién descubre la diferencia entre Rafael Buelna, el general más joven de la Revolución, y Juan el Diablo, el personaje romántico de la telecomedia *Corazón salvaje*? Con los métodos aprendidos en *La mentira* o en *María Isabel* se describen los acontecimientos estelares, un pueblo en armas a quien van integrando seis capítulos semanales. Huerta, borracho, gesticulante, grosero, burdo, incapaz de sentirse el actor Fernando Mendoza que lo interpreta, es un capítulo. Madero, indeciso, utópico, es otro capítulo. Los acontecimientos arriban a su verdadero destino: la división serial. Ya Daniel Cosío Villegas ha señalado las que, a su juicio, son enormes inexactitudes de *La Constitución*. No tiene razón, si se considera que la verdad de todo discurso telegénico, de toda telecomedia no está en las palabras *sino en el tono.* Las palabras pueden corresponderse o no con situaciones, con descripciones reales. No importa. Lo que se intenta es conferirles a esos personajes el *tono* de las otras series, fundirlos en esa única y múltiple representación del mundo que es la telecomedia. Los sollozos son la proclama incendiaria. Anita de Montemar es Robespierre. The medium etc.

Si Carranza habla como si se tratase del padre iracundo de la actriz Jacqueline Andere que acaba de entregarse a un hombre casado que es Julio Alemán, el resultado es óptimo. Si María Félix atraviesa por la Historia como por una película de Roberto Gavaldón, entre grosería y carcajadas, se ha obtenido lo que se pretendía: no la resonancia que debieron adquirir esas voces dichas en los días de la Bola, un sonido de caos y pólvora, sino el diálogo que apacigua, el diálogo que le indica al televidente, a la ama de casa, al profesionista que goza su domingo, que lo que ahora atisba, que el mundo visual donde se halla inmerso, es el de todos los días, donde una vez el actor Ignacio López Tarso puede ser un revolucionario y otro un enamorado que busca enloquecido a su amor en el aeropuerto. No hubo Historia ajena al sufrimiento y la alegría de congregarse a diario en torno a un aparato. No hubo Historia sin lágrimas y risas. Pasado hazañoso: aquel que desde siempre dispuso de patrocinador. El floor manager es nuestro Gibbon. El director de cámaras es nuestro John Reed. Y los radicales deben, pacientemente, aguardar la aparición de un canal underground. ¿Quién los protegerá si no, socialistas de la Revolución?

[1970]

☆☆☆☆☆☆☆☆ Raphael en dos tiempos
☆☆☆☆☆☆☆☆☆☆☆☆☆☆☆☆ y una posdata

A Carmen y Malena Galindo

• I •
... PORQUE ELLOS VERÁN A DIOS
[*The Out Crowd*]

Y la gente decidió llegar a la Alameda Central a partir de las seis de la mañana. Hora y media después se había saturado totalmente el lugar del holocausto, el altar propiciatorio. Y ese domingo la gente insistió en acudir y se abatían las adolescentes en bandadas, con su intento de ser mod y juliechristie a partir de una colonia proletaria o semiproletaria y de un presupuesto familiar cálido y protector (suele cuidar a seis y ocho personas por el módico precio de mil, mil quinientos o dos mil pesos mensuales), a partir de las ventajas de un sistema formativo que enseña más por menos dinero y en corto tiempo. Y venían los ex-ñeros, los ex-chómpiras, hoy hijines y caifanes, con su elegancia uniformada por la realidad y el deseo y sus bigotes a la Javier Solís que aspiraban a ser considerados como del Sargento Pimienta

Y venían las muchachonas de suéteres, rubias platino teñidas y peinadas y laqueadas, con vestidos que delataban la existencia de un cuerpo previo, con pantalones solferinos o rosa o verde limón, el lipstick bermellón o rojo fuego, la pestaña china y las cejas

45

enarcadas como para enfatizar la sorpresa ante el asedio de un galán.

Y se vertían las señoras de treinta años y de cuarenta y de cincuenta y de para qué seguimos fijándonos en la edad y sus ojos como que estaban previamente humedecidos, porque desde el principio habían decidido desprenderse de esa enorme carga de afecto que la mujer mexicana asesta a quien puede como revancha por la incomprensión de su pueblo ante el amor cosmopolita de Malinche, como desquite por el encierro de la Corregidora, como compensación por la carencia de rango militar de la Adelita. Y todo esto sin omitir a los señores que venían *refunfuñando* (porque tan anticuado como el verbo era el ademán), y abundaban los policías y los contadores privados (cinco de cada veinte habitantes del D. F., han estudiado en un momento de su vida para contador) y los organizadores y los influyentes y los niños que canturreaban "Yo soy aquel" ante el regocijo evidente de sus consanguíneos y muchos se aferraban al pañuelo para vencer ese lazo invisible de una-multitud-en-vísperas: el Nudo en la Garganta, y este chico es un fenómeno.

Y la muchedumbre era un solo cuerpo, una entidad indivisible, una materia sólida y premiosa que se extendía y braceaba y anhelaba salir a la superficie a tomar aire, y era también un líquido espeso, una conflagración de elementos inertes y la multitud se ahogaba dentro de la multitud y quién te adivinara tan exacto en tus tesis Gustavo Le Bon y las facciones hieráticas de la serpiente emplumada no impedían que la gente se atropellase y gritase y empujase y presionase en el esfuerzo desmesurado de salvarse de la gente y ganar ese lugar imposible, la garantía de la proximidad del ídolo, aunque, con tal de estar cerca del ídolo se evitase la presencia misma del ídolo, lo cual no era sino una falsa paradoja porque si ese tipo de muchedumbre razonara, la democracia (convertida entre nosotros en la imposibilidad de que una muchedumbre razone, porque gobernar es sinónimo de pensar por todos y si alguien piensa y no gobierna es disoluto social y traidor a la división del trabajo) dejaría de tener sentido y aquí no se trataba sino de afirmarle al ídolo que sí, que cante, que se presente, que se le aguarda, que se le necesita con desesperación.

● LAS INTERPRETACIONES POSIBLES ●

Todo se iba adecuando en función del gran momento, todo se disponía según el ritual ineluctable del show business que demanda un acondicionamiento espiritual, un entrenamiento pedagógico que vuelva intolerable la paciencia, insufrible la espera, para que el espectáculo, dotado de las virtudes que la inquietud deposita en el advenimiento, se transforme cualitativamente en acto sacro y el disidente no sea tan sólo *un* espectador que no cree en *un* artista, sino el blasfemo que emprende el sacrilegio. Y la adquisición de los sesentas, el Sociólogo Instantáneo, hablaba del mito en la sociedad industrial y de la capacidad de adhesión de las masas condicionadas exhaustivamente por los aparatos publicitarios. "Eliminad lo subliminal, y retornaremos a la Edad Media." Y el pop-psicólogo, el ofrecimiento de los cincuentas, se refería al aura de indefensión y petición de auxilio que de Raphael fluía y explicaba cada uno de sus shows como el encuentro, la captura que del hijo desaparecido efectuaba una legión de madres hace un momento todavía espectadoras. Mas ni las agudezas de los culturati ni las definiciones a partir de Fromm ni las introspecciones originadas en Vance Packard podían explicar lo que derrotaba las palabras: esa multitud como al acecho, como atisbando por encima de todos los demás hombres la boda del príncipe o la tajante destreza del verdugo, como lanzada al combate y al asedio con tal de conquistar un sitio cerca de algo tan desconocido que, incluso, podía ser Raphael Sánchez Marto, el cantante español de 22 años que había avasallado al público de México.

Y los preparativos o los prolegómenos importaban porque iban marcando los avances, las conquistas graduales de una muchedumbre que entendía, como formulación solemne, como cumplimiento del rito, la urgencia de abolir barreras, porque para lo otro, para los límites precisos y los sitios inaccesibles, ya estaba el cabaret de lujo, el-que-fuese-feudo-de-Don-Vicente-Miranda y si la lucha de clases era aquello que no llegaba a El Patio, entonces la lucha de clases debía volverse el hambre visual, la gana auditiva que no podían consentir ni lunetario ni alumbrado ni granaderos ni sitios de privilegio en la Alameda, en un Festival organizado por la Dirección de Acción Social. Y entonces el Teórico Súbito explicaba el hecho como consecuencia de la realidad del pueblo de México: oír a Raphael gratis era vengarse o recobrarse del cerco de una burguesía exclusivista que ha llevado la plusvalía hasta el exceso de captar nada más para ella "Cuando tú no estás" (o cualquier otro hit que suene incesante por la radio). El pueblo, febril y desbordado en más de cincuenta mil de sus manifestaciones individuales, concretaba una mínima expropiación. Y como las demás exégesis, también la del Teórico

Súbito resultaba incompleta porque no había nada que hacer, no era posible entretenerse descifrando el bizantinismo de cuántos proletarios oirían a Raphael en la punta de un alfiler y menos en ese instante, cuando la presión brutal de la multitud además de cliché verbal era una realidad angustiosísima.

● 1789-1968 ●

Y los domingos en la Alameda eran ya, al año de su inicio, una tradición popular en el D. F., un programa variado y contradictorio. Y actuaron, contemplados con aprehensión, los gimnastas daneses y los "paracaidistas" —nuestra posibilidad de entender las razones de los hunos, ya que la burguesía mexicana es la imposibilidad de entender la gloria que fue Roma— y los "paracaidistas" invadieron la fuente y los árboles y se situaron a las puertas de Troya y Zacatecas y se produjo el Ballet Azteca de Amalia Hernández y pudieron más las raíces que el espíritu que promulgó la Ley de Lynch y se hizo el silencio y amainó ese vendaval o disminuyó esa toma de la Bastilla y los revolucionarios en la Alameda aguardaron el amanecer del 14 de julio mientras se entretenían con el folk show. Y si no habían hecho caso a las súplicas y halagos y pronunciamientos cívicos y llamados a la prudencia, sí atendieron a los atabales y al coro y los danzantes. La multitud se suspendió a sí misma hasta el final del ballet y se apropió de la expresión contenida adoptada por una antecesora suya cinco minutos antes de adjudicarse Versalles. Y esa continua referencia a la Revolución por Antonomasia no es sólo pretexto para pregonar una cuidadosa lectura de los liberales latinoamericanos; en verdad, el avance de la multitud era a ratos tan codiciosamente agreste y a ratos tan brutalmente silencioso que materializaba o configuraba ese minuto de risa o de silencio, de crueldad o de compasión que debió recorrer aquella otra multitud que se aprestaba a convertir a un rey Luis XVI en un ciudadano Capeto. Y lo malo —o lo bueno desde el punto de vista de la conservación de nuestro más famoso parque— era que todo se detenía en ese instante anterior al desencadenamiento, no el ojo de la tormenta sino la víspera de lo improbable. La falta de conciencia de clase que le ha arrancado los colmillos a la fiera, insistirían algunos. El civismo innato, contestarían los optimistas. No dejen pasar a nadie, advertirían los seres realistas.

Y vino luego un par de estudiantinas que ratificaron su papel de inventoras totales de una tradición que después en su amnesia querían preservar y los trajes cuyos lejanos ancestros empezaron a ponerse de moda durante la construcción del Escorial y las canciones que tuvieron su mejor momento antes de ser compuestas se unían en un esfuerzo cuya singular tenacidad no era recompensada por el logro sino por el aplauso y quien advierta esa diferencia podrá ausentarse con todo derecho del Festival Mundial de Estudiantinas. Y advino un Mariachi y ya para entonces ni el ser Vargas de Tecalitlán valía como muralla acústica ante un público que era turbamulta que era motín que era marejada. Y las invocaciones proseguían y un orador advertía que ni Raphael ni el mejor espectáculo valían la vida de un niño, pero nadie oía porque una de las ventajas de esas concentraciones masivas es su absoluta sordera, cualidad que acentúa el poder de la gesticulación sobre la debilidad de la palabra y que en otras ocasiones se compensa por el don de engrandecimiento visual que permite ver un líder de masas donde sólo está un dirigente del PRI. Y luego un charro confesó y gritó a los cuatro vientos que no soy nada, que nada/ y su autohumillación fue pospuesta y el micrófono volvió a ser vehículo de la cordura (apelación a la conciencia) y prometida que se creyó la buena conducta volvió la calma y el Brasilian Trio se dispuso a proferir musicalmente "Más que nada".

• Y ESTOY AQUÍ, AQUÍ PARA QUERERTE •

Y en medio de una de las interpretaciones más banales de "Bahía" que se recuerdan hubo un rumor como de ola que se propaga o de conciencia que se desvanece, y floreció, corroborada por el griterío, aquella sensación que la antigua utilería metafórica insiste en comparar con la inminencia del orgasmo, del oh momento tan bello retenido. Y el sonido de la prudencia, que iba de las reflexiones en contra de la idolización de cantantes a la lealtad básica a los verdaderos problemas de la humanidad (esgrimida como idea fija que evitase la entrega al seno colectivo), y el sonido de la prudencia resultaba inaudible ante la bárbara presión de una multitud que finalmente rompió vallas y diques y sepultó, desparramándose, la tesis de la contención y devoró a la otra multitud que detentaba aterrada la para entonces ya escuálida posesión de las sillas/ y la línea Maginot fue

destruida y los zapatistas se desayunaron en Sanborns y la gente
se desbordaba en la gente y había miedo y susto y todos recordaban (aunque ninguno se acordase específicamente) la matanza
en el juego de futbol de Perú y uno sabía que todo resultaba
como un próximo cuento del *New Yorker* donde hay vidas pa-
ralelas en épocas opuestas y los espartanos le agradecen a las
nubes de flechas el ahorro de los anteojos optosun mientras en
1968 un hombre se decide a pedirle a su mujer el divorcio. Y el
aullido trituró en tal forma la atmósfera que por un instante cuajó
ese silencio perfecto que sólo puede engendrar el ruido absoluto
y frenético. Las miradas perseguían y proseguían el éxtasis, co-
braban la pieza, culminaban la captura. Y Raphael el ídolo,
salió corriendo, se arrodilló y agradeció con una expresión que
podía expresar todo menos asombro, se instaló en la silla que or-
ganizaba el equilibrio humano sobre el templete, advirtió profe-
sionalmente a su arreglista, director de orquesta y compositor,
Manuel Alejandro y se dispuso a cantar.

Y la locura se controlaba por la misma locura. La multitud,
obsesa, con tal de contemplar a Raphael no se daba tiempo de
ver a Raphael, no podía siquiera fijar la vista. Y todo se iba
concentrando alrededor del templete: policías, organizadores,
señoras de edad que ya no disfrazaban sus lágrimas, señores
que nunca habían oído del Flautista de Hamelin, jovencitas que
se abandonaban cuidadosamente al proyecto de rendición como
viéndose en el reflejo de la histeria común o en el espejo radical
de todas aquellas noticias leídas en los fan magazines donde
las bobby soxers practicaban el sitio por desmayo alrededor
del micrófono de los primeros Beatles o Elvis Presley o Frankie
Boy/ o (¿habrá quién se acuerde?) Johnnie Ray y Rudy Vallee.
Y las adolescentes genuinas y las adolescentes adoptivas de cuarenta en adelante, reproducían las técnicas litúrgicas frente al
ídolo y se vengaban de la falta de equivalentes contemporáneos
de los antiguos Tuero, Negrete e Infante. Y el Teórico Súbito,
satisfecho de encontrar tan válidas interpretaciones, se secaba la
frente, se aferraba a la silla y pretendía ignorar la baraúnda que
lo acosaba.

• ¿QUÉ PASARÁ, QUÉ MISTERIO HABRÁ? •

Y el infierno cayó sobre la tierra. Naufragaron las jerarquías y
devino la confusión sintetizadora de sillas, brazos, rebozos que
flotaban, bolsas que levitaban, manifestaciones fallidas de autoridad, enfermos ambulantes, empujones, desvanecimientos, codazos,

niños encumbrados y promovidos por una cadena de brazos, la muchedumbre, carteristas, voces y reclamaciones de los organizadores, empellones, sociólogos que interpretaban todo con rapidez, camarógrafos, paparazzi que registraban sin fatiga a la misma multitud desplegada proteicamente, sumergida en la fuente, trepada a los árboles, realizándose como el símbolo de una hazaña histórica jamás celebrada, colmando las gradas, deshaciendo los límites, volviéndose un solo cuerpo en trance a quien no le hacía falta la confirmación microfónica de la presencia de Raphael para estar seguro de que ya no vería a Raphael.

Y la paradoja, si bien obvia, se veía confirmada por la sensación de que siempre sí hacía falta el maitre y las mesas apiñadas en torno a una pista mínima. Las explicaciones sobraban: sobraba la buena voluntad de orden y compostura, la disposición de una fiesta popular, las canciones mexicanas que interpretaba Raphael. ¿Qué caso tenían "Cielito Lindo" o "Fallaste corazón"? Una canción más, simplemente decir "Yo soy aquel" y nadie hubiese contestado: que ayer nomás decía el verso azul y la canción profana. Una canción más y en medio de la furia y el desastre hubiésemos reiterado un conocimiento: el pópolo no había podido oír a Raphael, porque veinte mil gentes eran incapaces de poseer lo que los happy few de El Patio detentaban sin problemas: la seguridad de que la Multitud no devoraría a un conglomerado de espectadores.

Y todos los redundantes sistemas comparativos se arrogaban el derecho de representar nuestro pensamiento. Y uno comparaba cualquier propina en El Patio con su sueldo del mes. Y uno estimaba la protesta de los peaceniks con la dócil voluntad de petición en torno a La Hora del Teléfono Libre donde-usted-dedica-sus-canciones. Pero ninguno de estos rezongos servía, porque sólo el griterío funcionaba al dar fe —por lo menos— de una garganta múltiple manejada por la admiración o el reflejo condicionado. Y Raphael desaparecía y se volvía insignificante en medio de la adhesión total a Raphael y no que el mito engulliese a la realidad como el águila a la serpiente o el nopal al águila y a la serpiente o la serpiente a la totalidad del escudo, sino que el impulso colectivo se había olvidado ya de su propósito inicial y no se acordaba de qué hacía allí, en esa Alameda tradicional, y no sabía bien a bien qué pasaba, quién cantaba. Sólo era consciente de que debía conquistar un lugar, hoy o alguna vez, ahora o en esta vida. Y Raphael decía: "Me alegro que ahora sufras" y la muchedumbre atendía ese despliegue manual y vocal sin comprender, sin recordar, sin contemplar.

Y Raphael desapareció. Y fue subido a una patrulla policial y tardó veinte minutos en abandonar la Alameda en medio (eso dicen) de una crisis nerviosa. Y la muchedumbre se fue dispersando y la Alameda dejó de ser un cuerpo rugiente y un vasto organismo y un cuerpo voraz y volvió paulatinamente a su condición de parque necesario y malgré tout. Y el escenario despoblándose era tan cierto y significativo como el escenario totalmente animado. Y esas sillas aplastadas, esos restos de comida, esos periódicos devastados, esos niños que poco a poco se incorporaban a su estructura familiar, ese ánimo como de quien acaba de perder una pelea o de consumar malamente un amor físico, ese tono fatigado y vencido de quien preparó toda una mañana la declaración romántica que no pudo hacer, esa Alameda que dejaba de ser la Arena Coliseo, el Estadio Azteca, el Zócalo y el circo romano, indicaban lo precario de la situación, y de nuevo el cansancio lo dominaba todo.

• II •

LAS CONQUISTAS Y LOS BENEFICIOS
DE LA REVOLUCIÓN

[The In Crowd]

Y es el último día de la temporada mexicana y El Patio está llenísimo o rebosante o desbordado o como le digan a aquel término que indica la masificación portentosa de un lugar. Y no cabe un alfiler, suponiendo en la prosecución de la imagen que un alfiler sea capaz de pagar doscientos pesos mínimo por persona el reservado de mesa, y sigue apiñándose la gente y las escaleras que van hacia algún lado están confiscadas y todos se acumulan y los pasillos vehiculan ríos humanos y el ambiente quiere adquirir la bendición imprescindible de la conciencia histórica, porque alguien debió haber ido al concierto de Judy Garland en Carnegie Hall o al concierto de Pete Seeger en ese mismo lugar o al debut de los Beatles en Liverpool incluso antes de que se les incorporase Ringo Starr, pero como nadie fue, vale la pena entonces acudir al último día de Raphael en El Patio. Hoy se despide Raphael y esto, a todas luces, es una situación memorable.

A las nueve y media de la noche el sitio se halla totalmente saturado (como lo estuvo la Alameda a las seis y media de la mañana) y Francisco Aguirre, dueño de El Patio y de La Fuente y de un próximo canal de televisión, se encuentra (se-

52

guramente) gozoso porque se dice que a diario se recaudan 750 mil pesos, cincuenta mil de los cuales van hacia la causa directa. Y la aglomeración es perfecta, como una metáfora kafkiana adaptada por la Dirección de Correos. Hay rebalsamiento de personalidades y quien no ha localizado a María Félix, ya ha advertido a la actriz María Rivas o ya saludó a la señora embajadora. En lo esencial, éste es el mundo del matriarcado, el reino de las Amazonas, que durante el día fingen ser esposas de importantes funcionarios, de fulgurantes banqueros, de industriales no adjetivables, pero que en la noche (en ésta y en otras similares, unidas todas por el benemérito proceso que adivina la verdad de una crónica de sociales tras la mentira de una fiesta) se recobran del desdén que les corresponde en reuniones y simples encuentros gracias a la división sexual de las conversaciones. Entre otras cosas, Raphael es una buena oportunidad para tomar venganza de las reservaciones sioux que una arrogancia masculina ha inventado para confinar a las mujeres y demostrarles que hablar con libertad es asunto que requiere de su ausencia. Y la revancha contra las señoras/ nos perdonan y pasemos al saloncito/ Que no nos interrumpan vieja/ se enriquece con la revancha contra el vestido típico como armadura de castidad. Coatlicue ya aceptó la tiranía de Dior; Courreges decora a Malintzin. Y el marido vino a regañadientes o lo más probable es que sí se deleite con Raphael, pero en todo caso su aprobación (o su desagrado) no es lo esencial de la atmósfera: todo culto o toda filiación religiosa suele encontrarse más a sus anchas con las feligresas. Las manos que mecen la cuna también aplauden a Raphael.

● Y PENSAR QUE UN DÍA TE QUISE ●

Y el Monstruo Sagrado ejercita bien, elabora y despliega con cuidado su mitografía. Mientras crece la espera, la moda es revisar e intercambiar los datos de que se dispone. Como todo fenómeno de los sesentas, Raphael es su valor intrínseco y su vocación y su leyenda y sus gacetillas de prensa y su equipo promocional. Con él, aparte de su apoderado Manuel Gordillo y del arreglista y compositor de la orquesta, Manuel Alejandro, vienen su madre y un psicólogo (personal y social). Y seguramente un director escénico encargado de poner cada uno de los movimientos, de los ademanes, de los desplantes del cantante veinteañero, que se inició en un coro eclesiástico, que tiene en su haber dos películas (horrendas), que ha cobrado lo máximo —quince mil dólares— que la televisión mexicana entrega a sus colosos. Y la discusión sigue y se empieza con el tú crees que sea y yo creo que no y se dice mucho y el calor del lugar se vuelve intolerable.

Y si todavía hubiese coleccionistas de las decoraciones increíbles, alguien que juntase en un museo ideal la decoración del cine Alameda y del Palacio Chino y del salón del Hotel Génova, tendría que agregar esa pesadilla supuestamente morisca o andaluza, con esa concha alucinante que remata un patio cuajado de escalerillas que concluyen en pequeños kioskos o balcones, con enrejados donde uno presiente aquellos sets de Hollywood dispuestos para las películas de Eddie Cantor o Dolores del Río y que nunca se usaron por su baratura visual aunque después hayan servido para las películas de episodios del Zorro y la ópera omnia de Gilbert Roland y Duncan Renaldo y Leo Carrillo, C'mon, Cisco, I'm coming, Pancho. Y en esa atmósfera donde la falsedad se mira invicta y consagrada, donde el anacronismo es tan húmedo y penetrante que no autoriza siquiera la evocación de las noches de gloria de Edith Piaf o de quien allí las hubiese tenido, se mueve algo, un apremio, una voluntad de diversión que termina en esa nerviosidad anterior a la iniciación sexual. *¿De veras nunca lo habías hecho?*

● MAMÁ, SOY EDIPO, NO HARÉ TRAVESURAS ●

Habla el pop-psicólogo: la excitación de los núcleos narcisistas de la personalidad conduce inevitablemente a un despliegue exhibicionista en los casos como éste en que/ Y la conversación de la señora del vestido invictamente dorado, empieza a girar en torno a las emociones que ella obtiene de modo natural y abundante gracias a la voz y el profesionalismo de este muchacho. Y la idea de un carisma sexual se filtra e impera en este salón hirviente, frenético. Y ya es del dominio público que todo gran cantante, todo poseedor del núcleo indescifrable del *showmanship*, no es en última instancia sino el centro, el motivo, el sitio de una reunión erótica. En cada show se verifica puntualmente el encuentro de un público-hembra y un Ídolo que se apresta a someter, a asediar, a conquistar y humillar esa masa informe que va con la disposición absoluta de terminar implorante, sumisa, con la urgencia del encore y la repetición y que acude también con el pretexto de una resistencia previa, la defensa de quien anhela dudar y resistirse y terminar sin mácula, aunque si eso sucediese, la experiencia sería, por frustrante,

imposible de tolerar. Y con Raphael de modo obvio se produce
ese semijuego de resistencia fingida y entregas incontenibles. Y
se apersona con rapidez el Teórico Inmediato que nos relata
los largos años en que esa posibilidad de cesión, de dádiva, de
rendición sin condiciones, estuvo reducida a su mínima expresión
(¿O de qué otro modo puede definirse a Alberto Vázquez o a
Enrique Guzmán?).

Y desciende o se produce el primer show y todos se internan
en el laberinto, en la ronda de la seducción que no ofrece problema, porque resulta —y llevar el símil a estos extremos puede
ser fastidioso pero no excesivo— más bien un ofrecimiento, un
abandono que exige no ser dejado así sino aprovechado y
conducido a la consumación. Y es al principio poco creíble el
espectáculo de un individuo bajito, regordete, con un rostro
que podría hacer evocar aquellas fotos de Robert Morley joven
como el esposo de Norma Shearer en *María Antonieta* o, aún
más exactamente, como el intérprete en Broadway del drama
psicomoral de *El Clavel Verde*. Y uno, que no lo ha visto,
va prevenido por la mediocridad de su repertorio, por lo exagerado de las demostraciones públicas. Y el fiel y el incrédulo se
desazonan y después de una larga rúbrica emerge como del fondo
de un deseo o un conjuro (versión femenina) o como del interior de una cortina (versión masculina) el intérprete en cuestión.

◉ UN NO SÉ QUÉ QUE QUEDAN BALBUCIENDO ●

Y la señora reflexiona y en el semisueño, en esa terrible duerme-
vela que le provoca la visión de un casiadolescente que habla
de un amor entre correspondido y desdeñoso, se lanza al olvido del
vientre prodigioso que la acompaña, logra desvanecer de su
vigilia al caduco y envejecido (incluso no prematuramente) industrial o negociante o político con quien ha vivido y de quien ha
obtenido la garantía de un respeto social y una elevada posición
en el Club de Damas de la localidad. Y al borrarse la imagen
sonriente y autosatisfecha de-quien-puede-dirigir-el-país-entero-
pero-hasta-allí, se inicia el territorio de la madre que va a recoger
al hijo finalmente aparecido, de Gloria Swanson que en Sunset
Boulevard observa con orgullo a William Holden, de todo el
bajo mundo de ganas de adopción, de madureces estremecidas,
de lujuria no confesada y posiblemente no advertida; el universo de engaños y deslealtades y adulterio espiritual a que inevitablemente conducen los artistas de sensualidad pregonada, de
poder manifiesto de concentración y llamamiento del deseo. Y

55

ella suspira y se precipita y se desboca en el arrebato y la ovación.

Y a pesar de lo prescindible de las interpretaciones (que podrían ser otras distintas, igualmente válidas o igualmente ineficaces) y a pesar de las arbitrariedades del segundo gran espectáculo de la noche: quienes se dedican a observar a quienes se dedican a admirar a Raphael; pese a todo lo previsto y previsible, el espectáculo es excelente, o como tal por lo menos figurará en la "Historia del show mexicano de los sesentas". Aunque para la manía colectiva, para la ambición explícita y general de advertir la presencia de un Ser Total, lo de menos es la excelencia o la calidad, ya que finalmente Raphael no es Charles Aznavour ni Mick Jagger ni Paul MacCartney. Pero eso no importa como tampoco cuenta que la moda dicte al día siguiente la evaporación de Raphael o su supervivencia sinatriana. Importa el desenfreno emotivo, esa donación íntegra y paulatina, esa conjura de primaveras texcocanas donde las nativas señoras Stone viven la decadente pasión de un personaje de Tennessee Williams sin que su cónyuge pueda ir más allá del reproche o el vieja qué exagerada, al fin y al cabo no es sino/ Y lo que cuenta es el progresivo y veloz sentimiento de admiración que los señores (esa institución de la frialdad y el desdén y el roce tibio de palmas como máximo reconocimiento) van adquiriendo frente al jovencito que interpreta una retórica antigua de amor. Y ellos también ceden su reticencia mexicana y aplauden con desafuero y exigen y solicitan que continúe la permanencia. Y todos se reacomodan en sus sillas, circulan levemente, aceptan el intermedio y el cansancio que precede a un segundo y (en esta temporada) definitivamente último show.

• Y LLORES Y TE HUMILLES ANTE ESTE GRAN AMOR •

Y así va la vida dice el dicho y uno se fastidia de comentar lo incomentable, de esbozar teorías y colonizar cuartillas sobre un tema que sólo es contable y describible en mínima medida. Pero así es: la entrega a Raphael ha sido, de nuevo, un gran acto de unidad de todos los mexicanos, o por lo menos, de los que hallaron acomodo en la Alameda y El Patio. Y uno, en esta última noche, se apropia de y circula por las analogías históricas, sabe que Pompeya discutía sobre la moda antes del fuego y recuerda a las ciudades de la llanura y a la ira divina que llueve sobre los excesos de la burguesía prefeudal (si cabe el neologismo ideológico) y mira de reojo a su Gibbon y la decadencia y caída del imperio de Anthony Mann y los sets españoles y, con lucidez tediosísima, transita por ese momento de desdén hacia el presente que suele preceder a las catástrofes. Mas Casandra es prontamente vuelta a la realidad con un scotch'n soda y nadie evoca o visiumbra y nadie cree que la Marcha de la Libertad Estudiantil convocada por la Confederación Nacional de Estudiantes Democráticos ponga en peligro los cimientos de nada y Hue y Saigón están muy lejos y quien ha logrado hermanar lo inconmovible (la institución) con lo subversivo (la revolución) y quien le ha puesto a México siglas como medallas, bien puede darse el lujo de divertirse sin trabas una que otra nochecita. Y uno deja de soñar y de contemplar rencorosamente a la burguesía y se abstiene de expulsar a los mercaderes del templo y no le previene a esa cándida nuevorricracia sobre gozos efímeros o volcanes a la vuelta de la esquina y ya da comienzo el segundo show.

⦿ MUCHAS, MUCHAS GRACIAS A NOMBRE DE ESTOS HUERFANITOS ●

Y Raphael de camisa y pantalón negro. Y los gritos y el entusiasmo y los ruidos atávicos que suelen aglomerarse a la entrada de cualquier canción de José Alfredo Jiménez se mueven para celebrar el talento de Manuel Alejandro y el énfasis mímico y vocal del así-por-lo-pronto-llamado-Monstruo-de-Linares. Y Raphael canta y brotan mariachis descalcificados y una capa blanca con dorados y se oye el toro, toro asesino ojalá y te lleve/ el mesero trae la botella y el gozo paradigmático crece con la solemnidad de las palabras cultas. Y de nuevo La Llorona y uno todavía ignora que dentro de pocos días, las técnicas de la muchedumbre raphaeliana cundirán y se esparcirán en otra muchedumbre que será, cualitativamente transformada, la élite del poder, y que aplaudirá a Alfonso Martínez Domínguez, líder del PRI, nuevo príncipe político, con el enloquecimiento aprendido en el local de la calle Atenas, con el desahogo emocional de quien ya sabe admirar porque ha trascendido el rubor. Y dos besos llevo en el alma/ y mañana será el baile del Mexicanito y obtendrán un gran éxito las casi cien señoras que integran el Patronato de Caridad Lomas y se verán escenas conmovedoras, de la más augusta filantropía. Y los señores, vibrantes, se incorporarán a la tarea revolucionaria de darle "un ambiente adecuado y casi familiar a 250 niños desamparados".

Y Julio Hirschfield pondrá el buen ejemplo y regalará a la obra "todos los muebles que fueren necesarios para el edificio que se construirá. Naturalmente que otros señores no quisieron quedarse atrás. Enrique Morales ofreció las chapas Schlagas para las puertas; el señor Kurian las cobijas para los niños; Luis Latapí también se puso espléndido y regaló cuentas de ahorro a través del Banco Internacional". Y continúa la crónica social: "Conchita Medina de López y Lucía Torres Garza ofrecieron suéteres; Hojalata y Lámina y la Cervecería Cuauhtémoc, cuyo 'jefe' estaba presente, donarán veinte mil pesos". Después, un muy detalle del licenciado Fernando Arámburu que regala "sus servicios jurídicos para el que no cumpla lo que prometió; Carlos Guerrero también esplendidísimo ofreció comida Fud para todo el año; Alfredo Elías, sábanas; Alfonso Juan, sarapes y Javier Martínez Vértiz, un refrigerador".

Y Raphael agradecerá la placa de plata que dice: "Los niños del Mexicanito rinden homenaje de reconocimiento y gratitud a Raphael (o a Francisco Aguirre), por su desinterés y valiosa ayuda." Y Raphael se conmoverá: "Señoras y señores, para esto no hay palabras, pues es una cosa tan bonita... de que una persona como yo... pues espero servir para algo útil en la vida, aparte de cantar... que pueda servir para recaudar... para estas personas que se lo merecen todo; es el premio que más he querido." Y proseguirá el ensayo para tratar como ídolo al líder político. Y se recaudará lo suficiente y lo bastante, pero eso será después, ante la generosidad de nuestros glamorosi y de nuestros iluminati. Hoy, lo importante es la despedida y el buen gusto o la tristeza impiden que se toquen Las Golondrinas. Y Raphael canta que si esto es escandaloso es más vergonzoso/ y la gente delira, desdeña los respetos, se compromete con la antisolemnidad y le implora que no se vaya, que continúe recibiendo ese abrazo cálido, penetrante, omnímodo que le ofrece una sociedad sojuzgada y devota; una sociedad que quiere hallar en ese intenso encuentro final algo, no sabe qué, que le reafirme su grandeza, que le compense de no poder oír a los Beatles y organice en su torno calor y comprensión. La orquesta se aleja, la gente insiste, persiste, no acaba de convencerse, espera un poco para iniciar el éxodo.

• PD •

LOS RETORNOS IMPOSIBLES

El Patio en día de gala. Vuelve a México el Monstruo de la Alameda, el vituperado, el desdeñado, el odiado Raphael. Todas las injurias posibles ya se han acumulado para protegerlo de la crítica. El insulto libera o, por lo menos, ahuyenta el análisis. Chistes, burlas, apodos, imitaciones: un país dedicado a recrear las gesticulaciones de un español quizá —¡oh influencia de la visión psicológica de la Historia!— con el objeto de cuestionar la voluntad tajante y violatoria de Hernán Cortés, añadiéndole interrogaciones y dudas a su rendimiento de Malintzin. Las agresiones, las insinuaciones malévolas o miserables construyen la columna de fuego del ídolo, de quien le da sentido vital a sus partidarios en esos momentos sonoros de éxtasis y comunión. Raphael en El Patio: ¿se puede triunfar dos veces en el mismo sitio? ¿Existe el éxito no-heraclitiano?

La falsa morisquería absolutamente colmada se entrevera en el ánimo de la ciudad con la falsa latinidad del Forum, donde apenas ayer debutó Johnny Mathis, con su voz tan aterciopelada como de estafador haciéndose pasar por diplomático o como de vendedor de seguros insistiendo en su calidad de latin-lover. Y la expectación, ya parte tediosa de la tediosa rutina del ídolo, continúa trabajando los ánimos agregándole servilismo a la impaciencia. Falta María Félix quien siempre actúa como punto de apoyo visual, confirmación de la gloria del instante. (¿Cuántos mexicanos aparte de ella son con su mera aparición referencia importante, señal de logros? Pocos en verdad.)

El Patio es una especie de antesala, de pórtico hacia la decepción o lo sublime. Si Raphael repite el hechizo, todo se habrá salvado. Si no, morirá demasiado pronto, una nueva y breve religión de consumo exclusivamente latino. En la parte de arriba, desbordamiento de mujeres de negro con plumeros blancos. Porras, gritos que aspiran a la nerviosidad. Adhesiones propagadas por una manta del Club de Admiradores. Los vasos perpetúan la efigie de Raphael, los menús se abanderan con su rostro, las conversaciones rondan las posibilidades de su destino. Las décadas de designación a última hora no han sido en vano. Todos esperan que de pronto Fidel Velázquez aparezca y dé el nombre del próximo Raphael para otros seis años.

Tere Vales (Animadora profesional, lo que significa "ser decidido a no olvidar ese imposible parlamento que en su cabal integridad reza así: Querido público") declama la introducción y brota Raphael el deseado, y el frenesí de las admiradoras desearía ostentar un glamour afín a Sophia Loren, anhelaría olvidar las discusiones domésticas y los regateos con la triste vida y los despertares solitarios. Y Raphael canta "Cierro los ojos" y lo dulcemente artesanal de las letras de Manuel Alejandro se convierte en el código verbal anhelado por esos seres ayunos de afecto.* El doble compromiso ante un Registro Civil del espíritu: el público adopta a Raphael y Raphael adopta al público. La orfandad en El Patio ha concluido como era de esperarse: todo show importante no es sino un reencuentro con las instituciones hogareñas.

Y un señor con tipo de jerarca sindical (no es difamación lo que sigue) se incorpora y grita: "Ya no cantes para ellos, Raphael, canta nomás para mí." Y no hay ambigüedad en sus palabras. La burguesía se vuelve renacentista y Cosme de Médicis le encarga a Rufino Tamayo el retrato de una Sforza o de la Señora del ex ministro Gutiérrez Roldán. Las imágenes de El Patio consienten el *fade-out* y el *fade-in* nos revela un estudio de televisión donde señoras y señoritas vocean su amor: "Raphael, Raphael, no hay otro como él." Y la señora Ruano, presidenta del Club de Admiradoras de Raphael (con su cabeza cana y su aire ejecutivo y respetable y su blusa negra y su actividad de secretaria bilingüe) y otra mujer joven, de aspecto estricto como de maestra severa en *Adiós Mr. Chips* (versión no musical), defienden al ídolo y se argumenta que tales grupos no son una manera vacía de usar el tiempo libre: ellos se quieren entre sí, conversan y toman sándwiches juntos y colaboran en los festivales de la Cruz Roja. Y los inevitables psicólogos, al no aceptarse como pájaros hitchcockianos de esta sociedad, abundan y enumeran los mecanismos de represión y desdeñan (uno no sabe por qué) a las admiradoras y su capacidad prenatal de endiosar y un locutor exhibe los cientos de cartas a Raphael que una sola estación recibe en un día y la porra insiste: "Raphael es nuestro ídolo" y nadie debe criticar a los admiradores de quien sea. *El que esté libre de posters que arroje la primera piedra.*

[1968-1969]

---

*Cierro mis ojos, para que tú
no sientas ningún miedo.
Cierro mis ojos
para escuchar tu voz diciendo amor.

INCITACIÓN A LA
VIDA PRODUCTIVA
•••
PARÁBOLA DEL BANQUERO
Y EL JAZZ*
•••

Ahggh. Skubidú. Skubidá. Y el señor Daniel Chorches, el nuevo rico poblano por definición, desciende de su lujoso automóvil maravillosamente decorado con una pantera rosa y contempla a su esposa, bellamente descrita por un vestido de Cocó Chanel y acepta con orgullo sus alrededores y participa, con cierta timidez, con cierta inoculta satisfacción en la ceremonia del Beso Social. Allí está todo Puebla; la Ciudad de los Ángeles se ha precipitado a certificar sus numerosos conocimientos musicales, antes tan hi-fi, hoy tan stereo, mañana tan who knows. Don Daniel Chorches se ve contento: skudibú, skubidá, Puebla tiene ya un festival a la altura de los mejores del mundo y eso incluye Beyruth, Canadá y la mismísima Nueva York. (Y además, recuerda de paso Don Daniel, Puebla tiene la Fundación Mary Jenkins y Tonantzintla y bellas iglesias y artesanía popular y universidad y vida social y el próximo sábado se casa el hijo de Banquero Importante con la hija de Industrial Progresista) y Don Daniel vuelve a sonreír, y se adhiere al rito del Beso Social y Gabriel besa a Martha y Martha besa a Aurora y Aurora besa a Aníbal y Aníbal besa a Lupe y el concierto, por desgracia, tiene que dar principio.

* En ocasión de un concierto con Brubeck, Monk, Gillespie y los Newport All-Stars. Puebla, mayo de 1967.

Ah, el jazz en México. Don Daniel hace memoria y se acuerda de su juventud y aquellos días en El Paso, cuando acompañaba al Hombre Fuerte de Puebla y se metieron a aquel tugurio donde un tipo gritó GERÓNIMO toda la noche. Y allí oyó jazz por primera vez o no sabe si era jazz, se acuerda de un piano y de una batería pero eso era distinto, entonces Chorches no era respetable ni el Hombre Fuerte de Puebla lo había apoyado al grado de convertirlo en Jerarca de las Finanzas. Y empieza a escuchar Chorches al Newport All Stars y se aburre un poco porque es como la música de aquella película de gángsters que no se podía oír a menos que se estuviese conversando. Y para colmo con viejitos y el jazz es de jóvenes o al menos así debe ser porque para ese caso el rigodón. Pero aparece Dave Brubeck y ya Alfredo le había platicado de aquel viaje suyo a Los Ángeles, cuando llevaron al menor a Disneylandia y compraron el disco de Brubeck: ¡qué bueno es! un mago del piano como bien dijo el amigo Agustín: un hechicero del teclado. Y Don Daniel dispone su cara de circunstancias, arregla su expresión como si entrase a la iglesia o como si se fuese a presidir el Consejo de Administración o como si el 15 de Septiembre le dijera a su esposa: vieja, apúrate que no me gusta llegar tarde a Palacio o como el día que regaló muebles para una escuela y dio becas a estudiantes aprovechados y vino una anciana y le besó la mano y él la abrazó y le dijo: No me lo agradezca a mí, agradézcaselo a la grandeza de este país. Y Don Daniel entorna los ojos en una actitud muy cultural.

¡Pero qué bueno es Brubeck! Ni se le sienten las manos en el teclado. ¿Y qué pasa ahora? Pues que Brubeck es generoso: ha invitado a tocar con él a dos mexicanos, el Rabito de la famosa dinastía de los Agüeros y a Chamín, un guitarrista de jazz. Señor Brubeck is a very warm person and a marvelous friend of Mexico. Y las primeras notas de "Cielito Lindo"

alimentan la atmósfera mexicanista de la sala y a Don
Daniel Chorches se le crispa la piel y hasta se le hu-
medecen los ojos: imagínese nuestra música... ¡es ya
digna del jazz! y aplaude y observa feliz cómo todos
sus amigos, cómo toda esa Puebla maravillosa también
se entusiasma y cae la ovación. Y viene "Frenesí" y
él murmura: vieja, ésa es del Chamaco Domínguez
y luego tocan "Laredo" y esa letra me la enseñó mi
nana: *No puedes jugar con uno mi bien y quieres jugar con dos y aluego te quedas sin uno y sin dos mirando al cielo de Dios.* Y ahora sí se le oye al de la
guitarra y viene un duelo entre el baterista de Brubeck
y el mexicanito de la tumba y nuestro chamaco no se
raja y le entra parejo y Don Daniel, nublado de la
emoción, aplaude sin reservas: es como cuando discuti-
mos aquel convenio el magnate de la Ford y yo y el
aplauso mayor de la noche se deja caer complacido,
chauvinista, francamente admirativo y nacional.

En el intermedio, la Puebla de las Once mil Galas
desfila por el vestíbulo y alrededor de Brubeck se va
integrando un aura, el halo del entusiasmo irrestricto
de quienes pueden no saber mucho de jazz pero sí que
saben cuando están en presencia de un genio y cuando no/ es como una especie de sexto sentido, vieja,
como el día que decidimos dar aquella fiesta en honor
de Doña Mary. Y vuelven a la sala y Don Daniel
contempla un negro rotundo, impasible, torpe de movimientos, con gorrita como de musulmán y atiende
a sus primeras disonancias, y se molesta visiblemente
y pierde el interés durante las tres piezas de Thelo-
nius Monk y le aburre que Monk dé la espalda al público y que se pasee como dopado, como quien emerge de un sueño psicodélico y se pone a girar en torno
de la música. Bueno para snobs, musita y se acuerda de los gerentes que solicitaron verlo en la mañana y va a tener que viajar temprano de Puebla a la
Ciudad de México y en ese momento el anunciador

informa del duelo pianístico de Monk y nada-menos-que-Dave Brubeck y Don Daniel rectifica y alaba a Monk con tal de poder presenciar un momento histórico y se acuerda de aquella película donde tocaban juntos Chopin y Wagner o serían Chopin y Verdi, Chopin y Liszt viejo. Y Brubeck empieza a sonreír y Monk a enfatizar su increíble dificultad de movimientos y los dos se enfrascan en un diálogo que por el momento nada le dice a Don Daniel excepto la posibilidad de comentarlo mañana, a la hora de la comida, en el mismísimo Focolare.

Y anuncian al bufón del jazz y Dizzy Gillespie se engolfa tocando "Más que nada" y Don Daniel skudibú-skudibá se divierte y ve todo como más accesible, como más cercano a la orquesta que contrató en el baile de quinceaños de su hijita, la que se casó con el hijo del Rey —entre otras— de la Industria del Elote de Sabores. Gillespie habla del "boundless enthusiam" del público y el señor Chorches no entiende bien pero se ríe y le regocija oír a Gillespie gritar: ¡MANTECA! y el concierto termina con un formidable solo de batería y el tipo parece haber conocido a los tambores toda su vida, pero un hechizo qué fenómeno, tram, pas, bam, zam, los tambores hablan y Don Daniel se promete regalarle una batería a su hijo menor y los tambores llegan a la exaltación y Don Daniel se arrepiente en seguida porque a lo mejor a su hijo le gusta esa vida de vago y el vástago de Chorches no puede, no debe y Gillespie concluye y la gente se va a su casa, skubidá y el jazz en México ya cuenta con el patrocinio de un fino y respetable público.

[1967]

☆☆☆☆☆☆☆☆☆☆☆☆☆ Yo y mis amigos

—Yo real, yo inevitable, yo convencional.

—Yo y mis amigos: ¿por qué anteponer el yo a las situaciones? ¿Por qué enfatizar el imposible egocentrismo?

—Porque hay etapas de falsas reflexiones y falsas conclusiones y falsos desistimientos, cuando el yo resulta el instrumento menos inexacto del conocer; cuando el yo desaforado, incierto, turbio, despojado de sus precarios dones de lucidez, harto de mensajes, torpe de clarividencia, agotado, ciego al laurel y al bronce, desasido de la altivez nacional, pesimista, querelloso, escéptico, abrumado por su falta de perspectiva histórica, vuelto hueco o carencia, cuando el yo vietnamizado o vulnerado de todas las oportunidades, resulta el único miraje real, el único pacto de entendimiento, válido incluso en la medida de su confusión.

—*Yo admirador de la retórica:* hay ocasiones y épocas cuando la certidumbre de la posesión de la verdad y la responsabilidad en el uso de la palabra y el hallazgo de la frase inapelable, son solamente prerrogativas de madurez.

—Y lo que sigue es una vasta, arrogante confesión de inmadurez. El yo que generaliza y abarca en el testimonio a sus amigos, es el yo inmaduro que aún no posee las claves de la realidad, que todavía no goza frente al espejo la recompensante peculiar sensación de saberse ante una sólida columna de la sociedad. Un yo devastado por la duda, por la revisión exhaustiva y nerviosa del pasado inmediato.

FRASE CÉLEBRE:

Desconfía de esa muerte llamada madurez. Norman Mailer

La gente madura creció y se vigorizó incorporando y asimilando y disponiendo: ellos ya lo habían predicho, lo sabían, nada podía sorprenderlos en el espacio comprendido de aquí a la eternidad:

 (Tú no conoces ni te imaginas cómo funciona este país. Actúas por instinto, por emoción, por romanticismo pequeñoburgués. Es un país singular y uno debe manejar las reglas del juego. Tienes mucho que aprender: tú y tus amigos se precipitaron, actuaron al margen de la serenidad, prescindieron del juicio objetivo. Puro sentimentalismo. En cambio, yo me di cuenta de inmediato.)

—Ellos lo percibieron desde el primer aviso de la prensa, por eso no se movieron, por eso, en el sacudimiento de 1968, en la respuesta ante la violencia y el cinismo represivos, permanecieron incólumes, arquearon las cejas, revisaron los índices de crecimiento demográfico, el índice anual del desarrollo, las noticias del boom económico de México. No era la primera vez... ya en otras ocasiones... toda improvisación es funesta, la estabilidad nos necesita, hay que continuar en el puesto de vigía. México es sumamente complejo, debemos esperar:

 (Usted y sus amigos se olvidan de la gran experiencia histórica. México sufrió ya una gran revolución que nos libró de una vez por todas de las angustias del exceso y el apasionamiento. ¿Imperfecciones? Seguramente existen amigo, también en Suiza hay descontento. Pero son defectos o errores mínimos que arreglaremos del modo pertinente, sin recurrir a ideologías exóticas o procedimientos ajenos a nuestra idiosincracia.)

—Yo y mis amigos. El contexto de lo que hoy, año de 1969, nos sucede: el tiempo comprendido entre el 26 de julio y el 2 de octubre de 1968. El Movimiento Estudiantil en el Año de México. La petición democrática a la que se responde con la violencia. Como procedimiento de contrastes, la experiencia previa: ¿cómo se hubiese resuelto el tema de "yo y mis amigos" en la década de los cincuentas, los años de nuestra Generación Silenciosa?

 (Compañeros y hermanos del México Nuevo: la gloriosa y ascendente marcha de la colectividad nacional, gloria que hoy nos congrega con ocasión del cumpleaños de nuestro querido amigo Pepe Solorio, ha dispuesto para nosotros sorpresas sin términos. Ahora todavía somos estudiantes, pero el día de mañana —y nunca está muy lejos el hoy del mañana, son como cometas gemelos— verá nuestro peregrinar histórico convertido en luz de mando. Y por eso me atrevo a preguntar, con la sinceridad que arranca del corazón en esta noche de revelaciones: ¿Nos hemos preparado ya para las altas y nobles responsabilidades que el país ha colocado para honrarnos? ¿Seremos dignos de suceder a los titanes que hoy infunden vigor al ideario de Aquiles Serdán? ¿Hemos perfeccionado nuestra humildad para hacernos dignos de las investiduras supremas? Compañeros y hermanos, no respondáis ahora: como Alonso Quijano, recorred los campos de La Mancha portando el áureo yelmo de la ilusión, empuñad vuestra lanza, aprestad vuestro ánimo y acudid al llamado de la Patria. Así sea.)

—Yo insertado en una generación loable y recompensable: la agonía y la muerte y la agonía de una sensibilidad, de una industria del ser nacional, de la fama del mexicano profesional. El mexicano profesional lo es veinticuatro horas diarias: un ideario de tiempo completo resuelve y sistematiza su conducta. Allí va el repertorio de tics irrepetibles, de onomatopeyas de júbilo al zarpar un mariachi rumbo a "La Negra", de sonrisa complacida ante los ruegos no dichos de la esposa enterrados en miradas obedientes, de llaveros donde se ufanan los salvoconductos para un departamento de recuperación sentimental (Casa Chica), de jactancia por una calidad reproductora a la que acompaña una amnesia presupuestal. El mexicano profesional usa el machismo el día que se le pierde el acta de nacimiento, exalta a México para olvidarse de que ha nacido en México:

 (¿Quién ganó la segunda Guerra Mundial en el Pacífico? El Escuadrón 201. ¿Quién ha sido el mártir cristiano que decidió la conversión del Oriente? San Felipe de Jesús. ¿De dónde viene el chocolate? ¿Dónde descubrieron el chicle? ¿Cuáles son las costas más hermosas de la Tierra? ¿Cuál es la organización política más admirada en América Latina?)

—La vieja sensibilidad es nacionalista, muestra los vestigios de un plan de independencia económica que fue sustituido por un plan de promoción turística. El petróleo es nuestro, pero las inversiones son suyas, dijo el presidente Alemán. La vieja sensibilidad es aparatosa, exhibicionista, declamatoria, y siempre decidida a perdonar. la corrupción en nombre del progreso.

—*Consuelo bendito de Dios:* el anacronismo es un heroísmo. El mexicano de hoy anhela ser contemporáneo de todos los demás hombre del siglo XIX. Se goza de una herencia liberal, positivista, con vagas sombras púrpuras de origen democrático. Metáfora imperdonable: la alquimia del país incluye la transformación de un lingote de oro en un cenicero de cobre. La piedra filosofal: entrégame una ideología que yo te devolveré una burocracia.

La señal secreta que una generación pasa a la otra es, bajo disfraz, el disgusto, el odio, la desesperación.

¶ Virgina Wolf, *Mrs. Dalloway.*

Mis amigos gruñen entre los cerdos o se pudren, comidos por el sol, en un barranco.

¶ Octavio Paz, *Piedra de Sol.*

—*Los años postreros de una sensibilidad:* si cada país desprende un sonido específico, infalsificable, el sonido de México en esos años es empalagoso y cantadito, rotundo y suave, estridente y persuasivo, con el dejo de seducción que conviene para apresurar un trámite en una ventanilla, con la impostación de la voz que informa del elevado cargo administrativo, con el énfasis aerostático usado para elevar una palabra y conducirla hasta el agotamiento de su impulso. Dígase Revolución

RE-VO-LU-CIÓN

y la palabra se tornará dirigible y presidirá el cielo de la patria y flotará hasta verse amenazada por otra palabra, una palabra obscena como subversión

SUB-VER-SIÓN

que buscará hacer estallar el dirigible, pero un término vigilante, las Conquistas Revolucionarias

CON-QUIS-TAS   RE-VO-LU-CIO-NA-RIAS

se encargará de proteger a la palabra reinante de las asechanzas del vocablo maligno. El sonido de México es onomatopéyico: CTM, CNC, CNOP, IEPES, PRI. Las siglas se vuelven filiación y la filiación es todo lo que nos dejaron a modo de conciencia.

—*Yo poseedor de la última palabra:* pertenecer a una generación es pertenecer a una generalización. No hay generaciones: hay actitudes, aunque las actitudes, paradójicamente, se trasmuten en generaciones. La actitud discrepante de 1929 se transfiguró en la generación obediente de 1959. La democracia se vuelve cuestión de notarías y timbres fiscales. Si los papeles del difunto estaban en orden, usted será gobernador de su estado.

Si un hombre no ama nada, será invulnerable.

¶ Chang Tse.

—*Yo sentencioso:* La amistad concluye y la complicidad aparece. Destino nacional en todas las direcciones: el amigo dura hasta que el cómplice llega. La función de los cómplices no es protegernos, es evitar el advenimiento del día en que deban protegernos. La complicidad desiste de la crítica: te acepto como eres, porque no me interesa lo que pienses de mí. La complicidad es un plan de distribución: dame un abrazo y a ver a cómo nos toca.

69

—En el proceso del despojamiento absoluto de la intensidad, en el camino de la desposesión terrible a que conduce el fin de la amistad crítica (el fin de la amistad), el primer paso es lograr el desistimiento de la actitud solidaria. A continuación se obtiene la indiferencia ante el oprobio, la indignidad y otros términos morales pasados de moda.

> *Aquellos incapacitados para aprender de la Historia, se ven condenados a repetirla.*
>
> ¶ George Santayana.

—Cesión de la solidaridad, sinónimo de amor a las prisiones. Un país acrítico es una cárcel y ya se sabe que todo el problema del cautiverio consiste en dejar de ser pasivo. La amistad, forma activa de vida, es siempre una elección y "no hay nada que elegir cuando no hay nada que dar". Por eso, en un momento dado, desistir del México Visible fue la única resistencia posible en la tarea de trascender las fatalidades nacionales.
—*El México Visible:* la suma de títulos, preseas, distinciones, premios nacionales de alcance local, academias, condecoraciones, no hay más ruta que la nuestra

va mi espada en prenda, voy por ella

hogares modelo, Caballero de Colón, Rotarios, Leones, Grado 33 de la masonería, líderes sindicales, ex-ministros,

si hubiera parque no estaría usted leyendo este libro
los valientes no asesinan
ahora o nunca, Señor Presidente

decencia, buen gusto, el currículum vitae como toda aventura existencial, el placer de estratificarse ante los aplausos el día de la inauguración de todas las escuelas rurales y de la develación de la placa de todas las presas y del reparto de todos los últimos latifundios y de la primera piedra de todos los monumentos coloniales que se construirán a partir de la idea que del Virreinato tiene Hollywood

La Marcha hacia el Mar
Un solo camino: México
Mátalos en caliente.

Acuden a mi mente, recuerdos de otros tiempos
de los bellos momentos que antaño disfruté.

¶ J. Sanders, "Adiós Muchachos".

—Y llegó lo inevitable: la traición a la Gran Amistad, la deserción de la Unidad Nacional. No fue fácil arribar a la tesis inexorable: nadie puede seguir siendo amigo de todos los mexicanos. El equilibrio nacional, producto del sacrificio de los cuerpos que hacían visible a México en fotos de primera plana, resultado del lazo comunitario, de la repartición del país en grandezas mayores y grandezas inminentes, amenazaba con deteriorarse, con sumirse en el estruendo o el polvo, si se iniciaba la discrepancia, si emergía el reparo, la diatriba o la objeción a la felicidad omnímoda:

 (No quiero que dejemos de ser amigos. ¿Por qué no reflexiona, modifica su actitud y colabora en la buena marcha de la Administración? Es tan cómodo que todos nos llevemos bien. Además, usted debe tener planes, proyectos, ambiciones.)

—Y sin embargo, algunos dijeron simplemente *no*.

Esta situación no sólo era extraña; también era peligrosa. Porque nada horroriza y disgusta tanto al ser maduro como la inmadurez. No tienen dificultad en tolerar a la inteligencia más destructiva mientras que su campo de actividad permanezca dentro de los límites de la madurez. No temen a un revolucionario que le oponga un ideal maduro a otro ideal maduro, por ejemplo, derribar a una monarquía en favor de la república. Incluso miran con aprobación tal modo adulto, feliz y sublimado de conducta. Pero si captan la inmadurez en alguien, si le descubren la juventud, caen sobre él, lo aniquilan con sus sarcasmos, lo destrozan con sus picos como los cisnes con un pato.

¶ Witold Gombrowicz, *Ferdydurke.*

—*Yo teórico, yo doctrinario:* ponderar las ventajas de la madurez puede equivaler a la exaltación sin reservas del gozo de la autodestrucción. La sociedad mexicana considera a la autodestrucción —el acto deliberado que impide la transformación de un ser humano en un orgullo del país— como un hecho que la agrede, la vulnera y la enfrenta a una revisión de sus principios y de su estructura de complicidad, al impugnar la validez de sus metas y recompensas. Quienes prefieren autodestruirse, quienes niegan dinámicamente los editoriales de los periódicos y los mensajes de los padrinos de generación, con su amor positivo por el crecimiento económico, están desafiando (se dice) la noción misma, el corpus total de esa jerarquía que no registra afrenta mayor (se afirma) que el autoexterminio, decidido y consumado a espalda de los soberbios premios ofrecidos y ya aclamados por la sociedad.

—*Yo testigo, yo aliado silencioso:* porque uno no puede evitar la simpatía o la adhesión instintivas para quienes están destruyendo al importante funcionario, al célebre hombre de empresa, al próspero político que llevan dentro. "Matamos lo que amamos. Lo demás no ha estado vivo nunca." La deformación, la extorsión, la corrupción de la sociedad nos proveen de modo automático con un amplio y generoso amor hacia nuestras posibilidades de dominio, hacia nuestra imagen de poder y de gloria. Matar ese ser que jura defender hereditariamente al pueblo, aniquilar al demagogo, al influyente, al pilar de la nación, es un gesto emotivo, la autodestrucción como erotismo final. "Y sin embargo —dice Wilde en la cárcel de Reading— cada hombre mata las cosas que ama. El cobarde lo hace con un beso. El valiente con una espada."

> *Y no obstante los hemos condenado y los hemos escarnecido y nos hemos repartido sus vestiduras, después de jugárnoslas a la suerte, a su suerte, a su infortunada suerte de multiplicadores del pan. Es así entonces como hay que comprender a este repartidor de alma que fue Silvestre y no, no absolverlo de ningún modo, puesto que nació absuelto desde que fue concebido. Silvestre nació absuelto porque previamente ya era un ser condenado sin remedio.*

> ¶ José Revueltas, *Apuntes para una semblanza de Silvestre Revueltas.*

—*Yo y mis amigos en la década de los sesentas. La fascinación del abismo como trampa:* El vencido atrae inexorablemente. Carece de recompensas, de admiraciones sociales, de la vulgaridad inherente a los triunfadores y también posee el extraño glamour que se desprende de un conocimiento legendario y romántico: la pureza se inicia cuando no se tiene nada que perder. Se está en el filo de la navaja entre la cursilería y la contemplación de un espectáculo altísimo: quien ha sido despojado de las conveniencias sociales de su trato, suele constituir un llamado instintivo al diálogo o la frecuentación. La estética vital vuelve por sus fueros: nada hay más bello que un talento despojándose de los honores, nada hay más hermoso que el aniquilamiento de una riqueza humana.

La trampa queda abierta: la estética vital del siglo XIX insiste en perdurar, en trascender sus límites cronológicos, en legalizar el espejismo donde sólo se invierte la dinámica del triunfo, para musitar finalmente la triste paradoja: "Lo único más bello que la victoria es la derrota."

—*Yo y mis amigos en la década de los sesentas. La debilidad ambiental como condena:* se ha dado el primer paso: la indiferencia ante el poder, pero ¿qué tal si se trata de un capítulo más de la apasionante serie: "Las uvas están verdes"? Son años difíciles, como de marcha sobre tremedales o alguna otra analogía que indague la suerte de los equilibrios sustentados en la ambigüedad absoluta. Resistir a un mal concreto es arduo aunque posible: lo calcinante es hacer frente a un mal inexpresado, a un mal que ni siquiera se deja localizar, a la compleja red de una sociedad que no es cultura pero que tampoco es sociedad. Lo teológico de la búsqueda no la hace menos atroz: el mal puede carecer de ubicación, mas no por eso ha de mellar menos, ha de traspasar menos todas las situaciones cotidianas. La atmósfera en que nos movíamos carecía de peso específico: la falta de gravedad se continuaba en la carencia de estímulos.

Toda degradación individual o nacional se hace preceder de inmediato por una degradación estrictamente proporcional en el lenguaje mismo.

¶ Joseph de Maistre.

—Las deficiencias matan el estilo: El habla mexicana de esos años se vuelve demagógica, incierta, preñada de contundencias, de exordios voluminosos que se diluyen en apoteosis verbales. Lenguaje es autocomplacencia. Comunicarse es prometer sin ánimo de cumplir, exaltar memorias borrosas, situar antiguas conmemoraciones como si se tratase de realizaciones inmediatas, y esto no sólo en el orden de lo oficial, sino en la intimidad, en la confesión del trato diario. Somos —en mucha mayor medida de lo que imaginamos— el lenguaje de quienes nos gobiernan.

—"El adjetivo —advirtió Vicente Huidobro— si no da vida, mata." Al matar, se eliminan contornos específicos, las sombras y luces que aporten los contrastes necesarios para las definiciones. La degradación del lenguaje es heraldo de la degradación comunal. El hispanglish, al relacionarnos con la mentalidad colonial, nos revela el desconocimiento de nuestro idioma (Quienes propugnan la enseñanza obligatoria del náhuatl eligen a la añoranza como método de recuperación histórica). Se pierden las vanidades idiomáticas: el pensamiento languidece. México deja de ser nuestro contexto: nos volvemos paisaje de sus paisajes, fondos borrosos, seres sucedáneos, fantasmagorías, buenas voluntades en busca de piedras de fundación. Sólo las excepciones contradicen la hegemonía del determinismo y del pesimismo.

—Una frase cualquiera de los Beatles se vuelve ideología ("Life is very short and there's no time for fussin' and fightin' my friend"). Una pieza de los Rolling Stones resulta filosofía urgentísima. Todo influye porque el anonimato reverente es el reverso del mesianismo latinoamericano. Si no disponemos de caudillos, podemos oír interminablemente estas canciones. La amistad se confunde con el intercambio de la autocompasión. La Ínsula Barataria se declara en bancarrota y participa del auge de los establecimientos cerrados, de los infiernos constituidos por los demás que son uno mismo que son los demás. Conocerse es condolerse. Elogiarse es inventarse.

> *Desde hace demasiado tiempo no me atrevo ya a pensar si no es en voz baja, lo que es una manera de mentir.*

¶André Gide, *Diarios.*

—*Yo que recapitula:* Tal es la situación del tiempo anterior a julio de 1968: años devaluados, donde el autoengaño nos hace participar y nos obliga a creer. Años de intensidad mínima, fraguada en recepciones, cocteles, notas encomiásticas, porvenir brillante y mesas redondas en televisión. Luego adviene el intento de modificación democrática, de obsesión moral, de ciudad vivida y ciudad tomada, de fiebre que impregna a los actos mecánicos (leer un periódico, llamar por teléfono, observar la televisión) de furia y razón de ser. Nada nos es lejano y la represión nos acerca a los objetos, a los seres. La represión nos hace conocer los primeros planos, los perfiles inadulterables, las fisonomías definitivas. La represión es un gran acercamiento que nos informa del rostro (la conducta) (la estatura exacta) de vecinos y amigos y hombres públicos. La represión es el primer examen objetivo de los recursos disponibles de la nación.

Y si esta noche es una noche del destino, bendita sea hasta la aparición de la aurora.

¶ André Malraux, *El tiempo del desprecio.*

—Dedúzcase y represéntese el contexto de la frase de Sartre: "Nunca fuimos tan libres como durante la ocupación alemana."
—Y luego, al ocurrir el desastre y al cabo ¹de las noches dolorosas que se prolongaban al día siguiente en la estéril, rabiosa, hambrienta revisión de los periódicos, al final de tanta pesadumbre y tanta esperanza que se desvanecían en sangre y cansada indignación, vinieron los meses de la impotencia como estado de sitio. 2 de octubre de 1968: toda catástrofe humana que carece de consecuencias visibles (ajenas a la intención de quienes la provocaron) es un deterioro a corto plazo, un lento inexorable desangrarse de la especie.
—Porque el optimismo de quien piensa suficiente el aislamiento o la abstención, la ignorancia o el atender cada quien a lo suyo, a su incumbencia, es un optimismo mínimo y perecedero. Las catástrofes ominosas acuden a nuestros escondrijos, nos circundan, se vuelven la sustancia pegajosa, la materia sombría de nuestras relaciones personales. Pretender ignorarlas es consentir la ausencia de realidad. Todo a nuestro alrededor se empobrece sensiblemente: el trato íntimo, la relación amistosa, la intensidad del amor. Los grandes derrumbamientos sociales se alimentan de la anuencia de todos, y despojan a todos en forma notoria. Después de una desgracia injusta, irreparable, impune como la matanza de Tlatelolco, las cosas no vuelven a su lugar. La certidumbre desaparece, las seguridades se eliminan como si esa falta de jerarquías que sigue a las tormentas, requiriese de la carencia de sitios a donde todo pudiese confluir sin problemas, como antes.
—Y los meses tristes, detestables, como de telecomedia, cuando

75

las ilusiones excesivas se han visto sucedidas por las depresiones sacramentales. La autocompasión nos despoja de la libertad penosamente adquirida; el miedo nos obliga a prescindir de la inteligencia; el escepticismo se confunde con el cinismo que se mezcla con el abandono que se contamina de la indiferencia que se entrevera con el letargo. Y el drama (a la vez falso y verdadero) de no vivir en la participación democrática, el drama de poblar el mundo a partir del Apocalipsis, se ve infiltrado por un falso y verdadero sentimiento de frustración compartida, de represión (en todas sus acepciones) vivida hasta su acatamiento.

—La actitud antigua, la de sentirnos a salvo del México Visible, porque lo ridiculizábamos a diario, se ha vuelto insignificante y banal. Algunos respondimos a una crisis auténtica con soluciones formales del más calificado melodrama. Sufríamos menos la incomprensión de los hechos, resentíamos menos la totalización de la catástrofe, porque dividíamos los hechos con ánimo sentimental, haciendo caso omiso de otras responsabilidades. Son muchos años de chantaje emocional, del dolor que se aminora cuando se declara, como para que no retornasen en el momento menos oportuno, cuando yo y mis amigos hubiésemos requerido de otra resolución existencial. Pero qué le vamos a hacer; entonar la pena es diluirla y volverla eso, *pena,* una respuesta individual siempre insuficiente, siempre compartible, siempre traicionada.

—Yo y mis amigos en 1969. En la mejor instancia, el ánimo vive el pesimismo de la mente y el optimismo de la voluntad (Gramsci). Se han rescindido ya los contratos y los permisos de mensajes, soluciones, slogans, respuestas omniscientes, fórmulas autosuficientes, reformas desde dentro, creencias en la crisis parcial y temporal, cautelas milagrosas, excesos saludables, violencias necesarias y redentoras.

—Y la memoria continua de otros amigos cuya libertad física se ha visto suprimida porque acataron los principios y exigieron la aplicación de las Leyes, porque creyeron en la vigencia de los ideales, porque no cedieron ante la corrupción general y el amedrentamiento. Porque no han temido desasirse del juego de la amistad, de la trampa de una amistad tan cabal que evita la denuncia, la crítica o la abstinencia del juego.

—Y la ambición, la voracidad del Sistema, dispuesto a calificar como folklore lo que no puede suprimir, y como bufonería lo que no puede molestar en lo esencial. Después de un breve lapso, de unos cuantos febriles, amargos y admirables meses, la amistad avasalladora desciende a nosotros. Todos quieren ser nuestros amigos, nadie desea molestarnos, podremos vivir en paz y armonía con nuestros semejantes. ¿Por qué no atender la oferta?:

 (Hacemos un llamado a todos para que se incorporen, para que comprendan que el progreso del país requiere del esfuerzo de todos, para que cesen las pasiones, se difieran los enconos y se entierren las diferencias. La unidad nacional es un manto sagrado, una capa protectora, un tibio y amplio regazo, un lecho absoluto de comprensión y paz. Únete, incorpórate, súmate, asimílate. No te rezagues, asiste a la entrega y repartición de premios, entrégate al Gran Juego, a la Fiesta de la Amistad. Estás en tu casa, considérate un miembro de la familia.)

—Yo y mis amigos en 1969: la eternidad de los vivos y no la eternidad de los muertos, que lo arrastra todo consigo y que, alcanzando, a través de los latidos de la sangre, lo único que hay en el hombre más grande que el hombre, el don de la solidaridad, palpita a grandes golpes en la calle otra vez desierta, donde empieza a levantarse el viento, bajo el cielo semejante desde que mueren o vencen voluntades humanas. (André Malraux.)

[1969]

Cuevas en
la Zona Rosa

•••

—¡Mira, allí va José Luis Cuevas!

—No, no es él, si dijeron que iba a llegar más tarde.

Rosita se impacienta: "Ya que empiece."

Lourdes se ríe con agresividad: "Esto es una locura."

Alberto comenta escandalosamente: "Se me hace que va a ser un anuncio de la Orange Crush."

Joaquín espera: "Yo nunca había venido a la Zona Rosa."

Gonzalo atiende a los organilleros: "¡Qué buena onda!"

Ernesto se angustia: "¿De veras no te gustó mi corbata?"

Lopitos reflexiona ante la propaganda política: "Bien moderna. Las agencias de publicidad ya llevan las cuentas de los futuros diputados. Poder y mercadotecnia."

En la esquina de Londres y Génova, en el barrio comercial conocido como Zona Rosa (la Zona del Arte y el Buen Gusto) la multitud aguarda. En el mes de junio del año electoral de 1967, la noticia en el Distrito Federal es la inauguración del Mural Efímero de José Luis Cuevas, el artista de moda (polémico) (discutido).

—Mural efímero es una contradicción. El mural está

hecho para durar, porque se inserta orgánicamente en el complejo urbano.

—Ése es el chiste de lo de Cuevas: burlarse de las pretensiones del muralismo.

—Lo único que quiere es hacerse propaganda.

—Se la hace porque puede. Si no es tan fácil.

Y la multitud se divierte. Pasan agentes de tránsito, policías removidos por el acontecimiento, fotógrafos que alumbran los rincones previsibles del rostro y los escondrijos de la mirada absorta, la actriz Julissa en una motocicleta y las cámaras de televisión.

Arriba, reteniendo y concentrando la curiosidad de dos mil o tres mil entusiastas, algo que parece un gran anuncio comercial.

—¿Te acuerdas de aquella película donde Judy Hollyday alquilaba un letrero gigantesco para poner su nombre?

(El proceso Cuevas, la trayectoria Cuevas, las diferentes etapas de Cuevas. El nacimiento del mito: 1956, el suplemento *México en la cultura* aún dirigido por Fernando Benítez, publica la embestida furiosa, el blietzkrieg de José Luis Cuevas contra el muralismo mexicano. "Son ineptos y dogmáticos", declara. ¡Herejía! clama la opinión pública. ¿De veras alguien discute la merecida fama de Orozco, Rivera y Siqueiros? Y Cuevas se pronuncia contra el nacionalismo y el Taller de la Gráfica Popular se indigna hasta la denuncia política ("agente de la OEA", "títere del imperialismo") y Siqueiros contraataca a nombre de la educación artístico-político-económico-pictórico-plástico-social de las masas y Cuevas provoca y obtiene el odio popular. Cuevas se enfrenta a la inmovilidad y a la estratificación. Cuevas inquieta, perturba. Pelea con el escritor Andrés Henestrosa, con el grabador Leopoldo Méndez, con Raúl Anguiano, retratista de los indios de Bonampak y de las señoras de la burguesía. Cuevas patrocina un término, la Cortina del Nopal, y denuncia los males del nacionalismo cultural, nos aísla, nos hace creer la gran falacia del interés internacional por algo más que no sea la posibilidad de saquearnos o confundirnos con Ecuador, nos lleva a reconocer como arte sublime lo que sólo es demagogia autosatisfecha. Cuevas, primer desmitificador de la nueva generación.)

Las camisetas llevan estampado un dibujo del artista y su nombre: José Luis Cuevas. Son las jóvenes del ballet de Malena Soto que entonan una porra en honor del Nuevo Monstruo Sagrado.

—¡Allí está él! ¡Ahora sí!

Y Cuevas sorprendido, impasible, nervioso, sereno, avanza hacia el edificio que su mural corona. Los reporteros lo persiguen en la hora de la emoción.

—¿Por qué usted que siempre es enemigo de los murales hace esto?

—Para enfatizar mi actitud en contra, por medio de la ironía.

—¿Qué piensa sobre el arte político como lo practica el señor Siqueiros?

—Que ha fracasado lamentablemente. Yo practico una actitud más purista. En el caso de Siqueiros el político ha vencido al pintor.

—¿Pierde este mural por esa condición efímera su condición de obra de arte?

—Si tiene ese valor no lo perderá nunca, es. decir, no lo perderá mientras dure.

Y la multitud aplaude o chifla, goza y se inquieta. Cuevas aparece en la azotea del edificio. No hay ceremonia. Observa a la multitud, consiente a los fotógrafos, exhibe cierto adecuado nerviosismo. Abajo, la esperanza de que algo muy insólito suceda. Han sido semanas de propaganda intensísima, de entrevistas de prensa, de rumores y ataques y declaraciones:

(Mi actitud general y lo que me decidió a hacer el mural es el rechazo de la solemnidad. Como mis compañeros de grupo, yo también rechazo la solemnidad, rechazo esa pretendida idea de supervivencia, esa gana de inmortalidad que tanto sacudió a los muralistas, en especial al kilométrico Siqueiros. Por eso mi happening, mi efímero es improvisado. Es un mural gratuito, además, porque no me han pagado por él ni pienso venderlo de modo alguno. Es un mural cartel hecho en una semana que cambia según cambian mis estados de ánimo. Los acontecimientos últimos modificaron bastante mi idea del mural. Por último, pienso hacer un one-man show en toda la ciudad, que seguirá el estilo de la historieta, del comic. Lo que me ha normado en esta empresa es la humildad.)

Su grupo es la Mafia, una abstracción que designa a una élite inaccesible de escritores y pintores. La Mafia preocupa, molesta, irrita, desconcierta, indigna. La Mafia —dicen— quiere impedir el acceso a la cultura de los valores jóvenes. La Mafia no existe.

Cuevas, desde lo alto, contempla a la multitud. El tiempo de la develación, de la revelación. El Mural Efímero va apareciendo ante la sorpresa, la ira, el relajo, el asombro. Allí están los grandes trazos de Cuevas, desafiando, incitando. La gente aguarda algo especial, música o discurso, la diversión que se prolongue. Cuevas permanece un instante más. Desaparece. Los curiosos se desconciertan, se decepcionan. Nunca se les hubiese ocurrido que un mural efímero fuese simplemente un mural.

[Paréntesis: El lugar de los hechos/I]

Hastiada de precisar el restaurante donde el general Álvaro Obregón cenaba haciendo gala de su memoria o la calle favorita donde el poeta Manuel Gutiérrez Nájera hacía honor a su nombre, la ciudad de México amplió sus pretensiones. La Zona Rosa fue el resultado de esta necesidad inaplazable de cambio, de este requerimiento de nuevo status. La Zona Rosa, centro de la moda, ha sido también y simultáneamente una invención del ánimo, el punto de partida del México pop y op, la sede del México-Petronio que dictaminará elegancia y cultura, new look y nuevos environments. Descaro. Juventud. Desenfado. Audacia. Exhibicionismo. Muerte del prejuicio. Extravagancia. Costos elevados. Calidad. Distinción. Fantasía. Allí se han filmado comedias espectaculares, se han forjado y se han deshecho y se han ignorado reputaciones y prestigios, se ha arriesgado la hipótesis de que existan mitos o leyendas no registrables por *Time Magazine.* Es la época de las pequeñas invenciones o las atribuciones que devienen en las mentiras amables: la Mafia, la Canalla, la Avidez de Publicidad, la Creación de Imágenes. Ceremonias locales, secretos a voces bajas, ilusiones inofensivas. Primero con inquietud, luego con odio, a continuación con generoso espíritu de burla y finalmente con amor, los provincianos y los capitalinos han creído en la Zona Rosa. El Primer Cuadro, la zona citadina con su cauda de aglomeraciones y despachos y librerías de viejo y cafés donde uno no citaría a su peor enemigo, se ha vuelto *ghost town,* pueblo fantasma, sitio sólo habitado por los poderes. El triunfo de la Colonia Juárez. Los nombres de las calles se vuelven pendones: Londres, Génova, Hamburgo, Niza, Copenhague, Estrasburgo, Florencia, Amberes, Liverpool. En el Distrito Federal, la Zona Rosa se ha establecido más allá de la controversia. Se ha constituido un tipo humano: el habitante de la Zona Rosa. El primer dato que lo vuelve reconocible es un deseo de ser identificado. De las colonias de clase media del

D.F., de las tertulias de Saltillo, de las peñas literarias y teatrales de Monterrey, de los círculos activistas de Chiapas, de los manantiales poéticos de San Luis Potosí, de las promesas filosóficas de Hermosillo se va nutriendo el aspecto del barrio. Y se alimenta también de los actores en cierne, de los escritores en proceso, de los pintores en plena aspiración de madurez. Eso, los cafés. Los bares y los restoranes de lujo reciben y acomodan otra fauna, la variada especie de los triunfadores, industriales y políticos, artistas y comerciantes, que ven en el anillo de brillante el discreto emblema de su poder inocultable.

1965: El México pop se pone en marcha. El Primer Concurso de Cine Experimental suscita el deseo de una gran renovación artística. La vanguardia se aloja en la Zona Rosa. Con muy varios efectos, los intelectuales van a la televisión, el público descubre la existencia de intelectuales. Siqueiros aún exalta el muralismo y la lucha revolucionaria a partir de la denuncia pictórica, en medio del auge de los seguidores de Rauschenberg y Oldenburg. Se desata el culto de la moda masculina, se acentúa el imperio de las fiestas desquiciadas (a colores). La preponderancia del México pop. Se decreta (o se constituye casi legalmente) un catálogo de aplausos y prohibiciones y a la Zona Rosa acude un variado collage: estudiantes de inglés que aspiran a dominar el idioma porque eso se traducirá en "¿Cómo se dice money, Miss Del Valle?" / secretarias de juniors exequitives tan admiradas del dinamismo de sus jefes que deciden vigilar su atmósfera / pintores apenas hace un año empeñados en la denuncia proletaria y ahora compenetrados del action painting y el gazné pluricromo / contadores privados seguros del efecto de sus turtle necks y sus pantalones de campana y sus lecturas de Sartre (se dice con acento: Sartré) y *El retorno de los brujos* (se dice con admiración) / licenciados con bufete regular en Mochis o Monclova que van allí "para que no les cuenten" y que después serán las delicias de sus reuniones con otros matrimonios platicando de las fachas estrafalarias y los ridículos espantosos / jóvenes tranquilos y calmados que hace diez años hubiesen sido dignos sucesores de papá pero que ahora, luego de lecturas varias y teveprogramas miles, se han sumergido en el desafío para volver provistos de melena y conversación de turismo zen.

La fama pública (que como todas las famas en México ha tardado cinco años en establecerse y tardará veinte en desplazarse), la fama pública se ha decidido por la Zona Rosa y en seguida, como dóciles ecos, se bautizan sus correspondientes en Guadalajara, Monterrey y Jalapa (visiblemente). Gracias a sus imitadoras nos acercamos a la esencia de una Zona Rosa: se requiere un café muy iluminado con revistas, dos boutiques, un café al aire libre, un grupo más o menos cultural que asista a diario, una discoteca, un grupo más o menos conservador que gusta de observar burlonamente al grupo más o menos liberal, el núcleo de las modelos o las mujeres libres de la localidad, una librería cercana y el espíritu de comunicación que hizo posible las novelas de Benito Pérez Galdós.

La gente, que al principio iba a verse y a criticarse con mutuo frenesí, acaba conociéndose y aburriéndose. Del vistazo crítico al repaso indiferente al saludo incipiente al trato irregular a la amistad entrañable: el viacrucis de los habitantes psicológicos del barrio. La Zona Rosa es una gran familia. Entonces ha llegado el momento de que se desintegre: toda institución familiar es ya caduca. Las novedades escasean al grado del cliché: en este mes las sorpresas son un pintor invariablemente francés, una modelo obstinadamente noruega, un joven aterradoramente mod que resulta recién salido de la Preparatoria Nocturna de Jerez, un fotógrafo alemán, dos docenas de hippies fugados de Huautla y un poeta que se ayuda leyendo la mano (lo que lo condena a la miseria porque la moda son las Tarot o el I Ching).

★ II: CUEVAS, EL ARTISTA COMO MITIN ★

A] José Luis Cuevas en la Zona Rosa de 1970. A una cuadra de donde develó su Mural Efímero, en la Galería Misrachi de las calles de Génova. Son las siete y media de la noche y el local acoge una concentración multitudinaria. El público es heterogéneo (¿qué público, excepto el de los cementerios, es homogéneo?). Pero ya te dije Nancy, que el público es heterogéneo y eso sólo significa que uno no los conoce a todos, que todavía se puede murmurar en México: "No tenía el gusto de conocerlo."

B] El rating de la galería encumbra a las admiradoras, las devotas de la nueva religión de la cultura. Vienen de las clases de Historia del Arte, de los conciertos privados con tocadiscos donde un joven brillante explica a los barrocos, de la entrega plácida al Libro del Mes, de los viajes a Europa a verlo todo, de la lectura pospuesta de revistas literarias, del convencimiento de que jamás podrán tratar a Rock Hudson, de la experiencia fulmínea de sus clases en la preparatoria particular, de su amor por Van Gogh que atestiguan las paredes de sus salas y recámaras, de su curiosidad por García Márquez. Participan en excursiones dirigidas a Tepotzotlán ("¡Miren nomás que churrigueresco!"), a pueblitos con iglesias sorprendentes ("es posible que esta Virgen sea del mismísimo Cabrera"), al Museo de Antropología ("A partir del edificio, todo es prehispánico"). Admiran sin reservas y van creando con su admiración el vasto auditorio, el mercado de consumo de la cultura. La estadística las favorece.

C] José Luis Cuevas tiene muchísimo talento. Pero al vernisage, a la exposición la mayoría no ha acudido-obviamente-en busca del arte. Cuevas es una leyenda, un mito, una actitud despectiva, una conducta ofensiva, un sitio inalcanzable, una referencia común. Ya no se le descubre. Trascendió la aceptación. Y si un cierto tipo de periodistas lo ha elegido como meta de su mínima capacidad de injuria, eso se debe a los previos desafíos de Cuevas, a su anterior rechazo del Establishment. Mientras llega la redacción de la gacetilla soez, los gacetilleros se deslumbran: un acto cultural que sea al mismo tiempo un espectáculo, es, de nuevo, un espectáculo. Las cámaras de televisión proliferan. Y las entrevistadoras recién salidas de la Universidad Iberoamericana, de la Universidad de México, de la Universidad Femenina, se encarnizan con preguntas totalizadoras: *¿qué opina usted del arte?, ¿cómo definiría la belleza?* o *¿quién en su concepto y por qué es el más importante pintor flamenco?* La atmósfera es irrespirable. Por tanto, vale la pena sumergirse en ella. Los noticieros se ensañan, al ignorarlas, con las pretensiones de la moda. Las preguntas de los reporteros crecen en proporciones metafísicas hasta la altura de "¿Y es usted muy vanidoso, señor Cuevas?" La atmósfera es francamente asfixiante. Afuera de la galería musitan su desconcierto los novelistas postergados y los grandes creadores ignorados. Un cerco de diamantes en la oscuridad acecha desde el azoro. Paciencia: algún día serán reconocidos.

D] La aglomeración se intensifica. La petición de autógrafos, la presión en torno de Cuevas, el tanto ruido que se asemeja a la reserva, son lo que muy pocos podrían llamar gajes del oficio. Siempre ha sido una burla habitual y un chiste perenne declarar que el día del opening nadie pudo contemplar la obra del artista. No podía ser de otra manera. En México las inauguraciones son acto de fe en el artista, no en el arte. Lo peor que podría sucederle a un artista, a cualquier artista es que en la inauguración la gente se dedicase a observar los cuadros. Eso indicaría que no hay otra cosa que contemplar.

E] La manía del éxito es manía persecutoria. Y las admiradoras, los pintores en ascenso o descenso, los curiosos, los oportunistas de la fama y los conocedores siguen y presionan a Cuevas y a Carlos Fuentes. Al ver la obra y al evocar la realidad trazada por Cuevas, uno recuerda la frase de Max Liebermann citada por Paul Westheim: "Dibujar es omitir lo que no es esencial." Cuevas ha omitido todo lo superfluo y en sus espléndidas visiones de Quevedo y en la admirable grotecidad que ha convocado viven y se expresan los diversos mundos que componen y descomponen nuestra realidad. La reflexión no iniciada cesa. Se anuncia la partida hacia la fiesta que Misrachi dará a Cuevas y los inevitables arribistas, los social climbers del vacío se disponen a perseguir cualquier carro que los conduzca hacia la que ellos suponen es la cima. La galería se va despoblando. El arte en México continúa su marcha.

[Epílogo: El lugar de los hechos/II]

Nunca fue ninguna, pero de pronto disminuye hasta el asombro la "vida cultural" de la Zona. No es un ideal Greenwich Village, no es el centro desde donde se dispersan las manifestaciones de vanguardia, no es semillero o granero o almácigo o nada que no sea una colección de cafés, restoranes y boutiques orquestados por la necesidad citadina de sitios supuestamente específicos. (Incluso el mundo de la peña de café continúa siéndonos ajeno.) Los grupos se reúnen en agradecimiento a otras presiones: la soledad, la vanidad, el sexo, el hastío capitalino, los negocios. La pretensión es lo "in", pero el afán avantgardista ha desaparecido. 1968, el Movimiento Estudiantil, Tlatelolco, los acontecimientos que modifican con tajo radial la fisonomía del país, diluyen la inaudita esperanza de definir la Zona Rosa como un golpe geográfico de suerte de la nueva cultura.

Queda el recorrido gastronómico, verbal y tedioso: Sanborns de Niza, Perro Andaluz, Picadilly Pub, Los Colorines, Tirol, La Pérgola, Kineret, Café Viena de Amberes, Konditori, Carmel, Toulouse Lautrec, Aunt Jemima, La Cabaña, El Caballo Loco, el Gatolote, Dennys de Amberes, Sanborns del Ángel, Vips de Niza, los comederos de tacos al carbón, el Luau, Chips, Monte Cassino, el Bellinghausen, Del Mónacos, Chalet Suizo, Focolare, Can Can, La Ronda, 2 + 2, La Mancha, La Pinta, Club La Llave de Oro, Antonios, Ostería Romana. Los nombres pueden cambiar y proliferar; se comerá mejor o peor; habrá compañía agradable o desagradable, mas un hecho inmutable prevalece: la Zona Rosa es un cálido impulso financiero no una forma del México nuevo, no una expresión de cambios cualitativos, no la concreción de la vanguardia: es, dicho del modo más simple, un gran centro alimenticio y de reunión, el núcleo de las apariencias complacidas que alguna vez aparentó ser el principio de una formidable cosmopolitización.

En poco tiempo, se ha trastornado para siempre la noción del Todo México, el indescriptible Mexiquito: ya no incluye intelectuales o pintores, se reserva sus derechos de admisión para con los artistas. Al fallar la Zona Rosa en el intento imposible de proponer otra versión de las cosas a partir de la moda, la antigua versión, la que sigue cifrando su abolengo en el número de fotos publicadas al mes, impuso su criterio. La mutación del país favorece a quienes no se han movido de sus cocteles: su transparencia evitó su marginamiento. ¿Marginada de qué? Del México respetable y sus vociferaciones. El México renovador se conforma con ser el México elegante. Las aspiraciones de una Pop Society mueren entre las adulaciones de los recepcionistas y la falta natural de gracia que toda sumisión colonial despide como luz propia. Los clubes privados reciben en su seno a los sobrevivientes del desastre. ¿Cuál desastre? ¿De qué 1968 me hablan? Ellos no se han enterado de nada. No me digan que ya pasaron de moda las patillas. La buena sociedad mexicana abre sus puertas para recibirse a sí misma.

[1967-1970]

☆☆☆☆☆☆☆☆☆☆☆☆☆☆ Dios nunca muere

[CRÓNICA DE UN ECLIPSE]

Muere el sol en los montes
con la luz que agoniza
pues la vida en su prisa
nos conduce a morir.
Pero no importa saber
que voy a tener el mismo final
porque me queda el consuelo
que Dios nunca morirá.

Macedonio Alcalá: Dios nunca muere (Vals)
Letra de Vicente Garrido.

A Felipe Campuzano

● LA COLUMNA DE FUEGO ●

El Observador resiente el paisaje. Si pudiese descifrar los mensajes que la Naturaleza disemina o esconde, no estaría redactando —con ese tecleo dubitativo de las consignaciones mentales— la crónica de un eclipse que aún no sabe si logrará asir, si conseguirá describir en forma mínima. La moda, imperiosa, ha decretado una Fiebre del Oro Ensombrecible. Y el Observador es oportunista. Ya desde días anteriores se desbordó la tumultuosa estampida, la violenta caravana de luces altas y caballos de fuerza que advierte en Oaxaca el happening de la temporada, a la altura del mejor show de la televisión. Idealmente, el polvo de la carretera se asienta a manera de maquillaje sobre rostros convulsos, se inmoviliza sobre los cofres despintados, sobre las voces con que se estimula a los nobles automóviles que conocieron su auge en los años sin problema de estacionamiento/

/el polvo recae sobre la decisión de llegar primero,
la polvosa enmohecida decisión de llegar primero.

Y esa gigantesca excursión nacional, ese país que redescubre su vocación de boy scout, ese picnic solemne y móvil, se vierte en las carreteras y acepta llevar desconocidos, acepta la amistad súbita de los desconocidos, acepta que no es el momento para creer en la existencia de los desconocidos:

de aquí al siete de marzo todos nos conocemos

Y el Observador registra la perdurabilidad de la Gran Familia Nacional, de esa unidad impalpable y férrea que lo incluye junto al profesionista y al obrero, que lo añade a las próximas festividades que proclaman la armonía del país.

—No te azotes, mídete.

La voz de la conciencia del Observador se aprovecha del lenguaje de la Onda. Tiene razón. Mientras sea posible, hay que suspender las imágenes previas, los almacenes mnemotécnicos donde se suele consignar y clasificar las reacciones vitales, las proposiciones ideológicas de aquí a la siguiente generación. La recomendación falla: el Observador no abandona su reiterada, circular, implacable crónica de lo que todavía no contempla. Ahora atiende al camino que conduce de Acapulco a Puerto Escondido y enlista las variedades de la flora, que luego no podrá comentar.

—¿Para qué? De esas descripciones se encarga en nuestra época la fotografía. ¿Cómo voy a mejorar a la Kodak?

La justificación no es convincente. Omite, por ejemplo, el vasto desconocimiento de un hijo de la ciudad en torno a la nomenclatura de plantas y de árboles. ¿Qué sabe de la botánica oaxaqueña? ¿Podría ubicar con rapidez el acahualillo, el achiote, el alfilerillo, el axocopaque, el codillo, el camalote, el palobobo, el mataperros, el cilantro culantro, la cuasia, el diente de león, el epazote de zorrillo, el guarumbo, la Hoja Santa, la ipecacuana del país, la mala mujer, la palma de cucharilla, la sensitiva, el xixobo? La vegetación no le resulta traducible ni lo estremecen las variantes del verde. Lo persigue su limitación de origen. Es consecuencia de las distinciones entre calle y banqueta (la llanura y el castillo de los antiguos, el azar y la jubilación de los modernos), del instinto cromático elaborado al escudriñar las líneas de los camiones. Del horizonte sólo ha extraído la esperanza del transporte. En su recuerdo, el verde siempre se asociará con la línea camionera Lagunilla-San Juan de Letrán; el azul con la línea Zócalo-San Lázaro. Le corresponde entonces asumir el viaje con fijación arqueológica: ¿qué ha dejado el hombre a su paso, cuáles son las huellas de la presencia humana? Las más visibles, la carretera y la constancia de un proceso típicamente mexicano. El camino se compromete, los espacios disponibles militan: piedras, árboles, carteles, cerros de faldas tatuables y la fachada de la iglesia de Pinotepa Nacional se unifican en un solo criterio electoral: LEA. Arriba y Adelante. LEA 1970-1976. Luis Echeverría Álvarez. Una roca aislada, solitaria, habla en nombre de la sociedad pluralista: Vote por González Morfín. Viva Efraín. PAN.

● BUNDOLO MATA ●

Se ha llegado a Río Grande, un pueblo a orillas del Río Verde. Primitiva, eterna, la panga, fuente de ingresos de Río Grande, ha variado tarifas: de cuatro a veinte pesos por coche transportado. Antes de que broten las fijaciones del Observador y su legado visual desentierre cocodrilos somnolientos, nativos en trance de perder una pierna y el gesto valeroso de un hombre en taparrabos apoyado en una liana, la vida ribereña se le ofrece, realista, como un haz de impresiones fijas: más que cinematográfica, la miseria es atemporal. Esas chozas taimadas, con esas mujeres que calientan tortillas (al abrigo de la superstición gastronómica que indica como supremamente deleitoso lo más barato), con esas niñas de ojos interminables fugitivas de un cuadro de Diego Rivera, con esos perros de la desesperanza y ese borracho pintoresco que musita sin término la misma frase en inglés: —Ey, Mister, lend my yur irs, lend mi yur irs, lend mi... bien pudieron ser consignados por Francisco Rojas González en sus cuentos antropológicos, quizás fueron asimilados por Emilio Fernández en las vivencias escenográficas de La Perla. No puede haber gran variedad de cronistas en México. La serpiente se muerde la cola. ¿Qué tanto difiere la mentalidad observada por la marquesa Calderón de la Barca de la comentada por Manuel Gutiérrez Nájera de la elogiada por Salvador Novo? Las constantes del ser humano, dirá alguien. Otro enmendará: las constantes del ser colonial.

● VIAJERO, DETENTE ●

El destino manifiesto: Puerto Escondido, en Oaxaca. El Observador muy bien pudo elegir, para ese 7 de marzo en la mañana, a Miahuatlán, "la capital científica del mundo" según designación de sus propios habitantes. Pero Miahuatlán albergará a la nación, al todo México que acecha a cualquier hora la oportunidad de sentirse íntegro, sin deserciones y el Observador (que intenta honrar su autodesignación a cada párrafo) no aspira a reseñar la estupefacción del país. Ese asombro del Bravo hasta el Suchiate que se concentrará, se profesará en Miahuatlán, le es (de antemano) ajeno, como le es extraña la idea misma de una convención o un congreso donde el eclipse sea la ponencia y el país las deliberaciones.

Puerto Escondido es uno de los sitios más difundidos del turismo underground, de esa corriente que se inicia en el aventón, prosigue en camiones de segunda junto a pollos y monólogos sobre los pecados de provincia, se instala en camionetas agonizantes, aprende el sentido del tiempo en la parte trasera de los camiones de carga, se extasía en los mercados adquiriendo manufactura indígena, acude a las chozas donde siempre queda un poco de cafecito ¿no gusta? El turismo underground se aferra a la consigna: y en una reconquista feliz de mi ignorancia... Que ellos, los demás, no te modifiquen Naturaleza, que no vicien tu aire, que no empañen tu dicha que es la soledad. Como Yelapa en Jalisco, como Huautla y Puerto Ángel, Puerto Escondido es el Edén Posible: aquí todavía no hay manadas de American Airlines, ni ocasos que manche una risa blasfema del maitre al celebrar la ebriedad del cliente.

Tal es la ilusión, la imposible ilusión de marginarse, de ignorar a las masas, a quienes viven de VIPS a Dennys, de los rápidos sándwiches de Sam's a las hamburguesas del Big Boy, de un Hilton a otro, de la compra del honor de una beautiful señorita a la disminución del machismo de un lanchero, de la cercanía de la casa de Merle Oberon a la contemplación fanática de la residencia de Liz y Dick. (*Tómense fotos, perpetúese la adoración.*) Tepoztlán cedió su magia a los antropólogos. Acapulco y Puerto Vallarta le vendieron su fascinación a los hoteles, a los guías de turistas, a las muchedumbres de Semana Santa, a las boutiques, a los niños de mirada ávida que se transforman en los beach boys de mirada ávida que se extinguen en los meseros de mirada (retrospectivamente) ávida, a los courts de tennis y a los night-clubs, donde la Gente Hermosa le regala su fascinación a los fotógrafos. Flash. Se robaron las playas. Flash. Le pusieron precio a la dignidad. Flash. Acapulco y Vallarta se han contaminado hasta lo indecible, hasta lo indeseable: cambiaron su potencia por travelers checks. Y al cabo de tan previsibles admoniciones, el turista subterráneo se desplaza hacia Puerto Escondido y Puerto Ángel, y teme que la represión municipal torne inaccesibles Yelapa y Huautla.

El Observador ha leído en el camino un libro de José Lezama

Lima, y ha reavivado su contacto con esa enorme, sedentaria sabiduría de Patmos esquina con Trocadero (en la Habana Vieja). Relee los párrafos subrayados con el pulso incierto de los cien kilómetros por hora: "Lo único que crea cultura es el paisaje y eso lo tenemos de maestra monstruosidad sin que nos recorra el cansancio de los crepúsculos críticos." ¿Cómo interpretar el oráculo? Hay una musitación délfica en Lezama que siempre fascina y contraría al Observador. ¿Qué ha creado el paisaje mexicano? ¿La cultura opresiva del Valle, la asfixia ceremonial que rodea a la Sierra o esa cultura de bahías y playas donde todo se condiciona para que esplenda a veinte o treinta o más dólares diarios, sin comida?

—Toda interpretación al pie de la letra rebaja.

La amonestación del Id le impide al Observador descender las últimas gradas del sectarismo interpretativo. Lezama continúa: "El paisaje es la naturaleza amigada con el hombre." Y el Observador lector lineal, despotrica: Lezama generaliza porque no ha vivido en México. La naturaleza mexicana ha sido adversaria, cómplice de traiciones, enemiga de la rebeldía. Écrasez l' infame.

—Mira nomás que cielo.

Sí, qué padre. Aunque convencido de la desdicha que la Naturaleza nos aportó como dote, a pesar de compartir el prejuicio contra los panoramas admirables (que invariablemente concluyen decorando las peores películas del mundo en el papel de contexto de un amor sublime), el Observador no alcanza a sustraerse de la influencia de una desnudez muy bien pensada, de un paisaje que no es deslumbrante, ni espectacular, ni glorioso, ni pródigo, sino simplemente paisaje. Ya recibirá en cuanto se filmen por estas tierras las primeras coproducciones y se levanten los grandes hoteles y se desencadenen los primeros crímenes internacionales y empiecen a adquirir los mejores terrenos los veteranos de Vietnam y el español comience a ser aquel idioma de los abuelos, ya recibirá el paisaje su dosis de adjetivos convenientes. Por lo pronto, sólo vale la pena.

(Malcolm Lowry y *Bajo el volcán;* "Oaxaca... La palabra era como un corazón que se quebraba, un repentino repicar de campanas sofocadas en medio del vendaval, últimas sílabas de algún sediento que agoniza en el desierto.")

Si Acapulco es Minnesotta o Missouri con amaneceres de sabor latino, Huautla es San Francisco organizado en torno a María Sabina y sus descendientes. Ahí la llevan: la bahía y los hongos. Y Puerto Escondido, si no se cuida, terminará siendo

Acapulco. Todavía falta, lo defienden la lejanía y la escasa divulgación y la carencia de un aeropuerto tan aséptico como los recientes de Mazatlán y Guadalajara. Y en su morosa complacencia de población de 3 600 habitantes, en su eficacia concentrada de única calle donde se funden y confunden hoteles y fondas y puestos de mexican baratijas y oficinas municipales y playa y rocas, Puerto Escondido recibe a los buscadores, a los rastreadores del Eclipse.

● LAS TRIBULACIONES DEL BUEN SALVAJE ●

Un campamento y sus vicisitudes. Trailers y remolques y hamacas y sleeping bags y tiendas de campaña y sarapes de Chiconhuac y Tlaxcala y todo el suministro de precauciones que se iniciaron en los boy-scouts y concluyeron en los rotarios.
—¿No trajiste las latas de sardinas?/ Préstame tu abrelatas/ consíguete unos vasos/ tráete los refrescos/ ¿para qué compraste este pan tan horrible?/ pon a calentar café en el termo/
Las invocaciones estallan como el principio de un rito. Hay que neutralizar el golpe de la Naturaleza, su petición secreta de virtudes que surjan en el choque contra la escasez. Robinson Crusoe no tenía tarjeta del Diner's. ¿Para qué las aptitudes engendradas por la necesidad? No hace falta: de eso se encarga la civilización y la reflexión del Observador nació y se fortaleció en miles de artículos del *Readers Digest* y decenas de libros de Tihamer Toth y Constancio C. Vigil y cientos de programas radiales de Fulton J. Sheen (en la voz de Enrique Rambal).

¿Vale la pena renunciar a las conservas?
¿Vale la pena renunciar a los sleeping bags?
¿Vale la pena renunciar a la injusta distribución del ingreso?

En otros lugares, la recepción del eclipe ha sido entusiasta. En la ciudad de Oaxaca, las fuerzas vivas han articulado un comité de bienvenida sospechosamente parecido al de la campaña electoral. Es otro Domingo de Ramos laico: Bendito el que viene en el nombre del Señor. En San Andrés Tuxtla los brujos mexicanos organizaron para la Víspera su encuentro anual (sin mantas efusivas en el Hotel del Prado ni gaffetes del Hotel Camino Real). En Miahuatlán cunden miles de turistas que aplauden la dádiva de fiestas, danzas, desfiles, canciones y presencia de miles de turistas, científicos y personajes ilustres. En Miahuatlán se festejan los esponsales entre un pueblo sin diversiones colectivas (ajenas al futbol, al box y los toros) y una Naturaleza sin nociones espectaculares frecuentes (ajenas a los ciclones, los temblores y el partido en el poder). En Miahuatlán se venden cerca de mil litros de mezcal.

En Puerto Escondido sólo se actúa la admiración eterna ante el paisaje, entidad que nos colmó de circunstancias antes de que la rechazáramos. Por lo demás, ningún recibimiento singular. El Observador experimenta una leve decepción: los periódicos (a los que nunca da crédito) le han informado (y él, como siempre, lo ha creído) de una convención de hippies o jipitecas —su variante específica— con volteretas esotéricas y vida tribal y licenciosa que ignora el temor de Dios. La realidad, o ese caos que sus ojos absorben y a lo que no sabe si designar como realidad. aunque las apariencias sean dolorosas en esta su verdad poco romántica, le entrega un pueblo pequeño y visitantes de extracción múltiple, de comportamientos encontrados. ¿Pero una convención, una concentración a la manera del festival de Woodstock? ¡Ah, las reconstrucciones del apocalipsis a seis columnas a partir de los reportajes gráficos sobre el Greenwich Village!

La realidad es un robo. ¿Quién importó a estas familias modelo, a estos padres conmovedores que acarician una y otra vez el cabello de sus vástagos, a estos caifanes de vaselina y puro sentimiento, a esta excursión de secretarias y ayudantes del departamento de contabilidad de la empresa? ¿Quién atrajo estos comentarios irónicos, a este derroche de cervezas, a estos ciudadanos de moral iracunda que desdeñan a estos drogadictos y no dejarían que su hija se ·casara antes de su fiesta de quince años? ¿Qué no se dan cuenta de que su intervención destruye la noticia, impide la armonía? El Observador debilita su decepción contando jipitecas y la nutre censurando la febril intromisión de los sólidos pilares de la comunidad.

● LLÉGALE, DE VOLADA ●

Llégale. Si existe atención, las palabras adquieren sonido. El rumor del campamento mezcla murmullos. En momentos, es Hornos o Caleta, las playas convencionales de Acapulco a las seis de la tarde, con esa brisa exacta que recuerda el lunes próximo y los pendientes de la oficina. O son relatos, fragmentos de autobiografías que alguien comunica con la despreocupación de quien siente las vidas intercambiables.

—Di una conferencia en la Fraternidad Universal que dirige el guru Estrada, José Manuel Estrada. Rolan muy bien allí. El guru es muy buena onda. Él está en el sexto círculo. Jesucristo en el séptimo y Buda en el octavo. No, él es venezolano y ya ves que a ellos no les gusta hacer las cosas para exhibirse. El levita, resucita chavos, pero nada más delante de sus discípulos. ¿Qué si quema? Nel, él es muy acá, siempre está arriba sin necesidad de un toque. Casi lo he visto levitar.

Llégale. Los murmullos erigen paredes, trabajan para forjar —en todos los sentidos— una atmósfera. Los gabachos o gabos (o gringos. *Nota del traductor*) se agrupan en torno de la eficacia de su civilización. Alguien lee a Lobsang Rampa. En cualquier momento, alguien lee a Lobsang Rampa/

—Debías leer un libro bien cotorro. Se llama *La mujer dormida debe dar a luz.* Es de un chavo Ayocuan. Él estuvo en el Tibet. Es un lung-gom-pa, es decir, se puede sumir a voluntad en un trance hipnótico y entonces se avienta largas caminatas a paso veloz ya. Dice que hay un hilo de la evolución espiritual de la humanidad que durante la última Edad Histórica se desarrolló gracias a las culturas griega, bizantina, árabe y occidental y que la nueva cultura nacerá en México.

Ya le va. Se visten de tarahumaras, adornan sus guitarras con cintas huicholas, traen cruces yalaltecas, usan camisas zapotecas. No acuden a lo indígena porque precisen de identidad nacional, sino porque así incorporan costumbres y vestuarios de esos primeros exiliados, de esos primeros marginados de la civilización y la tecnología. Los lacandones siempre han estado fuera.

—Como te iba diciendo, como necesitábamos llegarle a un buen refine nos dirigimos al mercado. Cámara, eso sí que fue aliviane. Ahí se encuentra todano lo que el amor por el arte sencillo y puro en el vestir y otras onducas producen los indígenas oaxaqueños: huaraches, colgajos, camisas, sombreros, yerbas medicinales, etc., etc. y el huatísimo de frutas y vegetales frescos hasta el gorro. La delicia de cualquier guru y chavo vegetariano.

Ya le va. Vienen de la ciudad de México y de Monterrey, de Puebla y de Sinaloa. Sus intereses difieren; su lenguaje suele coincidir. Viven su liberación y la predican: pueden ser misioneros o pueden ser oportunistas de esta explosión vital. Las variedades de la experiencia religiosa: su conversación es un solo, persistente, emocionado testimonio: su vida se transformó, ya no son lo que eran. —De veras que ya no me conozco. He cambiado chorros. De volada. Seguro que si me hubieses conocido entonces, hubieses dicho que yo era un fresa. Ahora, ya ves. ¿No te conté mi último experimento? Me dedico a secar flores con el poder de la concentración mental. El otro día fatigué a un montón de geranios en el jardín de casa de mis tíos.

Los murmullos: un grupo de *cuates de la colonia,* de esa entidad de la clase media baja que decora los gimnasios, las vueltas ciclistas y las películas de Ismael Rodríguez, inventa una fogata y se prepara.

Yo ya te iba a querer...

Cantan con voces desafinadas, dulzonas, con un azucaramiento que contradice su frecuentación exhaustiva de los burdeles, cantan como cumpliendo la encomienda de una edad que viven y que no habitan.

pero me arrepentí. La luna me miró

A su lado se escucha *Let It Bleed* en un tocadiscos de pilas. Pero ignoran el inglés y qué carajos, hay piezas muy bonitas y a uno le gusta tocar la guitarra.

y yo la comprendí. Me dijo que tu amor

Su expresión soñadora no oculta su verdad básica: se consideran anacronismos, mexicanos abandonados en México cuando todos los demás iniciaron la huida, criaturas nulificadas por el despegue

no me iba a hacer feliz

Agreden a sorbos una botella de tequila. Se animan con pequeñas disensiones, desearían irse ahorita a un salón de baile o a una fiestecita. Se saben nacos, se saben incapaces de memorizar: "You can't always get what you want", se saben humillados por la pinche vida.

Conque mi jefe no hubiese sido tan borracho/ Échate "La nave del olvido".

Llegaron en un coche miserable y se han pasado la mitad del trayecto caminando hasta la gasolinera, pidiendo un gato, arreglando las bujías, cambiando llantas, bebiendo cerveza caliente, mentándole la madre al mecánico de la Colonia Pensil que les aseguró que llegaban sin problemas/ Estamos salados, chompa.

Que me ibas a olvidar porque tú eras así.

Jueves en la noche. Antevíspera del eclipse. En la playa, un grupo convocado por una identidad y una fogata:

Y es por eso que vine a cantar
aunque es cosa que no sé,
que siga, que siga el gusto
y que viva Ometepec.

Podían ser también de Pinotepa Nacional, de San Sebastián Ixcapa, de San Pedro Amuzgos, de Santa María Zacatepec, de Putla y de Copala, de Cacahuatepec, de Tuxtepec, de la Cañada, de Juchitlán, de Huajuapan de León, de Yosocutla, de Marcos Arteaga, de Tonalá, de Juxtlahuaca, de Ixtepec, Ixtlatepec, Espinal. Poseen orgullo local y lo manifiestan. Ahora entonan "Pinotepa".

—Es de Álvaro Carrillo, compadre. Él era de Cacahuatepec, en la Costa Chica. Le pusieron su nombre a la calle principal del pueblo. Es que era un gran compositor.
—Como Macedonio Alcalá, el de "Dios nunca muere". Y como José López Alavéz, el de la "Canción Mixteca" también de Oaxaca.
Una maestra joven se levanta:

Cuando estaba solo, solo en mi cabaña
que construí a la vera de la audaz montaña,
le rezaba al Cristo de mi cabecera
pa que de mis penas compasión tuviera.

Y el Observador atiende la obra maestra de Rubén C. Navarro y se pregunta si habrán visto la película con Roberto Cañedo. Sigue "La Llorona" y antes de "Nunca" otra maestra asume, con la misma cortante tajante vibrante voz "Reír llorando" del Cantor del Hogar: *Viendo a Garrick, actor de la Inglaterra.* México se divide en 29 estados, 2 territorios, un Distrito Federal y decenas de países y de épocas históricas. ¿En qué siglo viven los trinques? ¿Qué década habitan los admiradores de Juan de Dios Peza? ¿En qué país se mueven los entusiastas de Crosby, Stills, Nash y Young?
A unos pasos, unos chavos colocan un cartucho de Led Zeppelin en su grabadora.

100

A unos pasos, el señor de la camisa blanca le señala a su mujer:

—Tú verás lo que haces, gorda, pero Juanito no me va a andar en esas fachas.

En lo alto de la pirámide, los muchachos fuman mariguana.

• NO QUEREMOS EL ECLIPSE. QUEREMOS REVOLUCIÓN •

Viernes 6, en la tarde. Por la playa desfilan unos chavos con turbantes que fueron toallas y sábanas y cobertores que reencarnaron en caftanes. Llevan cartelones de protesta:

Paz en el Medio Oriente/ Queremos la Paz/ Stop the War in Vietnam/ Freedom to Political Prisioners.

Son ocho o diez y se manifiestan como orgullosos y felices, con la alegría de quien predica la buena causa un día antes de la hecatombe universal. A los pocos minutos llegan noticias.

—Les echaron dos pelotones y los dispersaron. Se echaron a correr como locos. O piraban o en sus marcas, listos...

—Son unos desalivianados. No debieron hacerlo. Aquí hay chavos que estuvieron en el Movimiento Estudiantil y los podrían apañar de paso. No se midieron.

En la mañana, unos soldados detuvieron a dos jóvenes que fumaban mariguana en la playa. Unas damas compadecidas le exigen ahora al Observador que investigue en su carácter de poseedor de credenciales. Acude en tímido plan inquisitivo y al presentar su escuálida identificación de prensa obtiene un trato diferente, deferencial.

—No, amigo de la prensa, lo que pasó no tiene importancia. Ya van a salir estos muchachos. Cosas de ellos, muchachadas. ¿Quién no hizo alguna burrada en esos años? Y además, no queremos echarle a perder el eclipse a nadie. Ya salen.

Abandona la presidencia municipal y contempla la tarde de ese viernes prologal. Va hacia la playa y se suma a la espera, a la falta de prisa en un medio sacudido por la invasión. Con mucho, la gente más interesante es la de la Onda. No tienen competencia, por otra parte. Simón. Interesante no por su ideología previsible o por su conducta folklórica, sino porque más allá de las burlas, las caricaturas, la persecución incesante, su valor como ejemplo negativo, el-los-el chiste sobre el unisex, las referencias a Charles Manson, los comentarios redentoristas de los

101

sacerdotes de la televisión, las declaraciones en su contra de la Juventud Popular Socialista, la industrialización de sus hallazgos a cuenta de novelistas y revistas para jóvenes; porque más allá de todo esto, y de las comparaciones con los bohemios de principio de siglo, se encuentra un grupo que, de modo evidente, se niega a pertenecer a la Gran Familia Nacional. ¿La parábola del Hijo Pródigo?

—Nel, mídete.

Simplemente otra onda, muy distinta, la Onda con mayúscula, que se inició cuando alguien aquí y allá tradujo las letras de las primeras canciones de Bob Dylan y decidió que los tiempos están cambiando, que se inició cuando regresaron de Frisco los primeros jóvenes y vinieron las migraciones de gabachos y los chavos palparon el rock y quemaron mora o mariguana por vez primera y adquirieron posters de Allen Ginsberg y el Che Guevara y usaron botones de protesta y le cayeron a Dylan y a los Rolling y quemaron mostaza o mariguana y la tierra estaba desordenada y vacía y compraron la prensa underground de California y se sintieron drop-outs y nadie volvió a decir "destripado" para significar un abandono de carrera y vio Dios que la luz era buena y quemaron café o mariguana y se sintieron macizos y fue la tarde y la mañana del quinto día y descubrieron frente a ellos a los fresas que utilizaban la onda etílica para entonarse en la fiesta de graduación y que ni a drop-outs llegaban y fue la tarde y la mañana del sexto día. Y la Onda se traduce en emanaciones y vibraciones y sustitución de las palabras con las ondas. El rock ha sido escuela, universidad. Y ahora están en su tercer o cuarto año de rock ácido y hablan Jimi Hendrix o Rolling Stones del modo en que pudieron hablar Cream o Traffic o como jamás dijeron cosa alguna en Monkees o en Archies.

—El rock es un orgasmo, chavo. Pero no una vulgaridad o un llegue, sino algo más pausado, más rítmico, como un *a toda madre* dicho con gozo en lo alto de un banquete. Simón. Janis Joplin es un pasón. Tom Jones es un saque de onda.

La Onda es su horma. La horma, la concepción de las reglas precisas a que todo rostro debe atenerse, varía. Pueden traer la greña al tope o media greña o estilo Melchor Ocampo o estilo Sitting Bull o a la Jerónimo o con nada que los distinga, excepción hecha de su vocabulario. Cualquier cosa, menos la horma satisfecha, complacida, bienamada, la horma que rezuma el inmenso cuidado protector que un hombre de porvenir le debe a las líneas faciales que presidirán su madurez. ¡Camarita!

102

Los apañó la tira. Los detuvo la policía, la tira, la tirana, la tiranía. De la Onda emerge un slang, una germanía, el lenguaje
de una subcultura que pretende la comunicación categórica. El
Observador recuerda que en el fondo de todas las jergas, en el
sustrato último de todos los calós, de todos los dialectos urbanos,
se encuentran el sexo y la droga. Dioses intolerantes, mayúscu-
los, el sexo y la droga procrean y remozan las palabras. De un
modo u otro son dioses de la apetencia y el deseo, de la evocación de la apetencia y la solicitud del deseo. De los cuerpos
revueltos y de las bachas trasmitidas como ostias, del orgasmo
que produce neologismos para sentirse sucio y vivo y del beso
febril de unos labios sobre las puertas de la percepción, nacen las
palabras o sus significaciones recientes. No es casual que el lenguaje de la Onda deba tanto al habla de la frontera y al habla
de los delincuentes de los cuarentas. En la frontera y en la cárcel, en la corrupción de un idioma y en el idioma de la corrupción se elabora con penuria y terquedad la renovación. Un lenguaje no se detiene: usa indistintamente de los resultados de la
Revolution Avenue de Tijuana y de las claves para esconder secretos en los que, literalmente, nos va la vida.

—Me cái fáin ese bato. Me cai bien.

El caifán ha sido bautizado. Después ofrecerá, al insistir en su
conducta y en su vestuario, la definición del término. El hispanglish brota en cantinas, prostíbulos, garitos, cervecerías. Cincho
que sí. Y de ese vicio declarado, de ese melting pot de México que es Tijuana, y de ese vicio declarado, de esa cocina del
diablo que es la Candelaria de los Patos, surge de modo, entre
simbólico y realista, una parte considerable de la diversificación
del español hablado en México. La Onda es el primer grupo
que capta y divulga en forma masiva estos numerosos hallazgos.
Un slang es una complicidad, el habla de una subcultura es una
complicidad divertida. Por eso, la comunicación de la Onda
difiere tan radicalmente de la comunicación canonizada a partir del discurso de Gabino Barreda en Guanajuato en 1867:

("La ciencia... debía primero ensayar acrecentar sus fuerzas... hasta que poco a poco... fuese sucesivamente entran-
do en combate con las preocupaciones y con la superstición, de
la que al fin debía de salir triunfante y victoriosa después de
una lucha terrible pero decisiva.")

Frente al ánimo pétreo de un lenguaje que ha abdicado de la tensión para adherirse a la distorsión, el ritmo pendular de la vida mexicana ha encontrado en esa regocijada decisión lingüística de la Onda, su equilibrio y su escape. Lo contrario de la seguridad del término *Orden,* es la diversidad infinita del término *Onda.* A ese lenguaje institucional sin vacilaciones, sin dudas, programático, que se hace sentir como el fortalecimiento de una clase en el poder o el auge de una confianza represiva, opone este apenas lenguaje de sí y no, de simón y nelazo, no una certidumbre, sino una conducta: abstenciones, huida ante la contaminación de la metáfora, reducción de la importancia de la palabra, que actuará en lo sucesivo como emisario de las vibraciones o los enarcamientos mentales. El match se declara: de un lado la *trascendencia,* el discurso elaborado por la sociedad mexicana que exige la atención de la Historia, el respeto de los demás países, la bendición de Dios y de los símbolos de la nacionalidad y de los demás conciudadanos. En la otra esquina, la *inmanencia,* esa garantía del Ser, sitiado en su epidermis por dioses finalmente asibles.

(El lenguaje de la Onda se responsabiliza por amplísimas zonas de influencia. El espíritu de la secta impregna las conversaciones y el humor de otros muchos grupos de jóvenes. El lenguaje de la Onda es un patrimonio generacional.)

• DE LA CRÍTICA COMO UN SAQUE DE ONDA •

Tirar la neta: decir la verdad (se le pueden agregar mayúsculas).

Tirar la onda: enfatizar las potencialidades, los atractivos, las conveniencias de una actitud que sólo superficialmente puede confundirse con propaganda de enervantes. Lo que separa a la Onda del resto de este mundo no es pese a todo, tanto lo que consumen como lo que pretenden evitar. Pretenden evitar —con esa obviedad ideológica que una originalidad existencial intenta redimir— la comunicación hecha de seguridades, de exordios y remates, de responsabilidades asumidas y responsabilidades transferidas, de ceños que van adquiriendo jerarquía y diálogos que sólo reproducen otros diálogos que alguien, muy importante, algún día celebró. El Observador no cree en la Onda, no entiende la Onda sino como un problema que él soluciona con teorías, no con actitudes. La encuentra muy informe, celebrante rudimentaria de un estado de gracia que no se produce en los países en vías de desarrollo. Le reprocha ciertas herencias: el antiintelectualismo (no leen), la idea común del latinoamericano sobre el artista (son improvisados), el romanticismo que no se acepta (suelen ser cursis sintiéndose profundos). Califica de ingenuas sus producciones, de elemental su visión del mundo, de mínimo su poder de rechazo.

Y una vez delimitadas sus objeciones, el Observador se duele del papel asumido. Ante la Onda, o mejor ante los cientos de chavos que la viven, la atribución del papel de juez es inadmisible. Para eso, sobran fiscales, sobran sentencias inapelables. Y se proyecta la previsible suspensión de juicio hacia quienes intentan vivir de otro modo, en otro país que es este mismo. Cuando uno dice *Simón* o *Nelazo*, aun cuando de inmediato construya en su derredor otra retórica aprisionante y mutiladora, por lo menos no asciende a un estrado, no está reconociendo en el aplauso o en el servilismo ajenos, no se eleva en escala social alguna. Cuando uno consagra el dilema existencial *azotarse* o *alivianarse*, puede ser maniqueo, sectario, burdo, pero, por lo menos, encomia como disyuntiva posible las actitudes vitales no las posiciones competitivas de triunfo o derrota. *Por lo menos.* El atenuante existe para evitar un rendimiento absoluto, para impedir la adulación a una forma de vida que se aproxima, quizás de modo inconveniente, a la libertad. ¡Ah! El Observador quisiera emitir una crítica fulgurante que enfatizase las distancias que le separan de la Onda, que le augurase un sitio de privilegio, un halo de serenidad, que le evitase la inútil complacencia de quien toma partido por los derrotados.

● ELOGIO DEL ALIVIANE ●

Delinear la idea de azotarse, para un conformista convicto y confeso como el Observador, es más o menos fácil. Azotarse es pertenecer: a un modo dictatorial de vida, a un sistema de tarjetas de crédito, a esquemas cerrados de conducta. *Azotarse,* en esta definición tremendista que otorgan sin palabras los pobladores de la Onda, es aliarse a formas vencidas, es negarse ante lo nuevo, es aferrarse a una sola de las rendijas desde las cuales México contempla, creyéndose parte activa, a la cultura de Occidente. Los solemnes se azotan, los prejuiciosos se azotan, los exagerados se azotan, los represores se azotan. Azotarse es aferrarse, abdicar de las alturas, rehusarse a la percepción amplificadora.

Describir lo opuesto es más difícil: ¿quiénes se alivianan? ¿Y qué significa alivianarse? Se desencadenan trazos vagos, imá-

105

genes inciertas: *alivianarse* es recuperarse como ser humano (*desenajenarse* dirían otros), quitarse el peso, despojarse del lastre, negarse a la intolerable ley de gravedad de la sociedad en que uno se inserta. ¿Y qué pesos o qué lastres habrá que tirar por la borda? La debilidad de la Onda por el lugar común se interpone en el camino de las aclaraciones: hay que deshacerse de los prejuicios, de la incomprensión, del deseo belicista, de la intolerancia. Entonces: ¿alivianarse es reconocer con fórmulas la justicia de las causas justas? ¿Alivianarse es predicar slogans? ¿O alivianarse es, nada más, el puro hecho físico de entrar en onda? El Observador está siendo injusto. Percibe (palpa, dirían los chavos) que en lo inexpresado, que en lo no dicho se encuentra la definición más conveniente de alivianarse. ¿Mas cómo incorporar a una crónica silencios y ademanes brevísimos y actitudes y biografías enmendadas y desafíos? Alivianarse es...

Y ya para cambiar de tema, ¿no nos dice qué es Onda? El Observador se había pensado exhaustivo. Levemente molesto, quiere complementar: el término *telepatía* puede ser peligroso, pero en rigor ¿qué significa Onda? Algo distinto, sugieren de inmediato los afiliados a ese organismo vasto, impreciso, ambiguo, inhóspito, hospitalario que es la Onda, una de cuyas ventajas, en función de su desarrollo y de su emplazamiento, es su cabal inexistencia, presente y pretérita. No hay Onda como hay centrales de trabajadores; no hay Onda como hay Confederación Nacional de Organizaciones Populares. Se dan jóvenes que fuman mariguana, se dan jóvenes que oyen rock, que viajan en ácido, que se entusiasman con Eric Clapton, que se dejan crecer el pelo, que usan ropa de gamuza, que toman peyote, que toman hongos. La Onda es un rechazo, a muy diferentes niveles y contratando riesgos muy variados. La Onda es un estado de ánimo. La Onda es un chance que sí. La Onda es una complejísima realidad que, hablando a la mexicana, *nomás no existe*.

● LA HORA SEÑALADA ●

Y una diana, la seña melódico-cívico-militar que suele actuar para prevenirnos de la cercanía de una ceremonia oficial, deposita la tarea del despertar en el oxígeno abundante de una banda local que, contraviniendo los esquemas musicales en uso a partir del primer sátiro adueñado de una flauta, se ensañará durante media hora con tambores y trompetas. El día D ha llegado. Y la Fiebre del Eclipse modifica su disposición y accede a la metamorfosis: cientos de lanchones aguardan el desembarco en las playas de Normandía. Los relojes se ajustan y se ultiman los preparativos.

"Precauciones para observar el eclipse. La Secretaría de Educación Pública, por considerarlo de interés general, advierte y previene al público sobre el grave peligro de ver el próximo eclipse solar sin la protección adecuada, porque se producen en la parte más sensible de los ojos, que es la retina, lesiones irreparables. La única manera segura de protegerse es observarlo a través de cristales especiales como los que usan los fundidores de acero. Los cristales ahumados no sirven; las películas veladas sólo si se superpusieran cinco de ellas y no se observara por más de cinco segundos."

La gente va usurpando posiciones, desplazando a ninguno del sitio de todos. Los grupos se distribuyen. Hay una sola consigna: los viajes ilustran. Y el fenómeno propicia el aliviane, la cortesía, el tratamiento de calidad para el eclipse, esa excepción de la regla que se expresa como un culto, efímero y eterno, eterno y efímero. La Era de Acuario, el retorno masivo a la sabiduría que no requiere de laboratorios, le atribuye a esa velación solar datos sorprendentes, adquisiciones de conciencia cósmica, purificaciones internas, liberaciones interiores. Y con los ojos depositados en un punto donde se congrega el infinito, con bondad supernumeraria, con el rostro distendido o concentrado que pregona el ascenso de la percepción, la población flotante de Puerto Escondido, sus gurus, sus gegnianos, sus getuls, ocupan los cerros, confiscan las playas, se hunden, colectivamente, en el seno de la estupefacción.

"Las lesiones sobre la retina son definitivas y sin curación, y quien las sufre no advierte la lesión porque no causa dolor."

Y da principio el conteo implacable. Son las nueve y media y en Miahuatlán los locutores de televisión magnifican su inepcia y denostan a los hippies y su decisión de exponer el eclipse a los efectos malignos de las mujeres embarazadas.
—"Esto es un sacrilegio. Esto, amigos televidentes, es una blasfemia."
No hay caso. De México se ha ido el demonio, se ha ido el espíritu del mal y eso ya es noticia antigua. Ese aire pesado, irrespirable, ese smog anterior al smog, denso y cerrado, refiere la inexistencia del cielo y del infierno, de las recompensas y

castigos en otra vida. No hay blasfemias porque no hay bien-aventuranza; no hay sacrilegio porque no se da la posibilidad del milagro. Y el glosador telegénico del universo insiste:

—"Dan ganas de arrodillarse y rezar. Dan ganas de llorar."

Esto, naturalmente, se ignora en Puerto Escondido. Lo que tal vez sería previsible, es que en el esplendor del eclipse, alguien voceará:

¡VIVA MÉXICO!

como única solución posible. Un sistema educativo al margen del silogismo y borracheras interminables y peregrinaciones lla-gadas hacia la Basílica y los cursos de verano que nos compen-san de la pérdida de Texas, culminan en la primera y última afirmación: ¡VIVA MÉXICO! antes y después de los aconteci-mientos portentosos, de rodillas ante la Morenita, en el asombro del despojo, por encima de la Naturaleza o previamente o a su lado. Sí, la Naturaleza y la Historia desempeñan un papel pre-ponderante en nuestra conducta cotidiana: nos proveen de refe-rencias y contexto y de conversación prestigiosa y de sensibilidad demostrada, pero carecen del golpe estimulante, de la afirma-ción nítida, de la convicción que se derrama como un tranqui-lizante y un energético, una decisión y una abstención; carecen de las virtudes y las fuerzas recónditas y públicas que un grito, un simple

¡VIVA MÉXICO!

es capaz de acumular.

● LA TIERRA Y SU PLENITUD,

EL MUNDO Y LOS QUE EN ÉL HABITAN ●

Principia la invasión de los estados del sol por los estados de la luna. Y la idea de energía es omnipotente, omnipresente. Com-bustión. Om, satori, mana, fuerza, dominio. ¿Hay una concor-dancia entre la supremacía de las hierofanías solares y los des-tinos "históricos"? ¿Cuál es la relación entre ese dios atmosfé-rico y fecundador y las organizaciones políticas? ¿Qué civiliza-ción está divulgando este culto solar tan insólito, construido con teofanías pop y hierofanías derivadas de letras de canciones? Este retorno al culto solar confuso o turístico o profundamente serio, deviene como un trance, una operación que no desdeña-ría el calificativo de mística. No porque se aspire a revivir (o se pueda recrear) el rito ancestral; no porque se niegue o se

108

denuncie la existencia de Dios, sino porque se ha establecido la comunión que es comunicación. Panteísmo, tal vez. Una muestra de sincretismo religioso donde dioses, héroes, ceremonias y mitos disponen de 33 velocidades. Comunión con las ondas, con la Onda. Se transmiten —aunque el Observador no pueda captarlas ni acepte que se emiten—, se transmiten las ondas y los chavos acceden al viaje, deseando que les prenda, que les eleve. La exaltación es el ascenso.

No hay grito. No hay problemas, todo irá bien en esta caldera celeste que mezcla fórmulas del budismo zen y recuerdo de versos de Blake y Paz y citas de Burroughs y de Ginsberg y las profecías de Rodolfo Benavides y el Libro Tibetano de los Muertos y el Retorno de los Brujos y Aldous Huxley y Michaux y Artaud y las prisiones de Timothy Leary y a lo mejor nada de lo anterior ha sido leído o se ha sabido, pero qué importa. No hay fijón, maestro, no hay fijón.

Simón, simón. Y la hora que los mayas llamaban "de la castración del sol" desciende inexorable. Y a lo largo de las playas y en los cerros y en los cientos de pueblos de la franja beneficiada con el esplendor del eclipse y en Puerto Ángel y en Zihuatanejo y en San Andrés Tuxtla y en Pinotepa Nacional y en Monte Albán y en la ciudad de Oaxaca, se dispone la gente, confusa, alborozada, inquieta. Y en Miahuatlán se aglomeran en torno del Dr. Arcadio Poveda y el Dr. Manuel Méndez Palma y de los otros científicos, anhelando, exigiendo explicaciones. Siglos de una minoría racionalista que nada explicaba a una mayoría supersticiosa, décadas de positivismo instauradas a partir de una decisión pedagógica totalizadora, nada han enfatizado el miedo ni han ahuyentado el temor. ¿Cómo hubiesen contemplado Don Justo Sierra, fundador de la Universidad y Don Gabino Barreda, fundador de la Escuela Nacional Preparatoria, el eclipse? *Orden y progreso.* ¿Cómo lo hubiese contemplado Quetzalcóatl? ¿Y cuál es el aspecto externo de las profecías, cómo se distingue a una profecía de una conjetura? Quienes leían su inminente derrota en los signos de los astros, construyeron a través de cometas, eclipses y otras realidades absolutas menos hollywoodenses su visión de los vencidos. Aunque tal vez allí están, cerciorándose, oteando, calándose esas gafas precarias compradas en los supermercados, asegurando esos trozos de radiografías, los emisarios de Moctezuma, los aliados del Águila que Desciende, los brujos y los tlatoanis derrocados. ¿Por qué no habían de estar, por qué no habían de contemplar los augurios que enuncian la extinción de un imperio?

Cuando esto acontece (el sol) se muestra muy rojo; ya no permanece quieto; ya no está tranquilo; sólo está balanceándose. El eclipse avanza hacia su culminación. Y uno de los chavos que está al lado del Observador, luego de proferir los adjetivos que hacen tolerable una visión última, repite compulsivamente, con ese instinto reiterativo que engendra las causas trascendentes o las telecomedias: "A mí lo único que me importa es tirar la Onda." Él, por su parte, tira la neta, se expone. Los viajes que acompañan el eclipse acceden a su punto climático. Las palabras se han ido amortiguando, se encogen, disminuyen, desaparecen. Las putas han dejado de chillar. Y el Observador no debería divagar, no debería estar redactando (así sea a posteriori) algo parecido a una crónica. Le corresponde ensimismarse, zambullirse en algo, hacia algo. *Se amarillece mucho. En seguida hay bullicio; se inquieta el hombre; hay alboroto, hay trastorno, hay temor, hay llanto.* Y sin aviso, los informantes de Sahagún son desplazados y *el un día emite palabra al otro día y la una noche a la otra noche declara sabiduría.* ¿Quién convocó a las palabras bíblicas? Los salmos memorizados en esa infancia protestante del Observador retornan y se propagan como la fe que en su memoria se confunde con las mañanas de la Escuela Dominical y las agresiones pre-ecuménicas de sus condiscípulos. *No hay dicho ni palabras, ni es oída su voz.* Los versículos de David matizan el instante, ese fervor doloroso conque una mirada protegida por unos lentes rápidamente ahumados, intenta descifrar lo que recibe. *Por toda la tierra salió su hilo, y al cabo del mundo sus palabras. En ellos puso tabernáculo para el sol.* Las sensaciones se afinan, se prolongan, se detienen. Los versículos tantas veces oídos y leídos y dichos con premura se intensifican y el Observador los absorbe como si se acuñasen por vez primera, como si el golpe de la vista atendiese una conflagración y un recinto tomado y una casa puesta en marcha por la fuga de sus dueños y un sol momentáneamente vencido y una infancia donde esas palabras cobraron un aire de atmósfera vital antes de trasmutarse en educación literaria. *Y él (el sol) como un novio que sale de su tálamo, alégrase cual gigante para correr el camino.* La pátina es lo que permanece; el efecto del tiempo, la dignidad del tiempo sobrevive a las cosas sobre las cuales se deposita. El eclipse va a adquirir en unos minutos más su intensidad y el Observador, en un afán de reconstruir toda su experiencia visual, toda su maña y su práctica en materia de tran-

110

sas sensoriales, se sorprende advirtiendo que de las sensaciones sólo le queda la pátina: esos adjetivos brillantes que se aplican para dar un tono de fulgor, una garantía de lumbre; esas imágenes contrastadas de las revistas donde las alboradas reinantes al dar la vuel a a la página se tornan reportajes sobre los niños de Biafra. *Del un cabo de los cielos es su salida y su giro hasta la extremidad de ellos. Y no hay quien se esconda de su calor.* La tierra está adquiriendo esa frialdad previa, premeditada, visceral, que anuncia un estado de ánimo intermedio o nuevo: ni melancolía, ni gozo, ni tristeza, ni júbilo, ni desesperanza, ni indiferencia, ni admiración, ni rechazo, ni algo que no sea el azoro de quien usa el estupor como tregua, como intermedio de donde partirá a su verdadero destino, ese destino donde las sensaciones conocidas se quiebran. Y la gente tira la onda, y el Observador, tan incapaz de entender o vivir el significado de acciones que no comparte, se declara azotado: él ha vivido antes el eclipse, lo ha degustado en sus lecturas previas; lo ha fijado en sus ideas inmóviles sobre la potencia de la Naturaleza traducida en actos excepcionales; lo ha tasado según su esquema funcional y moderno de la vida donde las cosas no suceden: simplemente se acomodan.

• NO HAY DICHO NI PALABRA, NI ES OÍDA SU VOZ •

Y la invasión ejercida por la luna se acrece, se extiende, sojuzga. Y la sombra se va generalizando, otorgándole a la tierra, entre otras cosas, la cualidad evocativa de un momento del día que aún no se inventa, equidistante del amanecer y el ocaso, del mediodía y el anochecer. Es ese momento al que acudirían en demanda de paisaje todos los sucesos excepcionales, las quiebras históricas, las tragedias impunes, las decisiones que estallan como el fin de una era. En ese momento se han fraguado las caídas de los imperios, los asesinatos que insisten en la legitimidad de las tiranías, los gestos románticos y las cobardías procedidas por transfiguraciones, los milagros y las explicaciones científicas del poder curativo de la histeria. El eclipse ha descubierto las tonalidades luminosas, el aspecto entre desolado y pletórico, del instante del día en que, idealmente, se cometen las grandes traiciones y se inician las conclusiones de una época. Algo empieza a morir: que lo registre esta luz; algo se va a decidir que afectará nuestra existencia: que lo capte y lo difunda este sol humillado, esta discreción de la suprema derrota. Un general se dispone a partir hacia un mitin estudiantil en una plaza pública; un aviador acude a liquidar una guerra en oriente, un exaltado afina su revólver para aguardar el paso del carruaje de un príncipe. Y la luz del eclipse envuelve a todos en su decisión de ensayo general del apocalipsis, todavía sin el vestuario del día del estreno.

¡Cámara, maestrín! Y se va extendiendo en el orden verbal, en el orden ´de la captación simultánea de las perspectivas que las cosas encierran, el cotorreo. Al Observador la voz "cotorreo" hasta hace poco le parecía enormemente desagradable, vulgar, de almuerzos rápidos y murmuraciones sobre el esténcil y skeches de TV. Y he aquí que de pronto, la ha aceptado sin rebeldía posible. Porque aquí no interviene la triste, famélica práctica de "cotorrear el punto", la exaltación de la jerigonza como entendimiento. No es asunto de parlotear o abundar en relación a lo ya dicho o deshilar una plática de aquí al infinito del siguiente encuentro. Para la gente de la Onda, que ahora contempla esa semipérdida del sol, *cotorrear* y el calificativo es terrible, arduo de concebir, atroz y verdadero, cotorrear es un acto metafísico. Tiemblan, desde sus nichos, Santo Tomás y Kant. E pur si muove. Porque el cotorreo es un acto ontológico, un compromiso del Ser que no conversa sino que abandona a las palabras para acercarse a su naturaleza esencial. O por lo menos, así lo ha palpado el angustiado Observador, distanciado del sentido del humor, aferrado a su identidad individual mientras, frente al eclipse, los pronombres posesivos desaparecen. Él tiene la impresión de que para estos chavos el mundo y el eclipse se han convertido en extensiones de sus cuerpos, o de sus mentes. Y el Observador reza, en voz baja, la única oración que le es posible: *Barbara, Celari, Darii, Ferio, Cesare, Camestre, Festino, Baroco.* El fluido parece ignorar su tímida voluntad de razón. En esas playas, las palabras o las casi palabras o las no palabras aferran en su pico una situación y la dejan intacta luego de examinarla o la desglosan o la abordan a la luz de una risa, de una ojeada, de un guiño, de una frase que el Observador —tan square— trata vanamente de escudriñar. *¿Qué onda, qué onda?*

● PASÓN DEDICADO A ONOFRE Y CHAVOS QUE LO ACOMPAÑAN ●

No hay pedo: no hay problemas, no lo puede haber en este viaje comunicativo, en esta premonición de un festival masivo que algún día algún siglo, se efectuará en México, sin suspensión posible a última hora. *No hay pedo:* esa fórmula esencial del rechazo de las mortificaciones de la carne, ese exorcismo de quienes habitan las márgenes de la abundancia elemental de nuestra Sociedad de Consumo, se amplía como un testimonio o una sacralización: *no hay pedo:* si abandonas la escuela, si careces de empleo, si tu familia te fatiga y te friega, si te robaron lo poco que traías, si no sabes como regresarte, si no traes un quinto en la bolsa, si tus antiguos amigos no te pelan, *no hay pedo.* Nunca hay problema. ¿Para qué el irigote (la exageración)? ¿Para qué el iris, los viajes y las gesticulaciones excesivas, no solicitadas? La irigotera, suma de irigotes, es patrimonio de los chavos lentos, de los que nunca toman su tiempo, de los que usan su tiempo como si se tratase de un vehículo, una maquinaria que traslada de un lugar a otro, que te lleva de la juventud a la madurez a la senectud y finalmente se descompone. Nel, así no. Toma mi ejemplo: yo era ... y la autobiografía se expande en datos concéntricos, se desliza entre la corriente de calles de clase media, de escuelas de provincia, de padres severos y madres afligidas, de educación estricta y religiosa que indica el puntual cumplimiento del deber para con la Virgen y para con la Patria. Es una autobiografía azarosa la que, con ademán didáctico, narra en la playa ese chavo de la expresión incierta: *allí* está ya, apareciendo en la cresta de este relato tan íntimo y tan colectivo, tan de uno y tan de todos, el viaje a San Francisco, el contacto con la onda de los gabachos, la imposibilidad de aceptarse como contador público, las primeras inmersiones en el rock, los primeros densos, álgidos días al borde de los discos oyendo sin límite, memorizando esas vueltas frenéticas, extendiendo la visión y el consumo del tiempo.

Retorna el eco de la guitarra eléctrica, ese desgaste límite del ars combinatoria de arte y técnica, que atraviesa esos cuerpos y esas vidas y esa inmensidad. La guitarra eléctrica es el nervio secreto la densa cualidad que todos comparten. Una y otra una y otra vez el rasgueo, las reverberaciones de la guitarra eléctrica se revelan como la fórmula aleatoria donde los ruidos se anulan y se distribuyen en forma de obsesiones y compromisos.

—El espectáculo es único —comentará después del eclipse un chavo que hace teatro—. Todos estos chavos juntos, lanzando ondas, prendidos. Era energía, pura energía. Nunca había pasado algo así en la historia de México. Todos esos chavos juntos.

—La marea había subido más que nunca y había mucha espuma en el mar. Me recordó algo de una escena de la película *2001,* pero en otra onda. Toda la maestriza y la gente aplaudía, saltaba, bailaba, tocaba la flauta; gritaba o simplemente contemplaba. Las vibraciones nos pusieron hasta arribisisisisisisísima.

Yo me puse hasta el gorro de contemplar aquello.

Y el eclipse alcanza, a las once de la mañana con veintiocho minutos, su totalidad. Y durante tres intensos, concentrados, prodigiosos minutos no hay sol. Y retornan los augurios y las abusiones prehispánicas: *Levantan el llanto los hombres; se dan alaridos; hay gritos; hay vocerío; hay clamor; se tienden los cascabeles. Son sacrificados los albinos; son sacrificados cautivos. Se sangra la gente; se hacen pasar varas por las orejas y en los templos son cantados cantos floridos. Permanece el ruido. Permanece la grita.* Así se decía: "Si acabase, si fuese comido el sol, todo oscurecerá para siempre, vendrán a bajar las tzitzimime, vendrán a comer hombres."

Los informantes de Sahagún han cumplido con su deber. Allí está su relación de los hechos. El turno corresponde a los nuevos informantes, para que digan de la sustitución del vocerío, el alarido, el clamor. ¿Con qué se ha reemplazado el desafuero, la incontinencia? Con la mirada inmóvil, con el gesto vago, con la seguridad de que algo sigue pese a la desaparición del país, al escamoteo de lo que era el principio del país. Se integran el grito primitivo y el silencio contemporáneo: son la misma respuesta, la fiesta única en honor de la portentosa hazaña de la luna. *Hay grita,* dice Sahagún. *No hay grito,* replica la Onda. Y en ese estruendo del pasado, en esa fiesta sacrificial de la sangre y el alarido que se asocia y se funde con el silencio extraído de todas las piezas de rock y todos los Koan que te preguntan por tu rostro original antes del nacimiento y todos los rechazos del Sistema, se va erigiendo la visión definitiva del eclipse, tres minutos quizás que se enardecen hasta la incandescencia.

[1970]

114

Confesión
de un triunfador

...

Por supuesto que no me fue fácil llegar adonde estoy. Si la vida no está sembrada de rosas, hay muchas espinas, Alicia, no se olvide. Batallé mucho, me las vi negras, hubo noches enteras que las pasé llorando como un niño. Por cierto que eso me sugiere el tema de una próxima canción. Pero no apunte eso, eso va fuera de la entrevista. Ahora no puedo negar que he tenido suerte. Dios me ha ayudado y el público me ha favorecido. Ahora que algo he de tener ¿no? porque ya ve que me presentaron como "los cuatro Beatles enfundados en un trajecito de Macazaga". Déjeme continuar: sí, las pasé duras desde que me vine de provincia. No conocía a nadie y nadie confiaba en mí. ¡Qué se iban a imaginar! Ahora que yo traía mi onda desde niño: pregúntele a mi madre cómo me gustaban las cosas de Guty y de Palmerín y del maestro Lara. Un día vi al maestro Lara en mi pueblo natal. Yo era muy chico y no me atreví a acercármele. Estoy seguro de que él ni por aquí le pasó que a ese escuincle que lo miraba un día lo iban a considerar su sucesor. ¡Cosas de la vida! El caso es que vine a la capital y empecé a trabajar en lo que pude. No soy mal acompañante y para mí el piano es como una novia: jamás me canso de acariciarlo, de entregarme al teclado como ola que regresa al mar. Y también cantaba, hacía mis pinitos en eso: puro bolero, la sensibilidad del bolero me emociona, es como la seda donde se envuelve el alma ¿ve, Alicia? Y si uno está triste o lo acaba de dejar la mujer amada o si uno está que hierve del puro amor o si lo engañan o no lo quieren o si ella no está y a uno se lo lleva la tristeza o, ¿por qué no?, si uno quiere vengarse del abandono, pues allí está el bolero. La canción ranchera es otra cosa. Es como menos íntima, como que hay cosas que no pueden contarse delante de los mariachis. El bolero sí, aparte de todo, aparte de la complicidad de las guitarras, tiene una filosofía tan padre y tan bonita, enseña tanto sobre la vida. Yo le juro, Alicia, que aprendí más frente a una taza de Nescafé oyendo a Olga Guillot que leyendo artículos disque muy profundos. Si hay veces en que sólo se necesita una cuba libre y un buen tocadiscos y unos sándwiches de paté (yo soy muy comilón cuando me inspiro) y claro, a continuación un piano. Pero déjeme continuar: yo componía y tocaba y cantaba y me hice de algunas amistades que me ayudaron promoviendo mis canciones: cantantes, vocalistas de éxito, gente buena, personas amables. Grabé un disco que no pegó. Allí me di cuenta que yo sólo debía grabar mis propias cosas, que ésas sí las entendía, que vibraban conmigo puesto que eran hijas de mi imaginación. Luego vino este año y lo demás es historia, como tanto me han dicho. Pegó el primer trancazo y luego otro y era como si la suerte viniese en cascada y salió mi primer disco y se vendió como pan caliente. Todo mundo quiere grabarme lo que voy sacando, tengo programa de tele, las mujeres me quieren mucho (eso pone a mi señora muy celosa, pero luego se calma ¿qué voy a hacer? Así de seriecito como me ven no tengo mi pegue y ahora mucho más que antes). Estoy muy contento. Dios me ha ayudado mucho y la vida se me ha vuelto como un rosal florido. Eso es lo que quiero poner en mis canciones: la poesía que llevo en el corazón, la poesía del alma. ¿Por qué he triunfado? Quizás por eso: porque soy mexicano y soy sentimental y sufro mucho cuando me enamoro. Y porque sé tantito de poesía: hace años me compré un "Diccionario de la rima" y viera lo útil que me ha sido. Aunque lo de la rima es intuitiva, creo yo; para mí la poesía es un don, un regalo del cielo para nuestro consuelo. Le digo que ya hago poesía hasta sin darme cuenta. Ahora que también he tenido éxito porque ya la gente estaba cansada del a-go-go. Si somos latinos de naturaleza romántica ¿qué demonios nos importan esos ritmos extraños? ¿Quién lleva una serenata con "Hey Lupe"? A la gente le gusta suspirar, evocar el rostro querido. ¿Qué opino de mis críticos? No los entiendo, Alicia, se lo juro. No me imagino qué quieren de un compositor popular. Uno le canta al pueblo para que el pueblo cante lo de uno. La gente es sencilla, es humilde, es enamorada. ¿A poco cambian los sentimientos de una época a otra? Yo salí tan entrón para el amor como mi abuelo. A usted le consta cómo se oyen mis cosas. Es que el amor es eterno y hay que seguir mirando a la luna con las manos entrelazadas. O no hay luna. No, no por comercialismo, sino porque así debe de ser. Yo he triunfado por algo, por entregarme a mis canciones, por dejar el corazón en el teclado. Además, soy un compositor blanco, para todas las edades. No compongo nada que mis hijos no pudiesen cantar. Hago música para familias. No soy intelectual. ¡Qué va! Para eso, me sobra todavía corazón. Espero seguir disfrutando del cariño del público. La semana que viene sale mi cuarto elepé. Sí, ya que usted lo dice, lo reconozco con humildad: yo soy el triunfador de estos años de México.

[1967]

117

☆☆☆ Para todas las cosas hay sazón

Es domingo. A partir de las dos o tres de la tarde, una gama implacable de seres ordinarios y de seres extraños (para México), se dedica a gozar, a detentar, a tiranizar los asientos y los prados del Estadio Olímpico en lo que se llegó a conocer como Ciudad de los Deportes del Distrito Federal. Misión declarada: atender un concierto pop con los Union Gap, los Byrds y los Hermanos Castro. Propósito profundo (tal vez): manifestarse, producirse de modo multitudinario en un acto de unidad juvenil, de adhesión a un lenguaje generacional (Párrafo traducible como "ganas de oír buen rock"). La invasión se desmenuza en diversos niveles notorios que se advierten sin reconocerse, coinciden, se reconocen sin siquiera mirarse y terminan aceptando como único lazo de unión el espacio físico comúnmente sojuzgado. Varias de las distintas colectividades que usan por comodidad el título común de "Juventud Mexicana" se han dado cita con el ecuménico propósito de una audición.

De izquierda a derecha, sí... remota, minoritaria, representativa del México de aquí a cinco años

★ LA ONDA

la que porta mayúscula para enfatizar su destino de tribu existencial. Son los hippies mexicanos, los bohemios, los outsiders reales o fingidos, a quienes se conoce como Onda, o quienes desearían se les identificase con la Onda. La *horma* (o sea, la configuración facial, el modo en que uno arregla o dispone de su cara, el golpe de vista de acuerdo a los cánones de la Onda), la horma de estos chavos, rematada con melenas diversas, enmarcada por patillas de chinacos, suavizada por lentes de aro, agraviada por bigotes marlonzapatistas, enturbiada por barbas de detective privado, clausurada con parches de pirata; la horma de los onderos se ve continuada con un atavío ya casi convencional, típico: pantalones vaqueros, camisas oaxaqueñas de botones de concha, mocasines, huaraches de variedades infinitas, camisas supuestamente sioux o cherokees, chaquetones de ex-marino, chamarras de mezclilla, collares, cinturones mixtecos, cordones, sudaderas negras, trajes de cuero verde, de cuero negro, chamarras y pantalones de pana deslustrada, camisas kiowa, botones de protesta.

La horma de la Onda es eficaz. Por lo menos, quiere variar el destino facial de México, contribuir a la promiscuidad de las apariencias. La horma es —¿y cómo si no?— derivada, tiene como inspiración seminal las numerosas portadas de discos o fotos de revistas como *Rolling Stone,* donde The Who o Cream o los Doors o Grateful Dead o Mothers of Invention o los mismísimos Beatles se exponen al plagio o al robo de sus expresiones y atavíos. La Onda ha patentado el vicariato gráfico: los grupos de rock, desde la cumbre de sus portadas, se visten por nosotros, desafían a la sociedad decente en nuestro nombre, renuevan la moda en nuestra representación. En línea materna, la horma de la Onda desciende de los infinitos reportajes de revistas como *Life,* y en línea paterna de los viajes esporádicos a tierra de gabachos y de la morosa, infinita, hambrienta contemplación de las portadas.

La Onda hace chistes. Como toda subcultura, recurre a un humor privado y dudoso: uno quema o uno se azota; o se es macizo o se es fresa. Si uno no se aliviana y atiende de inmediato esa jerga dictatorial, corre el riesgo de hacer un irigote, una de esas gesticulaciones siniestras que empiezan en el respeto a Don Jacinto Benavente y concluyen en la recitación de Gabriela Mistral. (Como se puede advertir, el fácil simbolismo es ajeno a las filias y fobias de la Onda.)

[ÉSELE GALÁN DELON]

Al lado de la Onda (que nomás ha acudido por los Byrds) se desplaza, viva, enconada, rugiente

★ LA NAQUIZA

Los nacos (se me informa que "aféresis de totonacos") sienten el peso de su nombre, del peyorativo acuñado por un neoporfirismo ensoberbecido, que la clase media recogió y divulgó con agresiva docilidad.

—¿Se enteró usted de que ya no se le llama "raza de bronce"? Ahora es...

Naco, dentro de este lenguaje de discriminación a la mexicana, equivale a proletario, lumpenproletario, pobre, sudoroso, el pelo grasiento y el copete alto, el perfil de cabeza de Palenque, vestido a la moda de hace seis meses, vestido fuera de moda o simplemente cubierto con cruces al cuello o maos de doscientos pesos. Naco es los anteojos oscuros a la medianoche, el acento golpeado, el futbol llanero, el vapor general, el California Dancing Club, la herencia del peladito y del lépero, hacer hijos es hacer patria, los residuos del ahí va el golpe/

/la conversación hecha de puritita mass media: una caldera del diablo del DF donde intervienen goles y pleitos taurinos, rounds y entrenadores, las Hermanitas Núñez y "Reconciliación"; los Polivoces, Gordolfo Gelatino y la madrecita mexicana/

/el pelo a lo pachuco con desviaciones hacia lo hippie, la confesión en torno del cachuchazo (sexo) y el automóvil (utopía); el descontón a la malagueña, las canciones gringas de moda (voceadas, sin letra posible), el nuevo estilo de paso africanado, el diente de oro, los estudios interrumpidos en el segundo semestre de inglés/

/las anécdotas malévolas: el astro de cine que toma tres baños diarios de vapor para no verse tan prieto o Jeanne o Elizabeth o Doris que se apellidan Sánchez o Pérez o Godínez/

/las playeras rojas y blancas, dejé mi corazón en el Necaxa, órale mi Paco Malgesto. Naco es el insulto que una clase dirige a otra y que —historia de los años de fuego— los mismos ofendidos aceptan y esgrimen como insulto, pudiendo perfectamente hacerlo como autoelogio, del mismo modo en que los estudiantes alemanes se autocalifican como "cerdos" para recoger con sarcasmo la agresión burguesa.

Y allí están también

★ LOS FRESAS

Tomados de la mano de su noviecita santa, aferrados como alpinistas al cordón umbilical, con esa expresión modelada por las seguridades de una vida ya dictaminada desde la cuna hasta la extremaunción (lo cual no excluye a los ateos y otras denominaciones religiosas del riesgo de ser fresas). Los fresas, los square, quienes ni de la disidencia discrepan (razón por la cual algunos llegaron incluso a participar en manifestaciones estudiantiles); quienes, se acepten o no como tales, viven para ingresar a clubes, desfilar en grupos sociales, militar en colonias o en calles (¿cuáles serán, oh Vida, las diferencias entre un fresa-Narvarte y un fresa-Pedregal?). Ellos *pertenecen*, tienen amigos, grupos, situaciones ambientales predispuestas en su favor, la ecología transada. Van a oír a los Union Gap, de preferencia con la novia, porque "Young Girl" cantada (nada menos) que por Gary Puckett y vivida al lado (nada menos) que de Martita o Sofía, es la aproximación perfecta al ideal juvenil.

[MENS SANA IN LUGAR COMÚN]

Los fresas pueden exagerar el atavío en domingo. Al fin y al cabo, todavía y en cierto sentido es válido definir a un número enorme de jipitecas como fresas de lunes a viernes. O de seguro ya alguien les informó saber cómo se disfrazan en Las Lomas o en Polanco. Sin exagerar mucho, todo en su límite, por supuesto.

● TIEMPO DE ABRAZAR Y TIEMPO DE ALEJARSE DE ABRAZAR ●

Y la discretísima tarde (que dispone de esa rara precisión luminosa gracias a la cual ciertos momentos del Valle Aplacadito aspiran a la categoría de memorables), y la tarde prudente en el Estadio Olímpico se va poblando hasta lo último mientras las diferencias clasistas entre un boleto de diez y uno de veinte pesos desaparecen. Ya después la prensa señalará a los organizadores, los Hermanos Castro, como responsables de todo al no preparar debidamente las distinciones entre los lugares, al promover la música con un deficientísimo aparato de sonido, al no contar con vigilancia policiaca. Mientras esas quejas buscan su razón de ser, algo sucede en el denso, concentrado Estadio Olímpico.
Principio de gran programa: los Hermanos Castro presentan como pieza inaugural a los Tijuana Five. Un grupo mexicano de rock, sin obsesión soul, sin superdulzura azucarada, sin absolutamente nada que no sea un excelente oído que los vuelve una regular máquina reproductora. "Parecen grabación sin mucho scratch" alguien comenta. O alguien debería comentar. Na-

die los escucha. Nadie tampoco podría escucharlos. La gente pasea, exhibe su comprensión indumental del siglo xx y de la década del 60; en las tribunas se inician las porras, los gritos de "párense y siéntense". El maestro de ceremonias inicia la primera de lo que será una larga cadena de exhortaciones: "Les suplico que den muestra de su civismo. Que se porten como jóvenes mexicanos bien educados." El sol facilita la comprensión del lugar. ¿Por qué será el amarillo el color dominante? El abigarramiento propicia la unidad dentro de la unidad dentro de la unidad. (La diversidad es una metáfora que ignora la existencia de las camisas Zaga, las casas Milano, las películas de jóvenes en motocicleta, Orfeón a gogo y otros centros ordenadores del gusto y la apariencia del joven mexicano típico, es decir, del joven mexicano.)

Y medio empuña la palabra Javier Castro y se declara uno de los cuatro responsables de lo que suceda y emite noticia clara respecto a la ausencia de la policía. "No están aquí porque hemos confiado en ustedes", confía y se le aplaude. Lo que podría designarse como oratoria edecanizada está en marcha. En el centro, el chantaje sentimental para llamar al orden, para producir la atención, para garantizar la buena conducta. "Los ojos del mundo están puestos en nosotros. Los jóvenes mexicanos deben responder a lo que el extranjero espera de ellos." Faltan las fanfarrias que Jiménez Mabarak entregó como tema olímpico para que todo sea perfecto. Una porra empieza a animar las tribunas. Son jóvenes como de las Vocacionales (el instinto detectivesco se agudiza al percibir los güelums y la proliferación de signos de victoria y la edad de los porristas). Uno de ellos baila, hace simulacros de strip-tease, vacila, se divierte, se despoja y se ciñe su chaleco de cuero, anima, grita, vocifera, le comunica órdenes al vendedor de refrescos. Surge el comentario clasista: "La naquiza se divierte."

• TIEMPO DE DESTRUIR Y TIEMPO DE EDIFICAR •

Y en la eternidad del minuto, Balzac redacta *La Comedia Humana*. El pasto ya ha conocido su 18 de Marzo y el sonido empeora y languidece y se extienden los sobornos a cuenta de la decencia mexicana y oscurece y de pronto, una de esas pausas larguísimas (que uno ha llenado con referencias al estilo neutro y azucarado de Union Gap) se ve deshecha, triturada por un largo alarido, una tenaz persecución, una concentración de todas las miradas y de un costado, como atravesando la isla de Patmos

convertida en la última yarda, como sorprendidos en el doble
desgaste de quien huye de la prisión y ya en territorio libre se da
cuenta de que debe volver porque falta un minuto para el final
del partido y aún es posible aumentar el score, emergen los
Byrds, los intérpretes de Dylan, los creadores de... Y a punto
de resucitar la sabiduría del Hit Parade y dictaminar sobre el
folk-rock, uno advierte que los Byrds se la han jugado —son
bravos estos chavos— y se han abierto paso hasta el imposible
escenario, rodeado, secuestrado, marginado de la vida del Estadio por una minimultitud antropófaga (¿será cierto que el prefijo
"mini" existe para conferirle un suave estilo pop al rebajamiento
de méritos entre seres y cosas?). Y los Birds inician *Turn, Turn,
Turn* y el Eclesiastés sonorizado por Pete Seeger intenta difun-
dir todo lo que —sabiéndose acomodar— cabe en el tiempo,
pero los aparatos reproductores continúan inmunes ante la solicitación bíblica-protestaria y uno se dispone al milagro.

● TIEMPO DE GUARDAR Y TIEMPO DE ARROJAR ●

Y el milagro no se produce. *To ev'ry Thing* (*turn, turn, turn*)
There is a season (*turn, turn, turn*). Los Byrds vocean (uno supone) su mensaje, las palabras anteriores al Poder Negro, anteriores
a la toma de la rectoría de Columbia, anteriores al combate con
las fuerzas del Alcalde Daley en Chicago, anteriores ¿por qué
no?, al Movimiento Estudiantil de México. *And a time to ev'ry
purpose under heaven.* Y hay tiempo para enterarse de que el
concierto pop nació muerto y de que (a pesar de la enorme
calma que domina en las graderías y de la atención absorta que
se divide entre quienes tocan y el caos humano que los rodea),
hay un remanente de inseguridad que todo lo contraría hasta el
límite de la extinción.

Y las sillas ruedan y la gente se esparce y las multitudes son
iguales en todos lados y se inicia la batalla campal, el motín, el
zafarrancho en pequeña escala, el acabóse. Visto desde la cima
del Estadio, el espectáculo es a la vez formidable y convulsivo.
Los de la Onda se fastidian y huyen, convencidos de que su horma
es un indicio aromático para los granaderos de Baskerville, cuya
presencia se juzga inminente. Los fresas pretenden seguir oyendo,
mientras protegen aprensivos a sus novias y a sus hermanas y
al título que obtendrán dentro de unos pocos años.

● TIEMPO DE ESPARCIR LAS PIEDRAS
Y TIEMPO DE ALLEGAR LAS PIEDRAS ●

Y se adueñan de la situación (la generalización es burda, pero no injusta), los nacos, que de pronto viven del modo más negativo posible el sustantivo clasista con ínfulas de calificación estética, que en un instante de "cotorreo" físico se vuelven el otro yo de la burguesía, los temores y temblores que inspiraron al fundador de los bancos, el monstruo de mil cabezas de la mitología pre-rrevolucionaria que amenazaba a toda buena dama porfiriana oculta en el sótano de la hacienda. Y la pertenencia pasiva al país y sus instituciones se expresa a través del relajo violento y acre desatado contra nada. No es el odio revolucionario, tam-poco el odio reaccionario. No hay odio, manito. Las vivencias últimas no pueden ser padecidas por quienes sólo tienen a mano el relajo con descontón. El lema se va organizando sobre la marcha: a la diversión por la destrucción y a la destrucción por la represión. Los reprimidos —en todos sentidos, del sexual al político—, los humillados, los ofendidos, carecen de lenguaje articulado, carecen de propósito, son el retrato exacto del Sistema que en su afán de evitarse problemas ha pospuesto la creación de ciudadanos para el año 2000. Quienes arrojan objetos, destru-yen sillas, deshacen aparatos, arrojan puntapiés; quienes reparten su (alegre) ferocidad, su salvaje despreocupación por los destina-tarios de su puntería, han sido educados en la represión que se llama a sí misma orden, y por consiguiente, carecen de posi-bilidades de entender el orden si no ven la necesidad física de hacerlo, esto es, si no se ven amedrentados por la policía. Esta minoría belicosa, que nunca llega a ser siquiera el cinco por ciento del público total (y que el amarillismo periodístico trans-formará en Atila a las puertas del Forum, en los bárbaros que amenazan la existencia de nuestra aristocracia) ha vivido bajo la doma, bajo la sujeción que recomienda el fluir de pannels y julias. ¿Extraña entonces que se hallen desprovistos de aptitudes para quedarse en (o moverse de) su sitio?

● TIEMPO DE AMAR Y TIEMPO DE ABORRECER ●

Se culpa sin cesar a los organizadores del acto y se les respon-sabiliza de la explosión final. Sí, en un sentido estricto. Visto el asunto de otra manera, desde las graderías del Estadio este domingo, lo que uno contempla es la incapacidad de una turba para detenerse, una vez abandonado su disfraz de público. Los

124

Byrds tocan "Mr. Tambourine Man" y llueven las sillas y se erigen las sillas en escudos y los descalabrados se quejan y todo mundo se protege y los fresas huyen y los de la Onda se alivianan lejecitos y los nacos, cara Lutecia, desclasados, sin conciencia organizativa, sin salidas, luchan entre sí por el derecho de no ser aunque sea un instante, una partícula de ese medio millón de jóvenes que busca inútilmente empleo cada año. Y los Byrds se retiran, no sin perder parte de su ropa y sus pasaportes, y llegan Javier, Arturo, Gualterio y Jorge, y cantan "Yo sin ti", y "Goin'out of my head" y ya para qué. Ya para qué no es una canción, es la frase que resume ese maremágnum, ese afán incontrolable de aspirar al rencor que deshace los objetos, calcina el orden, arrasa el escenario, la emprende contra el sonido, no responde chipote con sangre, arroja lo que caiga, busca darse en la madre. Sólo la mala fe periodística indicará después como causa del motín lo que llaman la "politización" del acto. Las fotos de jóvenes haciendo la V corresponden a la respuesta a los Byrds que así saludaron. No hay provocación. Los devastadores no vienen de ideología precisa alguna o de la lucha de clases. Vienen del regateo y la extinción de oportunidades. Vienen de la falta de metas, vienen de la turbiedad y la ausencia de explicaciones, vienen de la oscuridad que ha sido tantas veces la única atmósfera de esta antiguamente designada región más transparente.

[1969]

Divina ilusión
que yo forjé
•••

La reina del estanque quiero ser
Coro: ¡¡¡QUE SEAS!!!
Eres una chica de malás
Coro: ¡¡¡IDEAS!!!

—Letra de zarzuela anónima
atribuida al Duque de Otranto.

—Mujer, no te pongas nerviosa, te digo que te controles. ¡Sonríe, Lucrecia, por Dios!

El ritual de la nueva clase, los Honores de la Ordenanza social reverberan en el Palacio de Minería. Es sábado y es el Baile de las Debutantes y el sacrificio organizativo de las Damas Vicentinas se acoge cabe la protección de la augusta sacrarreal presencia del Príncipe Alejandro de Yugoslavia y su distinguida cónyuge. El Baile de las Debutantes y la pericia culinaria de Mayita Parada de Orvañanos, son acontecimientos, uno astronómico, el otro gastronómico, que le infunden a la pareja (el político y su esposa o el industrial y su esposa o el financiero y su esposa) la dicha alta y enorme que no deriva del deber cumplido (bienestar que fluye cualquier noche de sábado en la revisión de su enorme residencia) sino del gozo de la verdad revelada.

—Ay, viejo, discúlpame pero me pongo retenerviosa nomás pienso en la Chiquis. Mírala, mírala. Ay, viejo... ay viejito. Me muerdo las uñas, contrólame.

Visualizar el acto es tarea fácil: sólo se precisa urdir mentalmente una pasarela donde vuelvan a desfilar las Fiestas del Centenario y la sociedad munífica que las patrocina, ahora como entonces. Ante el Imperio Azteca, practican ágiles reverencias las hijas de la vieja y las hijas de la nueva burguesía, ya absolutamente vestidas y conclusas, como —dictamina una de ellas— en la mitología emerge Robin del cerebro de Bruce Wayne o Minerva de la cabeza de Jaime Olsen porque ya se me enredó la metáfora. *¿Cómo olvidarlas?* Allí están las debutantes, níveas, blanquísimas, cándidas, puras, elegantes, inundadas con el know-how de sociedad, posquinceañeras, rosas recién amanecidas que se inclinan ante su excelencia, capullos prístinos que han florecido todo el año para este momento, este casi baile en el Palacio de Buckingham, que viene a reiterar entre otras cosas, que acceder al mundo y a la vida es cuestión de gracia y de estilo. Sissi debutante, triunfa sobre Máximo Gorki y sus universidades.

Y las madres suspiran, reconstruyendo en el suspiro aquella vecindad de mala muerte: quién iba a imaginar, Doña Eustolia, que un día *yo,* Beatricita, la misma Beatricita que usted mandaba por la leche, había de ver a mi hija apadrinada por todo un señor de sangre azul.

Y los padres se conmueven y sonríen enfáticamente y se recitan a sí mismos su esfuerzo y el sudor de su/y tuvieron la suerte de caerle bien al Mero Bueno.

[*puritito chance*]

y primero el contratito y luego la diputación y al mismo tiempo la compañía y luego, bueno, y luego los rotarios y los viajes a Nueva York de negocios y de compras con la vieja por la Quinta Avenida, y el golf

[Y EL GOLF]

y los regalos anuales a Quienes se Debe, y ahora aquí, chupándose los dedos con esta comida tan regia y ven a su hija

—Nada de lagrimitas, ¿eh?. Seria, ya lo sabes.

y vuelven a sentir un vacío en el estómago y dan por bien empleadas las horas de antesala o los escasos, miserables momentos cuando creían que Conciliación y Arbitraje se iba a pronunciar por los huelguistas

y sus sonrisas adornan el desfile y el baile y los aplausos felices de una clase contenta y muy a gusto y muy en ascenso y en Nuevo León el candidato del PRI es de la IP.

> [*Iniciativa Privada. Índice de Productividad. Incremento de Potencia*]

y qué bien vivimos todos.

—Ay, tómame de la mano (*Cómo sudas, puerco*) ¡Tómame de la mano que no me controlo!

Y tal vez se cumplen cien años de *El Danubio Azul* y Johann Strauss hubiese vivido muy bien entre nosotros porque ya por fin somos elegantes y al vernos nadie diría que /

y al verificar la propina en el guardarropa nadie supondría que nunca terminamos la carrera, pero debemos autonombrarnos *licenciado* por las exigencias del Consejo de Administración y ya pasó la época de ay, vieja, pareces Doña Ramona abriéndote paso en la sociedad a puras mentadas,

y de qué palabras son esas Cirilo, contrólate, refínate, me das vergüenza, y finalmente, con un Nudo en la Garganta Don Pancho y Doña Ramona admiran a su hija, sin recato alguno, sin pudor.

—Y acuérdate que tu marido es alguien.

Siempre lo han sabido, con esa animosa intuición de los días grises. Así es: la remota probabilidad de que se cumpliese el apólogo del diamante en el muladar, se ha convertido en certidumbre pública: son ya parte de un orbe inaccesible, gajos desprendidos de la alcurnia, del abolengo, de la prosapia. Con los ojos diluviados y fijos, con el suspiro que vence la herrumbre de las tardes aldeanas en Los Mochis, Jerez o Saltillo, la pareja alienta a su hija, la fortalece, le transmite el vigor de la cumbre.

[Ya va a llegar, ya va a ser anunciada, ya va a recibir la mirada del Príncipe. Falta un poco, un instante, un minuto para el espaldarazo, para que la familia decente se mude a la dinastía más cercana. Ánimo, hija, mira a los fotógrafos, observa cómo los flashes pueblan la sala, sonríe boba, no llores, no se trata tan sólo de ti, niña egoísta, es tu casa, son nuestras pretensiones, todo lo que nos puedes entregar con el gesto exacto, la inclinación grácil, el rubor que delate tu condición de virgen.]

Los flashes son la música secreta de este siglo: es el ruido que cohesiona al ser humano, que lo agrupa coreográficamente. Ningún click viene solo, ningún flash concluye en sí mismo. Son advertencia, preámbulo, Juan-el-bautista de las páginas de sociales, de la emoción que causa dejarse llevar por la solicitación de los demás.

—Vi tu foto. Te veías lindísima.

—¿Te parece? ¡Ay, qué amable!

[Has triunfado, hemos triunfado, ya te complacimos, ya nos complaciste, sí, qué bien lo has hecho, inclínate, sonríe, sojuzga a los fotógrafos, que te posean los flashes. A colores y pasado mañana contemplarán las huellas de tu triunfo. Imagínatelo: a plana entera y a colores.]

—¡Ya la presentaron! ¡Ya la vio! ¡Mira, le sonríe! Ora sí ya fregamos. Se van a poner rabiosos mis cuates. Les va a dar infarto. Ya llegamos, vieja. Ya estamos in.

—Ya llegamos, hijo, ora sí ya llegamos. Ya les partimos la madre a todos esos envidiosos. ¡Imagínate la cara de las Rincón! ¡Cómo se van a morir de la envidia en Piedras Negras!

Y se atropellan las debutantes y la imaginación continúa negándose a la mala fe, queriendo seguir viéndolas tan acabaditas de tomar sus clases de ballet en algún estudio de danza en Coyoacán, tan afianzadas por el charm que segrega un certificado de cursos de elegancia, tan bien pulidas y trabajadas por la Universidad Femenina o la Iberoamericana, tan tímidas porque así debe ser si allí están los padres y tan desenfadadas porque así son estos tiempos. Y se entreveran el vals y el frug y de nuevo lamentamos que Johann Strauss no celebre entre nosotros el centenario de su líquido elemento. Hubiese sido feliz el vienés inmortal ante esta confabulación del encanto y la belleza. Y la esposa de Eminente Funcionario reparte a todas las debutantes medallitas con la efigie de Maximiliano. *Que no es lo mesmo so manto y so corona, que so huarache que so huacal.* De no ocurrir el Cerro de las Campanas, Maximiliano hubiese presidido el Baile de las Debutantes, dicen los izquierdistas amargados, pero no es verdad, no es que seamos reaccionarios nostálgicos, es que toda dinastía nueva aprecia el significado de la tradición.

Oh, dicen los padres. Ay, suspiran las madres. El Príncipe Alejandro murmura una frase cortés, el encargado de adiestrar a las debutantes gime con la dicha del trabajo cumplido, las Damas Vicentinas aplauden solícitas la separación de la Iglesia y el Estado y la burguesía mexicana modifica sus perspectivas una vez más.

[*La niebla de los mares / radiante el sol aclara / retorna la Novara / a impulsos del vapor.*
Y vuelve a los palacios / que hace un siglo dejara / la estúpida nobleza del mocho y el traidor.]

[1967]

☆☆☆☆☆☆ Más hermosa y más actriz

☆☆☆☆☆☆☆☆☆☆☆☆☆☆☆☆☆☆☆☆☆ que nunca

[NOTAS SOBRE LAS PÁGINAS DE SOCIALES]

A Luis Prieto Reyes

"El pueblo mexicano —afirma Carlos Pellicer en un dístico tan difundido como el resto del homenaje vegetal donde se inserta— tiene dos obsesiones: el gusto por la muerte y el amor por las flores." Viértase la sentencia en los moldes del periodismo nacional y se hallarán de pronto en nuestras manos, como metáforas últimas, *Confidencias* (la revista de la soledad sentimental que se expresa a través del aviso oportuno) y *Alarma* (la revista del amarillismo policiaco como factor de unidad nacional). Prosígase la generalización y se encontrará que esas "dos obsesiones" son las dos aficiones probadas del periodismo confeccionado en México: la nota roja (gusto por la muerte) y la crónica de sociales (amor por las flores). Algunos abogarían por otras virtudes manifiestas de nuestro periodismo: la sección deportiva y los elogios inevitables a cualquier acto, mínimo o máximo, del poder en turno. La virulenta adulación del Establishment suele duplicar la vehemencia de la nota roja (cuando se reseñan las probables conjuras contra el orden o cuando se pretende olvidar o justificar una represión, un genocidio) o se ostenta con todas las galanuras de las páginas de sociales (cuando se describe un acto inaugural o una gira o una toma de posesión). A su vez, la sección deportiva se incorpora a la crónica de sociales (confróntense las reseñas aparecidas durante los XIX Juegos Olímpicos, en especial las referentes al triunfo de los mexicanos o léanse detalles del entrenamiento de equipos campeones) o, por su saña y voracidad, se alía a la nota roja (confróntense las reseñas del fracaso del entrenador de un equipo de futbol sóccer o de la impericia de un novillero).

La anterior afirmación totalizadora, aun disponiendo de las ventajas del axioma, no resulta del todo indemostrable. La existencia precaria de un periodismo crítico, el pequeño número de reporteros cuyo nivel excede al de meros anotadores o consignadores de hechos, el nulo espíritu analítico de la mayoría de las secciones editoriales, el conformismo y la sumisión, la antiprosa y la antisintaxis, el lugar común y la obviedad, la censura y la autocensura, el periodismo concebido como artesanía popular, la corrupción y el control informativos, la certidumbre colectiva del status mínimo de la profesión; todos estos hechos han colaborado y siguen colaborando en el mantenimiento del yugo de la nota roja y las páginas de sociales, que, vistas desde cierta perspectiva ecuménica, resultan una misma, indivisible entidad. Las preguntas se ordenan contemplando las fotos de grupo, los asaltantes detenidos y la cena de generación. Los extremos se tocan: la indiferencia y la alegría, la frustración y el éxtasis. ¿Cuál es el vínculo, el común denominador entre esa complacencia secreta ante la violencia y ese orgullo público ante la opulencia? ¿En qué instante preciso coinciden o demuestran que jamás han sido cosas diferentes el cultivo del morbo sanguinolento y el cultivo de las ilusiones? En el instante en que se comprueba una ley subterránea: en países donde la prensa —con sus excepciones, sin sus excepciones— no equivale a una diaria toma de conciencia frente a la realidad (toma de conciencia vigorosa dentro de su perspectiva efímera), se fomenta o se inventa un público que ignora y desprecia la necesidad de informarse y se nutre de la mitomanía, a nombre del doble reconocimiento de la propiedad privada y de la grandeza del país.

● MATÓ A SU MAMACITA SIN CAUSA JUSTIFICADA ●

En el despliegue de la inventiva sin imaginación, en la negación permanente de una realidad cuyas conclusiones no están determinadas por una oficina de relaciones públicas (se interpola un díctum: no hay conclusiones benévolas en el subdesarrollo, a no ser en el orden de las excepciones personales), en la debilidad de un diarismo crítico que denuncie esa fabricación de altos niveles que constituye el primer gran engaño de toda sociedad desnivelada, se encuentra el punto de fusión entre la crónica de sociales y la nota roja. Ambas satisfacen o aquietan dos urgencias permanentes: la delectación ante la tontería, la violencia y la muerte, y la complacencia (así se disimule bajo la forma del despecho) ante el éxito y la felicidad ajenos. La nota roja es nuestra catarsis elemental: purificación y depuración, funciones dramáticas obligatorias de todo hecho de sangre que se comunica. Nos purificamos a través del usurero asesinado en su cuchitril, al lado de un colchón destripado que hasta hace unas horas desempeñaba funciones bancarias. Nos purificamos con las Poquianchis, que a partir de una casa de citas de provincia organizaron un Treblinka a escala para prostitutas. Nos purificamos con las autoviudas, con la ejecución de las adúlteras, con las prestamistas Perea y Legorreta y sus fraudes eclesiásticos, con el funcionario Jaime Merino que le robó a PEMEX muchos millones y huyó a los Estados Unidos y juró "por la vida de mis hijos" que era inocente. Nos despojamos de los residuos del desastre con las noticias de la última estafa de fraccionamientos, de los homosexuales viejos estrangulados con rencor en hoteles de paso, de la mesera degollada por su amante celoso, del niño bien que robaba automóviles. Muy lastimosa purificación y muy sórdida, pero al menos nos precave, precave —a la manera automática del siglo XIX— a madres y hermanas y novias del conocimiento experimental de la prostitución; confirma la seguridad en nuestra inteligencia y malicia en el manejo del dinero; reitera nuestra certidumbre en la salud, en la final inocencia del mundo que habitamos. Nuestra virtud es incrédula: no es posible frecuentar a alguien que vaya a morir fuera del asma, el ataque cardiaco o el cáncer; no es posible que saqueen la casa mientras yacemos en Acapulco; no es creíble que el esposo burlado repare el quebrantamiento de su honor con la visión de nuestra esquela; no es posible que el marido de la vecina muera en circunstancias sospechosas en su departamento de soltero.

La nota roja nos reafirma, añade a nuestro crédito la confianza de que sólo brotaremos en los periódicos por la brillantez, el esplendor o la fuerza inalterable de nuestra inmaculada posición. "Inmaculada" aquí quiere decir "sin récord policial", sin recortes comprometedores al alcance de una memoria vengativa. Gozamos, vivimos tensamente la nota roja, seguimos con hambre, con angustiado celo las peripecias de los casos célebres. La nota roja es una crónica de sociales por omisión: nos afirmamos cada vez que *no* aparecemos. Y saciamos, de paso, nuestra fascinación por el abismo, el impulso manifiesto de barrios bajos.

Como la crónica de sociales, la nota roja se sitúa en el centro de una fijación universal, en este caso, la atracción hacia lo que se cumple fuera de la protección colectiva, hacia lo que se verifica sin resguardos, en la oscuridad que parece receptáculo natural de la violencia. Y este fenómeno de los Grandes Imanes, de la vanidad de verse y de no verse en letra de molde, se arraiga y nacionaliza, cuando esas filias, por lo demás universales, se expresan popularmente como manías, paranoias, psicosis; cuando lo que podría entenderse como hobby o divertimiento, se vuelve asunto de la más alta importancia. Y el desbordamiento, la ansiedad de los "lectores" sobre la nota roja y las páginas de sociales, se explica y se mantiene, en términos profesionales, gracias a ese periodismo mexicano que sigue proporcionando una información rudimentaria, oficializada, esquemática y amañada en lo relativo a cuestiones nacionales; esa información, mezcla de dolo y homenaje, que organiza y prepara un equipo de redacción eterno y paradigmático, donde siempre participan (con seudónimos convenientes) William Hearst que decidió pasar sus últimos años en Utopía; Joseph McCarthy y el general Abelardo Rodríguez que captaron a tiempo la señal de la subversión; los redactores de *El Imparcial* que aprueban la decisión de sus continuadores de mantener el mismo formato periodístico que los popularizó a principios de siglo; Manuel Ávila Camacho que quiso redactar la nota relativa a una de sus giras para que no le fuesen a deformar las declaraciones; el Padre Coloma siempre tan oportuno al enfatizar las bienaventuranzas de la ponderación; Enrique Jardiel Poncela que intenta chascarrillos a propósito de los excesos nacionales y de los vencidos políticos. He aquí la prensa como la desinformación sacralizada, la prensa como la encargada de trasmitir de generación en generación la suma de seguridades que uno necesita ver reafirmadas antes de siquiera abrir o comprar el periódico.

● EL NEOPORFIRISMO COMO HUMANISMO ●

Para entender el auge, la gloria actual de las páginas de sociales en México, para entender su vigor y su multiplicación y la manera en que provocan la renovación técnica de los periódicos que las contienen, es preciso atender —con la precipitación acostumbrada— a la sociedad que les dio vida, que se encargó en un principio de abolir la incredulidad nacional en su torno. Esta sociedad (esta legión de infatigable glamorosi) (esta nuevorricracia al mando de la óptima defensa de su sensibilidad) vive ahora uno de los momentos delirantes de su historia, el tiempo que juzga de su ya inescapable madurez, la antesala de la consagración internacional. Los treinta años de poder de Porfirio Díaz (si se le despoja del "Don" es por afán sacrílego) aliados a las décadas de dominio de la Revolución Mexicana reafirmaron la confianza en una casta suprema, una élite más allá del paisaje, un orbe superior de sangre y costumbres que se había vislumbrado cuando la breve gira electoral del sargento Pío Marcha inició el reinado de Agustín I de Iturbide, que continuó al aplaudir la corte las palabras de Su Alteza Serenísima, Don Antonio López de Santa Anna

("No quiero que la historia diga que cuando fui llamado a hacer la felicidad de mi pueblo, fui indiferente a su destino.")

y que se proyectó, sin el auxilio de un gran equipo de offset a colores, durante el fallido sexenio de Maximiliano.

La Primera Revolución Mexicana tajó el sueño aristocrático, patrocinó a su manera emigraciones, trasterramientos, aplazamientos de la conducta refinada. La Segunda Revolución Mexicana dispuso el terreno para que las dinastías recién fundadas se aviniesen con quienes apenas fundaban dinastías. Y, cuando al término de esa verbosa pesadilla, el cardenismo, la Estabilidad Institucional inició lo que ya veíamos no era su tan ponderada dictadura, las páginas de sociales se lanzaron al cultivo paulatino de la hegemonía. Se promulgaron las Alianzas de Clase, que en otros tiempos se llamaban combinaciones morganáticas, no entre noble y plebeyo, sino entre la idea y la aspiración de la nobleza. Regresaban los núcleos porfiristas para vincularse con los detentadores de ese polvo, ese sudor y esa sangre tan altamente rentables. Las Buenas Familias se dispusieron a acrecer de modo sistemático su acervo de miembros fundadores. Concluía la Revolución como estado agitativo. El movimiento se desplazaba hacia las fiestas. Y la calidad de las reproducciones fotográficas proporcionaba una ideología.

● LAS PUERTAS DE LA SORPRESA, LA ESQUINA DEL JOCKEY CLUB ●

¿La secuencia obligada? Proponer una bella, satisfecha, agradable, hermosa sociedad que habitase y decorase el palacio de las conquistas revolucionarias. Y con parsimonia y rapidez, se fue integrando el neoporfirismo, el reconocimiento social de que, para recobrar el Paraíso, era preciso creer en su existencia previa; el ánimo de añorar las proporciones ideales de México y dirigir hacia ellas todo el caudal no usado de evocación. La paz institucional fue el Paraíso; el colonialismo cultural resultó el Paraíso; el probado anhelo de los "científicos", que querían reproducir París aprovechándose de la simetría del Paseo de la Reforma, pertenecía al Paraíso. El neoporfirismo reconquistó un ayer legendario, con el objeto de que se aceptase su vigencia contemporánea.

¡Ah, Míster Elihú Root visita México y hay función de gala en el Teatro Arbeu, y concurso de trajineras en Xochimilco! "Antes de marcharnos, el 15 de octubre se le dio un baile en Palacio Nacional, en donde se hizo derroche de lujo y al que asistió lo más selecto de la aristocracia, así como prominentes hombres de la política y el H. Cuerpo Diplomático." ¡Ah, a fuerza de repetirse, con el apetito y la ambición que inducen a ver como sinónimo los puestos públicos y su trasmisión hereditaria, ciertos apellidos se apoltronan, insisten, se promulgan como inseparables del poder o de sus beneficios! Emerge la Aristocracia Mexicana que como todas sus semejantes deja de atisbar en la explotación un origen y la concibe leyenda, fábula de los oposicionistas. Los apellidos se dejan ver, se dejan oír, y de la acumulación auditiva y visual nace el linaje.

Don José Ives Limantour abre los bancos en domingo para pagar una deuda de juego que su hermano contrajo con el Marqués de Cuevas. Las deudas de honor modifican la rigidez bancaria.

Don Guillermo de Landa y Escandón escucha el discurso de un obrero de la fábrica El Buen Tono que le agradece el inmenso honor de su visita. Harún-Al Raschid desciende a la gleba.

En el banquete que un grupo de banqueros, comerciantes, industriales, agricultores y representantes de los centros políticos de la República, ofrecieron el 3 de julio de 1910 al general Porfirio Díaz, se podían escuchar los apellidos Creel, Molina (Olegario), Corral, Braniff, Landa, Escandón, Tornel, Pimentel y Fagoaga, Sodi, Limantour, Lanz Duret, Cusi, Corcuera, Prida. Los hijos se educan en Europa, los colegios de monjas detentan el monopolio de la formación altiva y digna.

Por eso no es gratuito que la Sociedad de Hoy entrevea en el porfiriato su Edén Recuperable, en gesto en modo alguno inmotivado. La perspicacia ramplona que acompaña siempre al poderoso de nuevo cuño, ha designado Piedra de los Orígenes aquel esfuerzo colosal de tres décadas, no porque se le conceda la construcción de una aristocracia espiritual, tarea que excedía con mucho los talentos de la corte positivista, sino porque preparó al pueblo para acatar la existencia física de una aristocracia y dispuso, con previsora habilidad, las condiciones permanentes de la ingenuidad mexicana.

• LA ÚLTIMA THULE ECHÓ LA CASA POR LA VENTANA •

Y podría usted decirnos, señor Levi-Strauss, ¿son las páginas de sociales un rito mitogenético? Sucede que la exhibición de la riqueza (*conspicuos compsumption*) se convierte en el sentido final de la riqueza. Se produce un desplazamiento: de la posibilidad del consumo a la exhibición de la posibilidad del consumo. Lo importante de tener dinero es que la gente lo sepa. El conocimiento ajeno crea la riqueza, que se vuelve no una posesión, sino el proceso divulgador de esa posesión. De allí el cometido final de toda página, de toda crónica de sociales en México: contribuir al ofrecimiento de una nobleza, de una casta, de un orden supremo de vida. Es decir, contribuir al establecimiento y jerarquización de un proceso divulgador de riquezas. Quienes, en su estado más humilde (la inserción de avisos de bodas o bautizos o baby showers o primeras comuniones o recepciones profesionales o bodas de plata y oro, o despedidas de soltera) deciden dar aviso a la comunidad de un hecho destacado y notorio en su existencia, lo que en verdad pretenden, más que la comprobación impresa de un acto culminante, más que la notificación al México que los conoce, es el establecimiento de sus derechos, el grito tenue y tímido de quien quiere ingresar y decide probar, así sea con recortes, los méritos que justifiquen las aspiraciones. En ese nivel rudimentario, en la celebración patética de una esperanza, se encuentra el atractivo final de las páginas de sociales: son una barrera inexorable, un bastión imposible o la oportunidad de nuestras vidas. El licenciado que junto a su cara y devota esposa se decide a pagar la inserción que proclama la belleza, la simpatía, la risa fotogénica y el atractivo amistoso tan característico de su hija quincecapullera, está implorando con el temblor de un alma pura, con el estremecimiento de un pequeñoburgués anterior a 1789, que se sabe a punto de pedirle a un príncipe la mano de su hija, la alternativa, el entreveramiento, la posibilidad de acceder.

Así, las páginas de sociales no se integran nada más con los acontecimientos destacados y las fiestas de la temporada; se integran con las noticias que sólo detentan una importancia familiar y con todas las notificaciones que no se publicaron, con los cientos y miles de fiestas de la Narvarte o de la Colonia Clavería o de la Moctezuma o de la Colonia 201 que no fueron citadas, cuya asistencia numerosa no fue objeto siquiera de una escueta insignificante línea ágata. El cuento de la taquígrafa que espera al Príncipe Azul. La fábula de la Cenicienta que jamás ve convertido su cinturón proletario en una calabaza con vocación de carroza. O, para ponerlo en términos sectarios, el atroz desclasamiento de un vastísimo sector del pueblo mexicano, que describe, con su admiración y su coraje y su estupefacción, la razón de ser de una clase social que adora y sacrifica en altares impresos, cuyo recibo puntual ha de llegar al día siguiente.

● YO SOY UN CUIC, CAMBIADME LA RECETA ●

La palabra surge, como la supuesta onomatopeya de un descorchamiento de champagne y sus alegrías correspondientes, en las páginas a colores de un diario. *Cuic* designa un fenómeno escueto y amplio: la creación de la "Gente Hermosa" a partir de una voluntad de importancia. Un país en ascenso requiere de una sociedad en circulación. Al primer axioma se agrega otro: las fotos en colores son el mayor testimonio de ubicuidad ceremonial, rito de entronización que se prolonga más allá de unas simples arrugables destruibles páginas policromadas y se dirige al centro de la verdad: *Yin, oscuridad, pasividad, frío*: este país es un pueblote / nada sucede / la gente no sabe ni comer / ningún tiempo pasado que se haya desenvuelto aquí pudo ser mejor. *Yang / crecimiento, luz, ímpetu, color*: vamos haciendo una sociedad de a-deveras / que vean los gringos que aquí también las podemos / si nosotros no nos festejamos, ¿quién? / no puede ser que nadie reseñe nuestras actividades, que nadie nos contemple en el Club de Polo, que no surjan discotecas, boutiques, biógrafos de nuestras diversiones. Si las páginas de sociales no existiesen, habría que suspender las visitas a mi sastre.

Atmósfera verbal en torno de un cuic: soñador, bilingüe, sensass, junior, dinámico, joven ejecutivo, creyente sin ser mocho, feliz sin necesidad del escándalo, week-end, deportivo, satisfecho de lo que he logrado, seriedad a su debido tiempo, interesado en la buena música, aguanta ser de la Alta, mi abuelo se partió la cara con la vida, soltero codiciable, emprendedor / mi familia des-

138

aprueba el que yo ande de golfo aunque no creas, también entiende que éstos son otros tiempos / pienso entrenarme duro para sustituir algún día a mi padre. Conclusión: *Yin Yang. Negativo. Positivo. Zabadaba.*

• EL DOLOR DE NO HABER SIDO, EL PLACER DE SEGUIR SIENDO •

Frente a la renuncia (obligada o voluntaria) de quienes prefieren ser vividos a vivir un país, se levanta complementariamente, la arrogancia concluyente de quienes ya se piensan habitando, constituyendo una sociedad opulenta. Los nombres cambian, el espíritu —muy comme il faut— permanece.

Los López Figueroa fueron los primeros jet-setters en México, quienes decidieron el revoltijo de altos prelados y niñas bien y playboys y dueños de Monterrey y el político de este sexenio es la iniciativa privada del siguiente. Ayer Puerto Vallarta, mañana Londres, siempre la vista vaga y aprensiva en demanda de flashes. Ya todos son jet-setters o quieren serlo. La primera condición, saber que cuando se habla de México, no se quiere decir México, por supuesto, eso sería demasiado obvio. Cuando se habla de México, se está aludiendo a otras cosas, aquellas que usted, doctor, por mucho que pague por deslumbrante collar que se haya enfundado, aspirando a que no se recuerde que durante veinticinco años su consultorio permaneció estacionario en la calle de Correo Mayor / que usted Doctor, por más que lo haga, jamás entenderá. Le falta el *flavor* ¿no?, no tiene sans façon ni sprit, ni élan vital, ni quien le pele. Mire nomás que traje, ¿lo compró en una barata, doc? No, lo engañaron. No se fíe de las gangas.

¿Quién podrá pues, definir a México? ¿O alguien sabe lo que quiso decir el periodista y modista Armando Valdés Peza:

En México y fuera de él no se habla de otra cosa: el divorcio de DON LEOPOLDO BARÓN *y* OSORIO *de* MOSCOSO, *duque de* SESSA, *duque de* ATRISCO, *conde de* ALTAMIRA, *con Grandeza de España los tres títulos y además es* MARQUÉS *de* MORATA *de la* VEGA, MARQUÉS *de* PICO *de* VELASCO *y* MARQUÉS *de* AUGUSTINA-AUGUSTINA, *no* AGUSTINA. POLÍN, *como lo llamamos sus amigos, se casó hace años con* DOÑA CRISTINA *de* GAVITO *y de* JÁUREGUI, *hija de la* VIZCONDESA *de la* ALBORADA *y* VILLA-RRUBIO, GRANDE DE ESPAÑA *y de* DON FLORENCIO GAVITO, *caballero poblano, estrechamente emparentado con* DOÑA ISABEL *de la* FUENTE *de* PELLON?

Sin consideraciones prosísticas, sin una pretensión literaria que se extienda más allá de la descripción poética de las indumentarias, sin jamás pensar que el nombre es lo de menos, las páginas de sociales van pregonando el sueño, la ilusión de cada día. Un sueño que trasciende vanidades y exhibicionismos para convertirse en un estímulo primordial, la convicción de que las relaciones públicas son la única señal de vida que los demás reconocen. *Los demás*: el ¿qué dirán? sobrevive a cualquier propaganda libertaria, a cualquier difusión freudiana. La calidad del estímulo sostiene una relación directa con esta vigilancia del interés y el desinterés *de los demás,* con este movimiento de premios y castigos donde quien no está no es, donde ninguna memoria es tan poderosa como para recordar a los ausentes.

La ilusión y el sueño son enumerativos: mírennos, admírennos, renovamos o creamos la moda, gastamos un millón de pesos en una boda, advenimos con paso majestuoso a la capilla para recibir la bendición divina que bien merecen las parejas que arriban a la vejez compartida

damos fiestas sicodélicas con estrobolight, invitamos a los aniversarios de riguroso disfraz, disponemos de clubes privados, nos conocemos y nos invitamos, nos vemos en showers y cocteles, la generación anterior fue de políticos y la que sigue será de artistas, gozamos las noches mexicanas y el Halloween, el 15 de septiembre es nuestro Thanksgiving, nos besamos el día de San Valentín, conocemos la necesidad psíquica de los fines de semana, no nos asombran los pronósticos del exterminio de la minifalda, siempre queda el recurso de burlarnos de las trenzas y los moños colorados.

El sueño concibe una sociedad distinta, distante: la crónica, las páginas de sociales son un enorme espejo que provee sus propias imágenes, son la vitrina evidente, el escaparate donde posan, modelan, bailan y se miran con languidez enamorada los seres que se autodefinen como el rescate de la elegancia y el buen gusto de manos de la barbarie. El sueño rechaza los contextos: las Mejores Familias pueden darse en cualquier país, ninguna fiesta que se respete ocurre dentro de un marco histórico específico. La suma de los sueños arroja un resultado cualitativo; no es sólo un problema de vestuario, o de esperanzado pulimento del apellido, o de simpatía comúnmente reconocida que un don de la ubicuidad delata, o de fe en el cosmopolitismo, o de admisión pública de poderío económico. Es todo eso, y es el deseo de conmover, de persuadir de tal manera a la nación que la armonía quebrantada por un club antirreeleccionista o unos peones levantiscos, no se pierda ya, no se resquebraje o se deteriore. Las páginas de sociales son una promesa, una incitación:

TÚ PUEDES   TÚ DEBES   TÚ QUIERES FIGURAR

Filo de la navaja de la propaganda clasista: atrae y solivianta, soborna y radicaliza. La indignación ante el despliegue de esta meditada insolencia, puede ser también la indignación ante el despliegue de la pobreza que nos rodea, ante el despliegue de la carencia de glamour del lugar en que se vive. El resentimiento social por su casa empieza.

Filo de la navaja de la vanidad que se atreve a decir su foto: deslumbra y disgusta, fascina y politiza. Los comentarios se abaten sobre la cursilería, sobre el industrializado mal gusto de estas páginas y el mundo que han creado. (Porque fueron primero las crónicas de sociales y luego la sociedad, fue primero el linotipo y a continuación la fiesta que lo justificaba.) Y sin embargo no se desvanece, ni amengua el hechizo de esas inagotables pródigas descripciones del albor de la recién casada, del candor de la debutante, del regocijo edénico del garden party, de la locura in del happy birthday, de la augusta comparecencia de los nobles de Europa, del buen humor que conforma la prontitud fotografiable de esos grupos invariablemente idénticos. ¡Cómo se divierten en Aca! ¿Cómo se divierten en Aca?

—Pasé un fin de año maravilloso. Así da gusto decir farewell a lo que sea. Ora que estaba tan high que ni las golondrinas. Lo único que oía clarito era "pasa la charola, Teté". ¡Qué curioso! En Le Club, en el Dome, en Villa Vera clarito oía: "pasa la charola, Teté." No soy mesera, linda, ni cuentahabiente del Seguro Social, respondía mecánicamente. Pero no me acuerdo a quién. ¿Por qué lo dirían? ¿Eh? "Pasa la charola, Teté."

• LOS CONVIDADOS DE PIEDRA •

La indigencia de estilo, el arribismo elemental o industrializado de quienes todo celebran en los periódicos, no son el problema central a que convoca cualquier mínimo examen de las páginas de sociales. Lo más significativo, es el público que no participa y pese a todo sigue con avidez, en trance hipnótico, el desenvolvimiento de esta "mejor sociedad", de estos trescientos que multiplica la corrupción y el retroceso de un país. Esos obreros que se extasían memorizando las proezas de los hazañosos y viajados cuic, esos seres de clase media que ya distinguen entre una recepción principesca y otra simplemente fabulosa, esos invitados invisibles y constantes de todas las reuniones, son un comentario implacable sobre México, sobre un país donde el rencor social sigue siendo la otra cara de la envidia agradecida. El neoporfirismo ha incrementado y vigorizado su herencia. Al Orden y al Progreso se le ha añadido la Figura.

[1968]

Homenaje al espíritu lúdico de una década

[DEL CAMP A LA TRIVIA]

•••

Profunda: ¡El momento en que la verdad descendió al salón! ¡Profunda, el Quijote de los juegos! Hartos ya del Camp (¿qué cosa en México no es tan mala que resulte buena?) y de la Trivia (¿A quién le interesa saber cuál es el verdadero nombre de Batman o en qué año murió don Antonio López de Santa Anna?), se presenta ahora un nuevo juego:

Profunda

Las reglas son sencillas y fáciles de dominar. Si Trivia le exige a sus preguntas el contexto de cuestiones sin ninguna importancia, Profunda le demanda a sus interrogantes el abordaje de asuntos esenciales para el progreso o la madurez criteriológica del ser humano. Lema evidente del juego: sólo se admiten preguntas que cambien la vida.

DOCE EJEMPLOS DE PROFUNDA:

☐ ¿En qué año concibió Thomas Mann las diferencias esenciales entre cuerpo y alma?

☐ ¿Cómo se llama la contingencia que separa inequívocamente al ser del no ser?

☐ ¿Qué conflicto existencial se suscitaría al descubrir la Presencia que la Ambigüedad no tiene sitio para la Mirada?

☐ ¿De qué manera transforma el Arte a la Realidad los días jueves?

☐ ¿En qué momento histórico específico influyó más lo anímico sobre lo telúrico?

☐ ¿De qué modo obsecuente sirven las apariencias a la realidad en lo que se refiere al problema de la Moda, y quién escribió el ensayo "Lo sincrónico y lo diacrónico en la obra de Pucci"?

☐ ¿Por qué la incomunicación suele manifestarse de modo incompleto en las sociedades preindustriales?

☐ Si la enajenación es una manera de relacionar al ser con las cosas, ¿cómo se manifiesta la alienación frente al Cosmos?

☐ Dadas sus semejanzas, ¿es posible integrar un trío con el erotismo, la muerte y la pasión mística?

☐ Si el azar es la contingencia, entonces ¿la contingencia es el azar?

☐ Desde el punto de vista epistemológico: ¿es la existencia un devaneo, un delirio, un deliquio o un desastre?

☐ ¿En qué año descubrió Mariano Azuela, a través de la percepción sagrada de uno de sus personajes, la perfecta adecuación entre la conciencia y la noción de identidad?

☆☆☆☆☆☆ Imágenes del tiempo libre

A Eduardo Deschamps

Sabia virtud de conocer el tiempo.
—Renato Leduc.

Primero de Mayo en Tijuana. El centro de la ciudad, la Avenida Revolución (Revolution Avenue) se ve conmovido con la gallardía de los contingentes de la Confederación de Trabajadores de México. Inmunes, ajenos a denuncias o recordatorios de una corrupción ambiental, desfilan los descendientes de Río Blanco y Cananea. Las conquistas obreras se expresan a través del espíritu combativo de las mantas:

"NO LOS OLVIDAREMOS, HÉROES DEL
    SINDICALISMO"
"CON LA REVOLUCIÓN NI UN PASO ATRÁS"
"EL PROLETARIADO HA DICHO ¡BASTA!"

Y las pancartas prodigan los retratos de los Grandes Líderes: Fidel Velázquez, Jesús Yurén, Alfonso Sánchez Madariaga. En un local de la CTM, un grupo a-nivel-de-dirección celebra la fecha, celebra los adelantos en materia de legislación laboral. A sus espaldas, a sus lados, enfrente, el ubicuo muralismo local exalta la hazaña de 1910, proyecta de modo ciclópeo a Fidel Velázquez

145

y a Ricardo Flores Magón, insiste en lo nevado de nuestros volcanes, disemina banderas, asume el dolor ante los Mártires de Chicago. En el día supremo del sindicalismo, los compañeros se emocionan. Un conjunto norteño interpreta redovas, canciones rancheras. Los líderes beben, se levantan para abrazarse entre aplausos, anuncian el orgullo de su humilde procedencia y vuelven a beber y vuelven a abrazarse. El recuerdo se desvanece sin conclusiones.

● A TIEMPO AMAR Y DESATARSE A TIEMPO ●

¿Qué es el tiempo libre, cómo se manifiesta en México, cómo se invierte y cómo se despilfarra? ¿Es legítimo proponer, por ignorancia de las teorías filosóficas, económicas y sociológicas, una visión impresionista? En la *Ética Nicomaquea* Aristóteles afirmó: "El tiempo libre no es el fin del trabajo; es el trabajo el fin del tiempo libre. Éste debe consagrarse al arte, a la ciencia, y, de preferencia, a la filosofía." Alguien (una multitud) demostró un día cómo el ocio de la sociedad griega engendró su prodigiosa cultura. ¿Qué ha generado el ocio de la sociedad mexicana? La provocación se rehuye: estas notas no deben empañarse desde el principio con una respuesta apocalíptica. Mejor adviértase una vulgarización ideológica: las tesis del trabajo (según Marx "la forma fundamental de la actividad humana"), de la explotación del hombre por el hombre, de la plusvalía, de la enajenación en una sociedad de masas. De donde se sigue (para responsabilizar al salto dialéctico de cualquier desastre expositivo) que los patronos resultaron los primeros en interesarse programáticamente por lo que sucedía fuera de los lugares de producción. Los empleadores se empeñaron en obtener de sus asalariados la garantía de ocupaciones convenientes en Horas de Esparcimiento. El credo del progreso, de la línea ascendente de la historia, se desdobló en varias confesiones menores: una, la que nos concierne, señalaba el auge del recreo, la multiplicación del reposo productivo. Se decretó un aumento de la calidad, del valor del descanso. El descanso se establecía, casi positivistamente, como una conquista del orden y la razón burguesas, conquista sólo perfectible por acrecentable. Surgió la consigna: en el año que viene nos divertiremos más, descansaremos mejor.

La noción de "tiempo libre" es una noción oficial: las horas dedicables al esparcimiento implican un juicio (hay desgaste cuya recuperación exige diversiones) y entraña un método: equilibrio entre trabajo y descanso, entre el tiempo productivo y el tiempo

146

improductivo que nos sirve para acumular las energías que, al día siguiente, usaremos en la producción. (El capi.alismo, según los sectarios, asimiló las lecciones de los esclavos muertos de fatiga.) Así, la noción de tiempo libre es parte del Contrato Social, parte de la obediencia a un proceso ideal al que reconocemos y en donde nos reconocemos, cuyas reglas respetamos mientras demandamos su respeto. Como concepto contemporáneo, el tiempo libre se distingue del ocio porque supone la existencia de un programa y un sistema; mientras el ocio es anárquico, el tiempo libre tiende a uniformarse, a distribuirse en cánones y leyes. ¿Cuál es ese programa? ¿Y cuál el método de descomposición de la realidad en horas libres que progresan? Un temario elemental describe las aspiraciones, los deseos de una ideología dominante: según este criterio, el tiempo libre consiste en la capacidad de repetir situaciones existentes, de abdicar del poder de modificación, de reiterar hábitos y tradiciones. El tiempo libre como la reafirmación unánime del Sistema. Lo que la burguesía demanda del tiempo libre es la consagración, el refrendo de una conducta invariable. Nada debe cuestionarse, nada será puesto en entredicho. Sólo si parte con afán de elogio ha de explorar el tiempo libre el mundo circundante. El principio de la diversión es la gratitud hacia el que manda.

• COMO DICE EL REFRÁN: DAR TIEMPO AL TIEMPO •

Y para rendir homenaje a esa caricatura aberrante que cada semana brota en cualquier periódico y en donde, como resultado de una estadística fatigosa, se concluye que son únicamente doce los días de trabajo en México, ¿de cuánto tiempo libre disponemos entre nosotros? ¿Cuál es el tiempo libre que le corresponde a cada clase social? ¿Y cuáles son sus facultades específicas? Es, por ejemplo, don del tiempo libre edificar edades. Es su privilegio y su obligación. Los *teenagers* (así dicho en inglés, en esa acepción que significa adolescencia, pero adolescencia de la sociedad de consumo, adolescencia que adquiere radios de transistores, discos, motocicletas, volkswagens, posters, botones de protesta, ropa de gamuza, guitarras eléctricas, pantalones de campana) son una contribución clasista del tiempo libre. No hay teenagers de la clase obrera, no hay teenagers campesinos. Construir un teenager es laborioso, requiere de un entrenamiento familiar, de muchas horas a la disposición, de ese singular disfrute del momento que patrocina el poder adquisitivo.

La juventud, esa disponibilidad de la rebeldía y la aventura y los días azarosos y la avidez existencial, es también invento básico del tiempo libre. El tiempo libre elabora esa edad, le da perfiles, le regala las concesiones de la admiración comunal, la surte de todos los aparatos que le fabrican un rostro. El obrero —advierte Sartre— carece de juventud. Pasa sin transición de la infancia a la edad adulta. El tiempo libre de que puede hacer uso es un tiempo libre confeccionado o creado por sus padres, por sus vecinos, por las tradiciones del barrio o de la vida. (La vida, en este orden de cosas, es una institución, nunca un fluir; un catálogo numerado de costumbres, no un hacerse cotidiano.) El obrero en edad de ser joven se enfrenta a un esquema organizado por eso que llaman el Estar en el Mundo y no concilia el valor de sus respuestas con el hecho, socialmente descrito y estipulado, de la juventud. De allí la mímesis, la imitación humillada, la persecución externa del fenómeno de la juventud que cunde a través de la docilidad con que esos lumpen, esos obreros, esos seres cronológicamente jóvenes, acatan las modas, las veneran, las buscan con el retraso de la ineficacia. Ahora usan trajes Mao, ahora utilizan cadenas y medallas, ahora se sienten mod y se atavían pop, ahora comentan la temporada social de la que siempre estarán excluidos. No tienen acceso a *esa* juventud, les corresponde agregarse a la mecánica de las parrandas y el casamiento prematuro, de la falta de control genético y la sobra de resentimiento. Su tiempo libre es un organismo creado de antemano y al que ingresan con la mansedumbre de la repetición.

El tiempo libre puede ser repetitivo o pretendidamente original. Si se desarrolla en una colonia del cinturón proletario tenderá a dividirse en la disyuntiva del sexo y del grupo de amigos, entre la apetencia y el relajo, la insatisfacción y la juerga. Si tiende a esparcirse o cumplirse en otros medios, inventará juegos, adoptará y nacionalizará costumbres, irá del slalom a la carrera de boogies, del surf a los papalotes aéreos, de las fiestas de disfraces a la caza de boutiques. El elemento primordial en el mismo, alguien objetará. Sí, detrás de toda esa actividad y esa diversidad, yacen los mismos factores ineluctables: sexo y diversión, sexo y compañía. Mas las circunstancias panorámicas, el contexto de la actividad de estos seres que se han profesionalizado como jóvenes, es lo que constituye la definición de *juventud contemporánea*, no tanto la acción como la anécdota, no tanto el fin último como el atractivo de su desenvolvimiento. Quienes persisten en el club ciclista, quienes recurren a la cervecería, quienes se aproximan una y otra vez a la rutina de los prostíbulos, no son, en cuanto desempeño esencial, diferentes de quienes fatigan las discotheques, recurren a los carros deportivos, insisten en las modelos de televisión. Mas lo que conocemos como juventud no es un conjunto de diversiones y desfogues sexuales. Es la forma elegida por ese desfogue y esa diversión para darse a conocer. De modo inevitable, estas criaturas de las barriadas, estos aprendices, estos muchachos de la San Juan de Aragón y la Pantitlán y Santa Julia y Peralvillo y la Casas Alemán y tantas zonas menos míticas pero de atmósfera igualmente inexorable, se sienten despojados de su juventud. Los mass-media, los medios masivos de comunicación, les arrebataron los símbolos, los datos externos de su condición específica. Carecen de carros sports, de lugar en los restoranes y night-clubs exclusivos, de discos de última moda, de viajes a San Francisco, de dominio del inglés, de ropa precisa y (esto no es desdeñable), tampoco disponen de un rechazo ideológico, político. Apenas son dueños de sus apetitos, de su extremada o mínima ambición, de su contrariedad, de su relajo ciego, de su turbia o dócil manera de hacer uso de la irracionalidad. Les han dado a entender que sólo acumularon cualidades o defectos de antes, señales decimonónicas, cualidades o defectos que los inhabilitan para comprender y captar y —lo definitivo— que los incapacitan para insertarse en el mundo donde los símbolos externos de la juventud son, de modo estricto, toda la juventud de que se dispone.

● QUE DE AMOR Y DOLOR ALIVIA EL TIEMPO ●

Escisión del tiempo libre: de su empleo socialmente válido a la consideración de su despilfarro, de la secretaria que estudia inglés en las noches al adolescente que en el billar consume las horas. Todo esto remite a la base formal de un proyecto: el tiempo libre se mueve de acuerdo a un diseño (más o menos) coherente de los logros vitales. En una sociedad como la nuestra, la carencia de proyecto torna al tiempo libre en un espacio o en una sucesión de espacios, territorio donde uno se desplaza sin más premura que el ritmo del movimiento físico. Si no existe el proyecto vital, si uno no quiere ser o no quiere llegar o no se dispone a ser reconocido y vitoreado, el tiempo suele producirse como espacio, el espacio donde uno se encuentra con los amigos, el espacio donde se hallan distribuidos los juegos de futbol llanero y las cervezas y las tortas de pollo y la búsqueda afanosa de chamba y el sexo barato y el instante de irse a casa de un conocido a ver la pelea de box por el campeonato mundial (en este espacio, la televisión lo es todo).

En ese tramo interminable, en esa distancia de un punto a otro que carece de relojes y líneas rectas y desplazamientos, en ese recorrido que siempre-ya-va-a-empezar de quienes no ostentan un proyecto social, político o económico, todo (la vida, las relaciones humanas, el trabajo) ocurre como en la cancha, como en el salón para familias, como en el dancing club. No hay horas, no hay medición del tiempo: hay lugares, espacios dilatados o reducidos, lugares donde uno baila, uno se enamora o uno se divierte, ¡qué caray! Este espacio que se usará con reservas, con recelos, aventando la bronca, no dejándose de nadie después de haberse dejado de todos; este espacio improvisado en una piquera, en una riña, en un boliche, en un balneario, en una fiesta de cooperación, en un baile de quinceaños, en la esquina sosteniendo el prestigio gregario de la raza con la misma conversación todas las noches, en el gimnasio o en la excursión, en la liga de beisbol amateur jugando sábados y domingos, en los cafés con las manos entrelazadas como único signo viable contra la soledad; este espacio improvisado y abierto con desesperación y con un no se qué que quedan balbuciendo es lo que, de otra manera, se conoce como el tiempo libre de las clases económicamente débiles.

• AQUEL AMOR A QUIEN AMÉ A DESTIEMPO •

Si el proyecto vital existe, el tiempo libre se profesionaliza, se vuelve —por así decirlo— de tiempo completo. Por un lado, extrema sus cuidados alrededor del tótem absoluto: la noción de status. Hay que invertir el tiempo libre en los sitios convenientes, al lado de la gente oportuna, con los gestos y las actitudes permisibles. El tiempo libre se ordena y constituye como el cúmulo jerarquizado de acciones que mantienen y otorgan el prestigio. O, en otros casos, la vivencia se traduce como huida. Es preciso usar el tiempo libre como un vehículo, algo que nos aleje de aquí, del agujero. Hay que estudiar y tomar clases de idiomas y conocer a quienes están mejor situados y dejar de salir con los cuates porque eso no reditúa. El tiempo es oro, lo que es una manera de afirmar: el tiempo es tiempo. Un condenado a muerte se escapa: aquí está mi tiempo libre y debo hacerme de una voluntad, debo terminar mi carrera (debo concebirla literalmente como carrera) y así saldré de esto, porque no hay otra, porque está bien que así suceda, que uno (yo, tú, él, cualquier pronombre que viva

150

en esta cuadra) se vaya de aquí y deje de acelerar su tiempo libre, porque está bien que uno no se dé por vencido, le entre con fe a lo que venga, no permita que nadie, ni uno mismo, vuelva a decidir sobre la manera en que se pierde tranquilamente el tiempo.

• MARTIRIZÓME TANTO Y TANTO TIEMPO •

El tiempo libre de quienes pueden —incondicionalmente— darse tal lujo no suele ofrecerse como sustancia temporal o como espacio. Suele apersonarse como escenografía. El joven o el teenager, los afortunados en la repartición de los papeles de joven o teenager, se desplazan por su tiempo libre como sobre un foro, como en un proscenio. El fin de semana en Cuernavaca es un telón. La tarde en el Country Club es primera llamada. La comida al aire libre en un sitio de moda es otro decorado, uno más en la serie abundosa de enormes o mínimos decorados que se integran como la cauda, como el júbilo que acompaña a estos afortunados. El tiempo libre es un accidente, un contexto una anécdota. Lo principal es la existencia de quienes lo viven, de quienes lo pueden vivir. Son los propios jóvenes o los teenagers quienes se constituyen en el verdadero tiempo libre. Lo otro, la forma y el sitio donde transcurre, son incidentes, requisitos incidentales. Pero el tiempo libre es una persona y su vigor adquisitivo y la tradición en el uso de ese vigor adquisitivo. Una clase social le ha ganado un tiempo al proceso histórico, ha procurado ese lapso de confianza y crédito entre una época y otra, entre un régimen y otro, entre un orden político, social y económico y quien lo va a reemplazar. Ese tiempo de más, esa garantía de vida, esas horas robadas o concedidas, se entregan a los herederos, a los descendientes, jóvenes o teenagers que son en sí mismos lapso de confianza y compás de espera de una etapa histórica. Ellos son los excedentes, los residuos temporales del Sistema. Quizás trastornen su condición, quizás se conviertan en tiempo laboral, en aprovechamiento industrial o administrativo del instante, pero esa anécdota vendrá después, o no tiene mayor importancia. Por lo pronto, son certidumbre de que una estructura aún prevalece, de que aún son vigentes los juicios críticos sobre la sociedad industrial. Se les confunde con el lujo: de hecho, son una ganancia, un descuento del fin de una era, anticipaciones y cobros prematuros. (La plusvalía dispone de apellidos.) Son el tiempo libre de la Historia, la señal que tramita primero el entronizamiento y luego la desaparición de un régimen.

¿Cuál es la noción de tiempo en un país en vías de desarrollo? ¿A qué equivale el subdesarrollo sino a la fragmentación del tiempo, a su inacabamiento, a las horas que jamás disponen de sesenta minutos, a los minutos incapaces de inventariar los segundos que los integran? El tiempo del subdesarrollo suele ser, en cuanto a forma, circular, y, en cuanto a técnica de aprendizaje, suele poblarse de pequeños niveles. Es circular porque los hallazgos son los mismos, porque la imitación se suple con la imitación, porque los procesos históricos jamás concluyen, jamás la rebelión da paso a la independencia, jamás la insurgencia culmina en la autonomía. El drama de México se localiza en su tiempo histórico trunco: una Independencia que se frustra, una Reforma que no llega a término, una Revolución que llega a su feliz desenlace contrarrevolucionario. La suspensión de las grandes ideas históricas equivale al mito del eterno retorno, que en imágenes obvias puede ser, y aquí confluyen los niveles opuestos, Hidalgo contemplando la campana de Dolores o el proletario adolescente emborrachándose para que se le acepte como adulto; Juárez vislumbrando las Leyes de Reforma y los minutos implacables y duraderos frente a una mesa de billar; Zapata preparándose para encarnar el Plan de Ayala y la familia que apacienta su tarde ante un aparato de televisión. La Historia Pública y la Vida Privada se entreveran. El país no accede a la autonomía plena, el individuo no accede a la autonomía cabal. La identidad no varía porque no se ha engendrado la demolición de las estructuras actuales y porque la vida íntima continúa sujeta a la magia del círculo vicioso. Todo cambia, todo se transforma: todo sigue igual. El eterno retorno es la precaria y atroz sensación continua que nos informa de que esto ya lo vivimos, de que esto ya lo intentamos, de que esto ya fracasó.

• TAN ACREMENTE COMO EN ESE TIEMPO •

Y México dispone de tantos tiempos libres como épocas históricas. Hay el tiempo libre primitivo de las peregrinaciones huicholes y el mundo tarahumara. Hay el tiempo libre medieval de las poblaciones dominadas por el fanatismo clerical y la superstición. Hay el tiempo libre decimonónico de los sectores regidos por la declamación y la oratoria y las frases juaristas. Hay el tiempo libre contemporáneo. (¿Hay el tiempo libre contemporáneo?)

Pregunta unificadora: ¿cuál es la relación entre las horas disponibles en Guanajuato y en Hermosillo, en San Cristóbal las Casas y en Puerto Vallarta? Respuesta aventurada: tal vez un vínculo posible sea la relación que cada uno de estos sitios guarda con el concepto "politizar". Politizar, según una bárbara definición de trabajo, equivale a procurar o procurarse una visión ideológica de la realidad, una perspectiva matizada que incluye teoría del estado y deberes y derechos personales, militancia y convicción. Politizar no es añadir gente a una política en funciones; es aproximarse crítica, analíticamente a la política para extraerle su (entre nosotros) inexplorada riqueza de atributos comunales. En el sentido mexicano, politizar será lo contrario de hacer política, no siendo el interés básico la obtención del poder, sino el conocimiento y la reducción de sus límites, la diseminación de sus beneficios.

A la politización le correspondería unir, cohesionar estos núcleos, estas islas temporales que van de los chamulas que nada tienen a los políticos que todo quieren. Un ser despolitizado es aquel que, sintomáticamente, sólo le exige a su tiempo libre la oscura, ampulosa, divagada satisfacción de consumirse ante la vista de los demás. La despolitización le procura al paisaje histórico del país esa su brumosa cualidad evanescente, esa sensación de falta de continuidad (que no debe confundirse con la idea de progreso: la continuidad no exige una línea ascendente), esa impresión opaca de que los contextos sociales no existen, de que no existe ese tiempo común, esa hora de todos que es la decisión democrática.

La politización, al precisar de un centro de gravedad, se opone y denuncia a la locura, a la pérdida de perspectiva, al delirio que declara abolido y liquidado el tiempo. Sin politización, sin ese centro polémico de razón, las intuiciones y sensaciones del tiempo quedan en manos de la locura. Ayer o hace once años pudo entrar a la cárcel un líder obrero que pugnó por un sindicalismo independiente. ¿Quién registró el dato, quién lo sufre como una experiencia sensorial? La locura, al abolir el tiempo, aniquila el acervo y la memoria de los sentidos. A pesar de los múltiples dichos, el pueblo mexicano no es amnésico: carece de medida del tiempo y por lo tanto no puede ubicar los hechos. Sin politización, sin tiempo, no hay pasado o futuro. Hay un presente único, aquí, en este momento, deshilándose como las cuartillas de una crónica, desvaneciéndose como los acontecimientos locales revisados por un registro erudito. Esa disminución intolerable del tiempo borra los crímenes (ocurrieron ayer, es decir nunca) y proscribe las utopías (vendrán mañana, lo que jamás tendrá lugar); destruye el legítimo resentimiento histórico (sobre la idea precisa de lo que no fue en tu año, no fue en tu daño; lo que no te aconteció en lo personal no aconteció), y vulnera la decisión de renovar las estructuras (porque no se producirá un porvenir que contenga el cambio).

● AMOR QUERIENDO COMO EN OTRO TIEMPO ●

Imágenes del tiempo libre: un país consagrado al futbol. Los periódicos deportivos elevan su venta. Los comentaristas exacerban su ingenio, anhelan querellas, gesticulan en el ámbito de lo sagrado. Lo sagrado: lo irrecuperable. Perderse un gol de Pelé, un triunfo de la Selección Nacional es tanto como perderse el contacto con la otredad, con ese invisible intangible imponderable minuto donde el éxtasis de todos confirma el éxtasis personal y el triunfo o la derrota se vuelven maneras de acercarse o alejarse del núcleo entrañable, allí donde las cosas adquieren su sentido, donde todo se integra en una atmósfera cerrada, más allá de lo profano (lo que empieza en las inmediaciones del estadio, en las inmediaciones del aparato de radio, en los límites de la TV). Esa hierofanía con patrocinadores y reventa de boletos requiere del ruido, de las profericiones. del estruendo de las porras, de la frustración del acaloramiento, del acabóse. El tiempo libre se vuelve tiempo sagrado. No hay ironía en lo anterior. No puede haberla. Los medios masivos de comunicación lograron el milagro: al darle al futbol los beneficios de la atención de millones, lo volvieron el gran tema comunal, el lazo de unión, la posibilidad de cercanía con los desconocidos.

La afirmación no es hiperbólica: el honor nacional se deposita en los pies de los once jugadores. Podrá ser blasfemo de acuerdo a los estrictos criterios cívicos, pero jamás exagerado. Porque de seguro no existe, después de la Virgen de Guadalupe, asunto que concierne tan profundamente a (casi) todos los mexicanos. El futbol es la tierra original, el asiento de pasiones y discusiones, de odios y obsesiones. Mucho más que la política, en mayor medida que cualquier otra proyección colectiva, el futbol se ha ido convirtiendo en la justificación del mexicano en tanto multitud. Como nunca, la madurez cívica del mexicano abdica de sus derechos y se los cede a esa hora y media sobre el césped. Para eso quiero yo el tiempo, para endosárselo a dos grupos que riñen entre sí, para uncirme al proceso vicario que en lugar de uno me hace representar por once. Yo soy el que juega, yo soy el que se acerca a la meta, yo soy el que se dispone a coronar su carrera con el simple procedimiento real y cósmico: meter un gol, horadar las entrañas del enemigo, burlar su vigilancia, repetir las hazañas de todas las grandes infiltraciones del pasado de mi pueblo. La suplantación llega a su cúspide: en mi nombre, guiados por el empeño de mi garganta, de mi sudor, de mi emoción ronca o frenética, once seres y sus entrenadores y sus colores y sus camisetas, se enfrentan y vencen o son vencidos por la realidad (la catástrofe de la Naturaleza).

● IGNORABA YO AÚN QUE EL TIEMPO ES ORO ●

El tiempo libre como sueño. La llegada al vestíbulo del cine, la butaca como frágil conducto, como dispositivo que nos conduce a la más vasta región onírica. No confundamos: no se intenta designar al cine como mera fábrica de sueños, ni se quiere (por el momento) censurar a Hollywood por su papel destructor de la conciencia vigilante. Se ha desacreditado notoriamente la acusación realista socialista que, ante la ausencia de posiciones políticas prestigiosas, acusa a todo el cine occidental de traición y corrupción. (¿O qué queda del cine soviético de los cuarentas y de los cincuentas? ¿O quién compara a Guerassimov el progresista con John Ford el reaccionario?) Ya no se lanza impunemente el cargo de perversión, porque, entre otras cosas, el sueño en este siglo le debe muchísimo a cierto cine, le debe remodelación, búsquedas, revelaciones. ¿Qué sería del espléndido sueño contemporáneo, a un tiempo imaginación y crítica, sin la obra de Visconti, de Laurel y Hardy, de Chaplin, de Eisenstein, de Fritz Lang, de Kurosawa, de Buster Keaton, de Von Sternberg, de los Hermanos Marx, de George Cukor, de Howard Hawks, de Von Stroheim, de Dovchenko, de Ingmar Bergman, de Raoul Walsh? El mejor cine de este siglo ha cumplido una función múltiple: anticipar los sueños, hacerlos partícipes de la modernidad, destruirlos, renovarlos, dosificarlos, enturbiarlos, llevarlos al territorio de la pesadilla, deshacer su formato lógico, dinamitar su cartesianismo, ampliar sus nociones de belleza, proveerlos con una ambientación contemporánea. El gran cine ha aceptado y desarrollado una encomienda primordial: universalizar los sueños, amueblarlos de un modo óptimo, darles la oportunidad del viaje, concederles la frecuentación de las fisonomías variadas. A partir del cine los sueños se diversifican, se contraen, se expanden y adquieren un tono decididamente visual. Desaparece el sueño con palabras. El tiempo libre como extensión del sueño.

El tiempo libre como función enajenada. La palabra, temible por imposible, aparece. Enajenación es sustracción ante la urgencia categórica de la toma de conciencia. Enajenación es fuga ante la posibilidad de la conciencia. La noción de tiempo libre supone forzosamente su correspondiente, el tiempo cedido, el tiempo que le pertenece a otro, a otros. Allí, voluntaria u obligadamente nos entregamos. A continuación, viene el tiempo libre, cuando nos es dado utilizarnos íntegramente a nosotros mismos, de modo personal, intransferible. ¿Y qué significan entonces las horas transcurridas pasivamente ante un aparato televisor, ante una pelea de box, ante una película mexicana, ante una corrida de toros? ¿Libertad o enajenación? ¿Le entregamos al tiempo libre nuestra capacidad de razón y desarrollo, o, por el contrario, en él perfeccionamos voluntad de cambio, albedrío moral y poder de transformación? Una sociedad como la nuestra sólo ofrece una respuesta: *este* tiempo libre es tiempo enajenado, tiempo cedido a la incapacidad de transformar la sociedad, a la decisión de continuar sin modificaciones. (La televisión, por ejemplo, se dedica a una empresa singular: envilecer la inventiva, degradar el mito.)

Esto no se traduce necesaria o escuetamente en una condena de la televisión en sí misma, del juego de futbol en sí mismo, del cine en sí mismo. Eso sería adaptar o prolongar hasta el delirio la actitud ludista, la embestida de aquellos obreros del siglo XIX que destruían las máquinas porque éstas, a su juicio, se habían constituido en innoble y criminal competencia. Lo que se niega es el criterio de utilización del tiempo libre, ese criterio de olvido, del tiempo perdido que nos venga del ultraje del tiempo. Lo opuesto no es la desacreditada idea pragmática de ganarle al tiempo, de hacerle rendir frutos como si se tratase de una empresa de responsabilidad limitada; lo opuesto es advertir nuestra realidad todo el tiempo, de actuar crítica y lúcida (y lúdicamente, si no qué chiste) en ese enorme centro experimental de cambio que es el tiempo libre.

Tiempo libre del cliché: la sociedad industrial no le permite al individuo cambiar un solo minuto su condición de consumidor. La teoría de la clase ociosa que Thorstein Veblen planteó se diluye en la Sociedad de la Abundancia que describe John Kenneth Galbraith: sociedad opulenta que requiere de la aquiescencia industrializada, en serie. La personalidad, básicamente una configuración de respuestas que el individuo ha creado como resultado de su experiencia, no encuentra estímulos mayores en medios donde el tiempo libre (tiempo de la creación, tiempo del homo ludens tal y como lo reseña Huizinga) está vertido en moldes acríticos, reiterativos. En este tiempo libre, tan vasto y tan difícil de aprehender, el mexicano ve corroboradas sus limitaciones, enaltecidos sus defectos, prolongados comunalmente sus entusiasmos. No encuentra oposición, no descubre crítica, no advierte colaboración. Sólo la decisión de que todo varíe sin dejar de ser, en esencia y en accidente, la misma cosa.

• Y QUE HOY DE AMORES YA NO TENGO TIEMPO •

¿Y qué se pretende entonces, un futbol crítico, una natación contestataria, un ping pong de impugnación? Nunca estas notas se han propuesto dictaminar rumbos. México padece una manía totalizadora, un empleo exhaustivo y absoluto del tiempo libre. Nadie podría, sin el apoyo de un programa y un partido políticos, solicitar lo imposible: el abandono voluntario de ese volcarse frenético en las distracciones, de esa impasibilidad frente al tiempo, de esa cerrazón con que se repiten esquemas personales de renuncia. El mexicano de estos años (y la generalización es válida, añadiría un sofista, si después se le agregan los matices) no ha accedido a un orden contemporáneo de vida y esa humillación es demostrable a partir de la manera elegida para asumir y auspiciar y vivir el tiempo libre. Pueden existir esfuerzos, programas ambiciosos que intenten canalizar el tiempo libre hacia formas positivas (con todo lo cuestionable del término *positivo,* que siempre acaba encajándose en tratados de moral o en formas práticas de conducta política). Pero el problema va más allá de la actual capacidad de planificación de perspectivas individuales. El tiempo libre es, entre nosotros, cultura, moral. Es, además, un tiempo rezagado. Educados en las más variadas prácticas coloniales, inmersos en el afán de duplicación, le concedemos a nuestro albedrío funciones miméticas. El tiempo libre en México o repite los hallazgos formales y temáticos de otras burguesías y otros proletariados, o regresa al principio, al momento indefinido y rumoroso que dio origen a todas las actividades. El juego de futbol retrocede y se acomoda en las peculiaridades del juego de pelota prehispánico; el encuentro de box se nutre en la Guerra Florida. Lo primitivo es deuda, deuda que se va cobrando de modos diversos, que retorna ataviada como conducta en noche de parranda o como algarada a propósito de la fiesta. En el caldero atávico, los tiempos se funden, se mezclan, se identifican

157

y se integran, se reintegran a su punto de partida. Es lo mismo: todo es tiempo primordial, tiempo nutricio, fuente de la vida. Y en las gradas del estadio o jugando basquetbol o en el boliche o escuchando el mismo interminable esbozo de plática o comentando la inolvidable corrida o revisando la cartelera, alguien descubrirá, de pronto, como intuición o premonición, que en un país despolitizado, que en un país marginal, que en un país subdesarrollado, todos los tiempos se explican y se organizan en la unidad. El tiempo libre y el tiempo del sacrificio, el tiempo laboral y el tiempo de echar desmadre, el tiempo del Estadio Azteca y el tiempo de la Basílica, el tiempo de la Plaza Garibaldi y el tiempo de la Plaza de las Tres Culturas, son uno y lo mismo: se puede llegar y salir de ellos y volver a ellos y hallarlo todo intocado, todo idéntico, todo como en el primer día que será mañana. Son los tiempos distintos, los tiempos iguales de un organismo todavía en proceso de diferenciación.

No se invalida el cuestionamiento radical de las estructuras vigentes, ni el atavismo es la única explicación racional a mano. No es asunto de recurrencias o ciclos que se repitan, y lo que nos hizo el Dador de la Vida en Tlatelolco no se enlaza en forma directa con la intolerancia política que garantiza la con inuidad de la clase en el poder. Sin embargo, aún desconfiando del análisis simbológico que ve el proceso de México como el trazo de una sola, ininterrumpida línea histórica, es preciso reconocer que en las condiciones actuales de semiorden y semicaos, la interrelación de los tiempos equivale a la fusión de los tiempos. No hay coexistencia de lo prehispánico, lo colonial y lo neocolonial. En forma simultánea, un minuto expresa todas las épocas, todas las sensaciones históricas. Quizás por eso sea tan exigua, tan precaria la vitalidad contemporánea en México, porque la presión de lo no resuelto (de Aztlán a Chinameca, de Cholula al régimen de Miguel Alemán) se interpone siempre, inexorable.

¿Alguna propuesta? Una muy humilde: la posibilidad de elección. En el universo de consumidores y propaganda, donde los medios masivos forjan y modelan nuestros reflejos condicionados, en esta sociedad neopavloviana de Vea, Compre, Vote, Oiga, Escuche, Vote, Compre, Camine, Adquiera, Vote, Decídase, Entre, Salga, Compre, Vote, Acepte, Aplauda, Admita, Vote, Compre, Apoye, Censure, Compre, Vote; en este universo de pasiones populares devastadoras, impulsadas por la ausencia de otras pasiones populares de primer rango, lo que hace falta, con la angustia de una inminencia, es la posibilidad de elección,

158

el juego polémico de las ideas. Los pregones utópicos afirman que se está produciendo "la transformación de México en un país moderno". ¿No es conveniente entonces el reconocimiento del poder de elección? Se fomenta, admite y respeta el entusiasmo en torno del futbol, pero, ¿dejarían a estos fanáticos apasionarse de igual modo por la política o por la cultura crítica? ¿Existen las condiciones que aseguran el respeto o el entendimiento oficiales respecto al uso del tiempo libre en tareas ajenas a la mera diversión o a la alabanza del deporte? Mientras las opciones del tiempo libre sean tan magras en nuestro país, tan sujetas a entendimiento represivo, cada hora transcurrida en su consumo refrendará limitaciones, consagrará deficiencias. ¿Un happy end? El señalamiento, la insistencia en la diversificación, en la multiplicidad de perspectivas para el empleo creador del tiempo libre en el país de las maravillas.

Amor de aquellos tiempos, cómo añoro
La dicha inicua de perder el tiempo.

[1970]

INSERCIÓN PAGADA [Nota póstuma]

● MÉXICO, AMIGOS, SE ENCONTRÓ A SÍ MISMO ●

Del 31 de mayo al 21 de junio se llevó a cabo en diversas ciudades de la República Mexicana, la IX Copa Mundial de Futbol "Jules Rimet". Aparte de los diferentes episodios deportivos y sus atendibles vuelcos y sorpresas, el campeonato se significó, para los mexicanos, por un hecho especial: durante dos días, los días de la victoria de la Selección Nacional sobre los equipos de El Salvador (4-1) y de Bélgica (1-0), el Distrito Federal conoció, progresivamente y de un solo golpe, la intensidad, el exceso, la virulencia, el desbordamiento y la histeria. Un locutor deportivo condensó de modo axiomático tales vivencias:

"México, amigos, se encontró a sí mismo."

La frase, como todas las afirmaciones universales a propósito de un país, no deja de resultar inconmensurable. Se estableció que dos victorias deportivas (de valor intrínseco no examinado) recapturaron nuestra identidad —perdida desde 1521— y determinaron la integración violenta de pueblo y destino. Al desgajar el triunfo en millones de ganancias que asaltaban la calle

159

y vociferaban, México, de súbito, se habría revelado ante sí mismo

(*¡Aquí estoy! ¡Aquí he estado siempre! ¿Cómo pude ser tan ciego a mi propia grandiosidad?*),

habría practicado el reembolso de conciencia, habría vuelto a su ser. *La recuperación ontológica* como producto de la superioridad deportiva. El tiempo libre como hacedor de esencias, el tiempo libre como el territorio elegido por el ser nacional para manifestarse. El reencuentro de México con México como resultado de la unanimidad absoluta, de la fusión extrema de todos los tiempos libres.

La indagación: ¿y sólo volveremos a contemplar ese fervor iluminado, sólo volveremos a escuchar las nuevas y sensacionales noticias sobre nosotros mismos en el próximo Campeonato Mundial de Futbol que se efectúe en México? *La queja:* los compromisos de una agenda suspenden, difieren nuestro bienestar. La renovada pérdida de la identidad.

¿O cuál sería el sentido de la nueva frase célebre? ¿Se exige una circunstancia idéntica o similar para que el estallido renazca? De acuerdo a este criterio, el camino que nos devuelve al ser nacional (*al Ser Nacional*) es impracticable de no darse una relación competitiva, apoyada y difundida por los mass-media. ¿Depende el continuo hallazgo de la identidad de una sucesión de competencias internacionales promovidas por la televisión? El tiempo libre como fábrica de conocimiento y re-conocimiento patrios. O, extremando riesgos, ¿se podrá afirmar que la televisión, al auspiciar la serie de eclosiones, *inventó* al pueblo mexicano? Que toquen las campanas de Dolores, que se remuevan los fantasmas de Querétaro para festejar el advenimiento de Don Emilio Azcárraga, zar de la televisión mexicana, verdadero autor de nuestra independencia.

Porque, entre otros factores visibles como la emoción deportiva y la vanidad fomentada por el interés mundial, a Don Emilio Azcárraga (a Telesistema Mexicano) le debemos el patrocinio dirigido del espectáculo insuperable, incomparable, imborrable, del Mundial de Futbol. El tiempo libre como taumaturgo. Interminablemente hemos oído (hemos comprobado en las fotografías) la descripción de esa cauda populosa, de ese ardor colectivo volcado, conformado, suscrito en las calles. Las anécdotas ya patrimoniales, las experiencias y los relatos delirantes, el aspecto de ruinas de un sitio prolongado que adquirían las conversaciones, adelantan una verdad totalizadora: los habitantes de la ciudad de México —y de un modo u otro, del resto del país— se apropiaron la calle, la expropiaron, la personalizaron. La ciudad se volvió un solo cuerpo que, enloquecido, con la locura casi sagrada que trasmuta resultados deportivos en revoluciones del comportamiento, tiranizó, invadió, paracaidizó las calles, se autoalabó, se autoaplaudió, se autoconfiscó, intervino las aceras y adquirió las avenidas, rugió, emitió un prodigioso largo evocador aullido y se dispuso a sí misma como receptáculo de una victoria definitiva. El tiempo libre como intuición de la guerrilla urbana o como difamación local del Apocalipsis. Manipulada por los medios masivos de comunicación y sus incitaciones a la revuelta sentimental o librada a una espontaneidad que desafiaba a México en nombre de México o rebasada por un chovinismo vigoroso y provisional, la gente vivió, por vez primera en muchísimos años, *toda* la ciudad. (El Movimiento Estudiantil de 1968 sólo vitalizó porciones de la ciudad. México, hubiese sentenciado el locutor, se perdió a sí mismo.)

Noción intransferible: en dos ocasiones, a partir de dos proclamas definitivas en el marcador, el Distrito Federal conoció la rarísima sintetizadora sensación de sentirse vivo. ¿Qué es "sentirse vivo" en este contexto? Sentirse dueño de una causa, sentirse sin miedo a la policía, sin el freno de la reprobación ajena, sin la dictadura de la certidumbre de una insignificancia personal. Sentirse vivo: "estar en compañía de los demás". ¿Democracia o populismo? Si se juzga, por ejemplo, a través de las afirmaciones y los escritos de los especialistas, de los cronistas de futbol, nunca antes (ni siquiera al entrar Francisco I. Madero a la ciudad de México) los capitalinos se habían constituido "tan alegre y respetuosamente" en pueblo. Pueblo es la enésima repetición del grito MÉ-XI-CO y es la conciencia de que por vez primera todos aguardan, todos escudriñan la misma situación. Pueblo es la mirada colectiva sobre un aparato de televisión. Pueblo es un pacto acústico.

Las anécdotas dirigen la leyenda de dos días cruciales: la multitud, cerca de El Caballito, reconoce al locutor Fernando Marcos, recibe una arenga y translada, con la literalidad del caso, su automóvil en hombros; una anciana se baña en la Fuente de la Diana, diosa ataviada con emblemas futbolísticos; el vocinglerío de claxons y palos y tambores y maracas y matracas y botes y latas y cornetas y cacerolas relega a los antiguos himnos a la alegría: el tiempo libre (tiempo de fundación) (tiempo de engendramiento) se allega un ritmo y un sonido. La gente grita MÉ-XI-CO para intimidar al mundo, como anhelando la respuesta beligerante de esas Naciones Unidas a su alcance, integradas únicamente por mexicanos. El proletariado se desplaza en el habitat de la burguesía (MÉ-XI-CO). El Cinturón Proletario se distribuye entre las fogatas (MÉ-XI-CO). La clase media concentra sus vehículos en la Avenida Insurgentes, en el Paseo de la Reforma, en la Avenida Juárez (MÉ-XI-CO). De la aglomeración nace la arrogancia: hemos sacrificado en honor del futbol el don más admirable de una ciudad: la fluidez de su tránsito. Nadie se exime: las mujeres adoptan a su modo técnicas del Women's Liberation y gritan MÉ-XI-CO para que no se les excluya de esta conversación, para no verse separadas del jubileo. El tiempo libre como suspensión de las discriminaciones.

—"Lo que está sucediendo, amigos, es insólito. Jamás había pasado."

¿Qué había pasado antes, qué victorias internacionales registramos a partir del score del Cerro de las Campanas? Descubrimiento sorpresivo y muy esperado: un entusiasmo popular así no se originó en tradición alguna, no dispone de antecedentes. Generación espontánea: *este* entusiasmo popular, capaz de persuadir sin límite, con una consigna abstracta (MÉ-XI-CO) y un fin concreto (la Copa Jules Rimet), se inventó, se forjó en esos momentos. De allí las versiones contradictorias, los testimonios en oposición, aquellos que afirman haber percibido en esa descarga una autenticidad dolorosa y melancólica, enfrentados a quienes pregonan esas dos tardes, esas dos noches como la gran toma de conciencia.

Toma de conciencia y de nación: el brote, el florecimiento de miles y miles de banderas mexicanas que nadie suponía existiesen en tal profusión, le dio a la algazara un rasgo específico: la ilusión turística. De los baúles en el sótano, del fondo acumulado de los roperos, de la colección de reliquias familiares, de las cajas nunca antes profanadas, se elevaron banderas, se reafirmó la fe en un país tan águila que volvía alimenticia a una serpiente. Se emitía una vanidad nacional, se difundía la trigarantidad del marcador. Y resonaba la sorpresa aventurera, la alegría de estar descendiendo por vez primera en el Aeropuerto Internacional de la ciudad de México. La bandera ondeaba en los automóviles: por fin hemos llegado, ya estamos aquí, al cabo de este largo viaje, en este país tan imaginado y tan distante, México, cuya tradición obedeceremos mientras nos adaptamos a sus costumbres. Para cerciorarse del feliz término de su expedición, del cumplimiento de la trayectoria hacia la tierra de promisión, extrajeron banderas y vocearon porras. Sin participación política posible, el ciudadano-turista (después de muchos años, todos los de su vida, de vivir en México) se alegraba de hallarse en un país amigo, México, y al regocijarse voceaba su identificación sentimental. Una versión generalizada: la televisión fomentó, extrajo, ordenó, reprodujo, creó el ánimo que nadie pudo controlar después. Los mass-media sustituyeron a las abanderadas de los juegos en la dirección de la porra única lanzada por una ciudad en vilo. La ciudad en vilo. La frase, exagerada en su pretensión levitadora, es, sin embargo, exacta. La ciudad flotó, se mantuvo a sí misma en el vacío, o mejor, en esa extraña atmósfera en torno a una posibilidad, la que derivaba del éxito deportivo algo más trascendente que el reconocimiento mundial, que el reconocimiento nacional; la que derivaba del éxito deportivo la certeza del éxito deportivo. Los relatos, tan múltiples como inevitables, coinciden en un solo punto: toda vida ajena al futbol desapareció, se extinguió, careció de sentido. Esto, que era un fenómeno internacional, se agranda y se potencia por la falta de precedente. La vida en México carece de sentido sin necesidad de un marco de referencia, dirían algunos. Otros afirman: lo extraño no es que haya sucedido. Lo extraño es que no haya sucedido antes. ¿Por qué esperó tantos años el Distrito Federal para probar y estrenar garganta, para probar y estrenar su capacidad andariega y su voluntad de turismo interno? La ciudad en vilo.

Nadie ha sabido —y quien no vivió además ese momento sería el último en pretenderlo— extraer conclusiones. Circulan, a distancia de semanas, ecos y querellas de versiones psicologistas, de versiones sociologistas, de interpretaciones sin lugar a dudas. Se oyen frases: "catarsis", "el pueblo reconoció su razón de ser", "muchedumbre manejada", "reflejos condicionados", etc. Son reseñas, no interpretaciones, narran lo que sucedió, tasan el número de mexicanos en las calles, insisten en la feroz y turbulenta respiración de la ciudad, libre de policías y de inhibiciones. Sabemos visualmente de lo acontecido, hemos visto esos carros apiñados, esas concentraciones, esa muchedumbre jugando en el Zócalo con una pequeña pelota, ese aspecto general como de quien le reprocha al mundo no haberse fijado antes en su existencia. Faltan la interpretación y las conclusiones. El tiempo libre como enigma y como desafío.

[Julio de 1970]

A la victoria de
los zacapoaxtlas

O quizás
simplemente
te regale
una fosa

•••

Lo malo de la mayor parte de las biografías es su
insistencia atroz en los límites. Pretenden contener el
movimiento de una vida entre una fecha de nacimiento y un aviso necrológico. No suelen fijar nada de la
inmensa carga de preocupaciones históricas que apor-
ta el biografiado en el instante de nacer, tampoco se
describe categóricamente el proceso vital del biografiado a partir de su muerte. Se acepta, con excesivo
candor, que vida es lo que alienta y cementerio donde
te quedas. *See you later, alligator.* Con tal proceder, se
contradice por un lado a los espiritistas, los cristianos,
los autores del discurso oficial ("Porque no ha muerto. Vive en el corazón, etc."), los astrólogos y los
encargados de revisar el calendario para organizar
túmulos y guardias conmemorativas. Por otra parte,
el biógrafo le fabrica a su héroe una prisión inexorable de la que saldrá en el último capítulo acompañado
del dolor de una viuda o de la gratitud del pueblo.
    De allí el interés por el método propuesto alguna
vez por Cyril Connolly: seguir el desarrollo lógico,
la que hubiese sido trayectoria inevitable de ciertas
vidas de no caer en manos de biógrafos positivistas,

enemigos de la idea de inmortalidad. El juego se basa en una premisa: "Toda la historia de la vida de un hombre está en su actitud" (Julio Torri). El método es simplísimo; se selecciona a un personaje, de cuya coherencia no sea legítimo dudar, y se relata el sucesivo desenvolvimiento de su curriculum vitae. ¿Se admiten mejores ofertas que las carreras de Francisco Picaluga (quien traiciona a Vicente Guerrero), Juan Nepomuceno Almonte, el hijo bastardo de Morelos (quien ofrece el trono de México a Maximiliano) y Don Antonio López de Santa Anna (*no comments*)? Aquí va un cálculo de probabilidades.

☞ FRANCISCO PICALUGA

1836 Se le condena en Génova a la muerte y a la pérdida de todos sus bienes.

1883 Regresa de incógnito al país, se nacionaliza mexicano y entra como contable en el negocio de las compañías deslindadoras.

1895 Se convierte en figura de moda en los círculos porfirianos. Todos imitan su acento sardo, que se considera *très chic*. Se inicia en el periodismo y escribe un artículo célebre sobre lo que llama "pedagogía hemofílica". "La letra del orden —afirma— debe entrar incluso con sangre en el espíritu de las comunidades indígenas revoltosas." Su artículo se convierte en libro y merece los honores de un elogio de Don Porfirio: "ameno y profundo".

1908 Exaltado, comete un error político: pide en un acto público que se estimule al ilustre pacifista Porfirio Díaz con el cetro. El ministro Limantour contesta sereno: "México es una democracia representativa." Para recobrarse propaga con disimulo su decisión de delatar, a módico precio, a Don Nicolás Zúñiga y Miranda, el eterno oposicionista. Ante su consternación, la oferta es rechazada: "La oposición es necesaria en un régimen de libertad", afirma Díaz.

1913-1928   Intenta traicionar de modo sucesivo a Madero, Zapata, Carranza, Villa y Obregón. Alguien se le adelanta siempre. Atribuye el fracaso a exceso de competencia.

1930   Cansado del tráfago citadino, va al campo donde se convierte en implacable investigador de la acción de los maestros rurales. Obtiene el sobrenombre de *El Tigre del Alfabeto*.

1947   Contratista venturoso, edifica con entusiasmo alegres edificios y gozosas carreteras. Se le agradece y acepta un proyecto de "reorganización y adecentamiento de la vida sindical". En la comida de los excompañeros de generación, en San Ildefonso, alguien lo llama: "italiano por nacimiento, mexicano por la nobleza de su proceder."

1953   Austero, señala los beneficios de las inversiones extranjeras y publica un libro: *McCarthy, la esperanza*.

1959   El movimiento huelguista de los ferrocarrileros, encabezado por Demetrio Vallejo pone en peligro la seguridad de la nación, proclama en una serie de artículos, *Rieles de la traición*: "La huelga es al movimiento sindicalista puro lo que la lepra al organismo sano."

1962   Tourist-guide de una expedición punitiva oficial a casa del líder campesino Rubén Jaramillo y su familia.

1967   Sale todos los días en la página de sociales de *El Clamor Neoporfiriano:* "El industrial Picaluga ofrece regio party en Aca."

1968   *28 de julio:* Declara a la prensa: "Un país do-
        minado por la subversión ahuyenta las inver-
        siones."
1968   *19 de septiembre:* Declara a la prensa: "El sen-
        tido común del patriotismo se ha impuesto a
        la sinrazón del caos."
1968   *3 de octubre:* Declara a la prensa: "Estoy abru-
        mado por la alegría. En unos días más, México
        será el centro del mundo. Como siempre, los
        industriales estaremos en nuestro puesto de
        combate, al llamado de la patria."

☞ DON ANTONIO LÓPEZ DE SANTA ANNA

1876   Se le da por muerto, en ocasión de una reti-
        rada estratégica para recobrar popularidad.
1890   Luego de concluir su cuarto tomo de memo-
        rias, acepta trabajar como secretario particu-
        lar de Porfirio Díaz; lo llama "mi discípulo,
        ahora mi maestro".
1906   Harto de su papel de segundón, obtiene una
        beca del gobernador Teodoro Dehesa y se va
        a Europa, donde se mezcla con los grupos de
        vanguardia. Obtienen gran éxito sus imitacio-
        nes de dictador de un país salvaje.
1911   Regresa a México, creyendo el tiempo propi-
        cio. Como ya es un desconocido, empieza a
        frecuentar cafés para revivir su popularidad.
1913   Sastre y maestro de mesa del General Victo-
        riano Huerta, cuya casa decora.
1925   Va a Hollywood a probar fortuna como latin-
        lover. Obtiene un papel de villano en *Viva
        Tequila!,* y un papel de dictador en *The Guns
        of Don Cayetano.* Decepcionado, regresa.
1927   El áspero y desconsiderado trato del General
        Calles, quien, según se dice, no le perdona una
        parodia suya en una película gringa, le hace di-

fícil la existencia por lo que se lanza, en un intento de show ortopédico, a exhibir en ferias y museos su pata de palo.

1939   Expulsado del país por su proyecto de venta de Zacatecas, Aguascalientes y Michoacán a Suecia; Durango y Coahuila a Inglaterra; Chiapas a Guatemala y Coyoacán y San Ángel a los veteranos de la Legión Americana.

1941   Preside los trabajos del Primer Congreso del Partido Nazi Mexicano. Avisado de la entrada de los EU en la guerra, decide retirarse a un convento.

1948   Consejero de la Presidencia, ve realizado, en medio de una admirable circunstancia, su viejo sueño de pompa. Lo condecoran todas las embajadas.

1950   Convierte a Manga de Clavo en balneario para turistas. Modesto, designa a la exhacienda *Remember El Alamo Swimming Fiesta*.

1952-1960   Viaja por América Latina, dedicado a promover la unidad americana. En Venezuela, el prometedor intelectual venezolano Rómulo Betancourt † lo llama: "destacado luchador de la vieja guardia del bolivarismo."

1960-1967   Inversionista en Acapulco y Puerto Vallarta. Célebres sus agasajos a Frank Sinatra y Ava Gardner. Atiende personalmente en su night club "La Mesilla a go-go".

1968   En días de crisis, dirige un mensaje a la nación, que aparece en todos los periódicos, se publica en folleto y se lee en televisión: "Un hombre de experiencia le dice no al desorden." Ante el éxito de su advertencia, decide filmar su biografía con Mauricio Garcés como primer protagonista. Preside en la Plaza México el homenaje intitulado "San Baltazar contra los traidores".

1969   Espera aceptar, si no se le atraviesan otros compromisos u otras exigencias de la promoción turística, la candidatura para presidente de la República que (se rumora) le ofrecerá la Unión Nacional Sinarquista. Afirma estar cansado de ser diputado suplente del PRI: "Es demasiado trámite —le declara a *Life*—, se aviene con mis ambiciones pero no con mi carácter."

☞ JUAN NEPOMUCENO ALMONTE

1869   La prisa periodística hace circular la noticia de su muerte.
1890   Representante de las compañías inglesas.
1913   Auxiliar técnico de Henry Lane Wilson.
1938   Enero: Abogado de las compañías petroleras, en carta confidencial a los Sentimientos Íntimos de la Gran Comunidad Británica, se declara en favor de la gran intervención armada que salve a México de las garras del comunismo ateo. Al mismo tiempo (y por si acaso), escribe la "Oda al maíz redimible y el proletariado tierno" que da a conocer la editorial *El Overol Armado*.
1938   Mayo: A pesar de sus protestas, las compañías petroleras lo cesan por ineptitud e imprevisión.
1947   Encargado de presentar un proyecto de "Regulación del ritmo de la industrialización del país" a un grupo de inversionistas extranjeros.
1948   En el homenaje a Morelos, el Congreso de la Unión le entrega una medalla "en recuerdo de su señor padre". Publica su autobiografía, *Hijo de Arriero*.
1953-1967   Consejero de 432 firmas comerciales, dueño de la cadena de tiendas "Lo Máximo" y téc-

nico en petroquímica. En Amarillo, Texas, se le nombra "Mister Amigo".

1968   Alarmado por los acontecimientos estudiantiles, organiza un gigantesco "Abrazo Nacional con la Cordura", en donde participan las fuerzas vivas del país. Lanza un discurso que termina con la consigna famosa: "Mejor un poco de energía que llevarnos el dinero a Suiza."

1969   Preside la campaña "Por un México moral las 24 horas del día". Quema, en forma simbólica, una tonelada de mariguana en el exconvento de Tepotzotlán.

☆☆☆☆☆☆☆☆☆☆ El hastío es pavo real

que se aburre de luz en la tarde

[NOTAS DEL CAMP EN MÉXICO]

✳✳✳✳✳✳✳✳✳✳✳✳✳✳✳✳✳✳✳✳✳✳✳✳✳✳✳✳✳✳✳✳✳✳✳✳

En sus aciertos (que no en sus errores) el presente
trabajo se dedica a la lograda memoria y a la malogra-
da existencia de Ceferino Cruishkank, favorito de Zeus,
luz y fuego del periplo electoral chiapaneco, muerto
en la flor de su dicha cívica. (*Mnemotecnia ardiente*:
al dirigirse a tomar posesión de su justo cargo de senador, Ceferino fue consumido por fatal desliz ciclístico.)
A su evocación y a la difusión de su obra cumbre,
Ancha es Castilla, jóvenes del PRI, se entrega lo rescatable de estas líneas.

✳✳✳✳✳✳✳✳✳✳✳✳✳✳✳✳✳✳✳✳✳✳✳✳✳✳✳✳✳✳✳✳✳✳✳✳

La rápida vulgarización, la suerte extraordinaria del ensayo de
Susan Sontag ("Notes on Camp", *Partisan Review*, 1964) que
ha dado origen a una moda furiosa, tan estimulante como irritante,
obliga a su revisión y —si es factible— a su adaptación. Universales, nos corresponde registrar lo que sucede en Estados Unidos;
coloniales, debemos verificar su viabilidad, sus posibilidades de
nacionalización. ¿Qué es el Camp, cómo se localiza, cómo se manifiesta en México? ¿Se manifiesta en México? ¿Y tiene sentido

171

entre nosotros ese juego, ese tránsito de la seriedad a la frivolidad y de la frivolidad a la seriedad?

Las definiciones, todas derivadas del ensayo de la Sontag, se prodigan. Camp es el nombre de una sensibilidad, es el dandismo en la época de la cultura de masas. Camp es —reconociendo la falsedad, el anacronismo y la vigencia de esta división— el predominio de la forma sobre el contenido. Camp es aquel estilo llevado a sus últimas consecuencias, conducido apasionadamente al exceso. Camp es la extensión final, en materia de sensibilidad, de la metáfora de la vida como teatro. Camp es el triunfo del estilo epiceno. Camp es el amor de lo no-natural, del artificio y la exageración. Camp es la tercera corriente del gusto, distinta por entero de las anteriores, las corrientes del buen y el mal gusto. Camp es la glorificación del carácter. Camp es el fervor del manierismo y de lo sexual exagerado. Camp es el aprecio de la vulgaridad. Camp es la introducción de un nuevo criterio: el artificio como ideal. Camp es el culto por las formas límite de lo barroco, por lo concebido en el delirio, por lo que inevitablemente engendra su propia parodia. Camp es una manera de ver el mundo como un fenómeno estético. Camp es un método de goce y de apreciación, no de juicio. Camp, en un número abrumador de ocasiones es, y se acude a la definición clásica, aquello tan malo que resulta bueno.

La sensibilidad del Camp carece de compromiso, es despolitizada o apolítica. Se escuchan los murmullos airados de la primera objeción. ¿No es fraude o traición la sensibilidad apolítica en México? En sentido estricto, sí. Mas el Camp descansa en la inocencia y si se ejerce tal sensibilidad (si se efectúa el nuevo catálogo distributivo de la realidad) se accede a una visión irónica, cómica del mundo. Sontag niega que el Camp posea una actitud polémica. Pero acudir a la sensibilidad Camp en países donde la ideología oficial rechaza a la frivolidad en nombre de la solemnidad y rechaza a la seriedad en nombre del equilibrio, equivale a sustentar una polémica en torno a la inocencia. ¿Nos han impuesto o hemos heredado la inocencia? ¿Es nuestra inocencia sinónimo de mal gusto? ¿Tenemos derecho a una sensibilidad elegida, no acumulada ni promulgada desde arriba? Sin ser ésa la pretensión inicial, la búsqueda del Camp nos aproxima a la política. La pretensión ha sido un proyecto: *el ejercicio experimental de una sensibilidad como método de conocimiento.* La perspectiva Camp, al acercarnos a la realidad en términos de estilo, puede, a contrario sensu, esclarecer las fallas o las

172

imperfecciones de estilo de esa realidad, con la consiguiente derivación política. Oportunistamente, se acude al Camp.

● QUE ME CUIDE LA VIRGEN MORENA / QUE ME CUIDE
Y ME DEJE PELEAR ●

****

...Me la presentaron
y sus rudas manos mi mano estrujaron
y sus ojos glaucos me sugestionaron.
Poeta,
de musa llorona
y romanticismo de Romeo y Julieta,
me dijo la inquieta
amazona:
basta ya de sueños, todo humo y mentiras;
antes que un Apolo serás un atleta.
Preciso es que trueques la lira
por una raqueta.
Y aquella amazona
que tiene maldad de sirena,
cortó mi melena
y ajó como quiso mi pobre persona.

Santiago Serrano, *Mi amazona.*

****

Verdades entendidas: un objeto o una persona son Camp cuando su forma es más importante que su contenido. El juego óptico de Bette Davis, la insistencia del dandismo wildeano de elaborar frases para auspiciar la vida, la personalidad estridente y ubicua de Jean Cocteau, el decorado de interiores en las novelas de D'Annunzio, la gesticulación de las divas del cine italiano, son fenómenos que hoy disponen de una razón de ser radicalmente ajena a las instancias dramáticas o culturales de donde partieron. La compleja retórica, la prosa enrarecida utilizadas por Don Artemio de Valle Arizpe en sus leyendas y sucedidos del Virreinato devoran y nulifican a las anécdotas transmitidas. El lenguaje es la leyenda. El enarcamiento de cejas de Francesca Bertini (o de Lyda Borelli o de Pina Menichelli o de Giovanna Terribili González o de María Jacobini, las "catástrofes líricas"), sus brazos

173

que detienen físicamente a la adversidad, su abandono de mártir cristiano ante el acoso del amor huido, sus manos aferradas a escritorios o a divanes para frustrar la exhibición de su dolor, son siempre desbordamientos de su papel específico, actos gratuitos, excesos, agregados.

De acuerdo a este esquema apreciativo, la sensibilidad Camp en México puede ser un conducto eficaz para apreciar la vida pública. No porque pondere, sino porque logra reconocer a quienes ponderan el artificio como un ideal. Puesto que la demagogia (en todos los tratos, del religioso al social, del económico al político, del cultural al deportivo) es la esencia del lenguaje oficial, casi siempre lo importante no es lo que se dice sino *cómo*¹ se dice. ¿No sucede con frecuencia que al descifrar un discurso ininteligible, el especialista derive su "lectura entre líneas" del *tono* de voz en que fue dicho? La demagogia no es un sustituto de la realidad, es la realidad a que tenemos derecho. ¿Predominio de la forma o del tono sobre el contenido? Virtual eliminación del contenido, en todo caso. La estilización se requiere cuando existe el convencimiento interior de que todo lo pronunciable está ya dicho, que continuar en el uso de la palabra es asunto de elaboración formal, no ideológica. ¿Se llega así al Camp? Raras veces. Falta el amor por el objeto, falta la conciencia de que las perfecciones acústicas podrían resolver la desaparición de las ideas, falta en suma el desarrollo político suficiente para redimir o enaltecer la demagogia. La búsqueda del Camp arriba a conclusiones políticas.

Las viejas cosas se vuelven Camp con frecuencia porque su forma ha sobrevivido al contenido inicial. Los discursos de Jesús Urueta, los poemas de Juan de Dios Peza o de Amado Nervo, asumidos con excesiva seriedad en su momento, ahora son Camp. Lo mismo sucede con ciertas glorificaciones del carácter de una era: los objetos y las figuras del Segundo Imperio de Maximiliano y Carlota, por ejemplo. Una visita al Castillo de Chapultepec, a las habitaciones de los Infelices Emperadores, comprueba que la forma se redime de su propósito prístino. Continúan, ya muerta su pretendida elegancia, su fallida exhibición de grandeza, los biombos, los retratos, los centros de mesa, las lámparas, las mesas, los marcos, las puertas labradas, las camas. Si la elegancia quiere convertir al ser en apariencia, el Camp descubre al Ser tras la Apariencia.

174

****

Hay mucha gente que atribuye a la buena suerte de los demás la causa de sus triunfos en la vida. Yo creo que esto es falso; que ni siquiera la suerte existe y, por tanto, que no es factor determinante de la vida. Lo que algunos llaman suerte puede ser un acontecimiento imprevisto, un golpe casual y en ocasiones momentáneo, del cual no se puede depender y mucho menos esperar que sea el hecho determinante del bienestar. En alguna ocasión, jugando golf con el licenciado Antonio Carrillo Flores y dos compañeros más, uno de ellos, con un tiro de casualidad, logró meter la pelota en el hoyo que se encontraba a larga distancia. El contrincante exclamó: "¡Qué suerte!", a lo que el licenciado Carrillo Flores contestó: "La suerte opera en la esfera de la eficiencia." Y esto es cierto. Cuando el hombre se propone seguir una vida recta, cumpliendo con su deber y además tiene el propósito de hacer el bien a sus congéneres, llegará a la meta con o sin buena suerte.

General Abelardo L. Rodríguez, *Autobiografía*. México, 1962. [El Gral. Rodríguez fue Presidente de México en el periodo 1932-1934.]

****

Una duda: ¿Cómo se aplica esta sensibilidad a un hecho como la Revolución Mexicana? La pregunta desciende a la heterodoxia. No en relación a la validez sino al contexto de las acusaciones. ¿Puede ser Camp una Revolución? No en principio: en la destrucción de un orden, la tragedia vence a la ironía y el artificio desaparece. En su oportunidad, mientras que la opere:a no se resuelva en dictadura —*ninguna dictadura es gozable*— una Revolución Apócrifa sí puede gozarse en la esfera Camp, puesto que privan la exageración, la autoparodia y los seres y las situaciones entrecomilladas ("Revolución", "liberales", "energías creadoras de un pueblo en marcha"). Así, y concedida la posibilidad de que la Revolución Mexicana, por lo menos parcialmente, pueda ser apreciada con el gusto Camp, se organiza de nuevo la pregunta: ¿qué ha sucedido?

Que en la medida en que palidecían o se apagaban los vínculos de la Revolución Mexicana con su conducta ideológica original, se accedió a la inquietud, a la urgencia de forma en monumentos públicos, desfiles, acciones culminantes, memoria de los héroes y manifestaciones artísticas patrocinadas oficialmente. Una tesis: la extenuación del impulso inicial puede suplirse con la voluntad de estilo. La diseminación de inmensos monumentos y la discusión en torno a las Cenizas Prestigiosas y su ubicación funeraria y la plétora de estatuas desaforadas y pedestales al alcance de cualquier busto, indicó el deseo de aproximarse a la pompa de Mussolini y a la inevitabilidad del mármol como signo de grandeza administrativa. Mas la ley del menor esfuerzo, la corrupción y el mal gusto dentro del mal gusto impidieron o cercenaron esa visión del mundo como fenómeno estético. Ni las apoteosis de piedra, ni el muralismo proletario de los edificios públicos, ni el Taller de la Gráfica Popular, ni las multitudinarias tablas gimnásticas que enviaban mensajes de paz, ni el ajetreo de los restos mortales, pudieron cuajar esa determinación estilística que a su vez, la sensibilidad Camp había de captar. Y además, pervivía la incapacidad de pasión, el terror ante el exceso que es la ausencia de forma.

¿Excepciones posibles? Entre otras, el caso de una actriz o una presencia cinematográfica, María Félix, y el de un movimiento de ilustración radical, la Danza Mexicana. La Danza, con sus procesiones de mujeres enlutadas y su tendencia a describir con movimientos reiterativos y concéntricos el lamento y la hondura de un pueblo, colmaba la ingenuidad de una representación simbólica con el hallazgo cómico del hieratismo. María Félix como *la* mujer que hizo la revolución, nos reveló que gesto es violencia. La presunción comunicativa de sus cejas, el enronquecimiento de la voz, la mirada despreciativa, el atavío masculinizado, dibujan una magnífica parodia del hecho revolucionario. El látigo de la Cucaracha traza la toma de Zacatecas. En cambio, el muralismo mexicano jamás podría ser Camp. Excepcionalmente, cumple con sus propósitos artísticos. Demasiado bueno para ser Camp. En los demás casos, el contenido ridiculiza a la forma. Es la victoria del drama pedagógico sobre las paredes.

● Y AHORA, BAILANDO Y CANTANDO COMO LOS PROPIOS ÁNGELES, LLEGADA DIRECTAMENTE DE LAS VEGAS... ●

✳✳✳✳✳✳✳✳✳✳✳✳✳✳✳✳✳✳✳✳✳✳✳✳✳✳✳✳✳✳✳✳✳✳✳✳✳✳✳

Tiene algo [Douglas Fairbanks Sr.] de la chifladura de Don Quijote y mucho de la jactancia de Tartarín;

pero en su gayo arrimo haré reencuentro con el duo-
décimo larario de mi iniciación en el culto lunar de
la cinematografía.

Juan Bustillo Oro, "De las Perseidas en los veintes".

Forma el rico caudal de la cinematografía de los últimos dieces y de los primeros veintes, imponente ra-
bión que se atropella en mi caletre rememorativo; tanto
por la superfluencia de sus ejemplos, como porque
en su mayor parte apenas si dejó constancia protohis-
tórica.

Juan Bustillo Oro, "Influencia del heroísmo y desave-
nencia criolla".

****

El Camp puede ser Consciente o Inconsciente. El primero suele
detentar una vitalidad disminuida ya que, gracias a una intención
sofisticada, el estilo desea ocultar el contenido, como en los
films de James Bond, la serie de televisión de Batman, las piezas de Noel Coward, las películas góticas de la índole de *What-
ever happened to Baby Jane?* donde las antiguas damas jóvenes
regresan como monstruos de vejez. El Camp Consciente es una
especie de chiste compartido y exige una teatralización constante
de la experiencia, como en las películas de Von Sternberg o en
la fidelidad de Valle Arizpe al universo virreinal, fidelidad que
lo inmovilizaba retratado en una carroza vestido de Real Oidor.

El Camp Inconsciente (en México el mayoritario) posee como
elementos básicos el fracaso de la seriedad, la desmesura y la
carga de abrumadora sinceridad que contiene. Son los poetas de
provincia, los declamadores, los oradores de las fiestas de quince
años, los grupos de ballet prehispánico, los escritos literarios de
los funcionarios públicos, los vestidos elegantes de la clase media,
los retratos de la esposa y de la hija mayor del nuevo rico reali-
zados por pintores jaliscienses, las entrevistas con las estrellas
del cine nacional, las declaraciones a propósito de la moral de
parte de ex-funcionarios, los espectáculos folklóricos para visitantes eminentes, las campañas contra la pornografía. El Camp Inconsciente reprime, hostiga, excita, ocupa y finalmente neutraliza
nuestra capacidad de indignación, mientras estimula nuestra aptitud para el asombro. Es, a un tiempo, la virtud y el castigo de
la pretensión derrotada, lo que va más allá de lo cursi, que sería

simplemente la pretensión derrotada. El Camp Inconsciente es el fermento de nuestro sentido del humor, el entendimiento subterráno de una realidad dedicada al enaltecimiento unánime de lo que habita sobre su superficie. De allí la involuntaria disidencia que postula la sensibilidad Camp en México: la idea de reconocer algo, un objeto o una persona, como Camp implica un punto de vista específico, la perspectiva de una agresión. Y la sensibilidad vigente niega de modo explícito al Camp, porque no cree que exista, porque nunca se le hubiese ocurrido pensar que un sinnúmero de esencias patrias pudiese llamarse de otra manera.

● ¡YA TE RECONOCIMOS, MARÍA, NO FINJAS! ●

****

Es lógico que los que somos hombres reaccionemos contra las melenas. Si acariciar una cabellera larga de mujer es signo de ternura. Se siente una sensación... pues... de ternura, de sexo, de amor. Y ver a seres de nuestro mismo sexo con esa cabellera larga... ¡Es lógico que tengamos que reaccionar en contra!

Julián Soler, declaraciones a *El Heraldo*.

****

"En México —afirma Carlos Fuentes— priva un pop art avant la lettre. El Camp Mexicano tiene esa inmensa exageración del estilo, este mundo del papier maché, de defensa, a través del decorado, de una vida que se sabe muy provisional, que se sabe basada en fortunas muy raquíticas, mal habidas, que hay que decorar inmediatamente." La decoración es la tarea clasista más importante: hay que utilizar nuestra capacidad escenográfica para ocultar cualquier (mi, nuestra) identidad.

La apariencia como escamoteo, el vestido como disfraz. Las sirvientas, al untarse los vestidos morados y las medias con diseños y al hiperbolizar su presencia en el mundo con los colores más vivos y desafiantes, se decoran, como también se decoran, con sus vestidos morados y sus medias con diseños y sus colores beligerantes, las señoras de la alta burguesía, que se trabajan a sí mismas como si se tratase de escenarios al acecho de una representación. La ausencia de contenido —de una visión del mundo— se reemplaza por la sobreabundancia de escenografías. El orador *embellece* (y el verbo no es gratuito) su discurso, porque no le pedirán ideas, sólo le exigirán abundancia de esdrújulas, citas prestigiosas y fe en el hombre, la música verbal que decora la ausencia de ideas. En la vastedad del Camp Mexicano hay el eco o el residuo de una confesión autocrítica (unión de los contrarios: *confesión* igual a *externamiento* de una realidad personal; *autocrítica* igual a *enjuiciamiento* de una realidad personal), la confesión autocrítica que declara un vacío, la oquedad interminable de este país que debe ataviarse, que debe amueblarse, que debe erigirse y constituirse en decoración, para así cerciorarse de su propia existencia.

● AL TRABAJO FECUNDO Y CREADOR ●

****
Aztecas que vienen buscando el águila
el águila y el nopal
devorando una serpiente
y fundar Tenochtitlán.
La gran Tenochtitlán
que los aztecas fundaron
es la cuna gloriosa
de este pueblo mexicano.
Raza de bronce valiente
que una patria forjó
has de vivir para siempre
en tu emblema tricolor.

Tito Guízar, *La Gran Tenochtitlán.*

****

De acuerdo a una de las múltiples clasificaciones nutridas en el ensayo de Susan Sontag, pueden aceptarse dentro del Camp las categorías de Superior, Medio o Inferior (o High, Middle y Low Camp). Camp Superior es un estilo llevado a sus últimas consecuencias, como las voces de Tallulah Bankhead o Joan Greenwood o el mito cinematográfico de Marlene Dietrich. Camp Superior es el espíritu y la ejecución de las coreografías fílmicas de Busby Berkeley. ¿O quién, que la haya visto, podrá olvidar *Gold Diggers of 1933* con esas formaciones prodigiosas, que se integraban y desintegraban con delirio de bailarinas y bailarines desterrando las versiones usuales de la exageración, rodeando gigantescas monedas de dólar para cantar "We're in the money?"

179

¿Cómo suspender la credulidad ante empresas surrealistas como *Flying Down to Rio,* donde las starlets bailaban en las alas de los aviones?

¿Quién es Cecil B. de Mille? Uno de los responsables de nuestra comprensión de la antigüedad. De Mille dispuso el plano urbano de la Roma de los Césares y transportó luz de santidad y coros angélicos a la Judea de los primeros cristianos. En *El Signo de la Cruz,* la lucha en el Circo Romano entre amazonas y pigmeos o Claudette Colbert que se baña en leche de burra, son elocuencia visual, derrumbe del contenido (en un caso, el contenido "ilustración histórica"; en otro, el contenido "lascivia") que se ve trascendido por la forma.

¿Más ejemplos de High Camp? Greta Garbo que desatiende la noción del cuerpo para enaltecer la dimensión del rostro. O Peter Lorre y Sidney Greenstreet, tan definitivamente más allá de sus personajes específicos. En un film como *El halcón maltés* de John Huston, cuando discuten Joel Cairo (Peter Lorre) y Gaspar Gutman (Sidney Greenstreet), el papel que el guión les atribuye se ve relegado, preterido. Su aspecto, sus maneras suaves o grotescas, la delicadeza de sus encuentros o de sus escapatorias, la parsimonia, la ira callada, desechan por completo la representación y el contexto. Sus personajes son apenas un esquema medroso de su personalidad cinematográfica. No son malos actores: son presencias, fuerzas incorpóreas que asumen el pretexto de un gángster o un ladrón para encarnar libre y poderosamente.

O tómese una película como *Casablanca* de Michael Curtiz. La trama es profusamente convencional: dos amantes, separados por la guerra, que vuelven a encontrarse en una Ciudad Exótica dominada por los nazis. Ella (Ingrid Bergman) ha vuelto con su marido, un héroe de la Resistencia (Paul Henreid); él (Humphrey Bogart) es un aventurero dueño de un club. Pero en *Casablanca* no importan los riesgos mortales o la fabricación de un ambiente pintoresco o el romance, sino una sensación: cualquier tema evidente del film es un preámbulo al desenvolvimiento de las imágenes. En la secuencia más citada en la historia del Cinecomo-Recuerdo, cuando el pianista negro (Dooley Wilson) oye la voz de Bogart —*Play it again, Sam*— y empieza a tocar "As time goes by", lo de menos es el flash back que cuenta la relación Bogart-Ingrid Bergman. Lo primordial es la intuición de que el objetivo de la secuencia es rendir culto a la evocación, al margen de que el objeto evocado exista. *Casablanca* nos agrega un conocimiento Camp: las evocaciones más profundas son aquellas que carecen de función específica. Recordar el recuerdo es la tarea más bien pagada del sentimentalismo.

O acúdase a la serie de seis películas de la Dietrich y Joseph Von Sternberg en Hollywood. En *Shanghai Express* cuando Shanghai Lilly (Marlene Dietrich) se entrevista con el jefe insurrecto (Warner Olland) no interesa la situación, sino la confrontación. Allí están la belleza y el mal en estado de pureza, al margen de las palabras. El lenguaje Camp produce una síntesis. Y la va desdoblando, explicando. Desde su aparición, tanto la Dietrich como Warner Olland están a salvo, son inañadibles. Los ademanes, los gestos, no las palabras ni los hechos, se constituyen en sus autobiografías, en sus personajes. La risa maligna, acumulada (como de varias sonrisas concentradas) de uno y la helada impasibilidad de la otra: he aquí el duelo de signos sin significados que constituye el Camp.

● EL ALMA DE LAS COSAS Y LA VOZ DEL PAISAJE ●

****
Nuestro cine no es anticuado; somos sentimentales por temperamento. Cuando hay luna llena salimos a contemplarla. Nos gusta ver los atardeceres. Nos gusta admirar la naturaleza. Nos gusta ver una hermosa flor. ¿Sentimentales? Para la gente del Norte quizás seamos cursis. Eso le da a nuestras almas un sentimiento tremendo y maravilloso. Mientras más simple es la gente, más hermosa resulta. En el mexicano existen los contrastes: se enfurece y puede matar y probablemente se arrepentirá luego, pero desconoce el odio. Podemos matar pero no odiar.

Emilio Fernández, declaraciones a *Films and Filming.*

****

High Camp: Dolores del Río y Pedro Armendáriz en las películas del Indio Fernández. No hay drama: hay fundación. Son Adán y Eva del Paraíso Mexicano, criaturas que se apoderan del árbol del bien y del mal a través de voces graves o de cejas elevadas hacia el infinito de la frente. Nada en la Naturaleza es Camp; sí puede serlo nuestro modo de resentir la Naturaleza. El paisaje se vuelve carácter. Las nubes, el perfil de un jinete recortado sobre la inmensidad, la línea de magueyes como la explicación racional de la miseria, son amor por lo no-natural, la metáfora del paisaje como teatro. El paisaje existe antes y después del drama; los personajes están constituidos antes y después de lo que les acontezca. En *María Candelaria* la intención no es describir un drama rural, es edificar a dos indígenas arquetípicos. El cineasta como arquitecto de símbolos humanos. La Naturaleza es la exaltación de sus hallazgos, de tal manera que una nube se vuelve parodia de las nubes, un árbol solitario imita a los árboles solitarios. María Candelaria y Lorenzo Rafail, Dolores y Pedro, *son* la trama. Lo otro, el destino cruel, la fatalidad, resultan complementos anecdóticos. En la persecución de lo emblemático, surge el Camp. La seguridad de María Candelaria y de Lorenzo Rafail, su posición de primeros pobladores de la inocencia (Xochimilco, las chinampas, los lechones, las marchantas, el sembradío incipiente) son glorificación del carácter. En este caso, del carácter indígena alegórico, tal y como lo fraguó Emilio Fernández, quien también dispuso para la Revolución Mexicana de un Edén de breves encuentros. En *Flor Silvestre*, Pedro Armendáriz será el Hombre a quien la Bola arrebata la vida. Dolores del Río será la Mujer a quien la Bola despoja del amor. El Hombre sufre en silencio y muere dignamente. La Mujer Sufre en público y llora dignamente.

High Camp: Joaquín Pardavé, un actor cómico que encarnó a seres ideales El Baisano Jalil: el comerciante árabe del barrio de la Lagunilla; Don Venancio: el emigrado español que es abarrotero; Don Susanito Peñafiel y Somellera: el arribista de principios de siglo, enamorado de las cantantes de opereta y sumiso y leal ante la bohemia y ante el régimen. En su capacidad para animar clichés, Pardavé halla su predestinación. De tan perfecto, es también incorpóreo, no corresponde a realidad alguna. Es la forma ideal que adquieren nuestros prejuicios respecto al gachupín, al vendedor de ropa en abonos, al comerciante snob de principios de siglo. Es la certidumbre de que la realidad imita a lo arquetípico.

● HOY RESULTA QUE NO SOY DE LA ESTATURA DE TU VIDA ●

****

Primero: Al levantarte cada día no olvides ordenar, pedir o recomendar a tu esposa, tu criada o ama de casa que todos los alimentos que te sirvan durante el día sean confeccionados con artículos del país.

Segundo: Al vestirte, fíjate en las etiquetas de tu indumentaria y hazte firme propósito de exigir, al comprar la próxima prenda, que sea manufacturada en el país y si es posible, con materiales mexicanos.

Tercero: Al fumarte el primer cigarro, acuérdate que el tabaco mexicano es mejor que el extranjero y si por desgracia hubieses adquirido el hábito de preferir los pitillos de hoja de calabaza con marcas exóticas, proponte firmemente consumir lo nuestro y verás que el tabaco del país te llega a gustar más y te daña menos.

Séptimo: Enséñate a gustar del exquisito estilo mexicano en la fabricación de muebles y si externas a menudo tus opiniones, pronto verás que no sólo tu casa, sino las casas de tus amigos, son verdaderas joyas del arte clásico y nacionalista.

Octavo: Si tienes hijos, por ningún motivo los mandes a educarse en el extranjero, ni en su niñez ni en su juventud. Ambas épocas necesitan de tu vigilancia cercana y constante. En México tenemos buenas escuelas y las tendremos mejores, si el dinero que hoy gastas en países extraños, donde tus hijos olvidan la Patria y aprenden a ser fatuos y despectivos para con lo nuestro, lo dejas aquí para mejorar los centros.

Del *Decálogo Nacionalista.* Contribución del diputado José María Dávila del Partido Nacional Revolucionario (PNR) a la Campaña Nacionalista de 1931.

✳✳✳✳✳✳✳✳✳✳✳✳✳✳✳✳✳✳✳✳✳✳✳✳✳✳✳✳✳✳✳✳✳✳

Miguel Inclán: su empleo de la voz, bronco, abismal, cavernoso, autoparódico, permite que recobremos una herencia auditiva: así debió hablar Huitzilopochtli. Alfonso el Indio Bedoya: su crueldad es atributo de su sonrisa, la vasta sonrisa del dios desollador, del Marqués de Sade azteca que, mientras prepara el ritual de la Guerra Florida, sacrifica a Bogart en *El tesoro de la Sierra Madre.* Tito Guízar: él nos representó en Estados Unidos, con su simpatía bienaventurada, su traje galoneado y su repertorio, una mezcla perfecta de la bravata y la mitomanía: "Como México no hay dos" (*no hay sol que brille mejor*).
Prosigue el catálogo del High Camp: el Palacio de Bellas Artes "donde Tláloc y Tiffany's se dan la mano" (Carlos Fuentes).

183

Y Agustín Lara, compositor y figura pública. Él decidió la idea
que de poesía tiene quien jamás la ha frecuentado. Heredero lite-
rario del modernismo, Lara encontró en su ideal del artificio el
anhelo de prestigio de una clase media, su hambre de sutileza
y distinción espiritual.

[Blanco diván de tul aguardará
tu exquisito abandono de mujer
¶ *Escarcha.*

Como un abanicar de pavos reales
en el jardín azul de tu extravío,
con trémulas angustias musicales
se asoma en tus pupilas el hastío.
¶ *Hastío.*

Son las redes plateadas
de un encaje tan sutil.
¡Mariposas que duermen
en la noche de zafir!
¶ *Janitzio.*

Mujer, alabastrina,
eres vibración de sonatina
pasional.
¶ *Mujer.*

Tu párvula boca
que siendo tan niña
me enseñó a besar.
¶ *Piensa en mí.*

Noche tropical, pálida y sensual,
noche que se desmaya sobre la arena,
mientras la playa canta
su inútil pena.
¶ *Noche criolla.*

. . .y en tus ojeras
se ven las palmeras
borrachas de sol.
¶ *Palmera.*]

Lara es el deseo sistemático de elegancia y alto refinamiento en medio de la circunstancia más atroz. Es la caballerosidad fuera del Establishment y sus altas bibliotecas de lomos dorados. Lara (las letras, el estilo de su primera época) es el rescate del legado de la bohemia que efectúa la clase media, primero, y todo el país, acto seguido. El mundo entendido como fenómeno estético: cualquiera, de una prostituta a una ama de casa, puede ya disponer de un exquisito abandono de mujer. De un modo intangible, se comunican dos pretensiones, la de poetas como Enrique González Martínez, que han decidido decorar el alma y exaltar la soledad de la conciencia (*Tuércele el cuello al cisne*... *Mira al sapiente búho*) y la de instituciones como Agustín Lara que ambicionan "robarle inspiración a la tristeza", ennoblecer el alma a partir de la adoración de la amada. González Martínez y Lara, cada uno en su sitio, son los grandes creyentes del alma perfectible, los educadores del espíritu, la didáctica de la elevación. El Camp Mexicano descubre en ellos a las dos pedagogías más convincentes de la redención interior.

● TE HE DADO LOS MEJORES AÑOS DE MI VIDA ●

****

Un impasible, límpido arroyo
entre aguaceros corriendo va,
de la frescura de sus cristales
bajan las aves a disfrutar.

Un pecho, un solo sensible pecho
goza extasiado tanta beldad,
gallardo joven al campo vino
y al pie de un árbol se fue a sentar.

Señorita María Néstora Téllez Rendón, *Staurofila*.
Precioso cuento alegórico. Parábola en que se simboliza los amores de Jesucristo con el alma devota.

****

El Camp Medio incluye las Academias de Alta Cultura, actores manieristas o góticos como Vincent Price, Christopher Lee, Basil Rathbone, Edward Everett Horton, George Sanders, Victor Buono; las películas de Tarzán con Johnny Weismuller; mujeres de feminidad evidente y espaciosa como Jayne Mansfield, Anita Ekberg, Mamie Van Doren, Jane Russell y Virginia Mayo; ingenuas como Sandra Dee; vamps como Dorothy Lamour; cantantes como Perry Como y Bing Crosby; novelistas como William Goyen; filósofos como Lobsang Rampa, Monseñor Fulton Sheen y Madame Blavatsky; libros como *El retorno de los brujos.*

En México, el Camp Medio lo difunden y representan quienes a pesar de su cierta voluntad de estilo, se hallan en el filo de la navaja entre la conciencia y la inconsciencia y no disponen de la fuerza suficiente como para tomar partido. Por ejemplo, las reafirmaciones, los continuos recordatorios de la nacionalidad a que se pertenece promulgados en un tono donde predomina la estética sobre la moral: poemas como el *Credo* de Ricardo López Méndez:

> México, creo en ti
> porque escribes tu nombre con la x
> que algo tiene de cruz y de calvario;
> porque el águila brava de tu escudo
> se divierte jugando a los volados
> con la vida, y a veces con la muerte.

Un caso paradigmático: Jorge Negrete que lleva al límite su proyecto de macho mexicano (como Rodolfo Acosta, quien imprime rasgos perennes al macho urbano en *Salón México* de Emilio Fernández). Negrete interpreta las canciones de Manuel Esperón y Ernesto Cortázar y arrastra la temática chovinista hacia el triunfo de "Ay Jalisco no te rajes". Al cine le corresponde potenciar y pregonar ese Camp de fines de los treintas y principios de los cuarentas que hallaba en presunciones locales o en exaltaciones nacionales, motivo de vida y de razón. ¿No se advierte aquí una correspondencia con cierto impulso latinoamericano de esos años, con la resignación triunfal ante la Naturaleza y la creencia en la sojuzgable fertilidad inmanente de estas tierras y de sus habitantes? Juan Primito o el Sute Cúpira, Arturo Cova o Mister Dánger, la tipicidad que intenta deslizarse como vida dramática, no difieren de modo tan categórico del universo de palenque y lecciones a la ingrata, de entradas jactanciosas a los jaripeos y la frase "¡Vámonos muchachos!" repetida al final de todas las secuencias. No es casual que haya sido Jorge Negrete el encargado del personaje Marcos Vargas en *Canaima.* La Naturaleza entendida como mujer seducible es atribución que bien puede recibir como complemento al machismo mexicano, metáfora de la sociedad entendida como espuelas y espolones. ¿Y no son Doña Bárbara y Evita Perón, las dos grandes posibilidades del transvestismo latinoamericano, las mujeres hiperbólicas que nos trans-

186

miten bajo disfraz el esplendor del macho y el cacique?

Camp Medio: el Ser-que-desempeña-un-papel, los actores que se apropiaron de las características de un mexicano arquetípico y dotaron a ese artificio, mediante la reiteración, de las ventajas de lo institucional: Doña Sara García y Doña Prudencia Griffel, la solidez eterna del núcleo familiar, la vejez como desmesura, la serenidad, la protección, incluso cuando entonan en *La tercera palabra*:

Nosotras somos las ninfas
del bosque de la virtud,
que brillan en las tertulias
con un aroma de excelsitud.

Ventajas unificadoras del Camp: tanto vale esa secuencia de García y Griffel como la de Andrea Palma en *La mujer del puerto* de Arcady Boytler, cuando apoyada en un farol oye cantar "Vendo placer a los hombres que vienen del mar / y se marchan al amanecer / ¿para qué yo he de amar?". El estilo desexualiza y concentra, inventa y afina. De allí que la fuerza del cine mexicano, sus rasgos perdurables, sean sus actores de carácter, sus glorificaciones barrocas: Consuelo Guerrero de Luna que en *¡Arriba las mujeres!* cuajó una figura: la lideresa feminista para todos los siglos; Luis G. Barreiro: el catrín venido a menos; José Torvay: el hombre insignificante reúne méritos para que algún día se le acuse de asesinato.

A eso el Camp Medio en México puede agregar las devociones aristocráticas de la burguesía, el telón de vidrio del Palacio de las Bellas Artes, la actividad de quienes insisten en devolvernos el náhuatl como idioma nacional, el film de Enrique Rosas, *La banda del automóvil gris,* las cantantes de opereta y el libro *De la nefasta influencia de los campechanos en la política nacional, en especial la yucateca.*

● PÁGINA BLANCA FUE TU CORAZÓN ●

✶✶✶✶✶✶✶✶✶✶✶✶✶✶✶✶✶✶✶✶✶✶✶✶✶✶✶✶✶✶✶✶✶✶✶✶✶✶✶

En efecto, no sólo la escuela educa. Educa sobre todo la vida. Y si la vida desmiente lo que la escuela enseña, ¿qué significaría la autoridad del aula? Para enseñar a vivir mejor hay que vivir con mayor virtud. La cátedra ilustra. El ejemplo alienta.
Dr. Jaime Torres Bodet, declaraciones a la prensa.

Y está muy bien que los invoquemos (los derechos del hombre) y que nos sintamos dispuestos a defenderlos a toda hora, pero el derecho no es, por decirlo así, el anverso de la medalla cívica. El reverso de esa medalla (y ese reverso le da su precio) lo constituye, ineludiblemente, el deber.

Dr. Jaime Torres Bodet, declaraciones a la prensa.

****

Por definición, el Low Camp se identifica con el Camp Inconsciente. Una de las muchas listas posibles incluiría las series de televisión de opinión y polémica, la saga de Fu Manchú de Sax Rohmer con su bosquejo del Peligro Amarillo, las novelas de Doc Savage de Kenneth Robeson, las tarjetas postales de enamorados, la lucha libre en televisión, los grupos de poesía coral, la canción de protesta en cabarets de lujo (y en general).

En México el Camp Inferior disfruta, entre otros, de un extraordinario ser emblemático: Juan Orol. Símbolo, sino, mito del Camp en México, Orol en su obra infatigable, de *Madre querida* a *El reino de los gángsters,* de *La mesera coja del café del puerto* a *Gángsters contra charros,* de *Bajo el manto de la noche* a *Zonga, el Ángel Diabólico,* de *La tórtola del Ajusco* a *El charro del arrabal,* ha diseñado una realidad aparte: su estilo avasalla, devora el nunca siquiera hipotético contenido. Gracias a Orol, volvemos a ver el cine con los ojos de un niño; advertimos la pureza y la mente abnegadamente dualista de un niño que va descubriendo para sí lo que significa ser un zar del hampa, la zozobra de quien viola las reglas de la sociedad, lo que duele perderlo todo por el hechizo de una bella rumbera, lo que quiere decir el amor de madre. Gracias a Orol, percibimos como describe ese ser ideal, el candor dotado de megáfono, a los gángsters inmisericordes, a las mujeres fatales, a los encuentros a muerte entre las bandas que se disputan el dominio de la ciudad. Si la ingenuidad pudiese establecerse con una sola secuencia, en una hermosa y nítida parábola, ésa sería el encuentro de la mala mujer (Rosa Carmina) con Johnny Carmenta, el jefe de los gángsters (Juan Orol) en un bar de Chicago en cuya puerta se puede leer "Comidas corridas y a la carta". Si la aventura de la niñez requiere de títulos que la describan, ¿dónde está la falla de *Pasio-*

nes tormentosas, Una Mujer de Oriente, El amor de mi bohío, Amor salvaje, Bajo la influencia del miedo, La diosa de Tahití? En todas estas películas, Orol es argumentista, productor, primer galán, compositor ocasional. Sólo un *autor* cinematográfico podría conferir unidad a films tan diversos como *Percal, Cabaret Shanghai, ¡Qué idiotas son los hombres!* y *El infierno de los pobres.* En *Gángsters contra charros* un decepcionado y valentón José Pulido llega a su casa y se sorprende ante el retrato de una infiel y prófuga Rosa Carmina. Pulido echa mano del revólver y dispara contra la efigie de la desertora. Al término del ajusticiamiento espiritual de la Carmina, gran primer plano de la Virgen de Guadalupe y de inmediato, Pulido le canta a la Virgen desentendiéndose de la balacera reciente. En una sola secuencia Orol resuelve la inclusión taquillera del desafío sentimental y la religiosidad mexicana. Economía de medios y afán de síntesis.

En la misma película, se inserta una de las secuencias más gratuitas en la historia del cine: Rosa Carmina le ha pedido al gángster Juan Orol un automóvil de lujo. Corte a un juego reñidísimo Atlas-Atlante. Durante unos minutos se nos enfrenta al graderío entusiasta, a los avatares del partido. Corte a Orol que introduce su ganzúa en un coche. De súbito, el descubrimiento: hemos visto el juego cerca de cinco minutos sólo para justificar el robo de un carro cualquiera, cuyo dueño (suponemos) se halla en el estadio. Y todavía regresamos un minuto más al partido. La lógica elemental y las presiones malsanas que despierta le resultan a Orol insoportables. Él nunca explica la geografía, la sociología o la psicología de su mundo. Le basta con que exista, y le satisface que sus personajes amen o mueran, de la manera más desenfadada posible, sin que se enteren de las tediosas unidades aristotélicas, de las exigencias de la trama o del desenvolvimiento de la acción. En Orol todo es como el primer día: él capta obreros a la salida de las fábricas Lumière y sus actores representan la libertad de quien, alternativamente, ignora y venera a la cámara. Orol es una perfecta síntesis del cine mexicano, y su desconocimiento de convenciones y conveniencias de cualquier índole es tan armónico que no hay siquiera lugar para la crítica. Él nos recuerda que, en última instancia, sólo lo inerme es invulnerable.

Durante muchos años se ha cometido con Orol (como con José Che Bohr y con Tito Gout) la difícil injusticia de situarlo como el emblema menos controvertible del mal cine mexicano. ¿Y qué de superior tienen Julio Bracho, Roberto Gavaldón, Juan Bustillo Oro, Miguel Delgado o Chano Urueta? Únicamente Emilio Fernández logró apropiarse de la magnífica confianza de quien cree descubrir y defender una sensibilidad cuando sólo está haciendo circular un folklore. A Orol, por lo menos, le debemos una revisión de los principios de la malicia. ¿Qué malicia oponer a su galería de mujeres, a esa rumba infinita de que se van apoderando María Antonieta Pons, Rosa Carmina, Mary Esquivel y Judith Dinora D'Orgaz, sus actrices y esposas (en orden sucesivo)? En la rumba, sonorizada por el conjunto antillano que incita a la descorporeización, al trabajado hacerse y rehacerse anatómico en medio de trajes que insinúan y flores que delatan, el Low Camp latinoamericano se allega la danza que le corresponde. La rumba es la coreografía del mal, el movimiento sicalíptico. Quien la baila ha abandonado a sus padres para huir con un mal hombre, tiene en un cuarto solitario a un hijo de cinco años que llora de hambre y sed, se dispone a labrar la infelicidad de un infeliz cajero a quien obligará al desfalco. La rumba, con perversidad simultánea, es el mal y el recuerdo del mal y la anunciación del mal. El cuerpo lujurioso es pecado, son pecaminosas las condiciones que revela este aullido feroz de los parroquianos y serán pecaminosas las consecuencias de esta mirada idólatra y obsesa que persigue a la bella, a la diabólica, a la rumbera. *Chuma la candela, maquinó olandé.* El tambor, las tumbas, los güiros, las baquetas, el piano, el bajo y el bongó acompañan el descendimiento a los Avernos. La rumba es la perdición de los hombres.

• LA GOLONDRINA QUE DE AQUÍ SE VA •

****

Ni los nevados volcanes, ni el dulzón Cielito Lindo, ni la Zandunga, inexperta en cosas del amor; ni la Cucaracha intoxicada y batalladora, ni la "China" y el mole poblano, ni el pulque y el tequila, ni las pirámides aztecas, ni el nopal, el águila y la serpiente unidos en un escudo; ni siquiera la Bandera, pendón de heroicidad y el Himno Nacional, son tan mexicanos como "La Constitución".

Lic. Octavio A. Hernández, *México, tierra de libertad.*

****

¿Cuál puede ser la importancia de la difusión o el estudio o la práctica en México de esta nueva corriente del gusto? Si atendemos a sus detractores, Camp es tan sólo el ensalzamiento de lo banal y por tanto, su juego es uno profundamente decadente, de hastío frente a los principios sólidos y nutritivos de la cultura. Si Camp glorifica lo insignificante (como suele suceder. Hay quienes afirman que el libro más significativo de la cultura mexicana es la *Historia del beisbol en Yucatán de 1904 a 1906*), atender a su mitología, continúan los críticos, es, en sociedades en proceso de llegar a serlo, una experiencia funeraria. Ni en política, ni en cuestiones sociales, ni en el arte, hay posibilidad de estudios o análisis en términos exclusivos de estilo. Una cultura débil, que no ha sabido asimilar influencias, que vive al día, no se puede permitir *puzzles* como el Camp que le obliguen a manifestar una ductilidad o una flexibilidad intelectuales que le son ajenas.

Otro argumento en contra del uso de la sensibilidad Camp en México: desorienta, minimiza y enreda. El lento, esforzado proceso de nivel cultural de las masas se vería entorpecido si en un momento dado el estilo triunfase sobre el contenido, ya que el problema del despegue no es cuestión formal sino de fondo, asunto que concierne a la tragedia y hace a un lado la ironía.

Pero al mismo tiempo, y sin negar la obvia sensatez de estas argumentaciones, hay otras que favorecen la utilidad de lo Camp en México: lo Camp es la posibilidad de la revancha. En un país que ha padecido vastamente a sus políticos, sus literatos oficiales, sus edificios, su pintura, su música, su cine, su espíritu de seriedad y su solemnidad absoluta, lo Camp es una perspectiva de justicia y venganza. A la luz de esta sensibilidad de los sesentas (una década que evita el desperdicio), México, "la capital deportiva del mundo", el centro de un chovinismo exaltado burocráticamente, la gran oportunidad para todos los mediocres de tomar el poder, cobra un sentido distinto y, en el fondo, regocijante. ¿Cuántos de los grandes banqueros no resultan comparables, en lo que a su trato ideológico y cultural se refiere, a la serie de Batman o a las portadas de la revista *Brujerías*? Si se ejerciese un terrorismo fundado en el Camp, por lo menos nos evitaríamos el 90% de los discursos oficiales, el 99% de nuestro cine y un porcentaje espantable de nuestra literatura.

¿O cuántos de los ministros, de los senadores, de los diputados no serán Camp? Tal vez la respuesta sea: ninguno. No hay pasión, hay terror ante la desmesura que pueda confundirse con la personalidad peligrosa y hay sensibilidad controlada por la moderación institucional. El Camp propone una visión cómica del mundo. ¿Y quién se librará de los lazos del tentador, quién se exceptuará de la conjura de lo terriblemente malo que desea ser reverenciado como bueno? La comedia de las equivocaciones: el poder es la falta de estilo, el estilo es el humor involuntario, la forma es la aspiración del reconocimiento, la pasión es el miedo a los extremos, la sensibilidad es el catálogo de lo permitido. El Camp es un tierno sentimiento. El Camp en México es una vocación de laberinto.

[1966]

Monumento floral depositado a los pies de Bertha Singerman

•••

Se detiene y mira fijamente. Consciente de su carácter propiciatorio, contempla divagada algo que puede ser el público, Dios o el infinito. Lleva un vestido blanco y dos túnicas, morada y rosa mexicana. Se detiene y guarda silencio, se recoge para cumplir la ceremonia, dedicada al oficio divino, a la entrega de sus pertenencias espirituales. Es Bertha Singerman y es intérprete de poesía. Es Bertha Singerman y es la tradición y el final de una raza y el arte insólito de vivir la lírica. Es Bertha Singerman, el mito, la leyenda, la religión del arte, el absoluto triunfo del estilo sobre el contenido.

Los rumores se aquietan. La sala se dispone al milagro: el Palacio de Bellas Artes recupera su antigua y noble condición de templo de las musas.

Hay un público diferente, de algún modo distinto y conmovedor. No son espectadores, sino feligreses. Respetuosos señores provistos de binoculares, damas dignísimas de tal modo mimetizadas que resultan iguales a la declamadora, seres incapaces de entender por qué ya nadie celebra sus imitaciones de la Singerman, criaturas educadas bajo la vigilancia de una preceptora que lee *María* o *Amalia,* fanáticos de la voz, partidarios de la emoción, lectores permanentes de la vida de los hombres célebres/ máscaras indefensas, surcos de maquillaje como un vano amuleto contra el tiempo/ recuerdos, nostalgias sigue igual que siempre nuestra Bertha, nada ha cambiado, no hemos envejecido, estamos de nuevo en Bellas Artes oyendo "La Marcha Triunfal".

De pronto, como si nunca se hubiesen ido, como si se revelaran de golpe todos los públicos acumulados de Bellas Artes, las noches de gran gala y los finales apoteóticos, la sala se va transformando: Bertha Singerman convierte el escenario en altar, impulso, cualidad retrospectiva: vuelven los veintes a nosotros, regresan los treintas, se reintegran los cuarentas, las edades felices que han cumplido con su deber primordial de resultar inolvidables. *Ya viene el cortejo, ya se oyen los claros clarines* y la poesía es popular y cotidiana y nuestras madres se emocionan y sufren y gozan catarsis inauditas. *La espada se anuncia con vivo reflejo* y se establece la Singerman, grandilocuente, gesticulante, de manos abiertas, de pie como ante la inmensidad, en medio de los espacios creados por la necesidad de que sus brazos proclamen la gloria de Dios. Toda una forma de' vivir y de sentir, bíblica, desmesurada, profética, de grito libertario en las barricadas, de amor enardecido entre los residuos del abandono, retorna y colma la sala. *Mi amado besóme las manos* y a través del alto diapasón, reconocemos o intuimos los dramas, las quejas, los murmullos contritos, los silencios dignos, los arrebatos, las explosiones vehementes, las actitudes dignas de por lo menos tres generaciones de madres de América Latina.

Bertha Singerman se exalta, avanza, retrocede, domina el escenario. *Alabadlo con adufe y flauta.* El salmo del rey David es repentinamente, la lección de armonía donde varias generaciones latinoamericanas aprendieron a encarnar, recitando, las pasiones. *Alabadle con címbalos resonantes.* Y en un instante, al abismarnos en la transfiguración, entendemos o columbramos otra sensibilidad, requerida de grandes dimensiones, heroica, hecha para mover montañas, bolivariana, de raza cósmica, vegetal, exuberante, la sensibilidad de Darío y Rodó, de Vasconcelos y Euclides Da Cunha, infestada de esdrújulas y lianas que estrangulan a los personajes de José Eustasio Rivera, pendiente del movimiento de los caimanes y del rasgo de generosidad de los caciques. *Alabadle con címbalos de júbilo.* Con símbolos de júbilo. Y las manos, las mitológicas manos de Bertha Singerman elaboran, reconquistan la ilusión de sus años de incienso y mirra, cuando el público de Bellas Artes, delirante, deificante, se convertía en hazaña con tal de disfrutarla como heroína. Bertha Singerman es igual a sí misma es igual a su época es igual a su estilo. *Todo lo que respira alabe a Jehová. Aleluya. Aleluya!*

Si atraídos por la mitología de la Singerman, una mitología sustentada en la anécdota, en Amado Nervo pidiéndole declamar "La Hermana Agua"; en el General Obregón entusiasmado, en su debut mexicano en 1926, en sus infinitas giras por América Latina, en su labor como actriz de teatro y cine, en sus túnicas y su gesticulación y su amistad con Gabriela Mistral y la difusión que consiguió para la obra de Juana de Ibarbourou y Alfonsina Storni, si atraídos por los datos externos, hemos ido a Bellas Artes en busca de un espectáculo gozable por deleznable, habremos de salir decepcionados. Porque Bertha Singerman es Camp en el mejor sentido del término, en esa mágica desaparición del contenido, en el esplendor de la forma que ignora jerarquías de la conciencia. Ella es gula, antojo, capricho, manera de habitar y potenciar los poemas, de transformarlos en fenómenos de la Naturaleza, en hechos tan físicos como un ciclón, una tempestad o, lógicamente, una flor deshojándose en un vaso de agua. De modo esencial, ella es estilo, el estilo de vivir hasta sus últimas consecuencias cualquier acto, el estilo de rasgarse las vestiduras y esparcir la ceniza, el estilo en desuso, el viejo estilo de estremecerse y estremecer, de conferirle a un simple poema la fuerza de un desastre geológico o de una inconsolable pérdida familiar.

Porque, además, la Singerman no es cursi, no es ningún despeñadero de la elegancia o ningún nenúfar atisbando la inminencia del estanque. Lo cursi es una categoría demasiado frágil como para aplicársela a un hecho tan imperioso y devastador como la Singerman. Es, sí, arte de la conducta, voluntad que emerge de la manera natural y bárbara que en la provincia latinoamericana usarían una mujer honesta para demandar del esposo infiel el abandono de la casa o una madre inmutable al exigirle al asesino de su hijo respeto para su dolor. En su prolongado anacronismo, la Singerman, criatura extraña en esta atmósfera que ha aceptado la contención y el medio o el bajo tono, se vuelve la imagen de una Madre Tierra latinoamericana que fue, que ha sido violentamente fecundada y que ahora sobrevive como síntesis oral y visual de un pasado donde sólo contaban las emociones dichas en voz alta, proferidas frente a un auditorio y sostenidas con el vigor de los corazones en estado de pureza.

Y en este recital de Bertha Singerman en México, sucede algo irrecuperable, irrecapturable. Viéndola declamar, oyéndola moverse, contemplando su manejo de la túnica, su capacidad para enredarse sin confundirse, para envolverse y flotar, se percibe, se vive su dramatismo, su patetismo, su entrega agónica al mundo al que siempre ha pertenecido y en donde siempre ha imperado. Ella es la última de su estirpe; la última de las discípulas latinoamericanas de Isadora Duncan, la postrer aparición del Espíritu como tal sobre un escenario. *Que tu sepulcro cubra de flores Primavera.* Con ella se van las medallas, las estatuas, los vítores, los bustos ecuestres, la parafernalia de una época y sus estereofónicas convicciones. *Que el fúnebre recinto visite Pan bicorne.* Con ella se desvanecen las madres latinoamericanas tan naturales como una conversación en tres actos a propósito de la honra y el suicidio; con ella mueren los trágicos adioses, el art-nouveau del trato íntimo, las tarjetas postales, las renuncias terribles, puedo decir los versos más tristes esta noche. *Que de sangrientas rosas el fresco abril te adorne.* Con ella mueren la distancia y la distinción señorial que la mujer del hacendado dispuso al recibir el saqueo y la guerrilla; con ella muere la similitud entre gesto y sentimiento, una manera de convocar a llanto y una manera de engrandecer la pérdida. *Que el pámpano allí brote, las flores de Citeres.* Allá va la Singerman, la postrera, la póstuma, el final recipiente de una sensibilidad. Y Bellas Artes, semivacío o semiperfecto, se conmueve y aplaude y exige más y uno piensa que así ya no se fabrican y que una mujer puede colmar sin más recursos que dos túnicas, su voz y un repertorio no demasiado exigente, todo un escenario y un vasto programa de dos horas. Y de pronto, incrédulos y fanáticos, acomodadoras y críticos, señoras viejas, viejos memoriosos, adolescentes injustos y jóvenes desconfiados *saludan con voces de bronce las trompas de guerra que tocan la marcha triunfal.*

[1965]

✰✰✰✰✰✰✰✰✰✰✰ Los fuegos apagados

• I •

Debut de The Doors en México. Información acumulada del público que hendía, saturaba el centro nocturno de moda: Jim Morrison, el cantante de los Doors, se drogaba; Jim Morrison se había masturbado en público; Jim Morrison prescindía de sus pantalones en el escenario, previa garantizada aparición póstuma de la policía. Los Doors habían estado en Chicago en octubre, eran huéspedes frecuentes del campus de Berkeley, habían apoyado in vivo la campaña de Norman Mailer para alcalde de Nueva York. Onda, desafilie, rechazo. Es decir, para la vasta confiada concurrencia del Forum, templo latino doblado en cabaret, eran única y exclusivamente los creadores de "Light my Fire".

Porque a un público con tal conciencia y dominio del status que una frase como "consumo mínimo: trescientos pesos" le resulta lejana y vulgar, de la leyenda disidente de los Doors no le podía importar otra cosa que su existencia misma. De nuevo la veneración intrínseca del éxito. Si se trata de figurar todas las razones son buenas, comentarían los hijos de quienes los hacían juniors con tal de verse a sí mismos como seniors. Y si se triunfa en Estados Unidos, entonces el suceso es doblemente celebrable: con la misma intensidad hubiesen acudido al debut social de Stokely Carmichael, Rap Brown o Eldridge Cleaver. El nombre es lo de más. ¿Ya oíste el último hit de los Panteras Negras? El público transmitía una consigna: los Doors eran buenos porque eran los Doors y además porque posiblemente eran buenos.

• II •

Y todas las mesas se expandían, cuajaban y se volcaban en la seriedad con que cierta adolescencia advierte la capacidad de consumo de sus padres como transmisible de generación en generación. Los padres se abstuvieron: la noche de los Doors era de jóvenes. La chavocracia refrendaba estadísticas: "71.8 de la población de la República Mexicana son jóvenes con potencialidad de compra. Ellos compran refrescos, golosinas, cámaras fotográficas, motocicletas, coches, cigarros; ropa, zapatos, cosméticos, y mil artículos más. Si a usted le interesa llegar a este extenso mercado..."

La nueva y recién estrenada sociedad de consumo: el nepotismo es un humanismo, el juniorismo es una condición del ser del mexicano. Se es hijo de alguien no sólo por ocupar un sitio, sino para no empezar como empezó alguien: a través de una ardiente reflexión en la soledad de una casa de huéspedes, en medio de la noche provinciana donde una cerveza es el signo máximo del poder adquisitivo. Los juniors posaban, contaban anécdotas que siempre terminaban en el reconocimiento de que las habían oído o leído en alguna otra parte. Aunque sus chistes fuesen originales, ya se encargarían ellos mismos de plagiarlos. Bailaban con todo el fervor mecánico de quien no tiene nada que perder sino sus cadenas (rematadas convenientemente con una medalla comprada en San Francisco y ajustadas severamente alrededor de una camisa de encajes). Se adherían al molde de una vida que los responsables de sus vidas habían elegido para ellos: los juniors eran la primera generación de norteamericanos puros nacidos en México que aprenden la gramática inglesa en academias y el acento intachable en cursos de verano o viajes de compras.

• III •

No todo era la Sociedad de la Abundancia representada por los herederos. Al conjuro de "You made me so very happy" entonado por una grabadora orgullosa de contener el máximo hit de Blood, Sweat and Tears, también se movían, sobre la pista o desde el escenario de sus sillas precarias, medrosos jóvenes de clase media cuya docilidad para creer en el ahorro se veía ahora promovida y recompensada: "Nos cuesta un ojo de la cara, pero vale la pena." También eran norteamericanos nacidos en México, pero muy de otra manera: no disponían de la seguridad del sacrificio paterno al frente de la banca, la industria o la responsablidad manifiesta de ya se sabe. Estudiaban para asegurarse un futuro, se divertían sin olvidarse del futuro, organizaban su tiempo de modo de no darle la espalda al futuro. Carecían de presente, pero llegaría el día en que no faltaría nada en su refrigerador. (Los símbolos del status son la debilidad de mis metáforas.)

La inversión de esperanzas era muy alta. Invertían los padres, recelosos de su formación en el mariachi y orgullosos porque sus hijos habían cruzado el puente que va de un guitarrón a una guitarra eléctrica apoyada por 78 bocinas. Invertían los juniors, tan atentos a su lugar en la pirámide como recelosos de la posibilidad de los Doors en una plaza pública: si todos pueden verlos, es que no son tan fabulosos. Invertían también y por supuesto, los no-juniors, los futuros engendradores de juniors (si es verdad eso del Milagro Mexicano), que despilfarraban esa noche como garantía de sus recursos ahorrativos. Ellos ganaban (en prestigio, excepcionalidad, distinción) y México progresaba: los ricos no sólo van al cielo: también alternan con la clase media en los centros nocturnos de lujo.

● IV ●

Y se hizo la oscuridad y los ojos se concentraron, para iniciar el cobro de los réditos. Y aparecieron John Densmore en la batería, Robert Krieger en la guitarra, Ray Mazarek y, finalmente, al cabo de todo, la leyenda sexual, el sí de las niñas, el superboy de Berkeley, Jim Morrison. Jim Morrison, ahora en su nueva modalidad underground, sin pantalones de cuero negro, sin mirada de inocencia recién demolida por la lectura del Marqués de Sade, sin la expresión de bienaventuranza de los ángeles expulsados del ghetto celeste que se dejan fotografiar por *Life*. Es un Morrison de barba, pelo largo, pantalón de pana sucio, chamarra indiferente, camisa floreada, expresión lejana, incierta como de quien viaja frecuentemente sin necesidad de moverse de su cigarro. Es el Morrison repelente, sucio, negativo, antisocial, que los así llamados periodistas de la Onda descubrirían mañana con el horror de quien no adivinaba detrás de

200

"Light my Fire", la ausencia de los grandes almacenes de compra, la ausencia de Sears Roebuck, Aurrerá o VIPS. La sesión zarpaba hacia el naufragio moral.

[*Sucederá mañana*]

Los Doors insinuarán su malestar al no actuar frente a la masa juvenil. Los periodistas especializados —esa combinación cerebral del nombre de última hora con el sentido común de hace cien años— manifestarán su inconformidad y su repudio ante el mensaje negativo proyectado por Morrison. La selecta concurrencia se aterrará y discrepará de su anterior entusiasmo hacia los forjadores de "The End". Y la idea consustancial de la juventud mexicana: limpieza, altura de miras, salud, progreso al 6.3 anual, creencia en la paz y en el amor, terminará por ahuyentar al pesimismo degenerado y amargo. ¿Un símil barato? El porvenir luminoso de México (Carlos Trouyet) ahuyentará a la sombra nefasta (Allen Ginsberg). Así es.

• V •

Morrison desconcertaba y azoraba. Mientras su élan sexual dependía de las atribuciones del público, las cosas marchaban bien. Ahora, su desdén, el manejo visiblemente obsceno de la voz y el micrófono, el fuck you de su actitud, la sensación de que —de un modo sacrílego— a Morrison le valía gorro cualquier propaganda en relación a bellezas turísticas o desarrollo portentoso de nuestro hospitalario país, se iban transmutando en asombro, disgusto no confesado, irritación y finalmente decepción a nivel de fraude: no esperábamos esto, no quiere complacernos, no es un entertainer, no busca agradar, no nos pela. Querían divertirse y habían descubierto que esa onda —policromática— a la que tan religiosamente pertenecían mientras buscaban su nombre en la lista de asistentes, no gozaba de la admiración unánime.

Jim Morrison negaba el cosmopolitismo mexicano que posteriormente los Monkees habrían de afirmar y ensalzar: "Somos modernos, pero de mentalidad positiva. Nos gusta el rock pero creemos en los valores eternos de la familia, la sociedad y el Estado." Morrison era un ingrato: a una élite social no le hace falta que le comuniquen desesperanza o angustia: para eso, ya desde siempre sabe que también los millonarios son mortales. *But honey I miss you* es siempre preferible.

201

"Cuando canto mis canciones en público, es un acto dramático, pero no una acción teatral, sino un acto social, la acción real. Un concierto de los Doors es un acto público convocado por nosotros para entretener y para una suerte de discusión dramática. Hacemos política sexual en los conciertos. El sexo parte de mí, luego se desplaza e incluye al círculo encantado de músicos sobre el escenario. La música que hacemos va hacia el público y a él se vincula; los espectadores van a su casa y se mezclan con el resto de la realidad, y luego yo lo recupero todo al mezclarme con *esa* realidad. Cuando tocamos, participamos en la creación de un mundo y celebramos esa creación con el público." Jim Morrison.

[1969]

No solamente
lo fugitivo
permanece y dura

•••

¡Ah, dubidubidú, dubidubidú! He aquí el Establishment Mexicano, la suma y la sinopsis de las instituciones, la refutación de los principios del happening y de la línea perdurable de Quevedo. En todas partes hay un Establishment y es de temerse que siempre lo habrá, ya que (entre otras cosas) es preciso explicar las jerarquías de acuerdo a un diseño físico, a una representación tangible. Habla la insidia: El Establishment Mexicano es la prueba de que no hay entre nosotros mayores condiciones para el triunfo: a su amparo se acogen nuestras limitaciones y nuestro arribismo.

En la Cámara de Diputados, en la histórica calle de Donceles, el licenciado Octavio A. Hernández, eminente constitucionalista, leerá un discurso. Se conmemora la conclusión de los ocho tomos donde se estudia (con acuciosidad) y se reproduce (con pulcritud) el contenido de nuestras constituciones, de Apatzingán a Querétaro. Con tal motivo, afirma el presidente de la Cámara Alfonso Martínez Domínguez, han sido convocados quinientos hombres de entre lo más representativo y egregio del país. La presencia de todos es un honor, una honda satisfacción para cada uno. La ocasión es propicia: se podrá comprobar la reciedumbre, composición y gracia eternas del Establishment.

Nadie faltó al llamado. Se respira un oxígeno suntuario, la atmósfera se amuebla con el lujo de todas las seguridades, de todas las arrogancias acumuladas.

El licenciado Alejandro Carrillo va indicando los sitios y a su ademán ubicador responden con donosura, con intrepidez, los gigantes, los invencibles, los Monstruos Sagrados, el Consejo de Notables, los Ancianos de la Tribu. Hay en la tibia torpeza, en la enfática importancia voceada por sus movimientos, algo de la presunción de quien ha gobernado a una comunidad en todos sus compartimentos, y ahora recibe el premio (otro más) que merecen las órdenes severa, diestra, profundamente impartidas. Como villorrio halagado por el cincuentenario de su banda municipal, el orgullo, la gula y la autocomplacencia se alimentan de la contemplación de sus manos, del estruendo de sus aplausos. *He aquí a un gran país representado por nosotros. Henos aquí a nosotros, emblemas óptimos de un país.* ¿Quién decreta las magnas dimensiones de México? Su Establishment. ¿Y quién proclama la admirable rectitud de juicio del Establishment? México. Se ha cerrado, mágicamente, el círculo perfecto del elogio mutuo.

• POLVO SERÁN MAS POLVO HOMENAJEADO •

¿Existe el estilo del Establishment Mexicano? ¿Ha existido alguna vez? Se desvaneció la pulcritud caballerosa que se acompañaba de incesantes recuerdos familiares y de grandes bibliotecas con encuadernaciones de Sevilla y de Holanda. Verdura de las eras sus conversaciones veteadas con citas de Platón y referencias de Justiniano; verdura de las eras sus visitas anuales al Museo del Prado y al Museo del Louvre; verdura de las eras su humanismo abstracto y beligerante, entonado contra el "miedo y la prisa de otros hombres".

Se ha extinguido también el estilo apasionado y desafiante de los años difíciles, cuando se fomentaban las personalidades distintivas y se admitían los excesos.

—Ahora priva una decoración híbrida, sin distinción formal.

—Ya la única manera de reconocer a un miembro del Establishment es fijándose en el poder que detenta.

Quizás, en algunos casos, se haya sabido retener y preservar las virtudes del recién egresado de una Facultad de Derecho y a las palabras prestigiosas se sumen las disquisiciones severas en torno de la Justicia y las lecturas contemporáneas de Anatole France y Romain Rolland. ¿Cuál es el objeto de este acto de salvamento? Uno muy claro: organizar, en éste y en cualquier recinto, una aparición personal semejante a la de los jueces británicos en las películas policiales, con golpe de martillo, dicción impecable y murmullos de una audiencia anhelosa. Ignoran sus nombres, no podrían reconocerlos, pero en el dócil mimetismo de una parte del Establishment, en el mimetismo que persigue a los grandes actores secundarios, Félix Aylmer o Hugh Griffith o Wilfred Hyde White o James Robertson Justice, se percibe una búsqueda de parentesco: hay que parecerse a nuestros semejantes ideales, hay que ser idéntico a los desprendimientos visuales del pasado. El recurso falla: se quiebran las aspiraciones ceremoniales y persisten las deficiencias, la voz sin matices, la ausencia del público anheloso. Cunde el sometimiento general a la ley: el don de mando elimina la pretensión de estilo. ¡Oh desdicha! Nuestro Establishment no ha segregado una connotación distintiva, un sello de peculiaridad. No tiene *rostro*: no le preocupa. Está pretendiendo *imagen*. ¿Se puede conciliar esta contradicción? Posiblemente, si se considera que al hablarse de "imagen" no se ha precisado el grado de acercamiento. La imagen que le interesa al Establishment es lejana, de lontananza, obtenida desde esa distancia infinita que sólo el respeto proporciona.

Y al parecer tan gruesa y altanera seguridad requiere una duplicación física. Y las carnes en modo alguno en mengua y los vientres inalterablemente rotundos y la prosopopeya con que la papada recibe el homenaje del mentón, son en función de nuestros Elegidos la única consecuencia posible. Lo rotundo de los Hombres Ilustres. Y todos se sonríen con énfasis mínimo y se felicitan, no por estar allí, que eso ya se da por sabido, sino por la ninguna ausencia, porque no hay herejes ni verdaderos heterodoxos. Podrá haber oposicionistas, incluso señalados oposicionistas que han meditado en la cárcel la gravedad de su encono, mas su redención, cuando es deseable, es siempre posible. Y una de las fiestas colaterales que esta Asamblea de la Dicha propone es el retorno del Hijo Pródigo. Y David Alfaro Siqueiros, el Muralista y Ex-Preso Político se acomoda a la diestra de Monseñor Sergio Méndez Arceo, el clero progresista.

¿Otras proposiciones? Los banqueros apoyan cualquier diálogo conciliador con su presencia: Carlos Trouyet, Manuel Espinosa Yglesias, Aníbal de Iturbide. Los hombres de letras y los historiadores conversan. Rufino Tamayo es un pintor ilustre. Don Vicente Lombardo Toledano, fundador del Partido Popular intercambia nociones pluralistas con Don Manuel Gómez Morín, fundador del Partido Acción Nacional. Y si alguien falta es, obviamente, por enfermedad o ausencia del país. ¿Quién, de modo voluntario, se abstendría de otorgar su confianza a una sociedad cuya tarea enfática ha sido incluirlo en un sitio notorio y poderoso? Los gestos son reiterativos y subrayan el imponderable sentimiento de identificación de la fortuna del servicio con la fortuna de la nación. En la medida en que ellos lo son, el país se vuelve importante y viceversa.

Los miembros del Establishment son protectores y son competitivos. Han forjado una sociedad unida por una sola cosa: colectiva e individualmente sus miembros han abdicado de la responsabilidad de desarrollarse. Detrás de las puertas selladas, detrás de los elevados escritorios, estos hombres se defienden del mundo que cambia, defienden el absoluto de la política, el arte, las finanzas, la cultura, el México que conocieron y que insisten en legar sin modificaciones. En ellos, la lealtad y el patriotismo encuentran su expresión segura. *Su* imagen, *su* reputación definen el prestigio del país; *su* infalibilidad es garantía de razón. Su condición mental, que todo lo subordina al hecho primordial de su existencia, desdeña las ideologías. Ellos las han reemplazado, ellos *son* ideología, puesto que son una proposición que se prueba a sí misma (*self-proving proposition*). No elegimos imbéciles: de aquí que todos los presentes sean inteligentes y sabios. No elegimos deshonestos: de allí que la honradez de los concurrentes esté garantizada.

Una dimensión de tendencia levemente simbólica. Desaparecen el Aguila y la Serpiente. En su lugar, asumiendo las delicadas funciones de emblema nacional, brota el Abrazo de Acatempan.

[*Habla Lorenzo de Zavala. Enero de 1821:*

Las tropas de ambos caudillos estaban a tiro de cañón una de otra: Iturbide y Guerrero se encuentran y se abrazan. Iturbide dice primero:

"No puedo explicar la satisfacción que experimento al encontrarme con un patriota que ha sostenido la noble causa de la Independencia y ha sobrevivido él solo a tantos desastres, manteniendo vivo el fuego sagrado de la Libertad. Recibid ese justo homenaje a vuestro valor y vuestras virtudes."

Guerrero experimentaba por su parte sensaciones igualmente profundas y fuertes:

"Yo, señor, yo, le dijo, yo felicito a mi patria porque recobra en este día un hijo cuyo valor y cuyos conocimientos le han sido tan funestos." Ambos jefes estaban como oprimidos bajo el peso de tan grandes sucesos. Ambos derramaban lágrimas que hacía brotar un sentimiento grande y desconocido.]

EL ABRAZO DE ACATEMPAN

que no sólo unió a Don Vicente Guerrero y a Don Agustín de Iturbide ni únicamente promovió la independencia nacional. Eso sería pura historia y pobre de aquella acción que se inmoviliza en la enseñanza primaria. El Abrazo de Acatempan prueba, debe probar

que no hay facciones irreconciliables
que la homogeneidad nace de las oposiciones
que el bien de México disuelve las ideologías
que el erotismo es el otro rostro del civismo.

El encuentro ceñido de los contrarios aparentes o de los iguales contrariados, exhibe la antimexicanidad de la dialéctica. No hay tesis ni antítesis. Hay síntesis de ambos lados. El amor a México es la síntesis del amor a México es la síntesis del amor a México. Gertrude Stein y Alice B. Toklas abrazan a la Negra Angustias. Guerrero observa a Iturbide: es el enemigo que se va transformando en el aliado: Vasconcelos advierte a Ortiz Rubio: es el vencedor que se va convirtiendo en el semejante: Ezequiel Padilla escudriña a Miguel Alemán: es el elegido del Partido que se va trasmutando en el socio de la Empresa. Y en el Abrazo de Acatempan, México se va fundiendo, México nos va enseñando la inutilidad de discrepar, la imposibilidad ontológica de convertirse en outsider. (No existen las afueras, por tanto, nadie puede habitarlas.) Y los illuminati, con ese resplandor que la Patria concede a sus hijos poco antes de incluirlos en la Columna de la Independencia, se dirigen (en ese instante que nos confirma que los miembros del Establishment ya no tienen nada que decir: sólo que añadir) el uno hacia el otro como imantados, como hipnotizados, en la fragilidad de las construcciones eternas, para clausurar apretadamente la condena de las actitudes disidentes. No es posible sacudirse, no existen rincones lo suficientemente distantes ni acciones lo necesariamente subversivas como para que huyan del largo brazo de Acatempan.

• REITERACIÓN DEL REPARTO DE PREMIOS •

Aunque todo se halla previamente concedido e incluso largamente detentado, esta reunión cumbre del Establishment confirma y reafirma

Los Puestos Clave y las Posiciones Encumbradas.

A ti te corresponde ser el Mayor Numismático y a ti el Mayor Topólogo y tú eres sin duda la Distinguida Personalidad Democrática y tú, ¿cómo negarlo?, la Pluma más Fina. Usted primero, no de ninguna manera, después de usted, ¿Quién soy yo si me comparo? ¿Quién soy yo si me aíslo?

El país es una enorme familia; el país es una cooperativa fraterna, un solo apretado lazo amoroso. El país es un club de bienvenida, una iglesia laica, un ágape de los cristianos primitivos donde ya no hay ni acechanza de leones ni oscuridad de Catacumbas. ¿O para qué existen las corridas de toros y los partidos de oposición?

Y de pronto se llega a una esencialización formidable: el país se va despojando de sus capas superfluas de campesinos, obreros, clase media y por supuesto lumpenproletariado, para quedarse con su esencia, su núcleo intransferible, su verdadera única realidad: esa reunión de quinientas eminencias, ese *mélange* donde banqueros, políticos, pintores, escritores, historiadores, grabadores, altos dignatarios de todas las especialidades, se unen gracias a la convicción plena de que ellos son, en sentido figurado y en sentido literal, la Nación.

> *(México, país de 35 millones de habitantes*
> *según el censo de 1960)*

Y bien que lo merecen los miembros del Establishment. Porque de ellos depende el fin de la pasión, reemplazada en nuestras vidas por la gravedad, porque han instaurado la definición de ser como el acto exclusivo de comparecer. Y ellos comparecen siempre, sin necesidad de forzarlos o presionarlos; comparecen en bodas y banquetes, homenajes y ceremonias enaltecedoras, entrevistas y manifiestos. Comparecen como abajo firmantes, comparecen como hijos predilectos de su estado, comparecen en los aniversarios de sus congéneres. Viven desplazándose de una oportunidad de posar a otra: así, con la agenda totalmente invadida, con vértigo que no se contradice con el aquietado reposo de su apariencia. Ser es comparecer, ser es pronunciar un elocuente discurso; ser es animar un convivio con una frase premiada a carcajadas puesto que su intención fue humorística; ser es la conciencia tranquila ante el deber cumplido.

Y el Establishment sonríe y condesciende a la fiebre y el júbilo de las celebraciones y entiende su tarea: su prudencia debe proliferar en todos los sitios por lo menos una vez al año; las mismas palabras deben emitirse a propósito de las más variadas causas; el honor de su presencia debe ser resentido por distintas gratitudes. La fatiga de la ubicuidad se añade al terrible peso de una figura pública en México, carga que consiste en ventilar a diario un juicio privado sobre los diversos estilos gastronómicos del país. Ser es, también, comer con la conciencia de que ésta no es una mesa cualquiera: ésta es la Mesa de Honor.

• LA SOLEMNE OCASIÓN EN SU MAGNÍFICA MÁQUINA VOLADORA •

¿Y cuál es la ponencia desplegada por esa sucesión de rostros halagados ante su propia trascendencia? Una ponencia donde se deje claramente estipulado que *Llegar es tener paciencia*.

Se llega siempre si uno sabe esperar, si sabe dejar que el nombre se acumule, vaya haciéndose hábito, noción cotidiana. La repetición del nombre resulta un magnífico escalafón: ENE + ENE + ENE + ENE + ENE = DON ENE.

Depositar el nombre, abandonarlo en adhesiones de índole selectiva, rodearlo con una carrera burocrática cuidadosamente planeada, acompañarlo con fotografías registradas en los sitios ad hoc, circundarlo con un prestigio basado en fe y no en demostración, promoverlo en ensayos de tal modo planeados que garanticen su no-lectura: tal es la técnica a seguir. Los prestigios en México suelen sustentarse en el misterio: ¿por qué es tan importante el Señor Don? La respuesta es sibilina: parece que es un gran especialista, el mejor de su ramo, el más elocuente en las reuniones, la joya de su profesión.

Y llegar, también, *es remodelarse*. Hay que irse educando, domesticando, adiestrando de tal modo que siempre se exprese devoción, deferencia, pundonor y la inocultable emoción-que-hoy-nos-embarga, aquella que sólo emerge ante el recuerdo del prócer. Hay que modificar el perfil para que en él únicamente aparezca la honda preocupación por la problemática político-económico-social. La mirada hacia lo alto, la boca cerrada y tensa, la nariz inflamada de misticismo local, el cuerpo rígido, la expresión de tal modo compacta que se advierta con claridad la mezcla del deber con el derecho. Así, inalterable, inconmovible, que nadie sorprenda al honorable miembro del Establishment en una posición flexible o relajada. Rigor, conciencia de estar respondiendo a la importancia que se tiene con la apariencia que de él se solicita, inmutabilidad: las condiciones son perfectas. El Monstruo Sagrado toma la palabra.

[1967]

☆☆☆☆☆ La manifestación del Rector

"Por vez primera en sus vidas habían sido visitados
por una apariencia de la libertad, no, para ser exactos,
porque actuaran contra la tiranía y cosas peores que
la tiranía, sino porque se habían vuelto 'disidentes',
habían asumido la iniciativa y así, sin siquiera saberlo
o advertirlo, habían creado entre ellos mismos ese espacio público donde la libertad puede aparecer."

Hannah Arendt, *Between Past and Future.*

La manifestación sería democrática. Tal era el carácter del Movimiento Estudiantil y todo se ajustaba a ese designio. Allí estaban
las autoridades de la Universidad Nacional Autónoma de México
y el Rector ingeniero Javier Barros Sierra y cientos de maestros
y mi'es de estudiantes cohesionados por la convocatoria. *Unidad*:
en la explanada de Rectoría, en la Ciudad Universitaria, al lado
de ese gigantesco y amurallado autohomenaje, de la decapitada
estatua del ex-presidente Miguel Alemán, se congregaban universitarios y politécnicos y normalistas y alumnos de la Escuela de
Agricultura de Chapingo y de El Colegio de México y de la Escuela
Nacional de Antropología. Junto al templete, rápidamente insta-
lado, los organizadores (que, inevitablemente, se distinguían por

ese aspecto indeciso de quien se echa a cuestas la responsabilidad de un semblante preocupado) distribuían lugares y comunicaban advertencias y sobrentendidos. Sobrevolaban mantas y carteles con frases prestigiosas y justas: "A las bayonetas no se les oponen los puños." El acuerdo común era omnipresente: quienes habían acudido se negaban a la violación de la Autonomía Universitaria, a la ocupación militar de las escuelas, a la represión como diálogo.

• EL PASADO INMEDIATO •

Unos días antes, el 22 de julio, dos pandillas, los Ciudadelos y los Arañas, obligaron al encuentro de estudiantes de las Vocacionales 2 y 5 con alumnos de la Preparatoria Particular "Isaac Ochoterena". Al día siguiente, el pleito continúa. Intervienen los granaderos que responden a silbidos y a piedras con una persecución sistemática. Bombas lacrimógenas y macanas. Los granadedos acosan a los estudiantes en el interior de sus escuelas y golpean a los maestros que intentan una enérgica defensa verbal. Los detenidos son liberados horas después. La indignación no le deja salidas a la FNET (Federación Nacional de Estudiantes Técnicos), organismo gobiernista. Su presidente, José R. Cebreros, solicita permiso y convoca a una manifestación de protesta que parte de la Plaza de la Ciudadela y concluye en la Plaza del Carillón de Santo Tomás. Es el viernes 26 de julio. Al término de la manifestación, grupos de estudiantes se apoderan de camiones y parten hacia el Zócalo. Cebreros —informará más tarde la Jefatura de Policía— avisa de lo ocurrido y solicita de inmediato que se intervenga "para restaurar el orden y proceder en contra de quienes estaban provocando esos actos aun cuando se tratara de auténticos estudiantes".

☞ RELACIÓN DE LOS HECHOS

Al principio, todas las manifestaciones de protesta son iguales. A la llegada, tensión y recelo, la inquietud de los creyentes que se sospechan abandonados en su fe. Luego, esperanzas que se renuevan o se desvanecen. En los activistas, el sentimiento de alivio o incomodidad que suscita la presencia de los Intelectuales de Izquierda, serios, estratégicos, consecuentes. Antes se les calificaba de "progresistas" pero el término ha caído en desuso (como la fe articulada en el progreso) por asociarse con esos interminables Comités Mexicanos que defienden la paz, que aman

215

uno a uno a todos los pueblos socialistas, que fomentan un presidium en torno de cada injusticia notoria. Durante los cuarentas y los cincuentas la izquierda impulsó a esos comités con su convicción nominalista en el poder de las firmas y sus delegaciones (gravemente afligidas por las amenazas de guerra) que en Belgrado o en Praga o en Moscú visitan al Ministro de la Cultura y se retratan con él obsequiándole un dibujo de Diego Rivera o un grabado del Taller de la Gráfica Popular, sin dejar de bosquejar, con la alarma de sus facciones, el espectro del hongo atómico. Lo "progresista" evoca el olor agrio y triste de los despachos de licenciados en el cuarto piso de un edificio de rentas congeladas, donde se reúnen los Comités de Defensa y alguien insiste en averiguar la reacción del General Lázaro Cárdenas y las sesiones nunca terminan porque la duda es entre "enérgica" o "decidida" como el adjetivo que le conviene a "protesta" y mientras eso pasa, ya electrocutaron a los Rosenberg o ya incluso asesinaron en Guatemala a Carlos Castillo Armas o ya se vigorizó la Escalada (*"Los unicornios y las reinas de hadas poseen mayor realidad que el tesoro perdido de las revoluciones"*). "Progresista" son tres reñidas filas de un presidium en el Teatro Iris, donde, señalan sus críticos, el licenciado Vicente Lombardo Toledano adelanta el advenimiento del socialismo mediante un simple recurso: adhesión irrestricta al grupo en el poder. En el presidium, la izquierda emblemática denuncia sus predilecciones: trajes holgados, discos del Coro del Ejército Soviético, lecturas de Makarenko, memorización de la poesía de Nicolás Guillén, ejemplar numerado del *Canto General,* chaleco tejido de lana gruesa, colección de frases en torno a la "amistad entre los pueblos", admiración por Paul Robeson y aire de Defensor-Profesional-de-las-Causas-Vencidas. Un saludo para las mujeres chinas. Una apretada síntesis (43 cuartillas) de la Historia de la Humanidad y su tránsito de esclavismo a feudalismo a capitalismo a imperialismo. Un saludo a los obreros de Ucrania. Una declaración de apoyo al gobierno por su firme actitud en materia de política exterior. Un saludo a los periodistas rumanos. *Para que sepan, si hay alguna duda, que he muerto amándote y que me has amado.*

● EL PASADO INMEDIATO ●

Como en años anteriores, la CNED (Confederación Nacional de Estudiantes Democráticos) ha convocado el 26 de julio a una breve manifestación para festejar el asalto al Cuartel Moncada.

216

El cuadro es previsible: pancartas alusivas, el imperialismo es la fase superior del lugar común, arengas vibrantes sobre el ejemplo de la Revolución Cubana y (hasta el próximo atentado de los marines), los asistentes se van a casa. Se está siendo injusto: la CNED organizó en provincia a principios de año una elocuente Marcha de la Libertad que el ejército detuvo. La CNED no quiere ser un membrete.

Los manifestantes parten de la Fuente del Salto del Agua y enfilan hacia el Hemiciclo a Juárez. Durante el mitin se escuchan los gritos de los estudiantes politécnicos que corren hacia el Zócalo por la Avenida Madero y la Avenida Cinco de Mayo. De improviso, como desatada desde los confines del orgullo olímpico, como un anacronismo proveniente de los años en que existía la lucha política, brota la represión. En la esquina de Madero y Palma, una compañía de granaderos dispersa, agrede, golpea. Al mismo tiempo, granaderos y policía secreta atacan a los participantes en la celebración del Hemiciclo. En la Alameda Central y en la Avenida Juárez se desata el pequeño blietzkrieg. Ostentosamente, los provocadores rompen los escaparates comerciales, saquean las joyerías. Se inician en toda la ciudad las detenciones de dirigentes estudiantiles y de miembros del Partido Comunista Mexicano. Se allana la imprenta de *La Voz de México*.

☞ RELACIÓN DE LOS HECHOS

Una manifestación es el producto de muchas falsas salidas. Uno, veterano de marchas protestatarias, enumera las falsas salidas de 1954, aquel desfile de impotencia solidaria ante el golpe de estado en Guatemala. La "gloriosa victoria" de Foster Dulles domina esa primera visión de un contingente melancólico y exasperado. La evocación es un archivo saqueado, leyendas desvanecidas, insistencias ópticas: Diego Rivera acompaña a Frida Kahlo, Carlos Pellicer usa sombrero de palma, con el pretexto del anticomunismo desangran a Nuestra América. Lo demás se ha borrado: el optimismo del "únete pueblo" sostenido ante la indiferencia de una tarde, los interminables volantes que remontan cualquier análisis del momento a la tesis marxista de la plusvalía y al examen del comunismo primitivo.

Las falsas salidas de 1958. El monopolio camionero alzó las tarifas y el estudiantado, "leal a su pueblo", secuestró camiones, convirtió a la Ciudad Universitaria en un cementerio de autobuses. Se procede a formar la Gran Comisión Estudiantil: no elevarán el costo de la vida. Los preparatorianos acuden, se redoblan las guardias en CU. Se confía en detener la invasión del ejército que cerca el Pedregal y Copilco. Con patrullas y mítines se auspician las obsesiones marciales. El espíritu es universitario, mas parte de lo "universitario" se mueve aún en el ámbito de las palabras del fascismo académico, las palabras de Rodulfo Brito Foucher al asumir la Rectoría en 1942: *"El hombre necesita creer en Dios u obrar como si creyese en Dios; necesita creer en la patria u obrar como si creyese en la patria."* Actuar los sentimientos, dramatizar las convicciones como forma de poseerlas. Brito Foucher ha resumido una conducta y un método de vida: lo que se necesita no son creencias sino sus apariencias, los disfraces. La Revolución Mexicana necesita actuar como si creyese en su propia existencia. Los universitarios necesitan teatralizar su fe en el cambio, su voluntad de servicio. El arte escénico como la parte indispensable del contrato social. Hay que interpretar el papel de jóvenes estudiantes y vienen los juegos de futbol americano y las bastoneras y las bandas y la porra universitaria conducida por Luis Rodríguez "Palillo"

(PE-U-EME-A-ESE PE-U-EME-A-ESE
PUMAS-PUMAS-RA-RA-RA)

y los concursos de besos de larga duración y el pleito con los del Politécnico y las pequeñas hordas de preparatorianos que entran gratis a los cines del barrio estudiantil (*"Ya llegamos"*) y el alborozo de portar suéteres amarillos con franjas azules o camisetas azules con franjas amarillas (*"Ya váyanse"*). No hay politización: contener el aumento de tarifas es otra manera de vivir la época universitaria, tan válida como las novatadas o las chamarras con grandes escudos. ¿Por qué no ayudar al pueblo, por qué no ser generosos, por qué no atesorar recuerdos de ayudas y generosidades? Es la década de los cincuentas y los aspirantes a políticos participan en las luchas estudiantiles como examen de grado para acceder a los primeros peldaños del poder. Esta asamblea es una configuración a escala del país: tienes que equilibrar a la izquierda y a la derecha, tienes que ser demagógico y tienes que ser elocuente, tienes que ser audaz y tienes que saber retroceder. En 1958 no hay impugnación: se han secuestrado camiones y eso es todo. Felices los corsarios que podían raptar naves. La credulidad sigue rodeando a la Revolución Mexicana.

Sin embargo, en esta noción de entrenamiento político y rescate de la juventud de manos de la improvisación ("quien no ha sido agitador no puede ser gobernador") interviene una consigna anómala: la unión obrero-estudiantil. En 1958, el movimiento obrero conoce la efervescencia. Los ferrocarrileros y los electricistas y los petroleros y los telegrafistas exigen revisión de contratos, piensan llegada la hora de emanciparse del control gubernamental absoluto, de la hegemonía del sindicalismo blanco. Los obreros acuden a las manifestaciones de estudiantes y los estudiantes, nerviosos, incrédulos, los observan y aplauden. El nuevo líder ferrocarrilero, Demetrio Vallejo, es combativo y tenaz. Desde los patios de la Secretaría de Educación Pública se filtran rumores de contienda: los maestros de primaria, en la sección IX del Sindicato Nacional de Trabajadores de la Educación (SNTE), respaldan al Movimiento Revolucionario del Magisterio. En los patios de la Secretaría se sostiene un mitin de meses. De baja estatura, voz vehemente, oratoria directa, aparece Othón Salazar. Uno le atribuye carisma, lo percibe dinámico, agresivo, convincente. El maestro de primaria debe abandonar su trabajo de mártir: queremos aumento de salario.

Las manifestaciones cunden. Al llegar los obreros al Zócalo la alabanza se apresta. Son obreros auténticos, hombres del riel, hombres del oro negro, que han conocido el misterio de las manos callosas, que pueden dar testimonio fidedigno de la explotación del hombre por el hombre, la clase destinada a hacer la Revolución. Uno se descubre ante ellos y ante el porvenir. Pero en 1958 se amonesta a los maestros en el Zócalo. Las maestras viejas con sus trajes medidos por el gis y los maestros de origen rural con su voz detenida en el anuncio de la hora de recreo, son castigados y golpeados. Se acorrala a los petroleros en el Monumento a la Revolución. Desde una librería, uno recibe el espectáculo del adoctrinamiento: los gases lacrimógenos y los tubos de caucho le informan al pueblo de las perspectivas del derecho de huelga.

La ilusión también se extingue: mientras una manifestación va preparándose bajo el clarísimo horror pétreo del Monumento a la Revolución, la Gran Comisión Estudiantil se reúne con el Presidente Ruiz Cortines. El Presidente es afable, convincente, gentil. Persuadidos, los dirigentes acuerdan levantar la huelga y a la salida entonan una porra a Don Adolfo. En medio de asambleas tumultuosas, acusaciones y contraacusaciones se desvanece el Movimiento Camionero. Poco después, se produce el alza de tarifas.

El 26 de julio, al término de un festival escolar, los granaderos agreden también a los preparatorianos, los incorporan a su repertorio de vejaciones. El Primer Cuadro es escenario de persecuciones, de enfrentamientos. En la Avenida Juárez se entreveran arrestos y provocaciones. Se despeñan, con el previo aviso de lo irremediable, los golpes y los cachazos y los puntapiés y las injurias y los disparos y las cachiporras y los tubos de hule y la mise-en-scène de la pedagogía fascista: el orden con sangre entra. El orden: el terror. El orden: la incomprensión. El orden: el odio. Incomprensión y terror y odio ante lo no consentido, ante lo que no admite soborno, ante lo no autorizado por escrito y con copias. Lo que se desprende del arrebato y el rencor con que policías y granaderos vengan su falta de oportunidades en la vida, con que policías y granaderos y agentes justifican el buen juicio de sus empleadores y su confianza en el resentimiento elemental, lo que se desprende de la furia y el estrépito con que se decide afirmar un sentido único de uso para las calles de México, es la infalibilidad: en este país nadie sino el Poder tiene voz, tiene derecho a la acción y tiene ideas políticas. Poder es monopolio y exclusividad.

Y la imaginación reaccionaria agrega, a cuenta de preparatorianos y politécnicos, robos, estupros, violencia sin cuento, desmanes sarracenos contra ciudadanos pacíficos. La realidad —la realidad de esas barricadas erigidas premiosamente, de esos camiones quemados y volteados, de esas piedras y esos cocteles Molotov— puede hablar de angustia, desesperación, afán suicida, ira, ingenuidad, torpeza. De lo que no habla es de espíritu depredatorio. La depredación ha sido patrimonio de sus opositores. Y de la calumnia. Embisten los grupos fantasmas: a nombre del Frente Independiente Cultural Estudiantil (FICE) su presidente, Salvador Valencia Mora, declara: "Que se castigue a los rojos y principales alborotadores y de una vez por todas que se les expulse de los centros de estudio para que el verdadero estudiantado cumpla con su deber." Y el jefe de la policía, general Luis Cueto Ramírez, explica: "Los granaderos arremetieron enérgicamente contra los agitadores porque la situación era ya insoportable." Y complementa, con ideología paternalista:

La policía está lista... para evitar que se altere el orden público, que se atente contra la propiedad privada... y a la vez hace una excitativa a los padres de familia para que eviten que sus hijos participen en hechos punibles.

☞ RELACIÓN DE LOS HECHOS

En la Ciudad Universitaria continuaban los preparativos. Como sustrato de esa afrenta, de ese afán vindicador de maestros y estudiantes, se encontraba el respeto (todavía entonces fetichista para una inmensa mayoría) por la Constitución General de la República, que salía de la penumbra de lo jamás frecuentado para convertirse (sin que mediaran en el cambio explicaciones o influencias ideológicas, sin que interviniesen elementos ajenos al instinto de conservación que es certidumbre de posesiones y de recursos últimos) en una suerte de tótem apenas vivido pero en el fondo amado y deseable. En el sustrato de esta reivindicación civil circulaban las primeras lecturas de la infancia, la seguridad positivista en los logros acumulables de la educación, el rechazo de la barbarie, las frases lapídeas que diseñaban una nacionalidad, el orgullo no dicho, previo a cualquier demostración, por las libertades de México. La estupefacción urbana: pero es que la represión sólo sucede en el campo y el campo no se localiza en parte alguna; pero es que la represión sólo se ha descargado sobre campesinos anónimos y lo que carece de nombre no puede sufrir. Sólo lo nombrado es destruible.

Sentimientos y sensaciones liberales, sólo excepcionalmente radicales, que fijaban no tanto la decisión de una conciencia, como la decisión de disponer de una conciencia. Al protestar, se estaba *confiando* en la Constitución, se estaba —y el hecho puede visualizarse como demagógico, pero no lo era: en todo caso resultaba candoroso— *viviendo* en la Constitución. Sin ánimo de erosionar la confianza, uno recordaba la tradición de la protesta democrática y vislumbraba, sin extraerlas, sus consecuencias. La Federación de Partidos del Pueblo, los núcleos campesinos y obreros y de clase media partidarios del general Miguel Henríquez Guzmán, habían soñado en el triunfo electoral de la oposición contra el candidato Ruiz Cortines, y el primero de julio de 1952 se les había desengañado sangrientamente en la Alameda. El henriquismo se había fiado de la democracia (y del general Henríquez). El movimiento ferrocarrilero enfatizó el derecho de huelga y obtuvo una primera victoria, una primera respuesta gubernamental favorable. Esa noche de 1958, en la estación de Buenavista, entre porras y adhesiones y mujeres que entregaban ramos de flores y discretas sonrisas de efusión revolucionaria de los intelectuales progresistas y un mariachi que despedazaba inacabablemente "La Rielera", Demetrio Vallejo, sonriente, robusto, había informado del éxito y la emoción común le había seguido, le había otorgado la protección de un lazo entrañable, del albedrío liberal que se agotaba, incrédulo, en las demostraciones y las gesticulaciones. Demetrio Vallejo era una garantía: la garantía de darle voz a toda esa interminable vigilia de los mítines, a toda esa extrañeza irritada que había seguido el ademán de quienes afirmaban el auge de la burguesía nacional como requisito previo para socializar los bienes de producción. Vallejo era la posibilidad de un discurso, el discurso tercamente esperado, el que no había pronunciado Luis N. Morones ni había leído con voz opaca Fidel Velázquez ni había declamado, con interpolaciones históricas, Vicente Lombardo Toledano. Vallejo era la interrupción de la otra pieza de la oratoria sindical, de aquella sedante, confortable, dulce arenga que Lombardo algún día había iniciado:

(El movimiento obrero) no pretende abolir la propiedad privada contra la realidad histórica... no se propone asumir el poder público... aspira a una sociedad sin explotadores ni explotados... no intenta jugar a la revolución social ni pretende adelantarse al destino histórico en una forma absurda y sin justificación.

Y en marzo de 1959, ante el nuevo emplazamiento de paros escalonados y ante la advertencia general de que se estaba yendo muy lejos, de que se había caído en la petulancia revolucionaria, la represión había descendido. Entre filas de soldados, Vallejo había sido conducido a la cárcel y en todo el país la persecución había sido minuciosa, rigurosa. En Monterrey, asesinaron al dirigente sindical Román Guerra Montemayor y le pintaron las uñas de los pies y de las manos para hacerlo figurar como crimen de homosexuales. Y el Presidente López Mateos, con esa admirable simpatía y ese don de gentes que nadie dejó de reconocerle, había mandado a la cárcel a dirigentes ferrocarrileros y a miembros de la extrema izquierda, había contemplado el voceo del descubrimiento de la conjura y la caza de brujas.

Inútil soslayar imágenes: en 1959 la izquierda oficial se había encontrado sin mujeres búlgaras a quienes saludar, sin héroe del sitio de Stalingrado a quien abrazar. Ante la ausencia de congresos por el desarme mundial, la izquierda oficial había ensalzado la política nacionalista del régimen. El aventurerismo sindical sólo favorecía a la derecha. Por su parte, el encono, la amargura rabiosa, sin explicaciones ideológicas y estratégicas que los redimiesen, se diseminaban sin mayores resistencias en la nueva generación de militantes. Ayudaba un sistema tradicional: la educación para la derrota. Una especie de morbo secreto, de oscura complacencia irónica impregnaba esta visión de los vencidos: ¿Te fijaste en quiénes suben al poder? ¿Oíste esa afirmación sobre la vigencia de las libertades obreras? ¿*Qué te parece* su cinismo? Una situación novedosa, la de los *presos políticos,* se apropiaba de la definición visceral de términos como "inutilidad de la lucha" y "frustración". La decisión democrática desembocaba en una celda. La ineficacia de los grupos radicales acrecía la eficacia del desastre. El sectarismo acusaba a la represión de ser la causa de la represión. Frente a los presos políticos se extendía el nuevo miedo: el miedo de darse cuenta, el temor de informarse. Estar al tanto obligaba a la toma de actitud y los periódicos se dejaban de leer, las conversaciones se suspendían, ante un ferrocarril sólo se procuraba pensar en el Héroe de Nacozari y su noble rescate de vidas a costa de la suya propia. Los presos políticos se introducían, violentándola, en la magra y endeble conciencia nacional.

● EL PASADO INMEDIATO ●

"Un movimiento subversivo que... tiende a crear un ambiente de hostilidad para nuestro gobierno y nuestro país en vísperas de los juegos de la XIX Olimpiada." Se desata la invocación contra el maligno. Los Juegos Olímpicos son la declaración explícita de madurez. Al protegerlo, al preservarlo del complot, el gobierno del Presidente Gustavo Díaz Ordaz salva a México de la irrisión, le asegura su mayoría de edad. En las calles siguen los encuentros entre granaderos y estudiantes, las pláticas de paz. Las atmósferas se cierran, se espesan. Hay asambleas y se publican las consignaciones. Se redactan los primeros pliegos petitorios:

1. Desaparición de la FNET, de la Porra Universitaria y del MURO, organismo de extrema derecha.
2. Expulsión de los estudiantes miembros de las citadas agrupaciones.
3. Indemnización por parte del Gobierno a los estudiantes heridos y a los familiares de los que resultaron muertos.
4. Excarcelación de todos los estudiantes detenidos.

5. Desaparición del Cuerpo de Granaderos y demás policías de represión.
6. Derogación del artículo 145 del Código Penal sobre el delito de disolución social.

Alumbramiento del humorismo involuntario. La Procuraduría del Distrito afirma el 29 de julio:

El estudiante de comercio de la UNAM, Federico de la O. García, de 23 años, falleció ayer a consecuencia de una intoxicación por tortas que comió en la lonchería "Kelm" o de viejas heridas en la cabeza y no por lesiones sufridas en los recientes disturbios.

El lunes 29 de julio, al cabo de escaramuzas violentas entre la policía y los estudiantes, se suspende el tráfico de camiones de pasajeros en el Primer Cuadro. En la tarde, un grupo de preparatorianos intenta un mitin en el Zócalo. Los granaderos lo dispersan. En la noche, se renuevan los enfrentamientos y las conversaciones entre estudiantes, autoridades de la UNAM y policía. La pesadilla, autora de representaciones. Camiones quemados. Gases lacrimógenos. Carreras precipitadas hacia refugios que jamás llegan. Sirenas de ambulancia. Cordones policiales. La ciudad acorralada. Sometimiento, humillación, amedrentamiento. La ciudad se vuelve un camión de granaderos hastiados y demacrados y un ademán de pavor que cubre un rostro y la furia de un burócrata que se queja de las cuadras recorridas para llegar a casa y el verdugo a pesar suyo y la víctima a pesar suyo y el indiferente a pesar suyo. Las cabezas trocadas: hay desesperación porque todo ha sido categórico; hay desesperanza porque todo ha sido demasiado rápido. En unas horas, el piadoso edificio de la seguridad se ha derrumbado. La comodidad de un país parecido al cuerno de la abundancia, la tranquilidad de saberse distinto al resto de América Latina, se anulan ante esa estridencia de las ambulancias, ante el frío anudado en la contemplación de las fuerzas policiales. En el vacío de las calles, en el perfecto oxígeno del terror, en la premura con que todo arriba a la inmovilidad, en la agitada lentitud hipócrita de los transeúntes, se recogen los ecos y el desafío de un desplome de consignas de mármol. En esas horas, en Villahermosa, Tabasco, se endurece la represión. En esas horas, un ciento de jóvenes se acuartelan en San Ildefonso. En esas horas, las autoridades de la Universidad (previa consulta con los estudiantes) acuerdan con la policía la devolución de los camiones y la salida de los preparatorianos del cerco granaderil.

Y uno se detuvo y saludó o conversó con algún conocido, algún excepcional sobreviviente de otras luchas (catástrofes). El entusiasmo se comunicó de un gesto a otro: a éstos no les pasará lo que a nosotros. Cometimos muchísimos errores. Nos hemos dividido y nos hemos odiado. Hemos creado grupos que se deshacen para convertirse en grupos que se deshacen para dar paso a grupos que nos expulsan. Hemos prodigado las acusaciones de traición, hemos balcanizado nuestro trabajo para apropiarnos de la pureza, para registrar la verdad a nuestro nombre. Hemos identificado la causa y la vida personal. Fuimos ideología, o mejor, fuimos programa de acción o caracterización-de-la-burguesía-en-el-poder incluso en la embriaguez o en el coito. La lucha interna ha sido nuestra esquizofrenia, el fraccionalismo o el diversionismo nuestras neurosis. Los fracasos de la causa han sido el fracaso de nuestras vidas. Currículum vitae: enumeramos las virtudes del militante, despreciamos a los desertores, insistimos en la adquisición de la conciencia proletaria, vigilamos las debilidades pequeñoburguesas de los demás, demandamos rectificaciones y autocríticas, cantamos con voz desafinada:

"Señores, a orgullo tengo el ser antimperialista. . ."
Desintegración de la célula: desintegración personal de sus integrantes. La mayoría se incorpora a puestos marginales o a la autodestrucción o al oportunismo con ansiedad de remordimientos o a una soledad poblada de pequeños recuerdos inasibles, como aquella polémica interna sobre el papel de los intelectuales en la vanguardia del proletariado. *Lógica revolucionaria*: martillos teóricos que descienden con la animación rítmica de la frase hecha, frases hechas que no desentrañan, que no le confieren unidad a los seres que aguardan (subrayando libros, colectando fondos en las campañas de fortalecimiento, recabando firmas) su utilización dialéctica.

Y si discutíamos toda la noche y si librábamos los pleitos devastadores y si acometíamos las divisiones y las expulsiones era para confirmar la militancia en el ghetto: el ghetto de la buena conciencia radical, el ghetto de los guardianes de la tradición, de quienes saben quién fue Hernán Laborde y de qué heroica manera siguió luchando aun expulsado del Partido Comunista, de

225

quienes recuerdan a Earl Browder y lo pueden situar como líder comunista norteamericano en los años de Franklin Roosevelt y lo pueden acusar de haber conducido a los comunistas latinoamericanos a la entrega, sin principios, en la alianza del Frente Popular contra el fascismo; de quienes ubican a Primo Tapia como mártir de la causa agraria en Michoacán y pueden todavía cantar su corrido (con música de "Cuatro Milpas"):

Primo Tapia murió asesinado
en Camino del Palmar, ay, ay, ay, ay,
por ser agrarista,
por ser comunista
que supo luchar.
Campesino, me hiere la pena
que en el pecho llevo
mirando hacia allá.
Los caídos del lema agrarista
y del comunista de la Humanidad.

Son las tres de la mañana y alguien muy ebrio o muy fatigado, con la voz enronquecida, con los ojos rojísimos que se detienen en un cenicero desbordante, discute el oportunismo de Kautsky, precisa conceptos de Lenin, reta a su interlocutor y le asegura que él jamás ha entendido a Rosa Luxemburgo. Ghetto del resentimiento: se ha ignorado nuestro trabajo / nadie nos escucha / somos los de siempre / le he dado mi vida a la causa y nadie lo reconoce / todos han traicionado / te aseguro que en ese camarada se esconde un Eudocio Ravines / nadie es fiel al espíritu bolchevique / esta burguesía es muy hábil. Ghetto del resentimiento, pero también ámbito de la entrega desinteresada, de la intensidad de las convicciones, de la jornada inquebrantable. Allí están los obreros de larga militancia que han resistido prisiones y despidos, golpizas y ostracismos, y se han empeñado en continuar. Allí están los desaparecidos, los que no dejaron huella visible y murieron asesinados por jefes de policía locales, entre maldiciones y tragos de tequila. Allí están los compañeros de Primo Tapia, los militantes que el callismo envió al presidio de las Islas Marías en los treintas, los dirigentes sindicales que fueron expulsados de la CTM, los miembros de base de los sindicatos que continúan llevando propaganda a sus fábricas: son las correas trasmisoras de una actitud: son la demostración admirable de que ninguna enajenación, ningún sistema totalizador triunfa del todo.

A las 0.40 horas de la madrugada del martes 30 de julio un convoy, integrado por tanques ligeros y jeeps con bazucas y cañones de 101 milímetros y camiones transportadores de tropas, abandona el Campo Militar Número Uno. El general José Hernández Toledo es uno de los dirigentes de la operación. Los soldados de línea penetran en los edificios de las preparatorias 1, 2 y 5 de la UNAM y en la Vocacional 5 del IPN. La tropa inicia su marcha a bayoneta calada. El general Hernández Toledo goza de amplia experiencia: ha dirigido la toma de la Universidad de Morelia, se apoderó en 1967 de la Universidad de Hermosillo mientras los estudiantes salían cantando el Himno Nacional. El general Crisóforo Masón Pineda presencia el golpe de bazuca que desbarata una puerta de la Preparatoria de San Ildefonso. El ejército entra y hay detenciones masivas y demostraciones de brutalidad física. En la Vocacional 5 cantan el Himno Nacional. La ciudad bajo el control del ejército. A las 2.30 de la mañana, un grupo de altos funcionarios (el Secretario de Gobernación, el Regente del D.F., el Procurador General de la República y el Procurador del Distrito) se reúne para una entrevista de prensa y televisión en el Departamento Central y afirma:

...la acción desarrollada por el Ejército Mexicano, efectuada esta madrugada para terminar la agitación estudiantil, tuvo como base tres puntos: 1. Fue razonable, 2. Sirvió a los intereses de la colectividad, y 3. Estuvo apegada a la ley.

La tesis de la conjura en marcha. Las Olimpiadas en peligro. En la mañana del 30 de julio un grupo de estudiantes efectúa una asamblea en la explanada de la Rectoría, y el Rector, ante la violación de la Autonomía, iza la Bandera Nacional a media asta. Barros Sierra declara:

Hoy es un día de luto para la Universidad; la Autonomía está amenazada gravemente. Quiero expresar que la Institución, a través de sus autoridades, maestros y estudiantes, manifiesta profunda pena por lo acontecido. La Autonomía no es una idea abstracta, es un ejercicio responsable que debe ser respetable y respetado por todos.

El general Marcelino García Barragán, Secretario de la Defensa Nacional, recibe a la prensa: "Estamos preparados para

repeler cualquier agresión y lo haremos con toda energía, no habrá contemplaciones para nadie." Y contraría el testimonio de las fotos: "la puerta de la Preparatoria 1 no fue abierta de un bazucazo sino por un conjunto de bombas Molotov lanzadas por los propios estudiantes".
Encuentros en la Ciudadela. Detenciones en las preparatorias. Los líderes de la FNET condenan a los agitadores "que persiguen fines bastardos".

"La Patria es primero —dice la Alianza de Camioneros antes de concluir en un desahogo conmovedor—. No se repara en esa campaña, reiterada o malévola, en que la comunidad camionera ha mantenido, *con esfuerzos a veces rayanos en el sacrificio* (subrayado inevitable), un servicio público diluido en más de tres mil propietarios, todos ellos jefes de familia, y ha resistido, como ahora, las más acerbas agresiones de quienes debieran comprenderlos y estimularlos, por pertenecer a la entraña misma del pueblo mexicano." A su vez, Luis M. Farías, líder de la Cámara de Diputados es sentencioso: "Los jóvenes no han reparado en que agentes extranjeros los utilizan como instrumentos para atentar contra las instituciones mexicanas... A la larga los más perjudicados son los propios jóvenes que interrumpen sus estudios." El senador Manuel Bernardo Aguirre, presidente de la Gran Comisión de la Alta Cámara, se ensimisma en graves reflexiones: "Cuando por influencias extrañas [los estudiantes] lesionan los intereses generales del país, ya no pueden hacerse acreedores a consideraciones especiales, porque no tienen ningún derecho a ello." Y empalma paternalista: "Los jefes de hogar deben coadyuvar con el Estado para que se evite la repetición de incidentes que dañan el buen nombre de la nación y entorpecen el pacífico y admirable ritmo de desarrollo que se ha logrado mantener en los últimos años." El senador por Nayarit, general J. Ricardo Marín Ramos episcopaliza: "Está muy bien que el gobierno actúe y ponga a los alborotadores en su lugar, quienes no saben siquiera qué desean o qué quieren. Esta es la opinión general que hemos venido escuchando en el curso del día, pues en todas partes se aplaude la medida." Don Emilio Portes Gil, alguna vez Primer Mandatario, atempera la intervención del ejército en las escuelas: "Pero una cosa es la Autonomía Universitaria y otra es el libertinaje y los escándalos como los que sin programa alguno se han suscitado en los últimos días. Mal hacen en quejarse las autoridades administrativas de la Universidad porque se hayan ocupado por la fuerza pública algunos edificios que pertenecen a la misma en los cuales se han encontrado armas, propaganda subversiva y elementos para trastornar el orden público."

Los organismos obreros también ofrendan su repudio: la FSTE (Federación de Sindicatos de Trabajadores del Estado), la CTM, el Congreso del Trabajo. ¿Y quién ha mencionado el temor y el aislamiento de esos muchachos que esperaron al ejército en sus escuelas, contando chistes, calentando rumores, confiando en el convenio de las autoridades de la UNAM con la policía, llenos de azoro y de espanto y de resolución y coraje?

☛ RELACIÓN DE LOS HECHOS

Los estudiantes se iban adhiriendo, conformando según el tono solemne de la ocasión y uno se repetía en voz baja (en ese susurro esporádico de los últimos años, que había terminado pareciéndose tanto al recuerdo de infancia) el fin del anterior intento disidente, el Movimiento Magisterial. Después de las asambleas masivas y las luchas por comités de zona y el intento de participar en lo que sería la gran resurrección del sindicalismo independiente, los maestros de la sección IX declararon el 10 de junio de 1960 un paro indefinido de labores. El Movimiento Revolucionario del Magisterio se apoderó de la Escuela Nacional de Maestros y allí se experimentó la fuerza del radicalismo romántico. En las noches, en las veladas, se cantaban corridos (siempre "La cárcel de Cananea", siempre "La Adelita"), se improvisaban parodias, se conversaba sobre el destino del militante. El BER (Bloque Estudiantil Revolucionario), que agrupaba a todos los sectores juveniles de izquierda del Distrito Federal, ni muy numerosos ni muy integrados, sesionaba en la Normal y sus miembros asistían a las asambleas diarias cuyo punto culminante era la aparición de Othón Salazar. 1960 había sido un año agitado: en junio había llegado a México Oswaldo Dorticós, presidente de Cuba, y la recepción había sido fervorosa, brillante. Los estudiantes habían acudido al Hotel del Prado y lo habían nacionalizado un instante, se habían sentado en su vestíbulo y en sus escaleras, para oír a Dorticós y cantarle canciones de la Revolución Mexicana. En julio, en el salón de actos de un sindicato cerca de la prisión de Lecumberri, se había realizado el Primer Congreso Pro Libertad de los Presos Políticos y las porras injuriosas y las provocaciones habían menudeado y David Alfaro Siqueiros contó anécdotas de la guerra de España y el "error táctico" se solidificó: para defender a los presos políticos, el requisito previo era el insulto ardiente contra el gobierno.

Los estudiantes elegían los camiones para denunciar y escandalizar, reían peligrosamente, emitían consignas tremebundas: ¡TIEMBLA BURGUESÍA! (frase a la cual se le agregaría en 1968 su complemento amenazante: "porque te quedan pocos milenios de vida"). Y el 4 de agosto en la mañana, se decidió que era preciso salir de la Normal a manifestar, desafiando el sitio notorio de la policía. La discusión fue áspera, beligerante. Una vez establecida la cobardía de quienes se oponían a marchar, una escolta con la bandera se dispuso a iniciar la columna. Un dragón de papel continuaba espectacularmente el desfile. Al llegar al cruce de la calzada México-Tacuba con la avenida Instituto Técnico apareció una compañía de granaderos. Por el flanco, por la avenida de los Maestros, otro contingente. Y en la retaguardia de los manifestantes el escuadrón de la policía montada El cerco fue absoluto. Los granaderos usaron sus pistolas de gases, los agentes secretos emplearon sus tubos de caucho y sus bóxers los agentes uniformados acudieron a la macana. Los policías a caballo rodearon a la abanderada, los agentes secretos organizaron vallas para golpear a los estudiantes, la saña se desdobló y se vigorizó. Alrededor del dragón abandonado yacía una confabulación de pancartas. Los agentes entraban a los edificios, allanaban departamentos. Y el Presidente López Mateos, cordialísimo, humano, demócrata, y el Secretario de Educación Pública Don Jaime Torres Bodet, humanista, polígrafo, seguramente ignoraban esas secuencias de cacería y ley de Lynch, la tropa cargando como un jinete único, la gente que huía y tropezaba y se escondía en las azoteas y era trasladada de macana a macana.

Unos días después, el 9 de agosto, el pintor Alfaro Siqueiros y el periodista Filomeno Mata, director del boletín del Comité Pro Libertad de Presos Políticos, eran detenidos, acusándoseles de portación de arma prohibida, resistencia de particulares, injurias contra agentes de la autoridad, ataque peligroso y disolución social.

(Artículo 145 del Código Penal referente a la disolución social:

Se aplicará prisión de dos a doce años al extranjero o nacional mexicano que en forma hablada o escrita, o por cualquier otro medio, realice propaganda política entre extranjeros o entre nacionales mexicanos, difundiendo ideas, programas o normas de acción de cualquier gobierno extranjero, que perturben el orden público o afecten la soberanía del Estado Mexicano.

230

Se perturba el orden público cuando los actos determinados en el párrafo anterior tiendan a producir rebelión, sedición, asonada o motín.

Se afecta la soberanía nacional cuando dichos actos puedan poner en peligro la integridad territorial de la República, obstaculicen el funcionamiento de sus instituciones legítimas o propaguen el desacato de parte de los nacionales mexicanos a sus deberes cívicos.

Se aplicará prisión de seis a doce años al extranjero o nacional mexicano que en cualquier forma, realice actos de cualquiera naturaleza que preparen material o moralmente la invasión del territorio nacional o la sumisión del país a cualquier gobierno extranjero.

Se aplicarán las mismas penas al extranjero o nacional mexicano que por cualquier medio induzca o incite a uno o más individuos a que realicen actos de sabotaje o que tiendan a quebrantar la economía general o paralizar ilícitamente servicios públicos o industriales básicos, o a subvertir la vida institucional del país, o realice actos de provocación con fines de perturbación del orden, la paz pública, y al que realice tales actos...)

La disolución social, medida de prevención del fascismo durante el régimen de Ávila Camacho, asumía aparatosamente su papel de fin de la esperanza. Mientras, continuaba la desintegración de los núcleos de resistencia política.

★ IMÁGENES: LA ASAMBLEA

Las primeras asambleas. Los estudiantes se exaltan, discuten, descubren el país a través del asombro colérico, vuelven una y otra vez a decir lo mismo, con las mismas palabras. La repetición engendra el conocimiento. No carecen de influencias extrañas. Se ha dado la intervención ominosa: la intervención de la TV, el cine, los periódicos, los viajes, las revistas, las películas. La impoluta virginidad de México se ha visto corrompida por el siglo XX. Y en las manifestaciones, cantos y slogans provienen de la mass-media, de jingles y comerciales. Las agencias de publicidad han patrocinado la facilidad para la ofensa sintética.

Los orígenes diversos. Algunos vienen del tránsito consagrado: de los círculos de estudio con manuales soviéticos a los cineclubes que exhiben *La sal de la tierra* y *El ojo de la tempestad* a la revista radical que no llegó a su segundo número a los ensayos (no publicados) sobre Ingreso Nacional y Desarrollo. Otros descienden de la influencia múltiple, de los botones y las canciones de protesta. Horas oyendo a Peter, Paul y Mary que cantan "Blowin'in the Wind", a Bob Dylan que agita con "The Times They Are A-Changing", a Pete Seeger que le otorga impulso épico a "We Shall Overcome", a Joan Baez que predica "With God in Our Side". Y las lecturas sobre el Movimiento de los Derechos Civiles y los sit-ins en Birmingham y los discursos de Malcolm X y el Free Speech Movement de Berkeley y el derecho a escribir sobre una pancarta la palabra "FUCK" y los teach-ins y el SDS (Students for a Democratic Society) y la resistencia a la guerra de Vietnam. Y hacía unos meses, la Revolución de Mayo y su resonancia, su incorporación parcial a las escasas lealtades de que dispone el estudiante mexicano, quien ha decidido que sin la denostada "imitación extralógica" todavía estaríamos aplaudiendo el paso de la carroza de O'Donojú. La Revolución de Mayo y su "Amaos los unos sobre los otros" y sus consignas libertarias y su desinhibición sexual y la timidez del Partido Comunista Francés y el estudiantado en las calles. La Revolución de Mayo y su influencia en México: el auge de las nuevas consignas ya contradice el esquematismo de los años pasados con su "Alto al alza de los precios" y su "Alto al imperialismo opresor" y su "Pueblo, reflexiona sobre tu destino", que se ven sustituidos por un intento de imaginación y de crítica. En la preparatoria de Coyoacán se lee en una barda: "El mundo será de los Cronopios o no será. Julio Cortázar." Y se define: "Cronopio: mezcla de Beatle y Che Guevara." La Revolución de Mayo le está dictando al Movimiento muchos slogans, hasta la arbitrariedad, como aquella pancarta de una Vocacional donde se repite la frase de apoyo a Daniel Cohn-Bendit acusado de extranjero: "Todos somos judíos alemanes." El lenguaje como una ideología implícita (con todas sus contradicciones).

En las asambleas se denuncia, se exhibe. Vertederos, sitios de purificación, organismos catárticos, las asambleas, en su retadora, monstruosa durabilidad, educan para el desgaste. La calle educa para la recuperación. Los asistentes a todas las asambleas empiezan a adquirir experiencia partidaria, la prolongada disposición anímica que ha moldeado las expresiones de sus antecesores, seguros de que si la reunión se alarga lo suficiente, el régimen no tendrá más remedio que ceder. (La izquierda mexicana ha depositado en esas sesiones su pretensión mística, sus vínculos con la eternidad. Pátina de la izquierda: volantes, manifiestos en mimeógrafo, intervenciones para aclarar una inexactitud política, búsqueda del quórum, lectura de poemas alusivos, enésima explicación del por qué de nuestra lucha.) Y la mayoría de las asambleas repiten, elaboran esquemas. El asambleísmo es el Juicio Final para quienes no creen en la resurrección de la carne. Se habla pero no se escucha. Se escucha pero no se atiende. Se atiende pero no se interviene. Las brigadas, y sus discusiones escenificadas en camiones y en mercados, y sus discursos convincentes y sobresaltados y su continua presencia en la calle, redimen al Movimiento Estudiantil del pecado original del asambleísmo.

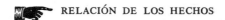 RELACIÓN DE LOS HECHOS

¿Cuántos de los allí presentes ese primero de agosto habían oído hablar de Alberto Lumbreras o de Rubén Jaramillo? ¿Quiénes habían leído las palabras de Filomeno Mata en 1963: "Yo no fui puesto en libertad por un acto de justicia. Me echaron a la calle para que muriera fuera de la cárcel, aunque fuese en la acera, porque el Gobierno no quiere un muerto político, sino presos políticos." ¿Cuántos sabían de la leyenda cubana, de Celia Sánchez, la amiga de Fidel, y de Violeta Cazals, la locutora de Sierra Maestra? El primero de enero de 1959, al entrar Fidel Castro y el Che Guevara a La Habana, se iniciaba la década de los sesentas. Y la energía de la Revolución Cubana, su originalidad y su sorpresa, su hacerse a la vista de todos, alentaba a una nueva generación de radicales, que no había vivido la derrota del vallejismo, que amaba la aventura y la responsabilidad de un país libre del mandato de los Estados Unidos. Los intelectuales se aproximaban a la Revolución Cubana y viajaban a La Habana, presenciaban los juicios de los contrarrevolucionarios y la Reforma Agraria, se apoderaban de la noción de Tercer Mundo. El antimperialismo se vivificaba (¿*Tantos millones de hombres renunciaremos a cualquier idioma?*) Las jornadas del apoyo a la Revolución Cubana eran hazañosas, románticas, la primera vivencia *real* de América Latina como un todo. El triunfo de este empeño internacional hacía sentir de nuevo la deuda inacabable, la derrota de muchas generaciones, la caída de la República Española. Y en las reuniones se volvía a cantar:

San José es republicano,
la Virgen es socialista

233

y el niño que va a nacer
del Partido Comunista.

¡Anda, jaleo, jaleo!
Suena la ametralladora
y Franco se va a paseo
y Franco se va a paseo.

Franco era la obstinación del mal, la persistencia de una afrenta implacable. La Revolución Cubana era la novedad, el desquite, el deseo y la posibilidad de perfección. En los camiones, los activistas buscaban el shock del reconocimiento:

Si las cosas de Fidel
son cosas de comunista.
Si las cosas de Fidel
son cosas de comunista,
que me apunten en la lista
que estoy de acuerdo con él.
¡Cuba sí, Cuba sí, Cuba sí,
yanquis no!

El culto por la Primera Revolución Socialista del continente se expresaba a través de boinas y barbas y chamarras verde olivo y amplios contingentes que desfilaban por la Avenida Juárez aplaudiendo el esfuerzo de un pueblo y su líder.

(DAME LA EFE / DAME LA I / DAME LA DE / DAME LA E /
DAME LA ELE / ¿QUÉ DICE? F I D E L . . .)

y solicitando de paso la libertad de Vallejo. Al final de una de las manifestaciones, se presentó el general Cárdenas y todos se sentaron en el Zócalo para oírlo. Y un día, en la calle de Madero, poco después de que el Presidente López Mateos había recibido a un grupo de intelectuales que le comunicaba su adhesión a Cuba, los manifestantes se vieron reprimidos y perseguidos. Y el fervor por la Revolución Cubana dejó de disponer de la calle.

★ GENERALIZACIONES: EL PROVOCADOR

El provocador aguarda, paciente, impaciente, molesto, irritadísimo. —¿Por qué tanta ponderación? ¿Por qué no enfrentarse de una vez por todas al Sistema? ¿Se tiene miedo?
El machismo es una de las armas del provocador, su recurso

sentimental, su ensayo general de movilización. Se levanta en las asambleas y censura con ardor multánime la tibieza y el conformismo, insinúa o pregona el desdén del pueblo ante la cobardía. Solivianta, empuja, arroja. La provocación es la partera de la desbandada. El provocador cree en la acción. Con voz enérgica y rostro exasperado rechaza las interpretaciones. Hay que posponer la teoría. Su personalidad se ve vigorizada por la culpa ajena: hay que apoyarlo, tiene lo que a nosotros nos falta, no se raja. Lo alimentan la ignorancia y la falta de compromiso con las ideas políticas, lo protegen las discusiones inútiles y el oportunismo de las actitudes intransigentes. Practica por su cuenta la metamorfosis de un slogan: "pensar un poco es capitular demasiado.' Acción, lucha de masas. El provocador está poseído por el odio. No es provocador porque sepa finjir. No finje. Nadie podría actuar esa mirada devastadora, esa voz iracunda, esas proposiciones sin límite. Odia a quienes lo usan y odia a quienes lo escuchan. ¿Quién lo ha empleado? ¿Una agencia extranjera o un organismo policial o sus propias pasiones o sus posiciones extremas? Él sólo es feliz ante la perspectiva del desastre. El desastre o sea, la reparación de la falta, el regreso de los valores a su verdadero sitio. El provocador es apocalíptico, espera que en el fin del mundo cese de atormentarlo esta desesperación, esta complicada hiriente vibración de los sentidos que le informa de su pobreza o de su fracaso o del injusto lugar que ocupa en el mundo. El provocador puede ser un líder o un miembro de la base. Da igual. Para el momento oportuno, ya tiene preparado su acto conminante, su intimidación:

—¿Qué somos? ¿Hombres o una bola de gallinas?

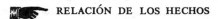 RELACIÓN DE LOS HECHOS

Es verdad universalmente sabida que toda evocación carente de método ha de requerir de injusticias y olvidos. Entre la reverberación del pasado y la crónica, la memoria sólo puede asirse a filtraciones, destellos, infiltraciones. La cercanía de lo lejano, la sonoridad de lo entrevisto fugazmente. Una línea de pancartas y la idea de la oposición. ¿Oposición a qué? A determinados actos del régimen legalmente constituido; o tal vez, oposición a un entendimiento general del mundo. En México, la oposición (tal y como se había auspiciado y esperado hasta esos días de 1968) se generaba en una figura enlevitada, alta, de chistera. Entre lo sublime y la pena ajena: Don Nicolás Zúñiga y Miranda, el perenne candidato a la presidencia durante los años de Porfirio Díaz. Al suponerse viva la democracia, se solicita una disidencia que agote su amplitud de criterio. Zúñiga y Miranda o la oposición ideal: persistente, afable, notoria, sin vocación o perspectiva de clandestinidad. Zúñiga y Miranda es la diferencia entre Porfirio Díaz y el Generalísimo Trujillo. En los cincuentas, liquidado el henriquismo que había sido una oposición tan sobreactuada que llegó a convencerse de que no estaba a la mitad del foro, retornó la normalidad definitiva o díganme si adultero las cifras del crecimiento económico de México. A la izquierda le correspondió entonces ensayar el papel que dejaba vacante una derecha populista (el almazanismo, el henriquismo) y una derecha aullante y necrofílica (los cristeros, el sinarquismo), el papel que una derecha indecisa y grisácea (el Partido Acción Nacional) no podía cubrir convincentemente, el papel de enemigo señalado de la estabilidad. La izquierda de esa época colmó los requisitos: era declamatoria, participaba de las causas que el cine de Hollywood combate y sus dirigentes carecían de simpatía popular. ¿Qué esperaba para poner en peligro la marcha ascendente de la Revolución Mexicana?

En 1944 se creó la Liga Marxista Mexicana, en 1947 se integró la Mesa Redonda de los Marxistas Mexicanos y en 1948, precedido de la ilusión de que alimente la utopía, apareció el Partido Popular como el resultado final de la actividad teórica y práctica de Lombardo Toledano. A raíz de una escisión del PCM, brotó en 1950 el primer grupúsculo, el Partido Obrero Campesino Mexicano (POCM). Antes, durante y después de estos acontecimientos, miles de escritos orientadores y polémicos que nadie leía (y en ello estribaba su mérito). La izquierda mexicana era perseverante y ahorrativa: acumulaba documentos para extraerlos el día de la justicia, acumulaba certidumbres del fraude electoral, acumulaba denuncias de las burlas clericales a la Constitución, acumulaba mítines con campesinos genuinos y el lema EL PUEBLO AL PODER.

En los sesentas, otra sesión de grandes intentos. La Primera Conferencia Latinoamericana por la Soberanía Nacional, la Emancipación Económica y la Paz dejó como consecuencia el Movimiento de Liberación Nacional, de orígenes cardenistas, con amplia militancia de intelectuales y continua producción de documentos ("La lucha del pueblo mexicano por su libertad y su bienestar dista mucho de haber concluido. Ahora es más urgente que nunca llevarla adelante"). El MLN recibió de inmediato an-

236

helos y respaldo. En todo el país proliferaron grupos que sesionaron en juntas a nivel de comité ejecutivo nacional, en juntas a nivel estatal, en juntas a nivel de comité de zona. En el MLN cabían todas las tendencias. Quizás por eso no sea extraño que muriese entre disensiones y renuncias y acusaciones mutuas de sectarismo y fila interminable de exámenes de la situación de México: ("El campesino acusa descontento y pierde la paciencia.")

El Frente Electoral del Pueblo (FEP) era un intento de redimir a la extrema izquierda de lo que alguien, con afán de exterminio, había calificado como "inexistencia histórica" y que la misma izquierda siempre había visto como "una etapa crítica en vías de resolverse". Se politizaba a base de una campaña destinada a la derrota visible. Se educaba para la victoria por medio de una aceptación previa del fracaso. *Enigmas*: ¿la suma de fracasos parciales arroja una victoria moral?, ¿el fortalecimiento de una tendencia implica la exhibición de debilidad? Las paradojas se dilucidaron en mítines en el teatro Iris donde nunca se igualaban la combatividad y la representatividad, en giras agitadas donde los agentes secretos nutrían los contingentes populares y evitaban el hueco que, ineluctablemente, determinaban las detenciones de activistas. La campaña obligaba a preguntas insólitas: ¿quién es José Álvarez, líder campesino asesinado y qué es el Ejido Ruiz Cortines del municipio de Sinaloa de Leyva? ¿Pertenecía Álvarez al FEP, pedía tierras? Los oradores, carentes de esa seguridad de braceo y volumen que vuelve tan aparatosamente cinerámicos a los jóvenes priístas, solían unificar en una sola frase todas las denuncias del Sistema. Se lograba una politización muy precaria. ¿Será verdad que cierta sordera es una alergia ante las repeticiones?

Un sector de la extrema izquierda ha poseído el don de la injuria y la responsabilidad de juzgar todas las conductas. Sus veredictos han sido epítetos: "traidor", "oportunista", "agente del imperialismo", "decadente", "frívolo", "entreguista", "claudicante". Para los intelectuales, por ejemplo, ni el beneficio del matiz. Maestros de secundaria aficionados a la reseña de artes plásticas o santones de la autoridad moral y el buen juicio revolucionario han entregado semanalmente sus conclusiones: los intelectuales (*intrínsecamente*) son seres corruptos, seres complacidos en sus propias disquisiciones onanistas, cadáveres exquisitos de la moda. A esta izquierda, la han representado el antintelectualismo y el anacronismo beligerante: combate el arte abstracto a nombre del realismo socialista, desdeña a Kafka y a Joyce como tributo para

Gorki y José Mancisidor, elogia la prisión de Sinyavsky y Daniel y acusa al intelectual mexicano de ser, sin excepciones, hedonista, sibarita y víctima del morbo exhibicionista. *Dictum*: mientras el intelectual no entre en contacto con el pueblo, nada de lo que haga tendrá sentido. ¿Y ellos han entrado en contacto con el pueblo? Desde luego. La prueba es que son capaces de llenar locales con más de cien asientos. El stalinismo no ha sido en vano: Stalin capitán, a quien Changó proteja y a quien resguarde Ochún, ha moldeado la íntima gesticulación moral de varias generaciones. En México, el moralismo a ultranza defiende la pureza de la insignificancia política. El stalinista ha sido dogmático y cerrado porque sólo cerrándose ha logrado retener el dogma. Por eso le exigió al general Cárdenas la expulsión de Trotsky, por eso intentó matar a Trotsky, por eso denunció a Trotsky como agente de Wall Street. Necesitaba creer sin resquicios, creer sin hendiduras. La verdadera fe es monolítica. La duda contamina de dudas. Los intelectuales son el enemigo no tanto por su actitud pública (hasta cierto momento la mayoría de los intelectuales mexicanos recita, desde la burocracia, una adhesión incondicional al estado de cosas) sino por su posibilidad orgánica: la crítica. La vieja izquierda ha advertido en el intelectual la perspectiva de una falla imperdonable: alguien que no renuncie a todo, que no se entregue a la hermosa seguridad de una ideología autosuficiente. Y en el odio a esa reserva se añade el temor de que alguien formule una pregunta: ¿por qué esta izquierda ha paralizado su lenguaje, por qué esta izquierda ha inmovilizado su acción?

La derecha se agitaba: el obispo de Puebla llamó a los fieles a una enorme concentración guadalupana con estribillo de combate: "Cristianismo sí, comunismo no." La vieja izquierda desparramaba acusaciones, desplegaba una política de alianzas a base de quedarse sola. "Finalmente la Historia reivindicará a Stalin."

★ GENERALIZACIONES: EL GRILLO

Grillo es un político estudiantil de procedimientos ancestrales: discusión en voz baja, ofrecimiento permanente de servicios, maniobras convenidas de apoyo y rechazo, demagogia y sentido de la oportunidad. Es típico y convencional: la política mexicana está hecha de semejanzas, no de divergencias. El grillo es sintetizable: engola la voz, no lee nunca, bebe con frecuencia, se reúne a altas horas de la noche en bares o cantinas para planear amistades y golpes efectistas, se desplaza con energía, trata con familiaridad a cualquier realidad nueva ("Mi oficio es apoyar"). Los enemigos llaman "transa" a su idea de la flexibilidad, pero a él no le preocupa: de condenaciones morales está empedrado el camino del poder. ¿Y qué es política sino suma de transacciones? El grillo es violento y es amable, es disperso y es concentrado. Es valiente y le grita la verdad al poderoso, mientras descarga el puño en el aire:

—"¡Porque usted, señor Licenciado, y ya es tiempo de que alguien se lo diga, porque usted es un patriota y un gran estadista!" El grillo busca el bien de la comunidad y por eso anhela la FUSA (Federación Universitaria de Sociedades de Alumnos) o los organismos correspondientes. Sabe esperar, sabe dominar los riesgos de las antesalas, sabe reducir con sonrisa admirativa el abismo geográfico de un escritorio. Trabaja: ha organizado una exposición de fotos de Polonia y una conferencia sobre problemas de la juventud. Bisbisea, susurra, comenta con grave intimidad:

—Quisiera que me ayudaras. Esto nos conviene a todos. El grillo es un símbolo de la vitalidad de los procedimientos extemporáneos. Fouché (visto por Stefan Zweig) y Abelardo Rodríguez (observado por Plutarco Elías Calles) se dan la mano.

☛ RELACIÓN DE LOS HECHOS

En la Explanada de la Rectoría, los organizadores concentraban y dispersaban su materia prima: la exhortación a permanecer callados durante el trayecto en obediencia al carácter luctuoso del desfile, el respetuoso ánimo verbal consignado en mantas y carteles, los listones negros repartidos con profusión, la austeridad explícita. Se ejemplificaba una protesta, protesta no remitida al porvenir, ubicada y anticipada en el pasado, nutrida en los días anteriores, en las visiones del 26 de julio y la madrugada de la toma de San Ildefonso, en esa primera reunión a mediodía, con el Rector Barros Sierra afligiendo la bandera hasta la angustiada declaración de la media asta, en la segunda concentración del 31 con discursos universitarios y fácil iracundia de algún ex-gobernador, en esa movilización inmediata y total de los estudiantes, que no necesitaban asimilar intelectualmente el golpe, ya habían sido afrentados y sólo organizándose desharían la humillación y el oprobio.

La manifestación del primero de agosto no disponía de una muchedumbre enardecida y radical, no describía un cuerpo de músculos tensos, listos a desplegarse para la venganza o la con-

239

dena. Pesaban demasiado sobre quienes desfilaban los relatos de compañeros golpeados, de víctimas que se desvanecen en el piso de las cárceles, de falta de comida y sobra de interrogatorios, de gente detenida e inculpada porque hay Conjura contra el Orden, porque las intuiciones de las autoridades se traducen en la vigorización de las crujías, en la bravura de los manifiestos que, agresiva y virilmente, le declaran al gobierno su total apoyo. La mayoría de los manifestantes se vigilaba y se cuidaba, no ha sido en vano toda la insistencia en los provocadores: ni un lema añadido, ni un abierto belicismo, ni predisposición a la violencia. Calma, prudencia, control. *La bazuca destruye la puerta de San Ildefonso*. Protestamos ahora contra la intromisión de técnicas fascistas en nuestro país. *43 consignados a la Cárcel Preventiva*. Aunque mínimo, respeto hacia el margen de vida democrática. ¿Para qué estimular la represión?

★ GENERALIZACIONES: EL ACELERADO

Casi siempre, ya es un convencido. Antes de que el Movimiento dé comienzo, ya confía en el proceso radical, ya ha sufrido aparatosamente la conversión, el proceso instantáneo de la conversión. Puede pertenecer a uno de los grupúsculos, trotskista, maoísta, comunista a la izquierda del Partido. La mayoría de las veces es independiente y únicamente milita en el Movimiento. Sus amigos se burlan de él con afecto y le preguntan sobre la salud del imperialismo. Es empecinado, duro, constante: como los radicales de otras generaciones, avizora un México mejor. Con frecuencia, es sectario y disemina juicios y posiciones inapelables. Sin embargo, es novedoso: el esquema mental del stalinismo lo afecta en proporciones bastante reducidas. Ya no es —de modo abrumador— despersonalizado, virulento, adepto a la sordidez de la pobreza y a la continua agonía, de la lucha que todavía no empieza. Se *acelera,* en respuesta al tiempo lento y circular de la vida mexicana. Se *acelera* porque está harto de la rapidez con que se elogia a la parálisis. Incluso en su aspecto anecdótico discrepa de las convenciones stalinistas: el acelerado suele tener (fuera de las asambleas) sentido del humor, se alimenta de rock, admira a Dylan y a Simon y Garfunkel, se rodea de posters, no cree en el muralismo, lee poesía (ocasionalmente). En otro orden de cosas, también se inserta en un esquema: desconfía de las organizaciones, se ha enfrentado a la iniquidad, ha entendido el fracaso del Sistema, ha encontrado modelos, ha comprendido la extensión de la responsabilidad, ha negado la importancia del éxito, ha declarado el fracaso del éxito. En él, el Movimiento hallará a un predicador, a un mensajero, a un emblema marginal. ¿Qué lo separa del provocador? El fervor, la generosidad y el final respeto indignado hacia las morosas decisiones de la mayoría. El acelerado más que un juez es un entusiasta, más que un proyecto de caudillo es un proselitista. El defecto del acelerado es su prisa. Frente a su precisión y su impaciencia, la gente sensata recuerda siempre la fábula de la liebre y la tortuga. Por eso, antes del Movimiento Estudiantil, el acelerado es la mayor de las anomalías: en un mundo sin tiempo, el acelerado propone una carrera contra reloj.

☞ RELACIÓN DE LOS HECHOS

Habló con brevedad, calculando, escogiendo las palabras, el Rector Barros Sierra. No buscaba exaltar, comunicaba con sencillez:

...Quiero decir que confío en que todos sepan hacer honor al compromiso que han contraído. Necesitamos demostrar al pueblo de México que somos una comunidad responsable, que merecemos la Autonomía, pero no sólo será la defensa de la Autonomía la bandera nuestra en esta expresión pública; será también la demanda, la exigencia por la libertad de nuestros compañeros presos, la cesación de las represiones. Será también para nosotros un motivo de satisfacción y orgullo que estudiantes y maestros del Instituto Politécnico Nacional, codo con codo, como hermanos nuestros, nos acompañen en esta manifestación. Bienvenidos. Sin ánimo de exagerar, podemos decir que se juegan en esta jornada no sólo los destinos de la Universidad y el Politécnico, sino las causas más importantes, más entrañables para el pueblo de México. En la medida en que sepamos demostrar que podemos actuar con energía, pero siempre dentro del marco de la ley, tantas veces violada, pero no por nosotros, afianzaremos no sólo la Autonomía y las libertades de nuestras casas de estudios superiores, sino que contribuiremos fundamentalmente a las causas libertarias de México. Vamos pues, compañeros, a expresarnos.

Al principio, el tono seco, grave de la voz del Rector, de emoción contenida y áspera, desconcertaba y decepcionaba. Res-

Al cumplirse el año seca y se... de la voz del Redentor...
en alta conversión y santos ... merecido y desconsolaba. Rec...

puesta previsible: se ha estado por demasiados años bajo el fuego de la oratoria flamígera, ancha como un tajo, segura de sí misma, que parte a inflamar y a desazonar. El Rector no pretendía conmover. No insinuaba la frágil recompensa de la presión arterial en auge. Es un hombre frío, exacto, demoledor. Su carencia de concesiones es su mejor garantía. La manifestación es suya, llevará su nombre, no porque sea el caudillo o el personaje mesiánico, sino porque ha sabido darle al momento su dimensión precisa: la democracia, la protesta democrática no requieren de aspavientos o demagogias. Solicitan de la precisión de los hechos y de las convicciones. Las primeras seguridades de los manifestantes emergían de la voz, de la presencia del Rector Barros Sierra: no pueden reprimir, aquí está la garantía del orden. Se estaba exagerando: aquí está la garantía de que la represión ha sido injusta. Un hombre que no busca exaltar (que no pretende pasar inadvertido) sólo ha llegado allí a través de la lógica inexorable de su propia certidumbre.

Parte la columna. Los comités de lucha han propuesto y han visto aceptada una modificación: la marcha no se detendrá en la calle de Pino, muy cerca de CU. Seguirá hasta Félix Cuevas y de allí el regreso. Y se desencadenaba la columna cuyo rumor no correspondía a quien lamenta virginidades desgarradas, cuyo rumor avasallante era vibración que informa de discusiones incesantes y crecientes una y otra vez sobre lo mismo. Un rumor como la lejana premonición de lo que será la voz de un país se extendía, se bifurcaba, se ampliaba, no el paso agresivo de lo inminente, sino el autorizado murmullo de lo inconcluso. No se decidían victorias o derrotas; un común presentimiento informaba de la cercanía de una disyuntiva, de un momento intermedio. Intermedio sí, pero no provisional: no había nada provisional en ese cambio de la dejazón a la protesta, de la tibieza blanda y acomodaticia a la primera decisión de marchar. Porque en el trasfondo, en el móvil conminante de la conducta de quienes marchaban se hallaba un testimonio gráfico: la repetida, interminable sucesión de fotos: granaderos y soldados reduciéndolo todo, ocupándolo todo, esparciéndose como la seguridad de la fuerza, concentrándose como el esplendor de la violencia. Y detrás de esas fotos permitidas y divulgadas, las otras, las no publicadas, las que ni siquiera se llegaron a tomar, las suprimidas expresiones de la indecisión y la resolución súbita: los rostros de quienes sí se enfrentaron, esos muchachos cuya angustia se trasmutó en coraje, cuya confusión se volvió resistencia al oprobio, esas primeras víctimas, esos primeros activistas, que no entendían por qué eran agredidos, pero que fueron conscientes de por qué no habrían de tolerar pasivamente la injusticia.

★ GENERALIZACIONES: EL BRIGADISTA

Nunca antes había participado en acto o movimiento alguno. Ni siquiera sabía de la existencia de presos políticos. Viene, digamos, de la amorosa revisión de instrumentos musicales y de las distinciones bizantinas (para un oído mayor de 30 años) entre batería, guitarra rickenbacker, piano bajo eléctrico, órgano, fuzztone, viola eléctrica, clavecín, melotrón, moog synthetizer. Viene de las fiestas y de la aceptación de la carrera de ratas, viene de la dudosa falta de porvenir histórico de la clase media. Pero en las primeras asambleas y en las confrontaciones exaltadas de los corredores ha ido captando una realidad: se ha violado la Constitución (luego, existe la Constitución), se han vulnerado las garantías individuales (luego, existe el ciudadano), se ha reprimido sin límite en nombre de la ley (luego, existe la ignominia). Se ha interesado, se ha enterado de la desaparición de un conocido, comenta la detención de aquel compañero que le divertía por su insistencia en hacerle leer libros de marxismo. Revisa periódicos, memoriza volantes, atiende absorto a los discursos. La atmósfera febril que lo rodea y su propio estado de ánimo lo impulsan a seguir enterándose, le obligan a involucrarse. Decide colaborar con una brigada y se reúne con otros cuatro o cinco para redactar, más bien rudimentariamente, una exhortación al pueblo. En la noche pican un esténcil y en la mañana salen a repartir el volante. La primera vez que habló en público, en un café atestado, la voz se le quebró, pero la compañía de los demás y la respuesta de la gente lo incitan a seguir. Su padre lo ha regañado:

—Asunto de revoltosos y de espías extranjeros. No te metas.

—Si no sabes no opines. No critiques lo que no entiendes. Los tiempos están cambiando.

Y el examen de los periódicos y los rumores y las informaciones y las conjeturas y las alarmas y las invenciones y la comprobación de la mentira de la prensa y la televisión confirman su fe en el Movimiento. Subraya el Diario del Che Guevara y ensaya sueños diferentes. Lee a Camilo Torres. Traduce letras de canciones de protesta. Ahonda su pequeño abismo familiar. Prefiere persuadir en las calles a permanecer en las asambleas. Cuando alguien ataca el Movimiento procura (con éxito variable) refrenarse y razonar con ponderación. Cuando convence, se llena de satisfacciones secretas y profundas. Se ilusiona, se desilusiona. El Movimiento le ha enseñado otra manera de vivir; le ha conseguido impulsos y estímulos; se ha convertido en su fuente de energía y vocación.

☛ RELACIÓN DE LOS HECHOS

Todo es antecedente en una realidad política compuesta únicamente de hechos aislados. Al mismo tiempo, no se advierten relaciones de causa a efecto en una realidad política compacta y monolítica. El Movimiento desciende de la represión y de la abundancia, de la ausencia de perspectivas ciudadanas y de los primeros excedentes del boom de la burguesía nacional. ¿Cuál es el vínculo entre lo ocurrido en la Universidad de Morelia en 1966 y la represión totalizadora del cine mexicano, del teatro de la ciudad de México, del monopolio de la televisión? El general Hernández Toledo y Emilio Azcárraga y Mauricio Garcés y los vodeviles y el comic y las revistas de nota roja se alían en una vasta muralla china. La reacción del Movimiento es múltiple. El Sistema invade las universidades y las salas de las casas, se expresa a través de los granaderos y los locutores.

En 1966, el Rector de la UNAM, Dr. Ignacio Chávez, fue obligado a renunciar. Un grupo de líderes de la Facultad de Derecho promovió su caída. Los intereses en pugna no lograron evitar un hecho positivo: en torno a la descomposición politiquera se inició el fermento de una nueva izquierda universitaria. En 1966, el primero de octubre, en el vértice de una prolongada situación conflictiva, una manifestación estudiantil en Morelia concluyó en un asesinato. La responsabilidad de la muerte del joven Everardo Rodríguez Orbe recayó sobre dos agentes de la policía que hacían las veces de estudiantes. El Consejo Universitario de la Universidad Autónoma de Morelia pidió la desaparición de poderes en el estado. El 8 de octubre, a una orden del gobierno federal, el ejército federal intervino. A bayoneta calada los soldados se apoderaron de los edificios. Se allanaron hoteles y albergues y más de seiscientas personas quedaron detenidas. Dos maestros extranjeros fueron deportados.

En 1967, se produjeron cerca de cien películas mexicanas y el ejército tomó la Universidad de Hermosillo. El problema del estado de Sonora era el de siempre: diversos grupos políticos y económicos se disputaban la gubernatura. Un candidato impopular, Faustino Félix, fue el elegido y el descontento de los otros candidatos (también impopulares) y la impopularidad del gobernador saliente Luis Encinas Johnson integraron el dramatis personae. La huelga de la Universidad de Hermosillo cobró fuerza e intervino la "ola verde" (el ejército del gobernador) y, al cabo de un reducido intermedio, el ejército federal llegó a Hermosillo. Los líderes universitarios escaparon de México y luego de un breve exilio regresaron y nada sucedió. Todo se volvió premonición o remembranza.

Y continuaron las manifestaciones y su disolución violenta. Se protestó por la invasión de Santo Domingo y por la guerra imperialista de Vietnam. Se paseó un féretro donde se leía: "Aquí yace Lyndon Johnson"; se quemó un judas de cartón que representaba al Tío Sam. Y Telesistema dispuso de más de cuarenta canales en toda la República.

★ CONFESIONES: EL LIBERAL CONSECUENTE

—No, de ninguna manera. Ustedes no me pueden considerar un reaccionario. No lo soy, ni por asomo. En los treintas apoyé la expropiación petrolera y fui con el general Cárdenas a los ejidos. En los cuarentas fui antinazi: mi esposa rezaba en San Juan Bautista por la muerte de los infelices europeos. Soy antimperialista de hueso colorado y el día menos pensado retiro mi nombre del bufete. ¿Reaccionario? Nunca. Patriota y mexicano. Sobre todo patriota y de los buenos: conozca México primero. Por eso, con la autoridad que me da mi trayectoria, les advierto: no dejen que ningún gobierno extranjero decida los destinos de nuestra nación. No lo consentiremos, no lo permitiríamos. Hay corazones que laten fuerte y que son un dique contra la infiltración. Por eso, se los digo: reflexionen, adviertan su precipitación, su espíritu atolondrado. Claro que la juventud debe ser inconforme, pero hay otros caminos. México es muy complejo y muy difícil. Con teorías y programitas dizque dialécticos no lo van a entender. Abran los ojos, no se dejen engañar por los eternos enemigos del progreso de México. Háganme caso, no a mí, a mi experiencia.

👉 RELACIÓN DE LOS HECHOS

La columna se movía con seguridad, pero la diezmaban y la consolidaban (simultáneamente) demasiadas abstinencias, incertidumbres, reticencias, informaciones a medias. Un helicóptero tutoreaba la marcha y nadie ignoraba la abundancia de tanques

y fuerzas del ejército acechando cualquier desvío geográfico. Y uno
atendía a las limitaciones y a las ventajas de los actos democráticos, de los actos respetuosos: poseen vida, carecen de virulencia, son injustos (benévolos) con la crítica que proponen. Po-
líticamente son eficaces; en lo emotivo adquieren el contorno
indeciso, la voz discreta de quienes viven en las abstracciones
(Libertad, Democracia, Derecho), las perplejidades de los idealis-
tas que se desplazan en el orbe concreto, que ignoran todas las
razones de la *Realpolitik,* que insisten en la virtud del repudio
moral.

Y la manifestación no ocurría como si fuese la expedición
fundadora; no se había transmitido la experiencia de la tradición
revolucionaria ni las organizaciones idóneas habían cumplido ese
preservamiento, pero sí se prodigaban las consejas y se filtraba
la memoria radical en uso parcial de sus facultades y funcionaban
fragmentos de conversaciones, lecturas a medias, el inconsciente
colectivo que ya columbraba la primera lección politizadora: no
deposites todo en tu emoción porque te vencen. Una generación
decidía el acre deslinde entre lo que *exige* y lo que *merece* respeto; era su primer contacto con la calle, acompañada del desfile torpe al principio de quienes no habían vuelto, sino en mínima
forma, a revisar la ciudad desde el punto de vista de la arenga
y la incitación. Era la caminata inaugural, el primer sojuzgamiento de una calle antes no entendida, no concebida como mensaje, como plataforma, como compañera. Hasta entonces, la calle
les había parecido el enemigo informe y deforme, o un mero
trámite urbano. Ahora, se transformaba en espacio infinitamente
valioso y conquistable.

Las palabras que esta multitud manejaba eran intransferibles:
politización (convencer a los demás de la justicia de la causa)
mediatizar (interponerse en el camino de ese convencimiento)
grilla (politiquería, antesalas donde un "líder estudiantil" aguarda
   a un funcionario, manejo sin principios de la palabra)
represión (acto inevitable del Poder tendiente a demostrar su existencia)

La muchedumbre asimilaba los nuevos términos, iba haciendo
suyo un vocabulario, respaldaba con teoría extraída de todas partes una actitud sustentada en una sola decisión.

Al paso de la manifestación, lo insólito: la gente simpa-
tizaba. Al devolver los aplausos, el conocimiento de un fenómeno: los poderes de la prensa y la televisión no son omní-
modos. ¿De qué habían servido los reportajes, los pies de graba-

do, los editoriales, los artículos políticos, la TV?, ¿para qué el ataque, los bautizos peyorativos: "minoría sectaria", "agitadores", "traidores a México", "comunistas", "subversivos"? ¿Para qué las múltiples justificaciones del proceder oficial, qué caso había tenido la política que se sustenta en planas infinitas de adhesión? Algo funcionaba mal en el mecanismo de esos seres sometidos a la diaria hipnosis embrutecedora de los medios masivos de comunicación, o algo funcionaba bien, pese a todo, en aquella entelequia que se ha dado en llamar Conciencia Nacional y que finalmente se decidía a no delegar su responsabilidad en las manos de cualquier otra entelequia, por ejemplo el porvenir. De balcones, azoteas y aceras, vítores y aplausos, porras tímidas, estímulos. Sólo una señora aislada, con ese saludable rostro maligno donde se han acumulado las decepciones que trae consigo la castidad mantenida en la tierra del diablo, agredía a los manifestantes. Se le respondía, otorgándole un contexto familiar: "¡Madre de granaderos!" En el Multifamiliar Alemán continuaban, aumentados, los aplausos. Cerca de la esquina de Félix Cuevas y Avenida Coyoacán esperaba el ejército. Se evitaban, se ignoraban las provocaciones. Y llovía fuertemente y nadie se ausentaba de la manifestación y todo podría ser designado como Sturm und Drang al menudeo, residuo romántico, pero no dejaba de conmover esa multitud que trascendía la lluvia y el cansancio porque estaba decidida a apoderarse de su voluntad.

★ IMÁGENES: EL MÁRTIR

El 23 de mayo de 1962, asesinaron en Xochicalco, Estado de Morelos, al líder campesino Rubén Jaramillo, a su esposa Epifania García Zúñiga (con ocho meses de embarazo) y a sus hijos Ricardo, Enrique y Filemón. Jaramillo había sido soldado zapatista, había combatido contra los terratenientes de Morelos, recién había obtenido para los campesinos derechos sobre las tierras de Michapa y Los Guarines. De lo sucedido el día de su muerte, existe la versión de su hija Raquel (contada al periodista Froylán Manjarrez):

"El día 23 de mayo, aproximadamente a las 14 horas, la casa de mi padre Rubén Jaramillo Ménez, ubicada en la calle de Mina número 14, en Tlaquiltenango, Morelos, fue rodeada por dos vehículos blindados y jeeps militares, así como por un automóvil color plomo, de cuatro puertas. Conducían los primeros a elementos de tropa del ejército nacional y el automóvil a varios individuos en traje de civiles, según todas las apariencias, pertenecientes a alguna corporación policiaca.

"Nos hallábamos en la casa de mis padres, Rubén Jaramillo Ménez y Epifania Zúñiga García; mi abuela, la anciana de 80 años Rosa García Montesinos; mis hermanos, Ricardo, Enrique y Filemón Jaramillo Zúñiga; la esposa del último, Marcelina García, y yo misma acompañada de mis tres hijos menores: Rogelio, Fidencio y Fermina —de 6 y 4 años y 18 meses de edad, respectivamente—. Mi padre, que había terminado de comer, se encontraba en el patio de la casa, aserrando una viga.

"Pude entonces darme cuenta que, por una de las ventanas del patio, uno de los soldados, desde la calle, apuntaba con su arma a mi padre.

"Para evitar que lo asesinaran así, indefenso y descuidado, corrí y me abracé a él, cubriéndolo con mi cuerpo.

"El grupo de civiles y militares era comandado por el capitán José Martínez, del destacamento de Zacatepec. Martínez era viejo enemigo de Jaramillo, habiendo hecho público su deseo muchas veces, de matar a Rubén. Los acompañaba Heriberto Espinosa (a) "El Pintor", antiguo amigo de Rubén Jaramillo, quien por dinero aceptó el poco honroso cargo de denunciante o vulgar *soplón*. Un civil se desprendió del grupo de los policías. Alto, grueso, moreno, sin sombrero y con una camisa amarilla que lo singularizaba, avanzó apuntando con su pistola a Rubén.

"José Martínez exigió en tono de mando que saliera mi padre, amenazando con ametrallar la casa si no lo hacía.

"Los vecinos, que presenciaban la escena, protestaron y entonces el individuo de la camisa amarilla le dijo a Martínez en voz más baja que desistiera de ametrallar la casa."

El múltiple asesinato se consumó en el camino a Teclama, junto a las ruinas de Xochicalco. Nunca se aclaró el crimen. Jamás se inició proceso alguno. El entierro fue en Tlalquitenango. El presidente municipal del pueblo hizo una colecta para costear el entierro (Jaramillo había dejado una herencia de ochenta pesos). Como Jaramillo era metodista, en el entierro habló el Pastor Juanito. El panteón estaba rodeado por el ejército. Un campesino resumió el proceso:

—Se murió el jefe. Ahora todos somos Jaramillo.

 RELACIÓN DE LOS HECHOS

La columna retornaba a la CU. El contagio se producía: a la

inhibición la desplazaba la combatividad, a las porras de atmósfera deportiva (goyas: UNAM) (güelums: Politécnico) las hacía a un lado el impulso disidente, que iba del sarcasmo ("A la momiza ladrilliza") a la impugnación ("Libertad a los presos políticos"). Al entrelazarse, al mezclarse los distintos reductos de la conducta despolitizada, se le hacía caso, por una vez, a Salvador Díaz Mirón:

> pero a la pena y al furor no pude
> ceñir palabra consecuente y grave.

¿Qué palabra consecuente y grave se podía aplicar en ese instante? ¿Qué uso destinable para la prudencia, la mesura, la discreción, la morigeración, la timidez, la afabilidad, la paciencia, la resignación? Durante años se había pospuesto la crítica en beneficio de la Unidad Nacional. La Unidad Nacional contra el fascismo, contra la derecha, contra la embestida del clero, contra el soplo ululante de la reacción, contra el imperialismo. La Unidad Nacional había aceptado el sacrificio de los intereses ideológicos y las posiciones de principio y había prometido la remuneración, la utopía. Al descubrirse la trampa, el engaño, se había advertido también que los instrumentos de entendimiento crítico de la crítica no podían rendir, por lo pronto, un servicio eficaz. Los habían mellado, enmohecido y gastado la búsqueda sistemática de virtudes en cualquier acto de la Administración, el énfasis en los logros positivos, la industrialización del olvido, el menosprecio de la insistencia radical. Se había soslayado, se había aplazado, se había postergado siempre un enfrentamiento. El resultado: al volverse necesaria la crítica, sólo quedaban a mano sus esquemas o sus adelantos emocionales.

En esta hora de las citas intolerables (las *apt quotations* borgianas) Kierkegaard aportaba su colaboración: *atreverse es media victoria.* ¿Atreverse a qué? A escuchar, por ejemplo. Los vasos comunicantes podían ir de la contaminación de consignas al inicio de la confraternización. El Politécnico y la Universidad, separados tanto tiempo por artificiales riñas deportivas, se unían; el ala técnica y el ala de humanidades de la Ciudad Universitaria se fusionaban. La columna era un muestreo del país: carreristas, conformistas, acelerados, liberales, católicos de izquierda, oportunistas, indiferentes. La columna se dividía en pronósticos: quienes hoy desfilan van a traicionar, van a dejarse incorporar, van a fortalecer muy pronto el estado de cosas; de éstos, algunos prevalecerán, algunos persistirán. La columna era un collage, una manifestación de Babel: se hablaba el lenguaje de la protesta liberal, el lenguaje de la resistencia dogmática, el lenguaje de la decencia ofendida, el lenguaje de la resistencia crítica, el lenguaje del desahogo que cubre el trámite de la indignación, el lenguaje de la incredulidad ante los hechos, el lenguaje de la dignidad recién descubierta. Se protestaba para huir de la pesadilla elaborando el sueño de la participación democrática; se protestaba porque alguien tenía que hacerlo; se protestaba porque era la única manera de expresar una decisión de vida: *pero a la pena y al furor no pude / ceñir palabra consecuente y grave.*

La noción de autoridad estaba en juego. Escilla y Caribdis de alguna oscura comparación desafortunada que ya nadie establecía (porque la vieja izquierda abominaba de la mitología griega, cómplice del imperialismo helénico), la represión y la corrupción (amenaza y halago) (muerte y placer) habían sido la dualidad funesta, el dúo dinámico. Sin embargo aún no se *cuestionaba* —verbo imprescindible— el Principio de Autoridad. Sólo se rechazaban sus excesos. Se sabía que el poder engendra corrupción. Aún se ignoraba que la falta de poder también engendra corrupción.

Al llegar a CU una breve ceremonia. En la noche, entre luces desvaídas y luces insuficientes, el Rector habló:

> Hemos demostrado al mundo que nuestras instituciones son participantes directas de un destino justiciero que priva en México.
>
> La fuerza del uso de la razón, sin menoscabo de la energía, dio lugar a exponer ante el pueblo, la figura de la Universidad que está consciente de sus principales problemas y angustias.
>
> Nunca me he sentido más orgulloso de ser universitario como ahora... porque es la Universidad, son nuestras Instituciones las que generan el espíritu con que habremos de afrontar los problemas y con que sabremos apreciar los triunfos.
>
> Nuestra lucha no termina con esta demostración. Continuaremos luchando por los estudiantes presos, contra la represión y por la libertad de la educación en México.

A continuación, se guardó un minuto de silencio en homenaje a la memoria de los "mártires del 26 de julio" y al final, mientras el Rector ondeaba la Bandera, se cantó el Himno Nacional. Y el resultado del trabajo de equipo Jaime Nunó y González Bocanegra transmitió su tradición secreta.

Había un Himno Nacional de festivales escolares y ritos establecidos y había el Himno Nacional entonado por los estudiantes cuando el ejército invadía las escuelas, entonado por los manifestantes ante la vista de los granaderos. Ese Himno Nacional unía a los presentes, abandonaba su "fulgor abstracto" y relacionaba este momento con el inventario de los restos del orgullo cívico. El acto concluía. Los oradores espontáneos querían seguir agitando: ya no se les oía, ya no se les veía. El Movimiento Estudiantil de 1968 daba comienzo.

[1968]

Necrología de la tradición: catálogo de instituciones mexicanas recientemente fenecidas

•••

Uno
Las representaciones solemnes de *Don Juan Tenorio*. Al prescindir nuestra conducta cotidiana de la risa, cesa el paladeo acústico ante las espectrales y amorosas hazañas de quien a los palacios... etc. Los justos han dejado de preocuparse por la salvación de los grandes pecadores. Las interpretaciones analíticas vulneraron el resto de pretensiones del imperialismo erótico.

Dos
Los Judas vindicativos del Sábado de Gloria, encargados de simbolizar, para su quema, a las figuras odiadas del pueblo. Al morir las artesanías creativas y al vigorizarse censura y autocensura, los Judas estallan en el olvido sin el beneficio del mínimo cohete. Por lo demás, nadie cree en el linchamiento de los símbolos.

Tres
Las "calaveras populares" del dos de noviembre. Concluido el gusto por la versificación fácil y el ripio y centuplicada la prohibición de permitir, las "calaveras" se sobreviven en escuálidos panfletos, por lo general muy adulones, donde los versos forzadísimos encuentran su fuente de humor en la alabanza al po-

deroso. La tasa del crecimiento liquida el trato burlón hacia la muerte.

Cuatro
Las posadas clásicas y las piñatas con entusiasmo genuino y los villancicos croados devotamente y la *mise-en-scene* de los peregrinos. Tal parafernalia se sobrevive apenas como declaración de fe en el pasado, prueba de que todavía hay provincia y exorcismo que debe impedir la embestida de mil ensayos sobre trasculturación.

Cinco
La letra Palmer. Con el teléfono se desvanece la competencia epistolar. Con la extinción de la correspondencia amorosa "va hacia su ocaso" la hermosura persuasiva de la letra. Con la explosión demográfica toda escritura deviene en taquigrafía.

Seis
Los juegos infantiles ("Encantados", "Roña", "A pares y nones", etc.) Sólo se cultivan cuando los niños desean convencerse a sí mismos de que en efecto son niños y mexicanos, pero es muy esporádica la autoconciencia infantil en materia de afirmación nacional.

Siete
El piropo elaborado. La prisa en la ciudad eliminó la morosa contemplación de la belleza femenina. La insistencia en el slogan supersintético abolió las vastas disquisiciones en el estilo de "Quiero que los primeros ojos zarcos que vea mi primogénito al venir a este valle de lágrimas sean los tuyos guapa".

Ocho
La compra de símbolos septembrinos. En un mundo donde las fronteras se borran, ¿se requiere mayor demostración de mexicanidad que un pasaporte?

Nueve
Las novatadas estudiantiles prolongadas y festivas. El acceso masivo a la enseñanza superior atenúa o nulifica la singularidad del primer ingreso. Ya no causan extrañeza los profesionistas. Ni siquiera en los círculos intelectuales.

Diez
El júbilo popular del Día de San Juan. Continúa como terquedad una especie de rito del balde de agua: los diarios de la tarde lo registran en forma de multas y amonestaciones a pandilleros.

Once
El prestigio romántico de las azoteas. ¿Qué se fizieron los jóvenes que al abrigo de una casi siempre mal pulsada guitarra ejercían la ópera omnia de Agustín Lara, Guty Cárdenas, Álvaro Carrillo o Gonzalo Curiel? Ungidos por mecanismos fonéticos, ahora reproducen de memoria éxitos de los Beatles —sing along— o acompañan a Manzanero en el tocadiscos. Como resultado, y pese a las estaciones disqueras que complacen su gusto, los tríos han muerto.

Doce
El caballero mexicano que respetaba a Dios, a su patria y a su dama. *Sin comentarios.*

Trece
La creencia en que los Estados Unidos tienen la civilización pero nosotros tenemos el espíritu.

Catorce
El tatuaje mnemotécnico de poesías cívicas, amorosas, religiosas o de cualquier otro orden flagelante. Ya sólo practican tan arduo pirograbado mental aquellos seres que, víctimas de la burla cotidiana, se vengan de

sus compañeros en las festividades corrompiéndoles con el texto completo de:

"Credo" de Ricardo López Méndez.
"El brindis del bohemio" del vate Aguirre y Fierro.
"¿Por qué me quité del vicio?" de Rivas Larrauri.
"El Seminarista de los ojos negros" de Ramos Carrión.
"Civilización" de Torres Bodet.

y los Veinte Poemas de Neruda emitidos como si se tratase de "El Cristo de mi cabecera" de Rubén C. Navarro.

Quince
Los juegos de salón. Inclúyase entre ellos el prestigio internacional de la democracia mexicana.

Dieciséis
Las funciones de títeres. *Sin comentarios.*

Diecisiete
La carpa. La televisión posee la gran ventaja del color.

Dieciocho
Diversas instituciones menores: los cobradores de camión, las veladas literario-musicales, el aprendizaje de las auténticas canciones folklóricas, el sufrimiento de las madres solteras, el dolor de los padres ante la deshonra de la hija y la deshonra de la hija.

Diecinueve
La Revolución Mexicana.

Veinte
La defensa de todas las tradiciones anteriores y de la idea misma de la tradición. (*Sin comentarios.*)

☆☆☆☆ La manifestación del silencio

A José Revueltas

Él atiende a Tláloc, dios de la lluvia, y desearía escuchar un comentario:

también el compañero prehispánico nos apoya con su silencio.

Son las tres de la tarde del 13 de septiembre y es viernes y la ciudad de México, al cabo de varias semanas de agonía, aguarda, tensa, fragmentada en hipótesis, dominada por la inhibición que declara intervenido cualquier teléfono, incierta, crédula al extremo de saturar las gasolinerías ante el rumor de una escasez, sin entender cabalmente cómo conciliar simpatía y desconfianza, civismo y miedo, apoyo y empleo. El organismo central del Movimiento Estudiantil, el Consejo Nacional de Huelga, ha decidido una gran Manifestación del Silencio y la respuesta general ha sido incredulidad y recelo. Él atiende a Tláloc y a los unos cuantos que, en espera, acumulan pancartas y mantas, fijan sitios, comparten pronósticos de triunfo o represión. A él lo ha convocado la inercia de su pesimismo, esa incapacidad de retirada ante la catástrofe que ha sido garantía de los oligarcas y frustración de los historiadores radicales de México.

"La manifestación será un fracaso", murmura pesaroso, al registrar, con percepción automatizada, a los activistas que reparten volantes, imparten listones, venden publicaciones mimeográficas, se saludan sin indiferencia y sin complacencia. "Vamos a ser poquísimos. Es una locura, una provocación."

El Museo de Antropología es un telón de fondo ejemplar: su pretensión de una modernidad absoluta que albergue y clasifique herencias, le ha proporcionado a los manifestantes un paisaje historiado, una escenografía primigenia donde los orígenes de una nación se entreveran con la costosa arrogancia de quienes la gobiernan. Aunque, aclaración importante, ninguno de los allí presentes persiste en la duda, incómoda y obsesiva, sobre la significación política concreta de los edificios públicos, lo cual sólo quiere decir que se ha vuelto imprescindible el olvido, no el olvido total, ni siquiera la falta de confianza en el recuerdo, simplemente el olvido selectivo, aquel donde la memoria utilizada como exaltación continua y sistemática de todos los acontecimientos, se vuelve atroz sobreentendido, informe del resentimiento.

El compañero Nietzsche distribuye un volante: "Es imposible vivir sin olvidar."

Porque llega el tiempo en que el cúmulo de las situaciones vividas, de tan extremo y de tan recordado, deja de proyectarse ante nuestros ojos como película o como desvarío y abdica de su calidad episódica para mostrarse como nuestra carne y nuestra sustancia, inflexión de la voz y titubeo en el andar. Esa tarde donde él se sumerge ha cuajado en esa su cualidad de espacio libre, porque acumula, sintetiza, sustancia otros momentos, convertidos ya en médula de la conducta, porción básica del entendimiento de la realidad, causa modificante incluso de nuestra manera de leer un libro o de hacer el amor o de emborracharnos o de mortificarnos ante el espejo o de quedarnos contemplando, ignorantes de la relectura, una nota del periódico de ese día:

Nuevamente están alimentando a Vallejo por medio de una sonda. En una comunicación enviada ayer a esta redacción por la señora Isaura Vallejo, hermana del líder ferrocarrilero Demetrio Vallejo...

La falsa altanería, el ánimo fetichista, la reverencia del latinoamericano frente a la Historia conducen a la noción de juego: ¿irá el viacrucis de nuestro desarrollo, compañero Bolívar, de la plaza pública a la recámara, del mitin al gesto, del discurso al leve sobresalto? ¿Estará militando nuestro subconsciente, trastornarán los hechos la técnica de observar una espalda, la simple y callada técnica personal de observar la espalda de un cuerpo dormido en el amanecer? Por ahora no hay respuesta: resta comprobar (al reconocer a un amigo, al responder al pregón del magnavoz que va señalándole números a los contingentes) el valor de una impresión exacta: las experiencias de los días, de las semanas anteriores, transgredieron la esfera de la evocación para disolverse en la zona libre de los temperamentos. La Historia se ha vuelto intransferible.

Carne y sangre de nuestro conocimiento: todo será posible menos llamarse de algún modo preciso. Los nombres propios y los apellidos dejan de tener sentido. No es el triunfo del anonimato ni hay rebelión de las masas que obligue a la nueva filmación de *Tiempos modernos:* cunde, tan sólo, una personalización más allá de las convenciones del Registro Civil, más allá de esas precarias señas de identidad que son los nombres. Él empieza a saber quién es, porque empieza a enterarse de hasta dónde llega. El reacomodo del país ha decretado la suspensión de la credulidad ante el prestigio de un currículum vitae, ha obtenido la extinción del concepto "vida ejemplar".

Él inicia un encogimiento de hombros. Allí están. ¿Nada, nadie logrará evitarlos? Los demagogos se extasían releyendo su expediente de lucha, dan consejos, confeccionan listas de réprobos, se asoman al estanque para ver reflejado su programa de acción. Al dictar su mensaje, al prestigiar las ventajas que la repetición de su conducta supone, alejan, ignoran a esta nueva experiencia que ya prescinde de la nostalgia de todo lo que no se ha hecho en México a partir de 1810.

Él insiste: los días pasados no nos abandonan: se filtran a través de la redacción de una carta, en el desciframiento de un rechazo. Permanecen en la premura con que se hojea el periódico o se emite una opinión literaria: uno se mueve en seguimiento de otros pasos, los pasos, por ejemplo, del primero de agosto, en la marcha luctuosa que presidió el Rector de la Universidad de México, cuando todavía el instinto democrático provenía del estupor de quien se advierte, de golpe, habitando un país y no una oficina o un fin de semana.

Él escucha: son los pasos de la manifestación del Instituto Politécnico Nacional, el día cinco de agosto. Los politécnicos y un numeroso grupo de universitarios, parten de la Unidad Profesional de Zacatenco y concluyen su marcha, beligerante y radicalizada, en el Casco de Santo Tomás. Él escucha: son los pasos de la manifestación del 13 de agosto, esos pasos desatados

260

a las cinco de la tarde en la Plaza del Carillón de Santo Tomás, pasos a la conquista del Zócalo, esa llanura vital de la República tan inaccesible, tan resguardada por símbolos de todos los poderes y tan domeñada por poderes ataviados como símbolos. Pasos incrédulos, obstinados, absortos, voluntariosos, que fueron rescatando, recreando las calles, redescubriendo la Avenida Melchor Ocampo, otorgándole otra fisonomía al Paseo de la Reforma y a la Avenida Juárez y a la calle del Cinco de Mayo. Los transeúntes se transformaron, súbitamente, en ciudadanos; el reconocimiento comunal del trazo de la ciudad le ganó la batalla a la grisura de las tardes tristes, en la ciudad predestinada a definirse como hotel. La Coalición de Profesores de Enseñanza Media y Superior Pro Libertades Democráticas encabezaba la manifestación. Al frente, la enorme manta:

"LOS PROFESORES REPROBAMOS AL GOBIERNO
POR SU POLÍTICA DE TERROR."

Son los pasos del trece de agosto/ cinco kilómetros y medio abarcaba el desfile/

¡PRESOS POLÍTICOS LI-BER-TAD!

pasos que al ir descifrando el terreno, al ir recibiendo tímidos o ardorosos aplausos, se iban dejando ganar por la sensación de asedio y de cruzada/

¡LIBROS SÍ, GRANADEROS NO!

pasos que rodearon, vulneraron el Zócalo, la Plaza de la Constitución, y lo entendieron como espacio mensurable, dimensión humana, ya no la tierra santa, ya no la propiedad exclusiva de efemérides y concentraciones en apoyo del gobierno, sus visitantes ilustres y sus actitudes nómadas/

CHE- CHE- CHE GUEVARA, CHE- CHE- CHE GUEVARA

pasos que se desgastaron en la primera vivencia emocionada, mítica y desmitificadora, del centro de un país.
Entraña, raíz, condición de melancolía: el 27 de agosto parte del Museo de Antropología la más nutrida, la más combativa de las manifestaciones del Movimiento. Es la hora del triunfo: los cálculos indican trescientas mil personas y los más jubilosos señalan medio millón. Tarde intensa de pintores que

portan un cuadro como alusión a una cultura libre y la Coalición de Padres de Familia es el primer contingente y las consignas son "Orden" y "Rechazar a los Provocadores". Los estudiantes de Medicina se concentran junto a la Columna de la Independencia, para evitar incidentes frente a la Embajada de los Estados Unidos/ PRENSA VENDIDA/ Por segunda vez, al Zócalo adviene una honrosa fatiga que se traduce en chistes y comentarios heroicos y gozo repartido proporcionalmente. Sentados a lo largo y ancho de la plaza, todos son conscientes de la hazaña: han desacralizado el Zócalo, lo han poblado de nuevo, lo han habitado con cálida despreocupación.

Noche aciaga del Movimiento Estudiantil, noche de las provocaciones cumplidas, de la momentánea pérdida de la razón: el Movimiento, esencialmente democrático, nunca se ha propuesto tomar el poder o hacer uso de la violencia, pero por unas horas parece decidido a consentir el delirio. Acompañando el consentido estrépito de las campanas de la Catedral, se vuelcan las porras injuriosas. El error va más allá de que unos cuantos pintarrajeen con insultos las paredes del Palacio Nacional o de que alguien, pretendiendo el diálogo público, la resolución de los seis puntos, le dé cita al Presidente de la República el día primero de septiembre a las diez horas, aprovechando la decisión de instalar en el Zócalo una Guardia Permanente de tres mil seiscientos estudiantes. El error llega al límite del despropósito, de asentir a gritos, de vocear la aprobación sin que medien reflexiones elementales. El error llega al límite de abdicar de una razón premiosamente ejercida. La manifestación deviene en turba que aplaude y acepta las palabras sin siquiera escucharlas. Al final, se canta el Himno Nacional y se incendian miles de antorchas de papel. Otro conocimiento privado: nuestra irracionalidad se nutre de asentimientos y doblegamientos ante el grito que se dice compromiso. Al demagogo, lo propician los sentimientos de culpa o de ambición, lo fomenta la sordera de la entrega sin condiciones.

Y minutos después, a pesar de todo, el Zócalo se magnifica, crece, se amplía con la conducta de cientos de seres que lo viven y lo inquietan y lo descubren de un modo entrañable. Es la Guardia Permanente. Circundados por una enorme cuerda, los preparatorianos juegan rondas infantiles, cantan "Doña Blanca" y "A pares y Nones", se divierten y ostentan una inocencia ni real ni fingida: verdadera allí, entonces, en ese tiempo del trato diferente, de la nueva familiaridad con un lugar tan remoto como todo lo que siempre ha estado a mano. *Suenan guitarras roncas.*

En vivacs improvisados, que alían las enseñanzas de los boy-scouts con la imitación involuntaria de las películas de la Revolución Mexicana, los grupos recuperan canciones, recobran atmósferas. *Y si acaso yo muero en campaña.* También, además de "La cárcel de Cananea" y "La Valentina", se cantan canciones de protesta y las no siempre felices parodias que ha producido el Movimiento. Otros grupos desfilan, hacen ejercicios. Faltan diez minutos para la una de la mañana. Crece un ruido, como proveniente de las versiones fílmicas del drama migratorio de Adán y Eva, y al desentrañarlo, uno deletrea la expulsión, la espada de fuego: "Están ustedes violando el artículo noveno constitucional. Dentro de cinco minutos intervendrá la fuerza pública."

"Mientras tanto por las calles adyacentes al Zócalo, venían soldados del 43º y 44º Batallón de Infantería y 1º de Paracaidistas, alrededor de 200 patrullas de la policía preventiva, 12 unidades blindadas y unos 10 motociclistas de la Dirección General de Tránsito, que abrían la marcha."

"Al entrar los granaderos, los estudiantes gritaron 'orden, orden'. Después, sin inmutarse, se sentaron alrededor de la explanada y aplaudieron."

"Los tres mil estudiantes fueron replegados por los soldados, policías y granaderos. Las unidades blindadas subieron a la explanada y destruyeron pancartas."

"Dos carros de bomberos, una bomba y doscientas patrullas de la policía con luz intermitente y las sirenas ululando rodearon toda la Plaza y se estacionaron en batería."

Él suspende el recuerdo y contempla a un grupo de muchachas que fabrican listones con la materia prima de unas banderas rojas.

Los ataques de la prensa se han dirigido contra el uso de símbolos no mexicanos. Vamos a prescindir de las pancartas con el Che Guevara y de las porras y de las banderas rojas. Vamos a llevar las figuras de Hidalgo, Morelos y Zapata. Son nuestros héroes.

Él asume el flash-back. La noche del 27 de agosto la provocación llega a su término: los tanques exigen el desalojamiento, uncen, devoran la noche. Las sirenas de las patrullas se elevan como clamor o saciedad. El campamento es una frágil estructura: el recorrido del ejército arrasa tiendas de campaña y sillas y mantas y pancartas. La retirada utiliza la Avenida Madero, la única vía libre. Las muchachas primero. La retirada es lenta, parsimoniosa, casi podría decirse: "meditada". El valor personal se acendra, no por defenderse de la exhibición de miedo ante los soldados, sino para corresponder al valor personal de los demás. El valor de cada uno es homenaje al valor de todos.

Al partir, los estudiantes se reivindican: la salida es precisa, seca, arrogante: la salida adquiere las proporciones de la épica. La palabra es terrible, pero demostrable. Los estudiantes que arengan a los soldados, los estudiantes que entonan el Himno Nacional como una manera de evocar las dimensiones perdidas de México, los estudiantes que van haciendo mítines relámpago, que van alertando a la ciudad, son un admirable proyecto épico, el vínculo de un pueblo con la espectacularidad de la Historia. La salida es un canto largo, una invocación dolorosa y rítmica que los tanques vigilan: ¡MÉ-XI-CO LI-BER-TAD! ¡MÉ-XI-CO LI-BER-TAD! No es una porra; es una imprecación. La pequeñez de la Avenida Madero acentúa los sonidos. Entre los edificios se va gestando un eco, que difunde y apresa la frase que es, a un tiempo, petición y utopía, afrenta y promesa: ¡MÉ-XI-CO LI-BER-TAD! ¡MÉ-XI-CO LI-BER-TAD!

En los prados del Museo de Antropología, él contempla el ademán febril de los organizadores, los preparativos de los estudiantes de Medicina que atenderán la salud de la marcha. Maniobran las motocicletas cuyo impulso abrirá el desfile. Él relee un volante:

AL PUEBLO:

EL CONSEJO NACIONAL DE HUELGA CONVOCA A TODOS LOS OBREROS, CAMPESINOS, MAESTROS, ESTUDIANTES Y PUEBLO EN GENERAL, A LA

GRAN MARCHA DEL SILENCIO

en apoyo a los seis puntos de nuestro pliego petitorio:

1o. LIBERTAD DE TODOS LOS PRESOS POLÍTICOS.

2o. DEROGACIÓN DEL ARTÍCULO 145 DEL CÓDIGO PENAL FEDERAL.

3o. DESAPARICIÓN DEL CUERPO DE GRANADEROS.

4o. DESTITUCIÓN DE LOS JEFES POLICIACOS LUIS CUETO, RAÚL MENDIOLEA Y A. FRÍAS.

5o. INDEMNIZACIÓN A LOS FAMILIARES DE TODOS LOS MUERTOS Y HERIDOS DESDE EL INICIO DEL CONFLICTO.

6o. DESLINDAMIENTO DE RESPONSABILIDADES DE LOS FUNCIONARIOS CULPABLES DE LOS HECHOS SANGRIENTOS.

en la que exigiremos la solución inmediata y definitiva por parte del Poder Ejecutivo a nuestras demandas.

Reiteramos que nuestro Movimiento es independiente de la celebración de los XIX Juegos Olímpicos y de las fiestas cívicas conmemorativas de nuestra Independencia, y que no es en absoluto intención de este Consejo obstruir su desarrollo en lo más mínimo. Reafirmamos, además, que toda negociación tendiente a resolver este conflicto debe ser pública.

La marcha partirá a las 16 horas del día de hoy, viernes 13, del Museo Nacional de Antropología e Historia, para culminar con un gran Mitin en la Plaza de la Constitución.

Ha llegado el día en que nuestro silencio será más elocuente que las palabras que ayer acallaron las bayonetas.

La desconfianza va cediendo. Él construye el final de su sinopsis, el final de esa cronología que, en una forma u otra, todos elaboran y colman de anécdotas: "Ese día yo... Me acuerdo que estaba en casa de ... Yo corría como loco y me encontré a..."

El 28 de agosto fue el desagravio a la bandera, ¿te acuerdas? En los periódicos se atacaba al Movimiento y se hablaba de blasfemia, de desacato, por la bandera rojinegra que "usurpaba el lugar del lábaro patrio". Yo había ido a arreglar un trámite al Departamento Central. Y empecé a oír gritos y ese murmullo bárbaro de multitud que no está muy conforme con serlo. Bajé corriendo y me encuentro con un espectáculo impresionante. Un cuate hablaba y gritaba ¡Viva México!, sin que nadie le respondiera y la gente lo rodeaba y se estaban infiltrando muchos grupos de estudiantes, que politizaban a como diese lugar. En un momento dado, los grupos de estudiantes rodearon el asta bandera. Y luego o entonces, es muy difícil o imposible la cronología definitiva de los hechos, los burócratas que habían salido de la Secretaría de Hacienda y de la Secretaría de Educación Pública para que participaran en el acto, que empiezan a gritar: "¡NO VAMOS. NOS LLEVAN! ¡NO VAMOS. NOS LLEVAN!", y balaban y repetían en coros estentóreos: "SOMOS BORREGOS. SOMOS BORREGOS." Y eso que se suponía que iban a apoyar el desagravio. Y los estudiantes hacían pequeños mítines y hablaban con la gente e incluso rescataron la bandera rojinegra que estaban quemando, dizque para condenar la profanación de los símbolos. Se dejaron venir los granaderos con escudos y macanas. Los estudiantes organizaron de pronto un pequeño desfile, con porras y el Himno Nacional y con insultos y exhortaciones alternados para los granaderos. Serían las dos de la tarde. Y por los magnavoces se informó que la ceremonia del desagravio había terminado y que

265

desalojaran en seguida. En ese instante, entraron los tanques y las puertas de Palacio Nacional expulsaron a varias columnas de soldados a bayoneta calada. El griterío era interminable, ¿te imaginas?, como eso que llaman ruido blanco. La gente se movía de un lado a otro, confusa, como en cine mudo, llamando a sus familiares o a sus compañeros, corriendo, tirando sus paquetes, atropellándose. A los tanques les aventaban zapatos, cáscaras, libros. Se empezaron a escuchar tiros, disparos de fusil y de ametralladora. Era el infierno.

Lo que dicen que estuvo increíble fue el desagravio de la bandera que organizó en la Plaza México un grupo de derecha con el pretexto de la profanación de Catedral. Rentaron camiones que partían de la Basílica, avisaron en las iglesias, organizaron sus huestes y no fue nadie. Todo el tiempo gritaban:

¡SAN BALTAZAR CONTRA LOS TRAIDORES!

Él ya ha oído muchas otras veces esas versiones o esas combinaciones de versiones distintas. Sin embargo, en cada ocasión experimenta el mismo inevitable proceso que va de la comprobación de la impotencia a la indignación verbal, de los ojos irritados al chiste de mala gana. Se vive de nuevo en las calles, pero el precio es muy alto. El deseo de una sociedad democrática atraviesa el tamiz de las represiones, del sonido de las ambulancias como el nervio herido de la ciudad, de los rumores que multiplican los muertos y las informaciones periodísticas que esparcen la difamación. Además, la respuesta del Cuarto Informe Presidencial del Lic. Gustavo Díaz Ordaz ha sido tajante:

"No quisiéramos vernos en el caso de tomar medidas que no deseamos, pero que tomaremos si es necesario; lo que sea nuestro deber hacer, lo haremos; hasta donde estemos obligados a llegar, llegaremos."

Él pregunta la hora. Son las cinco y diez y finalmente ellos han acudido, con reticencia, con desconfianza, de modo inevitable. Y el deambular de los grupos, la voluntad de someterse a una organización, describen algo específico del Movimiento Estudiantil: las brigadas políticas, las brigadas de orientación, los cuerpos pequeños de cuatro o seis o siete estudiantes desplegados por el Distrito Federal que diseminan una convicción, la ideología vital de quienes han creído en los muros de la ciudad, en los ojos de la ciudad, en el oído de la ciudad, en la inasible conciencia de la ciudad.

266

(PUEBLO, NO NOS ABANDONES/ ÚNETE PUEBLO)

Han invadido los restoranes, las salidas de las fábricas, los mercados, las casas, las tiendas, las aceras, los camiones, las bardas, la inmovilidad ciudadana; hacen cadenas de manos para convencer a los automovilistas, trabajan la noche entera sobre los mimeógrafos, pasan a máquina sus volantes, discuten con sus padres a la hora de la comida, empiezan a leer a Fanon y a Marcuse, pegan engomados, entablan conversaciones con los desconocidos, anhelan desmentir los infundios. Pueden ser torpes, reiterativos, enfáticos, ingenuos. Tienen a su favor una virtud básica: no dependen para su lealtad de otro argumento ajeno a la fe primera: democratizar el país.

"Como la convicción no se compra ni se rinde, nos llevará a la victoria"/ "Luchamos por los derechos del pueblo mexicano"/ "Libertad a la verdad. ¡Diálogo!"/ "Tierra para todos"/ "Líder honesto igual a preso político."

En la alquimia de la tarde, las actitudes y las palabras se vuelven todo menos lugar común. La originalidad del acto es evidente: ¿cómo inventar esas convicciones, esos ceños de responsabilidad, esa alegría al sostener una pancarta?

Las brigadas han innovado los estilos políticos, han inaugurado procedimientos radicales en materia de comunicación. Con su conducta, con su apasionada decisión proselitista, con la modernidad de sus acciones espontáneas, trascienden la confusión y las herencias. La herencia, por ejemplo, de una acústica antigua, residuo, aparición postrera de las voces de otros movimientos, remanente de las consignas fáciles, de la devoción por el esquema: "La VERDAD es nuestra fuerza. Nuestras armas son la razón, la justicia y el apoyo unánime del pueblo." Ese sonido viene del stalinismo

y de las decisiones impuestas de arriba hacia abajo
y de las mentiras piadosas (*el apoyo unánime del pueblo*)
y de las grandes abstracciones (verdad, razón, justicia)
asumidas como fórmulas todopoderosas
y de la amargura ante la incomprensión de ese pueblo por
quien uno todo lo sacrifica.

Ese sonido es un énfasis prescindible, un claro signo de urbanidad frente a las generaciones anteriores, como para compensarlas por esos años con manifestaciones de veinte personas y mítines solitarios donde los mismos aplaudían a los de siempre. Ese sonido retórico es parte de un improbable museo de la memoria auditiva, al lado del ruido proveniente del primer nacionalismo de mariachis, al lado de la apagada complicidad de las buenas maneras y las grandes bibliotecas de la cultura castiza.

Y LAS VOCES DE LOS PROFETAS ESTÁN ESCRITAS EN LAS PAREDES DE LOS CALLEJONES Y LAS CASAS DE HUÉSPEDES.

El silencio es una estructura; el silencio articula el lenguaje de los manifestantes, de los preparatorianos arrancados del sueño de vivir en un país que se inicia en una rockola y termina en una discotheque; de los estudiantes del Politécnico conscientes ya de la falacia que les hacía ver la lucha de clases como la suma de fiestas fabulosas donde era inconcebible su presencia. El silencio organiza a quienes aceptan un ideal sin perseguirlo más allá de lo esencial, sin perseguirlo hasta el territorio de lo anecdótico y lo circunstancial, sin perseguirlo hasta su deterioro; que aceptan un ideal sin perseguirlo hasta su institucionalización.

Y prosigue el desfile de contingentes: 76: Artes Plásticas, 77: Filosofía y Letras. La marcha va resucitando el Paseo de la Reforma y él le envidia al locutor del carro de sonido esa resistencia física, ese don atesorado que podría funcionar en una de las enumeraciones de Rosa Luxemburgo a propósito de las características del militante, aunque no se halle muy alejado de Barbra Streisand, quien reseña en "One Minute Waltz", con un solo golpe respiratorio, las propiedades del oxígeno. El locutor enlista:

Economía-Ciencias Políticas-Leyes-Ingeniería-Escuela Superior de Ingeniería Mecánica y Eléctrica-Escuela Superior de Arquitectura-Filosofía-Escuela Superior de Comercio y Administración-Vocacional Cuatro-Vocacional Siete-Vocacional Cinco-Preparatorias-Colegio de México-Prevocacionales-Universidad Iberoamericana-Universidad del Valle de México-Escuela Superior de Economía-Veterinaria-Odontología-Comercio-Normal Superior-Normal de Maestros-Chapingo-Antropología-Ciencias-Medicina-Química-Arquitectura

y las representaciones de los Estados y unos cuantos obreros, emblemas de la posible existencia de un proletariado mexicano que se niegue al trueque de su dictadura por un puñado de resignaciones, y los campesinos de Topilejo (donde los estudiantes intervinieron para apoyar al pueblo en sus demandas contra una línea camionera que se niega a pagar la indemnización a las víctimas de un accidente estúpido; donde los campesinos admitieron y fraternizaron con los estudiantes, donde se colgaron en las calles grandes retratos de Mao y el Che Guevara).

Y al nacer la marcha, al brotar ese primer sordo premonitorio rumor que uno identifica con la inminencia de situaciones ya acontecidas, él advierte un fenómeno reciente: en el aplauso emocionado a esos campesinos de Topilejo, de rostros donde el cansancio hace las veces de la incredulidad, de expresión apagada y distante que señala el abismo entre una esclavitud de siglos y una esclavitud de nueve a cinco; en la exaltación que infunde su lento, parco, austero desfile, él decide reconocer la gana que el pueblo tiene de creer en el pueblo, el ávido indescriptible deseo de soñar que alguien, al fin, actuó con generosidad, procedió con amor y (como anhelando una justificación póstuma a tanto nacionalismo declamado que la realidad quebrantó) y, entonces, no hizo igual con ninguna otra nación. El aplauso es tribuna, espejo, valla, ceremonia, voto de confianza: México puede ser algo más que una desigual unidad habitacional con vistas a los Estados Unidos, algo más que el bronce de las estatuas invertido en Bonos del Ahorro Nacional, algo más que un sistema de metáforas por correspondencia.

La manifestación rodea la estatua de la Diana Cazadora. En la avanzada, precediendo a las motocicletas, un camión del Instituto Politécnico Nacional. Sobre el toldo, dirigentes estudiantiles. De pie, como una estatua happening, como una reseña imparcial de la decisión del activista, un estudiante, haciendo con las dos manos la V de la Victoria. Más tarde, él se enterará de su nombre: Luis Tomás Cervantes Cabeza de Vaca, líder de la Escuela de Agricultura de Chapingo. Ahora él se sorprende pensando en *Rayuela* y atisba una silueta: es la Maga, desconcertada, creyendo estar en cualquiera de las manifestaciones de mayo en París. Tal vez, musita mientras la ve desaparecer, una de las funciones secretas de la literatura sea facilitarnos las teorías sobre la identidad de nuestros compañeros de marcha. A lo largo del territorio que el movimiento sojuzga se reparten volantes:

"Pueblo Mexicano: Puedes ver que no somos unos vándalos ni unos rebeldes sin causa, como se nos ha tachado con extraordinaria frecuencia. Puedes darte cuenta de nuestro silencio, un silencio impresionante, un silencio conmovedor, un silencio que expresa nuestro sentimiento y a la vez nuestra indignación."

Quienes desfilan, prepararon los adjetivos que encomian su intento (*impresionante conmovedor expresivo*). No es impudicia: de seguro ya están hartos de verse calificados por los demás. Los preparatorianos y los de las vocacionales, los más jóvenes, han elegido el esparadrapo, la tela adhesiva sobre los labios para acentuar su silencio: un clarísimo y violento afán simbólico los domina. El silencio existe como una llamada de atención: nuestra marcha es un discurso. El silencio existe como un castigo: denunciamos y liquidamos décadas de verbalismo inepto. El silencio existe como uı. autocastigo: confesamos las insuficiencias de nuestra relación con el pueblo. Simultáneamente se procede a la creación de un vacío, donde desaparecen las autoridades morales y la educación en el respeto, donde se desvanecen las soluciones al gusto de todos y la paciencia ante la adversidad.

Él adapta a Susan Sontag: el silencio desempeña varias funciones: certifica la ausencia del o la renuncia al pensar-a-la-mexicana (ese silogismo de conclusión ineluctable:

Todos los hombres son mortales
Sócrates es hombre
Sólo el Poder tiene razón):

certifica la integración inicial de un proceso distinto del pensar;
consigue tiempo, le concede una tregua al pensar;
ayuda al lenguaje para el logro de su máxima seriedad y eficacia.

El Movimiento Estudiantil está relatando en esta marcha su pasado inmediato: se decidió por el idioma político o democrático de que disponía a modo de herencia nacional, y se encontró con un acervo de injurias y recelos, consignas y slogans. Decidió enriquecerlo a partir de la experiencia de la Revolución de Mayo y se vio enjuiciado por imitación extralógica y sujeción a las ideas exóticas. Como en la imagen de Sartre, al prescindir estas bocas de la mordaza, se encontraron desprovistas de sistemas lógicos o estrategias políticas; sólo les habían legado la adulación y el insulto, Gracias-Señor-Presidente y No-Aceptamos-Héroes-Ajenos; el oprobio de la inarticulación y el cliché era su patrimonio natural.

Eso fue el principio, aunque el principio haya sido ayer. La vigencia de una generación empieza a producirse a través del entendimiento de su pobreza. El primer error del Movimiento, parecían afirmar las telas adhesivas que sellaban el compromiso de la marcha, fue concebirse como Generación Espontánea. No únicamente se es hijo de las propias acciones; se es también —vicios de la genética— hijo de los propios padres y Plutarco Elías Calles había redactado, sin quererlo ninguna de las dos partes, más de un discurso en más de una asamblea. En las asambleas, solía practicarse el viejo juego latinoamericano de la teatralización: no pocas veces se escenificaban, casi voluntariamente, fragmentos selectos de las situaciones históricas consagradas. De allí que la imaginación que había dado origen a ese discurso implícito, trascendiese el rechazo a una represión continuada para relacionarse con el desafío concreto no sólo a las estructuras viciosas o vencidas, no sólo a los métodos tradicionales de la oposición, sino —y muy profundamente— a los variados estilos de vida conque se había querido entender o modificar a México, a través de operaciones convencionales de integración o marginalidad.

Él recordó un hallazgo muy difundido de Marshall McLuhan: *El medio es el mensaje.* Y vislumbró su error inadmisible: muchas veces había calificado el Movimiento por lo que se decía y había encontrado improvisación, vulgaridad, dogmatismo, cerrazón, bravata. Mas ésas eran expresiones caducas, heces, vestigios de un mundo que, así se comportasen como repertorio de ademanes o retórica imperante, no pasaban de ser supervivencias formales, ropaje envejecido de un contenido renovado. El mensaje del Movimiento era (así le parecía a él ahora de modo inobjetable) sus medios fundamentales: las brigadas y su instinto de solidaridad, las manifestaciones y su empecinada, terca, obsesiva *creencia real* en la Constitución, en las perspectivas democráticas, en el respeto hacia las leyes. Eso aunque algunos radicales argumentasen lo contrario: el Movimiento no mentía y los seis puntos no hacían sino proyectar la fe masiva en un proceso de justicia moral y legal. El mensaje del Movimiento eran sus grandes medios expresivos: la férrea urgencia de compromiso público, el sentimiento de comunidad, la exigencia de diálogo. Lo otro, el dialecto rudimentario de muchas proclamas, la carencia de matices de muchos discursos, la irracionalidad de muchas intervenciones, no venían siendo sino la perspectiva del despegue, las palabras iniciales de un cuerpo colectivo que nunca antes había hecho uso de la palabra. El mensaje de pronto se aclaró, se despojó de moralejas, resultó nítido: en la petición de diálogo, había la animada disposición de forjarse un lenguaje; en la adopción del silencio se delineaba la voluntad de adquirir autonomía en el sonido, de enterarse al fin de cuál podría ser el sonido de una sola mano aplaudiendo, de captar el significado de las voces emitidas con decisión autónoma, de chingada a concientización, de pendejo a mediatización. El silencio era desdén ante el atropello, el saqueo semántico: desdén ante el cinismo que culminaba en el mandato:

POR ORDEN DE LA REVOLUCIÓN, QUE NINGÚN MEXICANO SE MUEVA DE SU LUGAR.

El silencio se oponía al otro silencio, al aterrado ante el ejercicio de las pausas, al temeroso de la corporeización de la palabra inconforme. Y él recordó otra cita citable de Wittgenstein, seguramente mal aplicada en esta ocasión: *Pero no todo lo que puede ser pensado puede ser dicho.* Y se le mostraron, como en un relámpago informativo o un anuncio subliminal, las inconformidades y las rebeliones, el aburrimiento y la desesperanza, el asco y las impaciencias que no podían ser dichas, que aguardaban la hora de su acaso imposible proferición.

La manifestación avanzaba y crecía, se multiplicaba con el abandono de los pequeños temores, con la cesión de las timideces, con el desprendimiento de la duda, con la altanería del arriesgue forzoso, con el valor y la valentonada. Crecía en razón de cinco a uno, de cuarenta mil principiantes a los doscientos mil que colmarían el Zócalo. Las cifras se arrojaban al azar pero eran tan reales como si fuesen resultado del más estricto conteo: una colectividad tenía derecho a aplicarse el adjetivo numérico que juzgase conveniente. Y no había trampas ni estadísticas falseadas: los números aproximados se volvían verdades emotivas y eso era todo.

Y como el otro símbolo, el gesto que complementaba la ausencia de gritos, la señal que explicaba y hablaba en nombre del silencio, emergió propuesta, indicada, sugerida, pedida, la V de Venceremos. Nunca antes se había utilizado masivamente: en los días venideros le conferiría un signo a la derrota, se opondría a los rifles y sería la última imagen visible antes de la tragedia. El 13 de septiembre la V se esparció, se extendió simplemente, abarcó todas las manos, las elevó, les concedió el impulso de manifestar, de manifestarse a través de la esperanza. Y pese al enorme desprestigio de la esperanza, que desde las Hibueras y Acatita de Baján hasta Chinameca y la declaración "Soy creyente" en labios del sucesor de Cárdenas, no había dado una como quien dice, no había mostrado mayor habilidad en materia de ayudas existenciales; pese al conocimiento teórico de cómo nos había ido a partir de Acamapichtli, la V refrendaba esa tarde variedades y matices del optimismo, enriquecía la manifestación y el catálogo de respuestas corporales frente a lo que viniese: represión o solidaridad.

Y no eran meras frases las acuñadas en esta revisión de los hechos. Eran las impresiones guardadas, difícilmente discernidas, incluso apenas atisbadas, que se vertían en el reconocimiento de que por fin, después de muchos años de vaguedad, vida a medias, raquitismo cultural, desilusión profesional; de que por fin ese elemento tan extraño, tan desconocido, ese elemento mítico para las nuevas generaciones de mexicanos, la Historia, desertaba de su condición ajena y abstracta para convertirse en una manera concreta y personal de ordenar, vivir, padecer, amar o abominar de la realidad. Puesto que la Historia existía, la realidad se volvía modificable. Palabras sí, pero palabras que se erigían en el desarrollo impredecible del simple y banal "uno mismo"; palabras que se trasmitían hermosamente (sin palabras) en una Avenida Cinco de Mayo poblada de manos con la V, en un Paseo de la Reforma poseído por un murmullo significativo, poseído por el desprendimiento de una acepción raquítica y mohosa de la Historia, en beneficio de otra, aún borrosa, todavía entre neblinas y sin embargo vital y justa, ya añadida orgánicamente a la visión del mundo de los manifestantes.

En los vastos, infinitos días de 1968 se intentaba la tarea primordial: esencializar el país, despojarlo de sus capas superfluas de pretensión y autohalago y mímica revolucionaria. 1968 nos estaba entregando el primer contacto real (por lo mismo, sórdido y deslumbrante) con el universo político y social que había conocido su última figura dramática con el General Cárdenas, cubriéndose desde entonces con una bruma, con la vanidad del deber cumplido, con la opacidad de una disculpa ante las fallas mínimas de la Unidad Nacional. 1968 no inventaba o engendraba a México: sólo lo descubría, lo hacía visible y comprensible. Y ante la reiteración y la longevidad de los líderes sindicales, ante los jamás intelectuales metidos a siempre ministros, ante los representantes populares que ensalzaban la excelencia democrática de la represión, era legítimo reivindicar —aunque la actitud sobrellevase una carga decimonónica de romanticismo— la necesidad de actitudes heroicas, la urgencia de una política existencial donde las ideas fuesen asumidas espectacularmente por quienes ya no se identificaban en lo personal o en lo ideológico con la Revolución Mexicana, entre otras cosas para no incurrir en la tentación de dirigir hacia ellos mismos la espléndida gratitud del país.

Y la manifestación fue avasallando las inmediaciones y manejando una perspectiva insólita que desdeñaba al porfirismo escenográfico del Paseo de la Reforma. Las incorporaciones, las asimilaciones de la marcha no eran sorprendentes por el número, sino por el temor controlado de que provenían. En el aplauso, en las frases de aliento y en los vítores de quienes la contemplaban, seguía sin darse el ánimo subversivo, aunque se desplegase el anhelo de disidencia. Muy pocas veces se había producido un desbordamiento tan declarado de amor a la legalidad y a los principios, al empeño de transformar lo circundante porque existen artículos constitucionales y valores humanos que así lo exigen. Ante la constancia en el ejercicio de la V, el público respondía con un apoyo, un aliento en última instancia político, pero generado, hecho posible por esa recreación, esa vivificación multitudinaria de un instinto moral, el instinto de solidaridad, fenómeno siempre reciente, siempre sorpresivo.

La manifestación refrendaba el itinerario de la nueva tradición: de Paseo de la Reforma a la Avenida Juárez y de allí por Cinco de Mayo hasta verterse en el Zócalo reconquistado, otra vez a la disposición de esa gran multitud. Con su mentalidad retórica, él hubiese designado toda la jornada con una expresión del tipo de "Paraíso Recobrado", mas para entonces nadie sometía a las nociones de paraíso o infierno a las pruebas de los espacios abiertos, sino al rigor de los espacios cerrados.

El Zócalo estaba a la vista: ya no la Tierra Prometida, ya no una representación de la sede de los poderes, nada que no fuese, escuetamente, el Zócalo. Se había perdido la facultad de concebirlo meta, porque el país se había convertido en una sola meta o en un interminable punto de partida. La gente llegaba al Zócalo y atendía a los oradores:

"No nos afectan los ataques, las injurias ni la represión. La historia nos pondrá en su sitio a cada cual. Se nos acusa de intransigentes y lo cierto es que el gobierno ha escamoteado la verdad al pueblo. El intransigente es el gobierno que pretende discutir los problemas del pueblo a espaldas del pueblo."

Él prendió un periódico y lo sumó a los miles de llamas que ardían como otro símbolo evidente que ya nadie explicaba. Y todo era posible en esa sensación de victoria popular y triunfo moral. Y todo se podía resumir en una intuición, una seguridad personal, un instante, una frase de André Malraux: "¿y qué es la libertad del hombre sino la conciencia y la organización de sus fatalidades?"

[1968]

☆☆☆☆☆☆☆☆☆☆ Tepito como leyenda

A María Luisa Mendoza

ANUNCIADOR:

¡REES-PEE-TABLE PUU-BLI-CO!
¡DAMAS Y CABALLEROS!
¡AMIGOS DEL GRADERÍO!

La empresa patrocinadora de este encuentro
se complace en anunciar
el candente tema de esta noche:

● TEPITO COMO LEYENDA Y COMO EVOCACIÓN ●

Fuimos entonces inexorablemente domados. Aquí hubo una ciudad que de pronto se vio acechada, se miró asediada, se sintió troyanizada. Algunos' decidieron por el resto y creyeron que moral es represión y buena conducta es uniformidad y de inmediato, la Ciudad empezó a perder su escaso rostro. ¡Órale! ¿Deben acaso poseer rostro las ciudades? Y ese rostro, ¿cómo se manifiesta o cómo se descubre? Según el servicio de prensa del Aeropuerto, gracias a las reseñas de los turistas; según otros criterios, a través de la expresión de sus habitantes. Las ciudades dotadas de fisonomía (que siempre son las menos) suelen vivir dos vidas: la de su personalidad externa proveniente del

276

mito reverencial que propagan viajeros, departamentos de turistas y medios masivos de difusión y la de su personalidad interna, surgida de ese fenómeno imponderable, indefinible, mas no por ello menos notorio: el rostro de sus pobladores, esos rasgos donde se acumulan y desbordan la seguridad, el orgullo, no-tan-de-vez-en-cuando la jactancia, el cinismo, la sabiduría popular (dícese de aquella que logra encontrar cualquier calle remota y cualquier buen restorán), el humor, la melancolía que elije los sitios adecuados para teatralizarse y la tradición.

Dicen que la Ciudad de México tuvo ese rostro, esa prolongación o expresión evidente de su optimismo que, por ejemplo, se propagó febril durante los años de la segunda Guerra Mundial. Una catástrofe internacional y la cauda de refugiados y la angustia de vivir un conflicto sin la tensión de los raids aéreos, quizás dibujaron una personalidad, o acentuaron la ya existente: la personalidad engendrada por el puro gusto de habitar en el corazón del progreso de América Latina, Esperanza de la Humanidad. Lo más probable —afirman los envidiosos— es que ese rostro folklórico no fuese sino el pobre testamento de una ciudad que ya se iba yendo, desplazada, por la macrocefalia urbana o la megalópolis o explíqueme usted por qué un monstruo de más de seis millones de habitantes sigue regido por el espíritu aplicable a una población de ochocientos mil.

Lo cierto es que, luego de esa explosión legendaria, la Ciudad ingresó a la anonimia; se quedó con unos cuantos rasgos y perfiles convencionales; cesó de recrearse en la congregación de los espejos de las colonias y sus habitantes. Hubo el crecimiento impersonal (vale decir: el crecimiento deshumanizado; vale decir: lo deshumanizado como sinónimo, entre otras cosas, de la carencia de estímulos y la abundancia de incitaciones al conformismo y la degradación; vale decir: hubo el proyecto de una ciudad contemporánea) y se produjo la gula de no diferenciarse de nadie para parecerse a algo, la fe pueril en la grandeza de las cosas grandotas. La Ciudad, al crecer, fue sometida y conquistada: los inspectores de espectáculos confiscaron sus silbidos obscenos; los granaderos descargaron su persuasión; la furia de todos los actos se dispersó entre el resentimiento y el rezongo. Y en un momento dado, sólo quedaba a mano la leyenda.

ANUNCIADOR:

E-LO-GIO DE-DI-CA-DO A LOS PUEEE-BLOOOS FAN-TAS-MAS DE EES-TE CEN-TRO VI-TAL DE LA RE-PUUU-BLIII-CAAA

Ciudad sin castidad espacial, ciudad sin escrúpulos, ciudad de principiantes sin término, parálisis de la voluntad del desarraigo, ciudad inmóvil que se vierte en todas direcciones, el D.F. equivale, como mnemotecnia, a la remembranza de los pueblos fantasmas que hoy, transmutados en reliquias del desarrollo urbano, sólo frecuentan los coleccionistas de museos existenciales. Los *ghost-towns* internos describen de modo óptimo, en su condición de crónicas irrefutables, la crueldad y el sentimentalismo, la movilidad y la petrificación y la muerte de una forma de ser de la ciudad. Los pueblos fantasmas cuentan, por oposición, el tratamiento que México dispuso para recibir a la explosión demográfica, la inutilidad del esfuerzo por conservar un estilo, la desesperación de quien ya no reconoce su medio ambiente, pero sigue reconociéndose a sí mismo. Definición de la tragedia contemporánea: el *environment* es extraño y es hostil, pero uno no ha cambiado nada.

Aportación de los pueblos fantasmas. La Colonia Roma, por ejemplo, delata a partir de sus fachadas, de sus emplomados, de sus aleros, el melodrama de las pretensiones: la gran burguesía que nunca fue o que no prosiguió, la fiesta de quince años con la debutante desgranando la riqueza de sus pétalos en el Salón Ilusión mientras los felices progenitores, derramando un suspiro de dicha, se detienen frente a la casa del prestamista. La Colonia Roma: ellos permanecieron estancados en la escala social, los empleados solemnes del porfirismo que preservaron su decencia hasta volverse los abuelos ineptos y quejosos del cardenismo; las promesas del ayer que cuelgan su título frente a un escritorio de nobilísima madera y que después lo vuelven a contemplar para agregarle el siguiente diploma que reconoce el mérito de una lealtad idéntica durante veinticinco años dichos de un hilo frente a otro escritorio. Si es preciso asignar papeles en este melodrama y esta comedia que alternativa o simultáneamente sintoniza la Ciudad, a la Colonia Roma le corresponderá encarnar idealmente el núcleo de las Ilusiones Perdidas; quienes la habitan (*en el nivel del símbolo*) vivirán perpetuamente amedrentados por la sombra del General Obregón que se disuelve para convertirse en la complacencia que el General Calles siempre mostró por los caricaturistas; quienes la pueblan vivirán molestos por la intrusión agrarista del General Cárdenas, reconciliados con el catolicismo decente de Ávila Camacho y disgustados —al fin y al cabo fieles lectores de periódicos, feligreses piadosos, tradición en sí mismos— por el imperio de la nueva moda.

Por el amor de Dios, Loretito, ¿adónde vamos a llegar con esta juventud?

● TANTO PECA EL QUE MATA LA VACA COMO LA VACA ●

La Candelaria de los Patos es nuestra Corte de los Milagros. Abrumada por una policía sabedora de que tanto peca el que mata la vaca como la vaca, desdeñada por la literatura, ignorada por el cine cuya idea del lumpenproletariado no ha ido más allá de un diálogo entre una borrachita y un vendedor de tacos, la Candelaria, ese México que no se fue, que se llevaron, sigue siendo en la geografía mítica del hampa, el lugar adonde acuden, cuando advierten ya próxima su muerte, los "piñeros", los "cristaleros", las "cruzadoras". La Candelaria es el mundo nacido más allá de la esperanza, el umbral del desafío, la carpa donde el Conde Boby retaba al universo; es lo que trasciende la confabulación del Sistema Imperante que premia con gratitud a quien se portó como es debido, y con poder a quien está dispuesto a derramar su gratitud; que inaugura escaleras sociales donde el primer escaño posee siempre un admirable poder retentivo, una fascinación que arraiga y hechiza a la inmensa mayoría.

Nacer en la Candelaria, habitar la Candelaria, someterse a su ecología de "ciudad perdida", de villa miseria del hampa, quiso decir obligadamente que se vivía al margen del cuento de hadas que propone un país colonial: esfuérzate y sé valiente y yo procuraré que triunfes en la vida. La Candelaria ha sido, desde su angustiada y desesperante situación, desde la áspera verdad de su presencia, desde la bronca que nos avienta, la negativa rotunda a creer en los esquemas de premios y medallas. Un barrio de la Ciudad supo expresar, por medio de su terrible conducta límite, la duda frente al dogma del triunfo en la vida, el escepticismo actuado ante la ambición de quien pretende hacer una carrera, la ironía implícita ante la perspectiva de un "buen gusto" que necesita !a bendición de la aduana de Estados Unidos. A través de cuerpos inanimados, de pulquerías ruinosas, de drogas y vicios y robos y cuartel no dado ni pedido, la Candelaria de los Patos, trágicamente porque no se sabía otra, descaradamente porque no conoció la existencia de las máscaras, burdamente porque la noción de la elegancia deriva de la conciencia del ocio, significó la resistencia extrema al Orden, asumida en un pasado individualista por la figura ya irremisiblemente depauperada (hay razones de la historia que la radio no respeta) de Chucho el Roto.

279

Un nombre para definir mitográficamente La Lagunilla: Rodolfo el Chango Casanova. Se podría hablar del mercado dominical y el gozo de regatear el pasado, pero a veces los nombres son, ejemplarmente, lo de más. ¿Quién es Rodolfo Casanova? Un boxeador de su momento, un efímero, inmensas facultades que se desperdiciaron, de campeón a vendedor de aguas frescas a interno del Manicomio, un derrotado, un símbolo: el happening del triunfo, la constancia en el fracaso. El símbolo y la síntesis del peladito mexicano en su avidez de gloria. Para un indio zapoteca, lo esencial es ser Presidente de la República. Para un joven habitante de las colonias proletarias, lo importante es figurar en la Selección Nacional de Futbol o llegar a campeón mundial de box. El Chango Casanova triunfó, se encumbró y cayó, cayó para abismarse, dejó de ser a causa de lo que ustedes quieran: el alcoholismo o los cuates del barrio o una pasión funesta o la impreparación. ¿De qué sirven los motivos si aquí todo sigue igual? En dado caso, lo que cuenta es este terror de un mexicano pobre frente al éxito, terror que se traduce casi siempre o en su abandono trágico o en la voraz y terca usurpación, en la tiranía. El Chango fue en este sentido el anti-Don Porfirio, el hombre que no tuvo treinta años sino tres meses de poder; quien surgiendo de la nada regresó a ella en breves instantes. Rey por un día, ilustración amarga de todas las prédicas moralizantes, Casanova es importante en nuestro precario mapa de emblemas porque significa la legalización del pesimismo, la canonización del desastre; el héroe mexicano es vulnerable, puede ser derribado, puede conocer, a partir del lúcido esclarecedor contacto con la lona, todas las graduaciones de la impotencia. Casanova encarna hasta lo definitivo un concepto: el *born loser*, el nacido para perder, el coleccionista del desastre; el mexicano típico, manito, ese merodio. En un pueblo de vencidos-mientras-viven y vencedores a-partir-de-su-muerte (ese relato de las reivindicaciones póstumas que va de Hidalgo y Guerrero a Madero y Pino Suárez, de Santos Degollado y Melchor Ocampo a Felipe Ángeles y Usted tiene el Nombre en la Punta de la Lengua), en un pueblo donde el éxito se vincula con la explotación y la perdurabilidad con la traición, hacía falta alguien que no conociera más sentido final que la continuidad en la derrota. Visión cruel, lacerada, agónica, suplicante, del mexicano que ya se enteró de que todo triunfo es limitado y todo fracaso inabarcable, el Chango Casanova nos pertenece como ser emblemático, alegoría profunda y llagada que le confiere a La Lagunilla (no una Lagunilla Real, se entiende, ni siquiera una Lagunilla Ideal, tan sólo una Lagunilla Significativa) su carácter definitivo del lugar de México donde uno se enseña a saber perder.

ANUNCIADOR:

INTERMEDIO DESTINADO A MOSTRAR
"CAMPEÓN SIN CORONA",
PELÍCULA MEXICANA DE ALEJANDRO GALINDO,
INSPIRADA EN HÉROE TRÁGICO.
EL FINAL FELIZ VA POR CUENTA DE LA CASA

No está de más integrar otro "pueblo fantasma", una suerte de cementerio del folklore citadino que sobrevive en el fervor de las generaciones adultas o simplemente memoriosas. Allá está, digamos, Santa María la Redonda no tanto lugar como mariachi ciclópeo que practica todas las noches un simulacro del Regocijo de las Fuerzas Vivas, con tal de exhibir su devoción por "La Negra" y de preservar, nulificándolo, el traje de charro. Allí están las carpas con su rijosidad verbal que vitalizó y modificó el idioma de los mexicanos. Los albures son nuestro *wit,* el ingenio de un salón forjado en cualquier momento, erigido con un simple "Me prestas" y demolido con un oportuno "sacudió su melena alborotada". Allí está la gayola del teatro frívolo tan "qué me notas", tan "pásala cuñado", tan "cómo dijo". Allí está el Tenampa donde las penas con ponche de granada son menos y donde la garganta del mexicano se estremece de autocomplacencia ante su propio estrépito. Los griegos llamaban *catharsis** a la depuración por medio de la tragedia. ¿Hay algo más trágico que un belicoso grito tribal que emerge del centro mismo de una explotada, sojuzgada, indefensa timidez? ¡Viva México, hijos de la chingada! ¿Y no me podía esperar unos días más para lo de la renta, Don Indalecio?

• SI NO SABES VENDER EL CORAZÓN •

Y este pueblo fantasma se va haciendo con la lumpenbohemia y con las peñas de café taurino que seleccionan el Tupinamba y el Campoamor para mejor glosar aquella tarde inmortal, trágica tarde donde perdió la vida Manolete. Y allí está el lugar donde Graciela Olmos —a la que no permito que llamen la Bandida: por lo menos en mi presencia nadie insulta a una dama— canta

---

* Ah, pa' palabrita.

con buen requinto "Siete Leguas" y "La enramada". Y aquí viene la procesión inevitable: magras, escuálidas, despojadas incluso del relato obligatorio de su autobiografía y como llegué aquí, de corazón y dientes de oro, furiosas porque el Eddy le coquetea a la Lupe, decididos a incorporarse al *stock character,* al repertorio de los poetas románticos como Manuel Acuña, malhabladas hasta cuando callan, géiseres venéreos, de hinojos ante la Virgen de Guadalupe (VDG), describibles sin fallar aunque no se les conozca, decididas a adoptar al hijo de Toña que murió en olor de penicilina, clichés humanos, metáforas lineales de la cultura de la pobreza, de medias negras, bolso rojo y buena voluntad. Son quienes permiten lo inmaculado de las noviecitas santas y las santas jefecitas, las viejas quisqui tienen al hijo estudiando en la Preparatoria para que sea diplomático o médico y ya cambió un poco el esquema de la Mujer X, que puro abogado le ha salido por retoño, pero aquí el hijo resultó mala cabeza y se siente soñado nomás porque la mamacita le regaló —con los ahorros de toda la vida— un Volkswagen. La prostituta (regaladle el perfil de Meche Barba) es uno de los personajes significativos, esenciales, que de modo natural sancionan la importancia de las esquinas del D.F. ¿Otros seres básicos? El gendarme (dadle la voz de Miguel Inclán), el peladito (otorgadle el dejo cantadito de David Silva), el taquero (proporcionadle el tono respondón de Héctor Lechuga), el vendedor de camotes (reveladle su vocación de Yma Sumac).

ANUNCIADOR:

DANZÓN DEDICADO AL ESTABLECIMIENTO
DE LAS FRONTERAS DEL BARRIO DE
TEPITO. POR LA PARTE NORTE O "NEREIDAS"
LO LIMITA LA CALLE DE CANAL DEL
NORTE; POR EL LADO O "JUÁREZ NO DEBIÓ
DE MORIR" LO LIMITA PEÑA Y PEÑA;
POR EL ESTE O "RIGOLETITO" LAS FAMOSAS
HOJALATERIA Y CIRCUNVALACIÓN Y POR
EL OESTE O "SALÓN MÉXICO", LO LIMITA
JESÚS CARRANZA. Y ADELANTE, SELECTA
CONCURRENCIA, QUE EL ZÓCALO
ES HACIA ALLÁ

DECLAMADOR:

¿Y qué sabe de Tepito quien nunca ha vivido acá? Sabe o conoce historias, anécdotas, referencias, recuentos, nostalgias, evocaciones. Sabe imágenes: un barrio de españoles según esto pudientes que se va metamorfoseando en un canijo entrevere de los que no llegaron, de los que se aprendieron un oficio y se resignaron a la miseria, todo de golpe. La miseria se combate con un trago, la artesanía se ejerce llorando en el hombro del compadre. ¿Por qué te hizo el destino zapatero? Aquí nadie fracasa más que otro, nomás eso faltaba. Y Tepito se va delineando como cementerio de ambiciones, congregación de rateros, encrucijada de la "mota" y de lo "chueco", de la droga mínima y el robo artesanal. Imágenes convencionales: puestos de fierros viejos, vecindades, un hombre atraviesa la plaza de Fray Bartolomé de las Casas con una botella de cerveza en la mano y una capacidad infinita de santiguarse ante la iglesia de San Francisco el Chiquito. Aquí todo pasa. Todo cabe en el Tepito de la leyenda queriéndolo acomodar: aquí uno se acuesta pobre y se levanta más pobre; aquí en estas vecindades, donde se paga hasta ocho y diez pesos mensuales, una familia se defiende con plomo derretido del asedio de los acreedores mientras la madre se dispone a rifar un radio relleno de frijoles; aquí se congrega la iconografía desaparecida: cobradores de camión, "piñas" (inocentes) que se disponen a adquirir en abonos fáciles el Castillo de Chapultepec, vendedores de paletas, hay raspados, taqueros ambulantes siempre dispuestos a entrarle al "volado", muéganos, papas, chiclet's, morelianas, marquezotas, cirqueros de barrio con el insustituible oso vencido, damas de la madrugada que se disponen a insultarse al mediodía. Aquí está también la Rinconada, el lugar donde se vigoriza, cunde y se disemina la leyenda: nomás déjate caer y ya no te levantas del arroyo, nomás descuídate un poco, álzale la mano a la jefecita y si no se te seca, de cualquier forma estás salado ñero. Nomás enamórate de la verde, nomás fállale en el primer atraco, nomás deja que la vidorria te descuente a la malagueña. La Rinconada: por años y años el sitio temido, la ilustración pop y chilanga del infierno del chómpiras Dante, el lugar temible, el centro de la leyenda de este barrio eminentemente legendario. Y ya vas.

● DE ESTE LADO LA EXISTENCIA Y DEL OTRO EL PERDEDOR ●

Porque el Tepito legendario se ejerce y le ejecuta en dos dimensiones. Una, la lucha por llegarle, por fajarse los pantalones bien macizo pa' que la pérfida vida no nos sorprenda papando moscas. ¿Cómo te quedó el ojo, Alfonso Reyes? La lucha por la vida o mejor, la extensión ilimitada de un símil: la existencia es como un ring; la vida es un encuentro a sesenta años promedio y (si las estadísticas no mienten) quince rounds. Ya es de todos adquirida —los pop-psicólogos no han nacido en vano— la razón de la abundancia de boxeadores en Tepito: Kid Azteca, Raúl Ratón Macías, José Huitlacoche Medel, Octavio Famoso Gómez, Chucho Hernández: los nombres conocidos indican de paso los de una legión que no llegó a la meta del primer round. Razón muy simple: el barrio ha ido creando los símbolos que necesita para no dejarse aplastar. ¿Dejarse de quién, compadre? Pues de quién ha de ser: de la Ciudad, del Destino, de la Mula Vida. La respuesta, fetichista y rudimentaria, es veraz a su modo. Métele freno. Así se educan en mi tierra: la vecindad es escuela de pretensión, de egoísmo, de malos humores compartidos, de generosidad, de maledicencia, de fraternidad, de odio profundo y amor verdadero. ¡Bolita, joven! Y la vecindad y la calle utilizan pedagogías ejemplares, inolvidables. ¿Te vas a dejar, chavo? No la arruines, no le hagas, échale un vistazo a tu padre, a tu hermano. *No te dejes.* La frase se vuelve vísceras y sangre y tienes que levantarte aunque sientas que te lleva la fregada: no te dejes ñis, no te dejes manito, no te dejes mi cuáis. La frase se apodera de una resonancia terrible, del eco de las conversaciones oídas a medias donde alguien compadece a alguien que da lástima. Dejarse es terminar tirado, allí en el callejón, implorando, suplicando, reconociendo uno a las claras que no supo ni con quién, que no supo ni cómo. *Dejarse es definirse:* aceptarse como débil, como frágil, como tarugo. No hay que achicopalarse, hay que reconocer que el viejo Darwin se las sabía todas, que el destino de los penitentes es el K.O. La relación del box y de la vida se vuelve omnipotente. Ya no se distingue entre un sparring y la educación primaria, entre quince rounds y las bodas de diamante. Vida y deporte son instancias indesligables del mexicano pobre: llegar muy alto, meter gol; casarse con una viuda, ganar por default. O quizás fuese más conveniente la generalización: cuando no queda otra, a los contextos se les otorgan las cualidades de la autobiografía. El barrio *es* mi niñez, el billar *es* mi adolescencia. ¿Y quién distingue entre la azarosa vida interior de la vecina y esa canción de la radio, esa telecomedia de las seis de la tarde? No es que uno sea inmaduro: lo que pasa es que siempre ha vivido en la misma calle.

Así la lucha por la vida solicita mánagers y entrenamiento en los baños Jordán, requiere del pedal y la fibra (nuestros equivalentes del poder y la gloria) y de la esclavizante dictadura del ring, el cuadrado de donde ya no se puede salir. La necesidad distribuye símbolos, estímulos casi corporales, muestras de esa gana perentoria y medrosa de no dejarse vencer, de salir al encuentro de lo que sea, con tal de darle la vuelta a la esquina, con tal de saber a quién se parece la prosperidad. El réferee eleva el brazo del vencedor, la imagen del triunfo es un camión de mudanzas. Ya estaría de Dios, mi hermano. Ya estaría de Dios.

• QUE SEAN MIS PRIMERAS PALABRAS PARA LA JEFECITA •

Y hay algo admirable en esa adhesión, en el prodigioso fervor desplegado para cubrir, proteger como círculo de tiza o plegaria decembrina, al ídolo, al campeón, al aspirante. Hay algo emocionante y perfecto (y al mismo tiempo frustrante y amargo, porque los sentimientos pop se dan en parejas) en el temblor azogado, hilarante de la evocación, en esa llegada del campeón a su vecindad pierda o gane, lo acompañen vítores o lágrimas. (La escena, no por confeccionada es menos real.) No es nada más decirle que no está solo, recordarle el cariño, mi hermano, es involucrarse también en esa pelea a golpes, en esa catorriza contra lo diario, contra lo terrible cotidiano; es adherirse a una ideología que codificaron a dúo Federico Gamboa y el Marqués de Queensberry y que está tan hecha de reglas escrupulosas como de golpes bajos. En el apiñamiento ante el aparato de radio o el televisor, en los gritos, los abrazos, las obscenidades en voz baja, los pronósticos, las porras, los sollozos, los desmayos, la conciencia de dignidad que una cámara de cine inevitablemente proporciona, la madre silenciosa que sirve café, las novias trémulas, los hermanos lívidos, los amigos fatigados que rodean esa ausencia, ese vacío que dentro de unas horas se verá sustituido por el regreso del ídolo a su cuarto natal; en toda esa faramalla del "estoy contigo, campeón", se reitera una forma de realidad, la aventura y la vibración, la espera y la confianza mezcladas de modo insólito, contradictorio. Surge una aportación: no la imagen banal y típica de una muchedumbre dispuesta a celebrar al triunfador sino la de una comunidad convencional y extraña —poderosa incluso en su desvalimiento— que se metamorfosea en un solo cuerpo, en un apoyo irrefutable para la tesis que ha identificado el ring y la vida. De allí lo perdurable y lo engañoso de esta secuencia casi cinematográfica que, gracias a su condición legendaria, siempre se reproduce sin variantes. Utopía y trampa: sin distinguir entre duras y maduras, la solidaridad colectiviza de modo entrañable pérdidas y victorias y respalda en ese cuate-depor-el-rumbo que sube al cuadrilátero, la voluntad de no dejarse.

285

¡Tú le das! Creo en ti porque vives allí junto. ¿Orgullo de comunidad o chovinismo a nivel de calle? En esos momentos excepcionales, con cervezas que se descorchan y comerciales que permiten verbalizar la tensión y escenas de la vida real que luego inventará el cine nacional, se da la actitud que presagia o estimula el tránsito de la coexistencia (gozar y padecer *al lado* de los otros) a la convivencia (gozar y padecer *con* los otros)

ANUNCIADOR:

DESCRIPCIÓN DEL MAESTRO JULIO
CORTÁZAR DEDICADA POR LA EMPRESA
CON AFECTO A SU DESTINATARIO
KID AZTECA:
"Y YO PENSÉ EN MALLARMÉ Y EN KID
AZTECA, UN BOXEADOR QUE CONOCÍ EN
BUENOS AIRES HACIA LOS AÑOS CUARENTA
Y QUE FRENTE AL CAOS SANTAFECINO
DEL ADVERSARIO DE ESA NOCHE ARMABA
UNA AUSENCIA PERFECTA A BASE DE
IMPERCEPTIBLES ESQUIVES, DIBUJANDO
UNA LECCIÓN DE HUECOS DONDE IBAN A
DESHILACHARSE PATÉTICAS ANDANADAS
DE OCHO ONZAS"

(*La vuelta al día en ochenta mundos.*)

● EL QUE NACE PA' MACETA ●

Desquítate, desahógate, echa de tu ronco pecho ahora que hay modo. Es el 15 de septiembre, la noche de todos los mexicanos, el aniversario del día en que somos libres entre pura campanada. Órale a darle, a matar gachupines, a aventar cohetes (si te lo permiten), a tomarte otra cerveza bien frívola (si logras atravesar ese caos pegajoso, el espacio húmedo, las voces que se dejan caer como mentadas en la turbiedad de los sentidos, nieblas animadas por fuegos artificiales, alaridos de júbilo a espaldas de cualquier desastre histórico). Estás en el Zócalo con tu palomilla brava, estás frente a una fogata en la esquina, estás en el patio de la vecindad con tu familia, estás en el cuarto de tu carnal con el resto del grupo. Estás en la Rinconada, sin intentar aclararte las cosas, muy lejos de todo, lejos del te-juro-que-ora-sí, a mucha distancia del cambio, ni a quién pedirle un chance, ni a quién rogarle por la última oportunidad.

286

Y otra de las dimensiones del Tepito alegórico, tan próximo y tan distante del Tepito real, se enfatiza: la otra orilla, la vocación de l. derrota, el gusto de la marginalidad, saberse fuera de las reglas del juego, en la práctica inevitable de las lecciones de abismo. Si los boxeadores han sido la metáfora golpeada del struggle for life, la Rinconada (un lugar, una tradición específica) es la analogía declarada de la lucha *contra* la vida, por lo menos contra la vida tal y como la concibe la sociedad mexicana. ¿Qué es la Rinconada? No esa calle señalada donde se hacinan o se hacinaban los teporochos, los seres golpeados de zapatos grandes y barba rala y mirada perdida, sino el significado (obvio) que se desprende o se eleva de este espacio tan satanizado y exorcizado. La Rinconada es la configuración, el diseño grotesco del proceso antisocial que encierra y cierra con ademán tan límite la conducta de un Chango Casanova o —ya para darle cancha a otro barrio, digamos La Merced— de una Lola la Chata, una de las leyendas neocoloniales del siglo xx, un espectro que en vez de preguntar por sus hijos asesinados reparte drogas en los prostíbulos. Viéndolo bien manito (y no se puede recordar a Tepito sin remedar su habla) la Rinconada no es sino la docilidad de la rebeldía, la escenificación del desprecio en que se nos tiene.

—Conque alguien me hubiera tenido un poquito de fe.
—Nací en martes 13, puta madre.
—Pareces policía. Nomás preguntas y preguntas.

Y la protesta que se ignora como tal, provoca, con su andar tambaleante, con sus costales y sus periódicos, con su alcohol de 96° y sus tortillas y bolillos duros, con el mero despeñarse de una vida o con la simple aceptación de las teporochas ("las bebidas que arrullan") la afirmación absoluta de una —de esta— sociedad. ¿Qué es de ese largo y prolongado desfile de seres mutilados, destruidos, corruptos, sucios, quejumbrosos, rebosantes de autocompasión, que han preferido no entender nada, que decidieron —para usar una frase muy suya— conformarse con que les partieran la madre? *Ya llegó su padre, güeyes.* Y la bravata se ve sucedida por la resignación. Los huéspedes de la Rinconada (y los huéspedes de sitios similares en otras colonias: la Ex Hipódromo de Peralvillo, la Valle Gómez, la Guerrero, la Morelos, la Romero Rubio y los huéspedes de las pulquerías y las covachas y las Ciudades Perdidas) son una larga y ardiente serie de homenajes a la voracidad de una estructura social, antropófaga por naturaleza. Todo esto suena a regaño y a sermón, pero sucede que un cuerpo caído en medio de la indiferencia, es un regaño y un sermón. Todo lo aleccionador de un ser deshecho que se agita y murmura desafíos, todo lo aleccionador de unos ojos enrojecidos y saltones que rechazan la luz, todo ese cúmulo de lecciones y señas de identidad y drásticas incitaciones al cambio (que se complementa con todo lo aleccionador de la repulsa y el desprecio hacia el "chivato", el delator, con todo lo aleccionador del impulso negativo de un adolescente que ve volver al barrio, de visita, al antiguo ídolo que supo prosperar) constituye la esencia de sueños y pesadillas, de orgullos públicos o penas privadas del Distrito Federal, otra de las ciudades retenidas en el límite entre la fábula y la moraleja.

¿Y qué sería lo más abrumador de la moraleja? Que el continente latinoamericano, el país, la ciudad, el barrio —así, de menor a mayor, para informarles que todavía hay clases— han sido siempre y por antonomasia formas abiertas o disfrazadas de la metáfora del ángel exterminador, lo que nos sucedió el día que se murieron todas las puertas. Nadie puede escapar del destino, hubiese dicho el coro clásico; me hubieras dicho que eras del Tercer Mundo, se afirmaría hoy. El país por cárcel, la ciudad por cárcel, el barrio por cárcel, la cárcel por cárcel.

Y en este barrio —síntesis inmejorable de nuestras comunidades anteriores a la masificación— la misma óptica mecanizada que ve en el box la situación homónima de la lucha por la vida, advierte en el sedentarismo estricto, en el estar aquí de una vez y para siempre, la mayor prueba de la fidelidad. El sentido de comunidad se prolonga hasta el momento de pagar todos las deudas de todos. Y una de las desventajas, de las limitaciones reconocidas de ese barrio hirviente y contradictorio que habitará sin término, luchón y taimado, entre un chirris y una chévere, en la memoria del mapa mitológico de México, es la aceptación fatal y sumisa de la suerte. Ni modo, aquí estamos, en la Rinconada, en la vecindad, en el puesto de fierros viejos, en el mercado, en la compartida lamentación con los vecinos, en el terror ante la policía que es nuestro lazo de unión. Te lo dije: quién te manda nacer aquí. No lo toquen ya más, que así es Tepito. Y la consigna folklórica se transforma en resignación, abandono, los hombros que se encogen, la mirada abatida, las manos cerradas no para volverse puño sino plegaria. La gran falla del Tepito mítico ha sido la perpetuación de esta horma sombría y fatalista, del determinismo moral de la pobreza. Su profundo acierto, la intuición, así sea efímera y deportiva, de la solidaridad, de la siempre pospuesta solidaridad mexicana.

288

ANUNCIADOR:

¡SEÑORAS Y SEÑORES! ¡INVOCACIÓN FINAL
DEDICADA AL HOMBRE EXTRAORDINARIO QUE
REGALA LAS CAJAS CON AIRE EMBOTELLADO DE
TEPITO! Y AHORA, A TRES CAÍDAS SIN LÍMITE
DE TIEMPO...

[1967]

Informe confidencial sobre la posibilidad de un mínimo equivalente mexicano del poema Howl (*El aullido*) de Allen Ginsberg*

•••

He visto las mejores mentes de mi generación
destruidas por la falta de locura, medrosas pensando
que alguien pueda darse cuenta de su desnudez,
apiñándose a la puerta de los poderosos, llevando su
adhesión a quien la acepte, enviando telegramas
conmovedores.

políticos de cabeza dócil y sumisa, que se han
desvanecido en el esfuerzo de evitar que se piense que
ellos posiblemente podrían crear problemas en un
momendo dado, Dios no lo quiera.

con niñez de barriada y adolescencia de casa
de huéspedes y juventud desafiante y anticonformista,
con discursos emotivos pronunciados en tabernas
frenéticas donde todos deciden hacer la Revolución.

que han vivido en ese vía crucis invertido que va de
la Colonia Guerrero a las Lomas y del barrio del
Carmen al Pedregal y de la angustia reflejada en el
rostro a la complacencia manifiesta en el ademán.

que fueron trotskistas y comunistas y subversivos y
radicales y ardieron en el dolor de los pueblos,

---

* Poema definitorio de la beat generation. El informante
(anónimo) confiesa ser estudiante de los años cincuenta.

pero que ahora están dispuestos a reconocer que siempre el mejor camino es el de la cordura y la razón.

que desfilaron por las universidades recitando poemas de Neruda y Nicolás Guillén y Miguel Hernández, y discutieron con pasión en las calles las tesis de Sartre o de Bertrand Russell o José Ingenieros.

que vinieron de provincia con el temor de no ser reconocidos al dar la vuelta al kiosko y se avergonzaron de sus maneras, y se fijaron con disimulo en las actitudes de los otros y enviaron cartas quemantes por una soledad que cada día se iba atenuando.

que se iniciaron sexualmente en callejones con nombres exóticos: 2 de Abril, el Órgano, y amaron la invocación "pasa güero, adentro hay colchón" como otros hubiesen amado "Va mi espada en prendas, voy por ella".

que asolaron los burdeles y los cabarets con sus gritos tribales y su pretensión de satisfacerse gratis, y repitieron los chistes de todas las generaciones y vomitaron rindiéndose en los callejones y consumieron ron barato y tequila propiciatorio y siempre, un minuto antes de derrumbarse, se jactaron de su capacidad para beber.

que creyeron sin decirlo pero tampoco sin negarlo en la Patria y sus valores y en todas las fechas y todos los días que conmemoran gestas heroicas y maravillosas y llevaron su conciencia cívica al grado de indignarse si alguien hacía un comentario humorístico sobre Belisario Domínguez, "el que calla otorga", o sobre Obregón, "que tira la piedra y esconde la mano".

que se negaron a fumar mariguana y despreciaron a
los que no eran muy machitos y llevaban pelo largo
y pronto tuvieron casa chica y muchos otros hijos
que podían llevar el apellido aunque la otra madre no
recibiera pensión y de cualquier modo yo respondo,
¿no?

que ejercieron la constancia mañanera en los grandes
hoteles donde desayunaron con los importantes
funcionarios y los jerarcas de las finanzas, y se
mostraron atentos y solícitos y cordiales y supieron
reír y celebrar el chiste del perico que sabía esquivar
como si lo hubiesen oído por vez primera y que
cuando así le convenía al jefe y maestro, supieron
eclipsarse y esperar.

que jamás se precipitaron en la rebeldía o en la
indignación porque eso, además de cualquier otra
consideración, resultaba de mal gusto,
y prefirieron la actitud escéptica y la sonrisa irónica y
discreta (aunque firme en lo referente a política
exterior).

y concibieron la vida como lo que es, una escala
ascendente ¿o me va usted a negar licenciado
Hernández que no es lo mismo estar arriba que estar
abajo?

que se justificaron ante sí mismos diciendo que todo
lo hacían porque la única manera de transformar
las cosas es estar adentro para influir y a medida que
los acontecimientos contradecían la tesis, se iban
inclinando a culpar de todo al villano máximo, las
circunstancias históricas. Y luego volvían a influir
desde dentro.

que leyeron un día en el periódico con indignación los
acontecimientos de Vietnam o de México, y fue

tanta su rabia moral que dejaron de leer el periódico,
porque yo no puedo hacer nada y qué ganaría con
vivir angustiado y de ese modo no se ayuda a nadie.

que criticaron en privado los errores de los que se
dicen izquierdistas y pidieron congruencia y rectitud
en la conducta y se apresuraron a hacer tres veces
al año su viaje al estado natal, para que no se olviden
de uno y se den cuenta que tengo los ojos puestos
en mi gente.

que se casaron porque era necesario haberse de
compañera y se sintieron satisfechos cuando se dieron
cuenta de que ella callaba en las reuniones y callaba
en las comidas, y callaba en todas partes y se
felicitaron por la sabiduría de su elección porque el
destino de la mujer del poderoso es garantizar con su
discreción que el buen gobernante por su casa
empieza.

que se iniciaron en la prudencia negándose a comentar
las fallas de sus superiores y continuaron negándose
a oír de las fallas de los superiores y terminaron
negándose a pensar en las fallas de los superiores,
no por lealtad canina, sino por consideración a la
gloria intrínseca del puesto, a ese puesto que en más
de un modo ya les pertenecía, a ese puesto que
borraba cualquier falla posible de los superiores.

que se burlaron de los intelectuales, porque la gente
excéntrica y los farsantes sólo dan risa aunque
eso sí, se incomodaban muchísimo cada vez que
estaban frente a alguno de ellos y se prometían leer
para la semana próxima el libro de Morris West
que les había recomendado y comentaban con sorna
que ellos también oían a Bethoven y terminaban
yéndose a Acapulco para reposar la mente fatigada.

Que aceptaron dirigir este país con la seguridad de
que podrían hacerlo dignamente y fueron adquiriendo
la expresión necesaria y la biblioteca pertinente y el
repertorio clásico de anécdotas y la preocupación
cívica como una condena
y decidieron aceptar el país porque uno no rehusa el
cumplimiento de una grave obligación y en su interior
se percataron de súbito que en efecto la Revolución
del 10 no había muerto, que ellos la encarnaban y la
representaban con magnífica humildad
y no les quedó más remedio que caer en trance y
entornar los ojos con majestad y aceptar el atavío de
príncipe y dirigirse al micrófono para declarar:
"En esta hora de graves responsabilidades ciudadanas,
no me arredra la perspectiva de..."

[1967]

☆☆☆☆☆☆☆☆☆☆Y era nuestra herencia

☆☆☆☆☆☆ ☆☆☆☆☆☆ una red de agujeros

• I. MIXQUIC •

De Pátzcuaro se adueñó la Kodak. A principios del mes de noviembre, de todos los meses de noviembre, la celebración del Día de Muertos en un pueblo del Estado de Michoacán atrae y sectariza a la fotografía. Los turistas descienden en bandadas intermitentes sobre los cementerios y las honras fúnebres. Los turistas, con el anhelo del cuadro perfecto y la composición inmaculada, con la gula cronométrica de quien se apodera del universo gracias al entreguismo de un obturador, se extienden sobre las costumbres, revolotean en pequeños círculos sobre el ocioso esplendor de la ceremonia. Las velas enormes y las ofrendas y las costumbres prehispánicas y los copales y el incienso (que disipa la seguridad de las figuras) y los rezos, que señalan otra concurrencia, la de los muertos por desgracia no fotografiables, han sido el alimento propicio, propiciatorio de esa curiosidad compuesta y almibarada que culmina en la sala de una casa, ante el parpadeo de las transparencias y las explicaciones. Slides y exégesis. Pátzcuaro ha cobrado prestancia: es material filmable que asciende al Walhalla de la foto fija o los dieciséis milímetros. México ha vendido el culto a la muerte y los turistas sonríen, antropológicamente hartos.

Aviso de ocasión

Mixquic, en el Estado de México, adelante de Xochimilco, atendió durante muchos años a comitivas similares. Ya desde la carretera, con su conspiración de sauces y canales, los turistas, capitalinos en su mayoría, se deleitaron en la intriga de los orígenes. Así eran nuestros ancestros, así veían a la muerte en plena interrelación con la vida, así ejercían impávidos "La Noche". Y las cámaras y el escudriñamiento retrospectivo demandaron la producción escenográfica conveniente: jorongos, quexquemes, cotorinas, suéteres blancos y grises de Chiconhuac, huaraches, guitarras, canciones melancólicas de letra enfatizada "por su gran carga de poesía popular", repertorio de los izquierdistas de los treintas que anhelaban lo folklórico como respuesta al imperialismo, grabadoras contempladas por ojos que evidentemente habían leído las novelas de Guzmán y de Azuela y se habían deslumbrado con las fotos de Zapata y pronto admirarían la poesía náhuatl en la versión del Padre Ángel María Garibay. Los treintas, con su carga de stalinismo, de veneración de las esencias populares, de reafirmación de los principios antimperialistas, sobrevivieron en un culto mortuorio, renovado e impulsado por el espíritu de los cincuentas, por el existencialismo local, por la pequeña multitud de atendedores de los muy reducidos lectores de Sartre. En Mixquic, uno conversó con el antropólogo norteamericano que reunía materiales de su libro sobre una familia mexicana. Uno escuchó en un grupo a la cantante bohemia que después sería la devoción de una élite. Uno atisbó a los fotógrafos que extraían raigambre, que recopilaban mujeres impasibles y campesinos difusos, recortando la inmensidad cerúlea del panteón. Mixquic fue una reunión de protesta, una asamblea de los que repudiaban la norteamericanización, cultural y espiritual, de las colonias.

1968: 2 de noviembre en Mixquic

Culmina un proceso. Continúa el desfile de santularios, la conciencia externa de la mínima odisea. Prosiguen los jorongos, cada día más estilizados, con mayor influencia de Dior o de Coco Chanel. Aún se advierten los suéteres de Chiconhuac y se agregan collares y los anillos mazatecos y las prendas huicholes y se ha prescindido de los ojos de venado y todas las mujeres se enfundan pantalones. Los hippies apócrifos de los sesentas

296

han saqueado el guardarropa de los existencialistas apócrifos de los cincuentas.

Una novedad modificante: las tribus de la Zona Rosa. La Zona Rosa, un barrio comercial de la ciudad, calles de venta y de exhibición, confluencia de pelo largo y anteojos de aro delgado y camisas sicodélicas y fe en la astrología, se unifica este día en Mixquic. No son necesariamente los asistentes a cafés quienes acuden: la Zona Rosa es un estado de ánimo. Se comparte y eso es suficiente, la angustia sentimental, una angustia nacida en la desilusión de vivir en México y renacida en la ilusión de estar viviendo en otra parte.

Lo que congrega en Mixquic no es un acto de afirmación nacionalista, sino una experiencia —por darle un nombre— desnacionalizante. El habitante de la Zona Rosa llega allí para sentirse lejano, extranjero, *otro*, ante las umbrosas y porfiadas ceremonias indígenas. Ya no se frecuenta la muerte, ni se manejan ideas de extinción o avivamiento. Como otras muchas cosas, la familiaridad con la muerte se ha ausentado de ese vasto panorama mexicano donde sólo se agrupan precios y consignas y salarios. Desaparece el *sentido* de los actos: los actos permanecen. ¿Qué hacen allí esas mujeres hincadas, rezando? ¿Quién ha muerto, quién puede morir? Los elementos visuales se afirman, luego de la huida de los datos metafísicos. Quedan las flores, el color, los rostros disueltos en el humo de los incensarios. Se mantiene la multiplicación de las velas que, en un apogeo de penumbras, entierra al cementerio, sepulta a las fosas. Queda la incredulidad: no se puede creer en la muerte porque no se puede creer en la vida. No hay más acá, no hay más allá. Los amigos extraen el jorongo y se acumulan en el automóvil y cantan en la carretera y toman de una misma botella. No es una peregrinación a las fuentes de la tiniebla: es un acontecimiento social, una sospecha del deber que se cumple contra la muerte y contra la vida, sin auspicios de la trascendencia o el compromiso. Para el caso, no interesan las modificaciones del pueblo de Mixquic, que con percepción clarísima enlista los beneficios de la ocasión y arregla una sucesión de pequeños banquetes a un costo módico. El viajero capitalino se olvida de eso, de la insensibilidad de un pueblo frente a su hallazgo ritual, de las afrentas de un tráfico multitudinario, de las advertencias a propósito de "la comercialización de Mixquic", de las características de Halloween adoptadas por los niños del pueblo, que solicitan dinero iluminando cajas vacías o calabazas horadadas y a quienes sólo les falta repetir: *"Trick or treat"*. El viajero desatiende el nulo valor antropológico de la reunión y el brevísimo tiempo que su hastío dedica al cementerio. A ver un concurso de calaveras confeccionadas con dudoso amor y deplorable artesanía, a disfrutar de un show primitivo que consiste en adivinar a quién le estallará el castillo de fuegos de artificio, a sumirse en la degradación de los mitos ancestrales, a todo eso no ha ido.

El visitante se ha dejado convocar por el gusto imponderable de ser turista en su propia tierra, el gusto de reprocharse a sí mismo su condición de occidental decadente, su simpatía por los panteones satirizados por Evelyn Waugh que lo aleja de los panteones canonizados por la cámara de Manuel Álvarez Bravo o Gabriel Figueroa. El visitante no anhela singularidad: nada más lejos de su pliego petitorio que preservar las raíces de México para contener la migración de costumbres yanquis. Él quiere ser idéntico y gregario, igual a todos los de su misma especie, distinto sólo de la disidencia. El Día de Muertos se convierte en la cacería de algo que no es la muerte, que no es el vaho de la identidad ante el espejo. Sin que cambien escenario e inmediaciones, la Fiesta se convierte en el Party. La Fiesta es Revuelta. El Party es Agrupamiento. Desgarradura versus remiendo. La nacionalidad (un mutuo acuerdo) deja sitio a la sociabilidad (un país por derecho propio). Los vivos ya no rinden homenaje a los muertos. Es hora de que los muertos se dediquen a ver circular a los vivos.

El espectáculo genuino de Mixquic se desplaza del cementerio hacia el turismo nativo, hacia quienes inundaron en los cincuentas aquellos cafés donde los discos de Miles Davis subrayaban una incómoda postura orientalista (cafés de asociaciones previsibles, donde un animal se adueñaba de un adjetivo: La Rana Sabia, La Rata Muerta, El Gato Rojo) y que hoy infestan, con las variantes ideales y reales, galerías y cine clubes. El underground mexicano, la sección subterránea de una ciudad que no acepta siquiera superficies, aflora en Mixquic: los hippies y su predilección por la mariguana, los radicales y su desprecio de la burguesía, los homosexuales y su amor por las apariencias. Los hippitecas van y vienen, apresan la sensación a través de sus prejuicios sensoriales. Los radicales comentan algo sobre la destrucción industrial de la vida indígena. Los homosexuales ríen y se encuentran, se dirigen chistes inevitables, recaban estadísticas visuales que concluyen en el gozo de su número altamente significativo. El underground deja de serlo: la contención y la repre-

298

sión sociales se quiebran y fragmentan ante la exageración de los saludos, ante la construida brusquedad de las lesbianas, ante el olor de la mariguana, ante las malas palabras que van perdiendo ya su carácter de rencilla y se rehabilitan empleándose como elementos decorativos (sin la Chingada y el Carajo todos los diálogos se ven deshabitados).

No es la orgía: es la develación, la entrega, la confesión. Como todas las tradiciones que se corrompen, la de Mixquic desaparece entre la franqueza y el descaro de una nueva costumbre, en este caso, una convención de minorías eróticas, el empleado de banco que ya ha renunciado a conseguirse novia, la maestra de secundaria que ya no admitirá pretendientes masculinos, la aceptación del sinónimo de solterón, la certeza de que de algo sirvió la existencia de Freud, o que algo quiere decir, esta noche, la representatividad de la concurrencia. La mojigatería se estremece: alrededor de la pequeña plaza de Mixquic, inspeccionando los puestos de comida agrícola, revisando el cementerio, el underground mexicano se rehusa a la discreción.

La muerte como pretexto no atrae al erotismo, sino al testimonio público de las proclividades. En Mixquic, una cantina, *María del Carmen*, incursiona, a través de su clientela y sus ofertas, en la renovación de la fecha. El 2 de noviembre no es desenfado ante la muerte, no es regocijo ante la vida: es traslado de las zonas prohibidas, mudanza que parte de Tánatos hasta llegar a Eros, fuga de lo arquetípico hacia lo heterodoxo. Los herejes aguardan la Fiesta o el Party. Al abrirse la colectividad, al exponer sus entrañas, ellos se filtran, se incrustan, se deslizan. Requieren del estallido para entrar con sigilo y fanfarronería, para invadir las seguridades y los respetos de las mayorías.

En *María del Carmen* una rockola respalda melodías de los sesentas y orienta a los bailarines, a los danzantes de un carnaval improvisado. De nuevo, el rito engendra su contrapartida: el Carnaval auspicia la aflicción de la carne, el Día de Muertos patrocina el élan vital. Se dispersan y se desintegran las teorías de la ilícita relación pública entre la Muerte y México. No hay intimidad, no hay intimidación. ¿Adónde "si me han de matar mañana que me maten de una vez"? ¿Adónde "anda putilla del rubor helado, anda, vámonos al diablo"? ¿Adónde el humor negro y su "de tres tiros que le dieron nomás uno era de muerte"? En pleno pueblo típico, en el día de difuntos, un sitio a gogo lo niega todo. Y el empeño de diversión, el reto y la ostentación sexuales, se despliegan en la vestimenta y en las actitudes de la audiencia, una audiencia que anticipa ambigua el Carnaval de Veracruz, que vocifera canciones rancheras con tal de adelgazar una sensibilidad que es materia seducible, con tal de apoderarse burlonamente del machismo. La audiencia ríe y analiza el gusto para vestir de su vecino y da tumbos y bebe sin identificar sus acciones con la noción, por otra parte tan vulcanizada y oxidada, del desacato o la blasfemia.

Y no se evoca el carácter sacrílego y extrovertido de la Fiesta en México, la comunión que clausura momentáneamente la soledad de todos los días. La profanación es lo opuesto a la sacralización y ambas actividades están en Mixquic fuera de lugar. Lo dominante es esa gana de convertir las cosas y las instituciones en un gigantesco cocktail party, de vivir devolviendo un fiestón loco a la sociedad o a la cultura que propone un rito. Un grupo teatral, cuya dicción, a tono con las circunstancias sí es evidentemente mortal, liquida las "Calaveras de Posada". En una improvisadísima versión rural de los Caldos de Indianilla se bailan redovas. El panteón sugiere unas cuantas figuras que rezan o lloran o fingen imitar a las estatuas (únicos seres inmunes al hecho de ser fotografiados) ante la indiferencia o la rápida deferencia general. En *María del Carmen* se alternan el jerk y el bugalú. La concurrencia acepta el desfile de modas y envía a la pasarela sus gritos y la perfección histérica de sus movimientos, modela sus jorongos, modela su aceptación jubilosa de que el turista profesional, cualesquiera que sean sus avideces, sólo se conforma con la contemplación de su propia especie. El Día de Muertos descansa en paz.

• II. TLATELOLCO •

2 de noviembre de 1968: La recuperación litúrgica de la fecha. En la ciudad de México el drama y el patetismo de lo irremediable se representan, no en el Panteón de Dolores ni en el Panteón Jardín, sino en un espacio insólito. Tlatelolco es el lugar del retorno. Desde muy temprano, ante la inextricable y vigilante reserva de los granaderos y la policía, la Plaza de las Tres Culturas se va poblando con los vecinos del lugar y los amigos y los familiares de los desaparecidos un mes antes. Allí fue: todos lo saben y algunos lo repiten como una hipótesis, quizás para aminorar el estupor, tal vez para convencerse a sí mismos de que no ha sido cierto, de que la pesadilla es un vacío resplandeciente. Hace un mes, hubo un mitin en Tlatelolco.

(Eran los meses del Movimiento Estudiantil y en toda
la interminable unidad habitacional Nonoalco-Tlatelolco
sus moradores habían ayudado a los estudiantes de la
Vocacional Siete y a las brigadas y habían asistido a
los mítines y habían resistido a los granaderos arro-
jándoles agua caliente y macetas y objetos domésticos
y obscenidades familiares.)

Era la tarde del mitin. Faltaban diez días para que diesen
principio los XIX Juegos Olímpicos y fuese notificado el plane-
ta entero de cuánto habíamos progresado desde que Cuauhtémoc
arrojó la última flecha. Y eran las cinco y media y la gente se
agrupaba, absorta en la fatiga de quien presiente la transferencia
que lo convertirá en el asistente del próximo mitin y estaban los
Comités de Lucha con sus pancartas y los brigadistas y los padres y madres de familia seguros de la calidad de su apoyo y
había simpatizantes de clase media y empleados o profesionistas
arraigados en la justicia del Movimiento Estudiantil y periodistas nacionales y reporteros de todo el mundo y quienes vendían
publicaciones radicales y quienes vendían dulces y curiosos y
habitantes de Tlatelolco.

Hace un mes: estudiantes y maestros de primarias y obreros
ferrocarrileros y maestros universitarios y del Politécnico y militantes de los grupúsculos acudieron a la Plaza de las Tres
Culturas, con su historia acumulada que aprovechan edificios
donde la propaganda ha improvisado "un nivel de vida superior", con sus tesis explícitas sobre la asechanza de lo indígena,
de lo colonial y de lo contemporáneo. Y el mitin se inició, al
instalarse los dirigentes del Consejo Nacional de Huelga en el
tercer piso del Edificio Chihuahua. Dieron comienzo los discursos que cercenaban el desánimo y sembraban la reciedumbre
porque la victoria estaba próxima. El número de los asistentes
se incrementaba. Por el micrófono un aviso: para contradecir
los rumores de una represión del ejército, se suspendía la marcha
de Tlatelolco al Politécnico. No podían correrse riesgos después del 18 de septiembre, cuando el ejército ocupó la Ciudad
Universitaria, cuando el humorismo darwiniano a propósito de
los ejecutores de la represión se petrificó ante esa hosca fisonomía implacable que se repetía, se desdoblaba, insistía en su cor-
poreidad, volvía a dar órdenes, obligaba a los detenidos a acos-
tarse en el suelo, postergaba cualquier estado de ánimo, revisaba
listas, conducía a los estudiantes hacia los camiones, les ordenaba

alzar las manos, les exigía continuar tendidos, se vanagloriaba de la influencia que las armas tienen siempre sobre las víctimas.

Y eran las seis y diez de la tarde y de pronto, mientras el equipo de sonido divulgaba otra exhortación, rayó el cielo el fenómeno verde emitido por un helicóptero, el efluvio verde, la señal verde de una luz de bengala "desde la niebla de los escudos", desde el reposo de lo inesperado.

Y se oyeron los primeros tiros y alguien cayó en el tercer piso del Edificio Chihuahua y todos allí arriba se arrojaron al suelo y brotaron hombres con la mano vendada o el guante blanco y la exclamación "¡Batallón Olimpia!", y el gesto era iracundo, frenético, como detenido en los confines del resentimiento, como hipnótico, gesto que se descargaba una y mil veces, necedad óptica, engendro de la claridad solar desaparecida, descomposición del instante en siglos alternados de horror y de crueldad.

Y el gesto detenido en la sucesión de reiteraciones se perpetuaba: la mano con el revólver, la mano con el revólver, la mano con el revólver, la mano con el revólver.

Y alguien alcanzó a exclamar desde el tercer piso del Edificio Chihuahua: "¡No corran. Es una provocación!" Y como otro gesto inacabable se opuso la V de la victoria a la mano con el revólver y el crepúsculo agónico dispuso de ambos ademanes y los eternizó y los fragmentó y los unió sin término, plenitud de lo inconcluso, plenitud de la proposición eleática: jamás dejará la mano de empuñar el revólver, jamás abandonará la mano la protección de la V.

Y los tanques entraron a la Plaza y venían los soldados a bayoneta calada y los soldados disponían al correr de esa pareja precisión que el cine de guerra ha eliminado (por infidelidad de la banda sonora) y que consiste en la certidumbre de la voz de mando, una voz de mando que se transformará en estatua o en gratitud de la patria, pero que antes es coraje y alimento, cansancio y fortaleza, severidad de los huesos, simiente de obstinación, voz de mando que distribuye los temores y las incitaciones. Y cesó la imagen frente a la imagen y el universo se desintegró, ¡llorad amigos! Y el estruendo era terrible como apogeo de un derrumbe que puede ser múltiple y único, inescrutable y límpido. El clamor del peligro y el llanto diferenciado de las mujeres y la voz precaria de los niños y los gemidos y los alaridos se reunieron como el crecimiento preciso de una vegetación donde los murmullos son del tamaño de un árbol y lo plantado por el hombre resiste las inclemencias de la repetición. Y los alaridos se hundieron en la tierra preñándolo todo de oscuridad.

Y los hombres con el guante blanco y la expresión donde la inconsciencia clama venganza dispararon y el ejército disparó y la gente caía pesadamente, moría y volvía a caer, se escondía en sus aullidos y se resquebrajaba, seguía precipitándose hacia el suelo como una sola larga embestida interminable, sin tocarlo nunca, sin confundirse jamás con esas piedras. Los niños corrían y eran derribados, las madres se adherían al cuerpo vivo de sus hijos para seguir existiendo, había llanto y tableteo de metralla, un ruido que no terminaba porque no empezaba, porque no era segmentable o divisible, porque estaba hecho girones y estaba intacto. Los fusiles y los revólveres y las ametralladoras entonaban un canto sin claudicaciones a lo que moría, a lo que concluía entonces, iluminado con denuedo, con hostil premura, por la luz de bengala que había lanzado un helicóptero.

Y el olor de la sangre era insoportable porque también era audible y táctil y visual. La sangre era oxígeno y respiración, el ámbito de los estremecimientos finales y las precipitaciones y los pasos perdidos. Se renovaba la vieja sangre insomne. Y la sangre, con esa prontitud verbal del ultraje y el descenso, sellaba el fin de la inocencia: se había creído en la democracia y en el derecho y en la conciencia militante y en las garantías constitucionales y en la reivindicación moral. La inocencia había sido don y tributo, una inminencia del principio, algo siempre remitido al principio, allí donde el llanto y las reverberaciones de la sangre y el rescoldo de la desesperanza se gloriaban en la memoria de los días felices, cuando se vivía para la libertad y el progreso. Los cadáveres deshacían la Plaza de las Tres Culturas, y los estudiantes eran detenidos y golpeados y vejados y los soldados irrumpían en los departamentos y el general Marcelino García Barragán, secretario de la Defensa exclamaba:

El comandante responsable soy yo. No se decretará el estado de sitio. México es un país donde la libertad impera y seguirá imperando... Hago un llamado a los padres de familia para que controlen a sus hijos, con el fin de evitarnos la pena de lamentar muertes de ambas partes; creo que los padres van a atender el llamado que les hacemos.

Y Fernando M. Garza, director de prensa y relaciones públicas de la Presidencia de la República, informaba a los periodistas mexicanos y a los corresponsales de la prensa extranjera:

La intervención de la autoridad ... en la Plaza de las Tres Culturas acabó con el foco de agitación que ha provocado el problema ... Se garantiza la tranquilidad durante los Juegos Olímpicos. Hay y habrá vigilancia suficiente para evitar problemas.

Ametralladoras, bazukas y rifles de alto poder disolvían la inocencia. Los rostros desencajados reducían a palidez y asco el fin de una prolongada confianza interna: no puede sucedernos, no nos lo merecemos, somos inocentes y somos libres. El zumbido de las balas persistía, se acumulaba como forma de cultura, hacía retroceder a las manifestaciones y las voces de protesta y los buenos deseos reformistas del pasado. La temperatura del desastre era helada y recia y la gente tocaba con desesperación en la puerta de los departamentos y allí se les recibía y se les calmaba y desparramándose en el piso todos compartían y acrecentaban el dolor y el asombro. Los detenidos eran registrados y golpeados con puños y culatas y pistolas. Los agentes de policía emitían dictámenes: "A la pared, a la pared." La inocencia se extinguía entre fogonazos y sollozos, entre chispas y ráfagas.

2 de noviembre de 1968: Tlatelolco

A lo largo y a lo ancho de la trágica superficie se van formando con flores letras de la victoria, letras pequeñas y grandes que homologan causa y sacrificio, decisión y martirio. Los letreros ("No los olvidaremos", "La Historia los juzgará") y los rezos y las veladoras y los llantos y la concentración y la tensión y la gravedad de los asistentes urden un vaticinio, un rito intenso de soledad que ni los escudos pueden proteger. En Tlatelolco, sin interpretaciones ontológicas, sin intervenciones del folklore, sin tipicidad ni son et lumière, la obsesión mexicana por la muerte anuncia su carácter exhausto, impuesto, inauténtico. La Historia condena las tesis literarias y románticas y en Tlatelolco se inicia la nueva, abismal etapa de las relaciones entre un pueblo y su sentido de la finitud.

Ante Tlatelolco y su drama se retiran, definitivamente trascendidas, las falsas costumbres de la representación de *Don Juan*

Tenorio y el humor de las calaveras y los juguetes mortuorios de azúcar que llevan un nombre. Se liquida la supuesta intimidad del mexicano y la muerte. Ante lo inaceptable, lo inentendible, lo irrevocable, la respuesta de la familiaridad, la resignación o el trato burlón queda definitivamente suspendida, negada. Más aguda y ácida que otras muertes, la de Tlatelolco nos revela verdades esenciales que el fatalismo inútilmente procuró ocultar. Permanece el Edificio Chihuahua, con los relatos del estupor y la humillación, con los vidrios recién instalados, con el residuo aún visible de la sangre, con la carne lívida de quienes lo habitan. Hay silencio y hay el pavor monótono del fin de una época. Los rezos se entrelazan con la vibración de otra liturgia, la de una interminable tierra baldía donde octubre siempre es el mes más cruel que mezcla memoria y rencor y enciende la parábola del miedo en un puñado de polvo. El Edificio Chihuahua se erige como el símbolo que en los próximos años deberemos precisar y desentrañar, el símbolo que nos recuerda y nos señala a aquellos que, con tal de permanecer, suspendieron y decapitaron a la inocencia mexicana.

[1968]

Imágenes del
año de México
(1)
...

Como se suman los elementos de un chiste, se va integrando el pelotón de fusilamiento. En las voces, espíritu festivo. Dispersas, las bromas y las malas palabras (de tan alta dignidad acústica en labios de quien manda). Frente al pelotón el confidente, el depositario de esa noche de júbilo. No será fusilado: simplemente se le recordará que tan antigua práctica ha sido siempre una broma agradable, una ocurrencia magnífica. El divertido relato se organiza, accede a su instante cumbre. El narrador se detiene, escudriña a su audiencia y continúa, con los ojos chispeantes: "Preparen, apunten..." Y con pena todos descubren que el agasajado, el centro del convivio, carece en absoluto de sentido del humor. Grita alguna consigna, aburridísima, solemne por supuesto y aguarda *seriamente* su destino. El simulacro concluye en un amplio desaliento. Ya el próximo sí llorará, gemirá, pedirá perdón, se desmayará, sufrirá un ataque nervioso. Ya el próximo sí habrá de compartir el regocijo.

☆☆☆☆☆☆☆☆☆☆☆ Saluda al sol, araña,

☆☆☆☆☆☆ ☆☆☆☆☆☆ no seas rencorosa

Para Abel Quezada

"¿Recordarás al país? Lo recordarás
y no es uno; son mil países
con un solo nombre. Eso lo sabrás."

Carlos Fuentes, *La muerte de Artemio Cruz.*

"Me llamo Carlos Monsiváis. No pertenezco a ningún partido político." En el trayecto hacia el Palacio de los Deportes perfecciono y modulo la frase: "Me llamo Carlos Monsiváis. No..." Ni afirmo mi identidad ni intento conmover a un próximo jurado popular. Inicio la redacción ideal de una crónica; necesito convencerme de que la escribiré. Ya advierto el Palacio de los Deportes, tan inevitablemente olímpico desde su nombre. ¿O hay algo más universalmente competitivo que un palacio? La bóveda se extiende, en su desmesurada pretensión de tortuga para todos los siglos, de armadillo de los milenios, como garantía de que la arquitectura mexicana ya superó la etapa anterior a la representada por el Palacio de los Deportes. He aquí todo el comentario urbanístico de que soy capaz. Las dificultades del tránsito siempre exaltan un gran acontecimiento: la descompostura de un automóvil manejado por una maestra de escuela particular, el daltonismo de un semáforo, la recepción de un presidente centroamericano. En las afueras del Palacio de los Deportes/ Palais

307

des Sports/ Sports Palace, se concentra y dispersa una multitud que bien podría haber sido construida bajo pedido para ejemplificar los tres sectores del Partido en el Poder, el Partido Revolucionario Institucional: obrero, campesino y popular. Hoy, sábado 15 de noviembre de 1969 —luego de dos verbosas sesiones de trabajo en el Cine Internacional—, el PRI clausura su Convención con la toma de protesta del candidato a la Presidencia para el periodo 1970-1976, licenciado Luis Echeverría Álvarez.

Los convencionistas aguardan al candidato. Reciben banderas tricolores, banderolas, pancartas, sombreros, escudos, listones, globos, anuncios de plásticos. Se congregan, esperando. Pueden haber venido de Milpalta o de Comitán, de Ciudad Netzahuatcóyotl o de la región candelillera: los unifica su asimilación instantánea a una masa que es emblema de triunfo, sede de la consagración. Se esparcen rehusando propiciar símiles o acreditar elogios: no los advierto luminosos, abnegados, transparentes, hechos con la pasta inmortal del heroísmo, dispuestos como surco, ecuánimes, de manos como semillas, forjadores del México nuevo. Exhibo mis limitaciones: no sé contemplar profundamente a una colectividad en marcha. O tal vez, al cabo del millón de discursos, he concluido con alevosía concibiendo al pueblo mexicano como el oculto y misterioso destinatario de unas voces altísimas, distribuidas de acuerdo a un calendario hazañoso, intercaladas en desfiles con tablas gimnásticas.

De los interiores de negras, inacabables fortalezas trashumantes brotan los políticos. Nada más natural: ésta es también una reunión de políticos. Su paso es seguro, reposado, sustraído de antemano a la irritación o al gozo, paso como de quien debe atender quejas o ruegos a manera del sonido obligado cuando se asciende o se desciende del automóvil. Los peticionarios invisibles rodean el desplazamiento del político. Los elementos del proceso son irreversibles: caminar sin conceder, no detenerse, asumir como estafeta el brazo del quejoso o deseoso, manifestar atención extrema, seguir saludando con precisión onomástica, ordenar a un secretario ausente que tome nota, murmurar que ésta es la primera noticia al respecto, asegurar que se procederá sin tardanza, despedir sin premura o lentitud, oír al siguiente mendicante. El político camina con voluntad de atenuamiento: atenuará su andar, atenuará su regocijo, atenuará la decisión erguida de su espalda al descender a la demanda.

- ME LLAMO CARLOS MONSIVÁIS
Y NO QUISIERA SENTIRME ACARREADO •

Un cronista honesto revisa y comprueba todos sus prejuicios. El primero, la imagen del PRI como un camión de redilas rumbo a una concentración. El PRI como "acarreo". En efecto, un número muy alto de asistentes ha sido llevado al Palacio de los Deportes, ha viajado casi por C.O.D. en las entrañas de diferentes camiones de distintos estilos, desde el dinosauro Zócalo-San Lázaro que retiene el fantasma del cobrador hasta la última palabra en Greyhounds. Sí, se les ha transportado. Y sin embargo, estos desterrados momentáneos no admiten o aceptan su conducción como un hecho que los disminuya; no se llaman a ultraje en sus decisiones democráticas. Tampoco viven un instante cívico; más bien, una especie de día de campo obligatorio. Los burócratas, por ejemplo, vinieron previsibles, con sus tortas, sus blusas floreadas, sus camisolas amarillas de cuellos de tortuga, sus chamarras verdes, sus calcetines blancos, sus termos. Destino modificado: en vez de los clásicos del picnic, en vez de La Marquesa o Las Truchas o Oaxtepec o El Cerro del Ajusco, han acampado en la clausura de la Convención del PRI.

—¿Te fijaste en lo arrugado de la falda de Lolita?

—Órale, señor Mastache, ¿dónde compró ese suéter? Está como se le pega la gana.

—¡Camacho, pásate un óranch!

Por supuesto, las líneas anteriores son inventadas. Como los burócratas típicos no hablan ni siquiera los burócratas típicos. Aquí está el picnic, sin romances ni competencias en costales, como —aprovéchese la oportunidad para mostrarse oposicionista— como la consecuencia inevitable de la despolitización. Las puertas asimilan campesinos con indumentaria de campesinos, burócratas con pretensiones de elegancia informal, obreros con aspiraciones de clase media, políticos con indumentaria de políticos. Los extremos se tocan. Sólo los campesinos y los políticos se aceptan tal como son: redimibles y redentores. ¿Cómo se viste un político? La respuesta perfecta sería visual y además, se traduciría de este modo: ¿cómo acepta, cómo resiente el siglo XX un político mexicano? ¿Qué tanto de Freud, de Marx, de Lévi-Strauss, de Sartre, de Truman Capote, de Teilhard de Chardin, de John Lennon, hay en la aceptación de una corbata Cardin o un chaleco de fantasía? ¿Cuál es la relación entre el sometimiento a "una nueva dimensión en guardarropa" y el cine de Godard? ¿Quién llevó afligido la colección de sombreros al des-

309

ván: el propio político o Rex Harrison? La vieja guardia aboga por la sobriedad: ni tanto que queme al santo ni vaya usted a suponerme anacrónico; al enfatizar el cambio de la época —sin aceptar la provocación del pelo largo— la nueva ola desliza cortes de pelo a lo Charles Aznavour, insinúa cuellos altos, filtra sacos cruzados de botones dorados. Cada generación tiene el sastre que se merece (el sastre).

● AÑORANZA QUE SE TRANSFORMA EN BIENVENIDA ●

Hoy no acudió Juanón Teporochas. Juanón Teporochas, la criatura de los comics populares, la creación de Gabriel Vargas, el diputado por Sanajuato, el pretendiente de Borola Tacuche, la imagen popular del político mexicano, ha desaparecido y con él, todas las teorías sobre la política bronca, enchamarrada, ensombrerada, de 45 al calce, de cierre destemplado de casas de citas, de anécdotas que incluyen discursos donde los beneficios de la Revolución Mexicana llegan "hasta los sitios donde la mano de Dios no ha puesto el pie". Formulado mentalmente el obituario, se multiplican, para desmentirlo, variados y surtidos Juanones Teporochas que el ojo desarrollista se había negado a registrar: son alcaldes, diputados locales, amigos de influyentes, secretarios del mero-mero de la entidad, ex-jefes de policía/ mi padre fue íntimo amigo del General Obregón/ políticos en desgracia/ ¿Se acuerda usted de aquel lío de tierras en mi estado? Pues déjeme contarle cómo lo resolví/ fetichistas del encumbramiento/ Un día me mandó llamar el General Calles y me dijo/ Juanón Teporochas sigue siendo solo. A veces, le da por el disfraz: prescinde del sombrero, el ademán de reto, el grito bárbaro al intuir la vecindad de un mariachi. Mas —como sucede en las obras de teatro de Luis G. Basurto y de Héctor Mendoza— nadie puede huir de sí mismo. A Juanón lo delata finalmente, no el vientre o la calva o la mirada de suspicacia ante un libro, sino el miedo a ser reconocido por el vientre y la calva y la mirada de suspicacia ante un libro. El perfume intenso es señal de miedo; los anillos fulgurantes pregonan miedo; la sonrisa de tolerancia frente al vacío denuncia miedo. Miedo a ser ridiculizado, a no estar a la altura del Apolo XI, a discutir de nuevo con sus hijos "la música de salvajes".

● LAS PÚBERES CANÉFORAS ●

—Favor de agitar la banderita cuando llegue el Lic. Echeverría y mantener tres minutos el aplauso.

310

El edecán (en 1967 le hubiese llamado "acomodador") me obsequia la banderita y me participa de la consigna. Luego rectifica al advertir que mi boleto indica Presidium. Los privilegios de la prensa me eximen de cronometrar mi ovación. La Banda de Marina y las tamboras se discuten con "Allá en el Rancho Grande" y el consiguiente obligado potpurrí de canciones con appeal estatal. Yo soy de San Luis Potosí, de ese barrio de/ Guadalajareña, ésa soy yo/ Sé que Dios nunca muere/ Sonora querida, tierra consentida donde yo nací/ Evoco una cita de Platón: "Las formas y los ritmos en música nunca se modifican sin producir cambios en las formas y manifestaciones políticas más importantes" (*reproducción a posteriori*). ¿Habrán tocado "Juan Charrasqueado" y "La burrita" en la Convención de 1929? El Palacio de los Deportes es una fiesta, algo no muy alejado del futbol y de los toros, porque nada de lo exitoso en México se salvará de la comparación con el futbol y los toros.

No con aire de nostalgia, sino de anticipación, se dejan ver los seleccionados olímpicos: ya vienen las Olimpiadas del 68. La atmósfera de la Convención se adhiere al presagio. De aquí al fin de siglo, Scherezada incorporará a Harún-Al Raschid en los preparativos de las Olimpiadas de 1968. No es retórica: jamás consumaremos entre nosotros las Olimpiadas, acto tras acto, ceremonia tras ceremonia, mientras subsistan las edecanas y los enormes logotipos de identificación. La durabilidad de logotipos y edecanas impiden que demos por clausurada esa gran fiesta de octubre. Son símbolos de bienvenida, recepciones cordiales, *this way please,* ideas modernas, apariencias y apariciones contemporáneas, colores vivos, actitudes hospitalarias, sonrisas que para producirse no exigen el pago de un boleto de avión, diseminación del mismo dibujo sintetizador, esplendor del rosa mexicano. Extraño la traducción simultánea. A falta del inglés y el francés, ¿no nos exceptuarían de la lectura entre líneas? ¿No podrían hacer la traducción simultánea de la realidad política?

—Ésta es otra de las cosas positivas del asunto, no se crea. Mire las edecanas: cómo ponen un toque de juventud y alegría al conjunto, como que nos sentimos jovenazos. Las sesiones en el Cine Internacional todavía sabían a viejo, recordaban la política de los treintas: discursos enérgicos y ademanes contundentes. En cambio mire esto: capas rojas, minifaldas blancas, escudo amarillo del PRI: da gusto verlas. Es como la diferencia entre 1934 y el Año Olímpico.

Otra banda inicia un desafío sinaloense. De la visión de la multitud paso al catálogo de los presentes. Iluminado por un reflector, conversa el Coronel García Valseca. ¿Citizen Kane o el director de una Cadena Periodística Nacional de extrema derecha? ¿Quién interpretará el papel en la superproducción, Orson Welles o José García Valseca? Los notables se hacen notar: la Vieja Guardia de la Revolución, los elepé, la larga duración de 1910, absortos en el parte de guerra que continúan redactándole al General Diéguez; los fundadores del Partido orgullosos de su Partenón; Emilio Portes Gil, con la aureola histórica que acompaña a los ex-presidentes como suprema compensación; Javier Rojo Gómez, con la amplia veteranía que su impasibilidad reitera: todo luchador agrario se asemeja a la tierra; Don Abel Quezada, que toma notas para su crónica; Martín Luis Guzmán, con su agradecida permanencia de autor y funcionario; Aarón Sáenz, a quien Pascual Ortiz Rubio relevó en el último minuto de la grave responsabilidad de gobernar y quien desde entonces —uno lo conjetura— asiste inmutable a todas las tomas de protesta, a todas las tomas de posesión, con tal de soportar en un instante, gracias al vicario en turno, el peso del deber. Aarón Sáenz quien estuvo a punto de...

—Señor Licenciado, mucho gusto en saludarle.

Los saludos clásicos se difunden. No son convencionalismos; son fórmulas rituales, parte esencial de la ceremonia.

—Hermano querido, dichosos los ojos.

—Jefe y amigo.

—Ya sabes lo que se te estima, mi viejo.

—A mis brazos, señor doctor.

Ante las dificultades que el graderío provoca muchos abrazos se esbozan, se dejan a medias. La exactitud ceremonial ha fallado. El abrazo, para serlo de veras, solicita un ánimo categórico, ceñido, interminable. *Yo quiero ser un solo ser, un ser contigo.* En un sentido literal, el abrazo sella la unidad revolucionaria: cada uno atrae hacia sí a todos los demás, los integra a su pecho y de allí los distribuye para el bien de México. El abrazo no es una cortesía tribal. Es un reparto de adhesiones, la urgencia de sumergirse en el amoroso seno colectivo. La palmada en la espalda no logra sustituir al abrazo: falta el erotismo de la solidaridad, la fundación del Cuerpo Único, la fundición de dos seres en un acto mágico de simbiosis política y humana.

Un toldo como una vela henchida con franjas anaranjadas y rojas que nada más requiere a Douglas Fairbanks al mando de sus bucaneros. Bandas de pueblo, tamboras, orquestas, bandas escolares empapadas de verde: enfermeras de verde. Mariachis. Mantas donde la adhesión dispone de procedencia regional. Edecanes de saco azul claro, pantalón gris y escudo enfatizado del PRI. Listones en la manga que disculpan, por anticipado, las molestias que le causa este empellón. En dos grandes tribunas al lado del presidium camarógrafos y fotógrafos. Dos plataformas se coronan con cuatro cámaras de televisión. Es la primera campaña con enfoque telegénico. *The medium is sufragio efectivo no reelección.* Los medios masivos de difusión crean, al transmitirla, la imagen del poder. La TV es el equivalente de las musas. (Quienes carecen de su apoyo deben identificarla con las Euménides.)

Una banda toca "Pajarito barranqueño". Los grandes sombreros tatuados ("LEA-CNC") ya han contraído mayor deuda formal con Leo Carrillo y el Cisco Kid que con el Plan de Ayala. Los brazos sostienen y encumbran el culto de las porras hacia personalidades y entidades. Muéstrame un elefantito de brillantes en la solapa y yo te diré quién es un funcionario medio. Macroejidos y minifaldas. Más símbolos: Meche Carreño y Rubén Olivares; el beisbolista Beto Ávila y el boxeador Ratón Macías: los mejores deportistas serán los mejores diputados suplentes. De rojo flamígero, María Elena Marqués: el verdadero nombre del PRI, Marisela, es Santos Luzardo. Cuco Sánchez y el blues ranchero: saco blanco y camisa negra. También deben estar otros compositores: Ferrusquilla, Roberto Cantoral, Víctor Cordero, Dámaso Pérez Prado. Han fraguado los corridos, las canciones, los mambos, los himnos de la campaña inminente. Al día siguiente, las Gemelas de Oro bailarán en TV el nuevo opus de Pérez Prado: "Arriba y Adelante." Mientras tanto, la tambora complace a su gentil auditorio con "Valentín de la Sierra".

● AÑORANZA SIN DESEMBOCAR EN LA ENVIDIA ●

Localizo uno tras otro, a numerosos seres de aquellos que uno llama, en arranque sentimental "compañeros de generación". Han adquirido velozmente el rictus que ratifica el ejercicio de la madurez. Al irlos ubicando padezco el maleficio de la duda: ¿me veré más golpeado, más establecido que ellos? Y yo que me creía tan *outsider*. Por lo pronto, la duda nada tiene que ver con su conducta. Han suprimido —de sus expresiones y de sus corbatas— los elementos disonantes, los tonos de discrepancia. Ni júbilo ni azul eléctrico. Las asociaciones inevitables: la época estudiantil o el tiempo perdido. *¿Que de dónde amigo vengo?* Durante muchos años, la preparatoria por antonomasia, la Uno en San Ildefonso, se movió en torno (por lo menos el bachillerato de Leyes) de la idea de poder. Sabíamos de la necesidad de consolidar amistades definitivas, porque cualquiera de nosotros llegaría a Presidente de la República. La adivinanza era fascinante, ligada directamente con el mejor suspense de Agatha Christie: ¿quién de entre todos? ¿Quién será, cómo empezaremos a percibir sus virtudes mayúsculas? El juego no era gratuito: a principio de los cincuentas, todos recordábamos el sexenio anterior, propiedad de los compañeros de banca de un ex-preparatoriano. La precocidad de esos años se dirigía a las ambiciones, no a los apetitos. Ir al burdel, a la cantina, a la serenata, no era "cosa de muchachos": afectaba al centro de relaciones públicas (entonces designadas como "obtención de amistades para toda la vida"). ¿O no era el alcohólico el más perdurable de todos los vínculos? En eso confiábamos: en las cantinas de principios de los cincuentas se decidía el gabinete de mediados de los ochentas. Ahora, al atisbar a mis ex-condiscípulos, al volver a una bruma animada por los murales de Orozco y Rivera, veía que ya no les faltaba tanto: el gesto era de paciencia, pero también de cercanía. Dos sexenios más, doce años doce, endurecerían y jerarquizarían sus rasgos, acentuarían la gravedad de sus voces, presionarían sobre la cuidadosa selección de sus palabras (en público) y sobre la capacidad de seguir invencibles en los albures (en privado). Al Palacio de los Deportes iban a cumplir con su cometido y —lo que era vital— a ensayar en lo íntimo su papel inevitable. En el instante climático, ¿cuántos de ellos no alzaron mentalmente la mano, agradecieron humildes el aplauso, eligieron a sus colaboradores inmediatos? En ese minuto supremo, el Palacio de los Deportes fue, de modo simultáneo, deseo cumplido y fábula de la lechera, realización y principio del sueño, del ineluctable, antiguo, primer sueño de San Ildefonso.

● VENID ANTE SU ACATAMIENTO CON REGOCIJO ●

Cada diez minutos, el anunciador insiste:

—Con la Revolución Mexicana y la Constitución de 1917.

¡Arriba y Adelante!

El graderío alto comienza a saturarse. Gritan, comentan las palomillas bravas de los barrios, los grupos de cábulas domesticados, los obreros y burócratas llenos de la tristeza bárbara de quien, inmerso en un espectáculo, practica un aterrado descubrimiento: no le va a ser posible verlo al mismo tiempo en televisión. Un hombre gordo, campesino casi seguramente, lanza porras con alegría desmesurada. Si la política le suscita tal placer ¿cómo reaccionará ante las películas de Cantinflas? Una mujer disfrazada de yalalteca se pasea con ostentación. Imagino su currículum: lideresa, dirigente femenil, oradora en desayunos, madrina de artistas, poetisa en ratos libres, experta en ataúdes, epitafios y relámpagos, madre de un estudiante de leyes y una estudiante de psicología, enamorada de la geografía y la historia del país.

—Yo me metí a esto de la política por amor, ¿saben ustedes? Una vez en Tepoztlán, viendo el valle y ese paisaje como de ensueño, me dije: "¿qué puedes hacer, Carmen, por tu patria?" Y aquí me ve, puesta para el servicio.

El presidium principal se va poblando. Las mesas largas cubiertas de franela roja, ostentan plumas y portafolios y hojas donde alguien que no vino anotará puntos debatibles en el discurso. Como si estuviesen presenciando otro reparto de tierras, grupos de burócratas y campesinos agitan pañuelos, producen adhesión. Confirmo una sospecha: hay gente que de veras está con el PRI. Los jóvenes priístas se pasean agitados. De un lado a otro, de un lado a otro. ¿Habrán llegado tarde a las filas de la Revolución? No agreguemos perfidia a sus preocupaciones organizativas. Hacen méritos: el sudor es un mérito. El nerviosismo inocultable es un mérito. El desconcierto peripatético es un mérito. Identificar a Juan Gil Preciado (JGP) precisando su condición de Secretario de Agricultura no es un mérito: nomás eso faltaba. Recitar los nombres de los senadores por Zacatecas, los diputados por Nayarit y el oficial mayor de gobierno en Tlaxcala es un mérito. Atender con sonrisa de aprobación las porras al presidente del PRI Alfonso Martínez Domínguez (AMD) es un mérito.

● HOMENAJE A LAS FUERZAS VIVAS ●

Me lo llevo por bonito
Me lo llevo por barato
Y les digo a mis amigas

donde deben de comprar
porcelana y cristal
en el Nueve de Uruguay
A diecinueve pasos de San Juan de Letrán
a diecinueve pasos de San Juan de Letrán

("Jingle clásico reproducido en Honor de las Fuerzas Vivas.")

• ¡YA VIENE EL CORTEJO! •

Los minutos previos: emergen canciones de bandas cuyo modelo señero es Carlos Campos, sin que por ello omitan las grandes influencias: Cuco Valtierra, Gamboa Ceballos, García Medeles, Acerina y su danzonera. Martínez Carpinteyro, locutor preclaro de la televisión, recorre el presidium y se acerca con insistencia a la tribuna de plástico sin que ya nadie señale su parecido con Don Adolfo López Mateos. Cunde el ajetreo intensificado o la inminencia de la eminencia. Se va eslabonando una cadena rojiblanca: las edecanas son el signo de la vida, la presencia de una nueva generación, la garantía estética de la valla. La gente despliega los binoculares, relee el comic biográfico del candidato realizado por José G. Cruz, espera, produce interpretaciones políticas que se asfixian fuera del oxígeno de los desayunos. Continúan saludando: los saludos de los políticos se gradúan conforme a su importancia; mientras más elevado en su rango más lento y pausado el agitarse de la mano, más despersonalizado y republicano, como atrayendo hacia sí al saludado, como volviendo pueblo a un amigo, como transformando a una sola persona en turbamulta enardecida que se apacigua al conjuro de un ademán. Al saludo lo acompaña una sonrisa de comprensión, de reconocimiento, sonrisa para ejecutarse en balcones y tribunas.

El murmullo acrece. De pronto, deviene en grito, estallido, alborozo institucional. Bandas y tamboras, porras y vítores, flashes y aplausos, mariachis y matracas y silbatos y tam-tams se unen y producen un largo ruido de liberación, de esperanza resuelta, la explosión de alegría que tanto caracterizó al mexicano en los estudios de ontología dirigida a propósito de la Fiesta. Durante un intenso minuto, se agitan las banderas; durante un intenso minuto en el Palacio de los Deportes se le concede la razón a Frazer: los hombres deben disponer, en el nivel que sea, del drama sagrado si se quiere preservar la integración social. *La Rama Dorada* y el drama sagrado de la política mexicana: no hay consistencia atmosférica mientras no se apersona el poderoso. La atmósfera de vida, la noción de realidad, la emoción manifiesta son derivaciones del aura del poderoso: sin la presencia física del hombre de mando todo en México deviene en fantasía. Al cabo de un intenso minuto, el Palacio de los Deportes ha abandonado su condición de hecho improbable. Los claros clarines de la Diana pertenecen en este caso a la Banda Municipal Sinaloense "Los Escamilla". Alfonso Martínez Domínguez encabeza el vivo reflejo. Los aplausos se enardecen: ha llegado el PRI a la convención del PRI.

● UN HÉROE DE NUESTRO TIEMPO ●

En la comitiva, Fidel Velázquez. Al verlo avanzar, al contemplar su don totémico de hendir el espacio, más allá de los sombreros de carrete de origen nixoniano, más allá de los teponaxtles y las chirimías que evocan lo que nos hizo el Dador de la Vida ("Llorad amigos") Fidel Velázquez va creciendo en mi memoria. Porque la ventaja de un *héroe a la mexicana* como Fidel es que se le recuerda mientras se le contempla y se le olvida mientras se le satiriza o se le parodia. Las sátiras y las parodias le fortalecen: nos alejan, así sea por la vía crítica, de su realidad, mucho más categórica que el humor. Los comentarios acerbos o burlones sobre sus anteojos negros lo vigorizan: todo lo que no sea la consideración objetiva de Fidel Velázquez es la ventaja de Fidel Velázquez. Por eso, contemplarlo es recordarlo: porque el cúmulo de caricaturas y chistes, de referencias irónicas y mofas a su alrededor, desvanecen el hecho Fidel Velázquez, el fenómeno Fidel Velázquez, no la eternidad de un personaje sino la tenacidad de un Sistema que anhela trasmutarse en la eternidad de un Sistema.

Complemento biográfico: Fidel Velázquez nació en 1900 en San Pedro Atzcapotzaltongo (hoy Villa Nicolás Romero), Estado de México. Terminó la primaria. Fue trabajador agrícola en los Llanos de Apam. A los quince años fue ayudante de máquinas en una maderería. En 1923 ingresó en la industria lechera y formó el primer Sindicato de esa rama. En 1924 se colocó en una planta pasteurizadora y allí conoció a los hermanos Alfonso y Justino Sánchez Madariaga, con quienes organizó la Unión de Trabajadores de la Industria Lechera, filial de la CROM. En 1929, siendo Secretario General de la Unión de Trabajadores de la Industria Lechera, promueve un histórico manifiesto: "Porqué nos separamos de la CROM." Junto con Fernando Amilpa, Alfonso Sánchez Madariaga, Jesús Yurén y Luis Quintero se incluye en el grupo de los Cinco Lobitos. A continuación y desde entonces Secretario General de la Confederación de Trabajadores de México (CTM), organismo de control obrero denunciado por la izquierda. Lo demás es leyenda. O poder de persuasión: ¿quién hubiese podido, con mayor destreza, convencer al proletariado de que el principio de la lucha de clases es la compra de un refrigerador?

● LOS ARCOS TRIUNFALES ●

Ajetreo. El comité organizador al borde de la locura. (Eso supongo al menos: se encuentran y ya no se detienen para abrazarse.) Surgen mandatos y contraórdenes. Lista del presidium y las delegaciones. El sonido falla. Cada delegación declara su presencia: ¡EEEEEEHHHH! La combinación de ruidos alcanza lo sublime: participa del terremoto, la estampida, el baile flamenco, los duelos de orquesta, las concentraciones de estudiantinas, los cantos de excursionistas, la vocalización del jaripeo, las recriminaciones al cácaro (proyeccionista) cuando se quema una película, el aullido que acompaña a un strip-tease, el vocinglerío que recibe en su hogar al campeón de box. Luego el metaruido va disminuyendo. Otro compás de espera. Una pretensión de silencio cubierta con el inaudible, primordial, denso murmullo de la ambición. Se conjugan las perspectivas del verbo *esperar*: el músculo vibra y la ambición trabaja. El Palacio de los Deportes se transmuta en un intento portentoso, la gana de prescindir en ese mismo segundo de cualquier situación no arraigada en el porvenir; prescindir de un pasado de pobreza, de sujeciones, de rencor acumulado; prescindir de un presente de subordinación, de lucha sorda, de sobresalto interminable. El poder restringido es una zozobra; el poder parcial es una agonía. Y tal vez por ello mismo, la suma de las ambiciones, es decir, la suma de los poderes parciales que anhelan su ampliación, arroja como resultado un ofrecimiento y un pacto: te entregamos el poder total a cambio de la esperanza de la herencia. Con precisión aritmética los concurrentes van abandonando sus pequeños o medianos poderes y los depositan y ceden en sus aplausos, en sus voces emocionadas, en la manera elegida para comprobar, con estrujamientos de garganta, con el acentuamiento de la gravedad, que carecen de escondrijos y reservas: todo el poder de que disponen está allí, a la vista de todos, para ser usado sin condiciones, sin taxativas, a no ser que... sí, a no ser que se designe como condición el legítimo deseo de obtener la devolución, con aumento, de ese poder tan espontánea y generosamente donado, ahora, cuando de nuevo se desata el ruido y el fervor, cuando, con demoniaca imprecisión, los grupos musicales actúan con impulsos autónomos y entreveran la diana con las marchas de reconocimiento. La ambición culmina en el enceguecimiento: el candidato avanza, con el paso imprevisible que el entusiasmo comunal decide, y los flashes estallan, ¡plop! y vuelven a estallar y por otro desmedido escalofriante minuto los ojos reciben la traducción del poder en flashes. Dictado por la ambición o por la admiración, el ardor cívico parece genuino y uno por fin reconoce la sabiduría práctica de los políticos: si se calan anteojos negros, es por no sucumbir ante la criminal y hermosa y cegadora conjura de las cámaras; si recurren a la cadena de brazos, es para resistirlo todo, desde una muchedumbre hasta un infiltrado. Jacobo Zabludovsky de frente al candidato va confiándole a un auditorio no-presente su versión de la marcha. Jorge Saldaña, micro en mano, hace comentarios en una suerte de pasillo conseguido y creado en homenaje a Telesistema. Los fotógrafos combaten: cada una de las fotos que se publicarán al día siguiente está hecha de oficio y arrojo, y también de reciedumbre y golpes y conversión del cuerpo en un sólido indomeñable escudo.

—Tiene usted mucha práctica en materia de actos públicos. Sabe entrar de ladito.

¿Cómo darse tiempo a comentar? ¿Cómo extraer conclusiones programáticas de esa conjunción de globos rojos, aplausos, banderines amarillos, niños de verde, walkie-talkies, edecanes multicolores, vallas que se desintegran y se rehacen coreográficamente? Un charro avanza por la brecha del triunfador y abraza sin discriminación. El campesino gordo se destruye y rehace una y mil veces: su alegría es proteica y cósmica. Las edecanes puntúan, se afirman como las decoraciones móviles, las galanuras ambulantes que son la tradición más reciente e inamovible de los actos públicos. El PRI es el partido de la Revolución Mexicana, el partido invencible. La toma de protesta ocurrirá, está ocurriendo. Frente a la euforia, el triturante espíritu de conquista y retención que desplaza cualquier otro sentimiento, que desecha los ánimos fluctuantes o enconados, miro, como en exhalación, como escrita por una mano en la pared (mientras su mano compañera agita un banderín) una frase, que perteneció a Rubén Darío y que Octavio Paz insertó en uno de sus poemas:

Saluda al sol, araña, no seas rencorosa

Acepto el mandato, me preparo para escuchar y, con la desesperanza de quien está mucho más cerca del periodismo mexicano que de Norman Mailer, continúo redactando idealmente esta crónica: "Me llamo Carlos Monsiváis y no pertenezco a..."

[1969]

Adivine
su década

•••

Fiel a su época: el eufemismo significa algo así como
"pasmado históricamente". Y sin embargo, a la moda
—ese ridículo y deplorable espectro de la fugacidad
ante el cual vivimos de rodillas— le ha convenido
siempre exigir afiliaciones, encasillamientos cronológicos. La tesis es simple: cada quien es de su momento y los momentos suelen definirse por décadas. La
precisión se hace necesaria: ¿cuál es su década? ¿con
quién te vas? ¿con los veintes, con los treintas, con los
sesentas, con los setentas o con el siglo xix o con la
Edad Media? ¿Cómo saber si mi vecino se quedó en
los cuarentas o si yo mismo no he podido ni podré
abandonar los cincuentas? Ante el agobio de la urgencia (eterna) de situarse y de situar a los demás,
se propone un cuestionario sintomático, de explora-
ción. Al final del interrogatorio de cada década, se
ofrece una clave mínima de interpretación.

• LOS NEURÓTICOS VEINTES •

☐ ¿Está usted plenamente convencido de que París
es el centro del mundo, y de que fuera de París empieza el reino del filisteo?

☐ ¿Cree usted que el alcoholismo es el vicio supremo?

☐ ¿Se halla usted drásticamente seguro de que irse a las
misiones de Chiapas es la única manera de salvar su
alma?

☐ ¡Al escuchar "Yes sir, that's my baby", ¿siente usted la absoluta alegría de vivir?

☐ ¿Defiende usted acaloradamente en las reuniones la igualdad absoluta del hombre y la mujer?

☐ ¿Suele adoptar usted para el diálogo el tono violento y archisintético de los personajes de Hemingway?

☐ ¿Se declara usted partidario de las emociones intensas a la manera de Scott Fitzgerald?

☐ ¿Cree usted en la necesidad del socialismo, siempre y cuando no perjudique la elevación del espíritu?

☐ ¿Declara usted al Maquinismo gran enemigo de la Humanidad?

☐ ¿Considera usted que la derrota de José Vasconcelos ahuyentó al saber del poder?

☐ ¿Se encuentra usted férreamente convencido de que los Estados Unidos tienen la Técnica pero América Latina posee la Cultura?

Clave
Cinco preguntas respondidas afirmativamente: en definitiva usted es de los veintes; seis a ocho preguntas: para usted no hay superior al charleston; nueve preguntas: usted en las noches debe disfrazarse de flápper o de Al Capone; diez a once preguntas: usted es todo lo que nos queda de Rodolfo Valentino.

● LOS MILITANTES TREINTAS ●

☐ ¿Confía usted sólo en aquellas causas que van acompañadas por tres manifestaciones a la semana?

☐ ¿No hay nada ni nadie que lo disuada de que "Como México no hay dos"?

☐ ¿Se indigna al recordar la traición de Chamberlain y las siniestras dudas de León Blum?

☐ ¿Está usted gloriosamente convencido de que el muralismo es la mejor pintura del mundo?

☐ ¿Piensa usted que Rancho Grande es la imagen de nuestro Paraíso Perdido y que la lucha entre la provincia y la capital es el duelo entre la virtud y el vicio?

☐ ¿Identifica usted célula y nómina?

☐ ¿Le conmueven las novelas de John Steinbeck y Erskine Caldwell?

☐ ¿Afirma usted que Proust, al vivir en la torre de marfil, se desvinculó de las luchas populares? ¿o le indigna la palabra "Trotsky"?

☐ ¿Asocia usted a la XEW, Voz de la América Latina desde México, con todos sus recuerdos sentimentales?

☐ ¿Afirma usted que no hay sonido más hermoso que el de un mitin sindical?

☐ ¿Cree usted sólidamente "que al indio hay que darle la razón aunque no la tenga"?

Clave

Cinco respuestas afirmativas: convicto y confeso, usted vivirá eternamente en la Década del Compromiso; de seis a ocho: para usted lo más importante es la defensa del Frente Popular; nueve respuestas: el mitin tendrá lugar esta noche en el Teatro Iris; diez a once respuestas: ¿está usted seguro de no ser la reencarnación de Vicente Lombardo Toledano?

☐ ¿Se despierta usted en las mañanas tarareando "Mi México querido, qué linda es tu bandera, si alguno la mancilla, le parto el corazón"?

☐ ¿Le entusiasma bailar con música de Glenn Miller?

☐ ¿Utiliza usted con frecuencia los términos "chicho" y "gacho"?

☐ ¿Desconfía usted de la Canija Vida y prefiere, como catarsis, pasarse la noche en vela, bebiendo y conversando con los amigos?

☐ ¿Siente usted que vivir fuera del presupuesto equivale a la severa y dramática acusación de "Traidor a la Patria"?

☐ ¿Ha leído ya dos veces *La Piel* de Curzio Malaparte?

☐ ¿Cree usted que ya no habrá más guerras?

☐ ¿Le gustaría entender por qué hay gente que gusta de las películas de Juan Orol?

☐ ¿Tiene sueños eróticos con Verónica Lake o Ann Sheridan? ¿O con José Cibrián y Luis Aldás?

☐ ¿Sabe de qué célebre poema son estos versos: "Soy un pobre vagabundo/ sin hogar y sin fortuna/ y no conozco ninguna/ de las dichas de este mundo"?

Clave
Cinco respuestas afirmativas: considérese usted militante perpetuo de los cuarentas; de seis a ocho asentimientos: lo acompañamos en su dolor por no haber participado en la batalla de Iwo Jima; nueve respues-

tas: lamentamos no poder conseguirle una foto auto-
grafiada de Winston Churchill; diez respuestas: pero
claro que ya lo reconocimos, señor David Silva.

• LOS ESQUIZOFRÉNICOS CINCUENTAS •

☐ ¿Advierte usted en Elvis Presley un símbolo genuino de rebeldía?

☐ ¿De no ser por su analista, ya se habría usted sui-
cidado?

☐ ¿Asegura usted que la permanencia de la figura
en las artes plásticas equivale, en metáfora antigua,
a la irrupción de un toro en una cristalería?

☐ ¿Detesta las injusticias pero prefiere permanecer
callado?

☐ ¿Cree usted que la imagen definitivamente contemporánea es alguien en moto, con pantalones vaqueros y chamarra de cuero con calavera en la espalda?

☐ ¿Es usted partidario de la Tercera Posición?

☐ ¿Se puede pasar un día entero oyendo viejas gra-
baciones de King Oliver y Leadbelly y Louis Arm-
strong?

☐ ¿Siente usted inminente el fin de Hollywood?

☐ ¿Acepta usted su simpatía por la imagen incom-
prendida de James Dean?

☐ ¿Se identifica usted con Holden Caulfield, el héroe
de Salinger?

☐ ¿Asiste usted a un seminario de marxismo, no
porque se piense revolucionario, sino porque le gustaría enterarse de todo?

Clave
Cinco respuestas afirmativas: declárese usted ciudada-

no distinguido de la década silente; seis a ocho respuestas: por supuesto que no tenemos nada contra el copete alto; nueve respuestas: estamos seguros de que tiene en su casa por lo menos seis elepés de Bill Haley; diez respuestas: no diga nada que le pueda comprometer: el Senador McCarthy puede aplicarle el delito de disolución social.

● LOS INOLVIDABLES SESENTAS ●

[*Tuteo indispensable*]

☐ ¿Designas como "la momiza" a todos aquellos nacidos antes de 1945?

☐ ¿Te preocupa tanto ser solemne que no has buscado en el diccionario la palabra "arcaico"?

☐ ¿Asocias la palabra "granadero" con la idea de "hospital"?

☐ ¿Te molesta tanto el frívolo y banal juego de lo in y de lo out que, cuando a tu alrededor lo practican, te sientes out?

☐ ¿Estás seguro de que Dostoievsky es psico-camp?

☐ ¿Te aburre el jazz en la medida en que te entusiasman los Beatles?

☐ ¿Qué opinas de King Kong? ¿Que es un símbolo superior a las capacidades de nuestro Establishment?

☐ ¿Participaste (por lo menos) en diez manifestaciones, treinta salidas de brigada, doscientas asambleas y una apañada (detención)?

☐ ¿Cuando dicen que "Como México no hay dos", sueles agregar "por fortuna"?

☐ ¿Asocias los temas de Candente Actualidad como "El Papel de la Juventud en nuestro tiempo" o "La duda del hombre frente al Cosmos", con los traumas de infancia?

☐ Si alguien te denuncia un complejo de inferioridad, ¿le agradeces la oportunidad de escuchar de nuevo un arcaísmo?

☐ Cuando te piden que describas la Batalla de Padierna o la Toma de Zacatecas, ¿te disculpas diciendo que nunca has visto una película argentina?

☐ ¿Te disgusta tutearte con la gente porque ya ésa, también, es una actitud solemne?

Clave

Cinco respuestas afirmativas: por lo pronto considérate *in*; de seis a ocho contestaciones positivas: has superado las limitaciones de lo *in*, ya te enteraste del Sistema; nueve respuestas: desconfía del porvenir económico inmediato y del mediato; diez respuestas: mejor córrele que ahí vienen los tanques; trece respuestas: estamos contigo, compañero. Y nuestra esperanza es que salgas muy pronto.

[1969]

☆☆☆☆☆ Continuidad de las imágenes

[NOTAS A PARTIR DEL ARCHIVO CASASOLA]

A Francisco Martínez de la Vega

De las brumas que suceden al daguerrotipo surgen los rasgos de Porfirio Díaz. De pie, inescrutable, la mano aferrada a los guantes blancos, con los entorchados y el espadín y las preseas que suman al deseo de halagar la humildad de quien sólo cumplió con su deber; de pie, tan inmóvil como quien solicita comparaciones geológicas, con los ojos no detenidos en objeto alguno, no perturbados por figura conocida, con la mirada ni perdida ni acechante, Porfirio Díaz inicia el Archivo Casasola, la Historia Gráfica de la Revolución Mexicana.

Pese a su patetismo de institución derribable, el personaje no deja de resultar un desafío. Aun ignorando en absoluto su realidad histórica, se advierte de inmediato su fuente nutricia: la credulidad colectiva. Tanta seguridad, tal modo de tajar una habitación con su presencia, tal brote de medallas a manera de dientes de dragón, sólo provienen de un trato de pueblo y caudillo, de padre y progenie. "Sí, tampoco los muertos retoñan" murmura el licenciado Trujillo ante Pedro Páramo, y agregó "desgraciadamente". Todos le rendimos cuentas a Pedro Páramo. Todos somos hijos de Pedro Páramo. Todos fuimos hijos de Porfirio Díaz.

México a través de las fotos. El Archivo Casasola: la Historia tal y como se organizó ante una lente, suprimiendo las disposiciones festivas de la cara, atendiendo a la figura, fingiendo indiferencia, inventando la figura, abrochándose la levita, indecisa ante su calzón de manta, con espadín y tricornio, con treintatreinta y cananas, con el sombrero en la mano, con el rifle en la mano, a caballo o limitada por la silla presidencial, inmutable, chispeante, entre el vacilón y la toma de protesta, remota, inmediata, aquí nomás pa lo que guste y si no que la patria os lo demande. El Archivo Casasola: la Historia que aguardó con larga y prevenida disposición serena el estallido del fogonazo. Al releer, al sumergirnos en las tomas que difunden el trabajo de Agustín Víctor Casasola y su familia, reiteramos un hecho: sin quererlo, sin dejar de quererlo, el Archivo Casasola (esos volúmenes que cubren gráficamente los sucesos sobresalientes de México, de Porfirio Díaz a Miguel Alemán) se constituye —y en ello reside su admirable valor— en la progresión, la secuencia seguida y perseguida de unas cuantas imágenes, de unas cuantas instantáneas: el Poder, el Pueblo, la Derrota, la Gloria (posiblemente), la Destrucción de un Orden.

● IMAGEN DE LA PATRIA COMO UNA ESTATUA ANTIGUA ●

El anciano camina con lentitud, observa, agradece sin gestos, se retira en medio del ordenado tropel. Lo hicieron a semejanza de la permanencia. Se creó a sí mismo con ánimo de revelación, con la certidumbre de morir empuñando el Poder, la óptima manera de humillar el tiempo. El anciano pasea por el Hipódromo de Peralvillo. Inaugura la Penitenciaría, el Hospital General, el Rastro de la Ciudad, el Hospicio de Pobres. El anciano encabeza grandes funerales. Recibe adhesiones, preside con un gesto deferente los homenajes que el país le tributa. Consagra. Coloca la primera piedra de la Columna de la Independencia. En su torno cunde la devoción y el afán de parecérsele. De aquí se deriva una lección histórica que no alcanza el nivel de comentario: en México pocos confiarán en ti a menos que seas reverente: respeto llama a respeto. La solemnidad no es una característica del poder: *es* el poder. Los porfiristas lo intentan: si transforman el esquema liberal en dinastía se apartarán de la condena: seguirán siendo mexicanos, pero ya no *esos* mexicanos. El traje perfecto, la educación parisina son sinónimos de la otredad: somos *menos* mexicanos que el resto, se nos podría tomar por europeos. El gobernador del Distrito Federal Don Guillermo Landa y Escandón y el Presidente Municipal, Don Fernando Pimentel y Fagoaga pasean en carroza promulgando el bando que favorece a Porfirio Díaz y a Ramón Corral como Presidente y Vicepresidente de México. Al tocarse levemente su chistera, Landa sonríe con reconocimiento que desdeña el desdén (en última instancia el desdén es un vínculo con quienes lo aplauden y como tal, algo inaceptable). Pimentel insinúa un gesto. No lo termina. Lo inconcluso de sus acciones proclama su elevada responsabilidad. Además, quienes vitorean han dejado de ser sus compatriotas. En materia colonial una de las ganancias de la cumbre es la pérdida de nacionalidad.

El anciano acepta el Cordón del Mérito. Oye a los escolares cantar el Himno Nacional. Carece de sonrisas, carece de dudas. "Tengo tantos amigos —le confía a James Creelman— que mis enemigos no parecen estar muy dispuestos a identificarse con una tan insignificante minoría. Aprecio en lo que vale la bondad de mis amigos y la confianza que en mí deposita mi patria." Durante un vasto y prolongado instante histórico (detallado en otra colección de los Casasola, *Efemérides Ilustradas*), la cámara insiste en una sola toma, un paisaje concentrado. Don Porfirio Díaz, nacido en 1830 y héroe del 2 de abril, no es una metáfora. Absténganse de compararlo con un roble añoso, con una encina culminada de laureles, con un indómito patriarca ancestral. Don Porfirio es Don Porfirio: el privilegio de los dictadores significativos es la tautología. Trujillo es Trujillo. Franco es Franco. Mussolini es Mussolini. Eso, si no intervienen los Estados Unidos que eliminan la circularidad del dictador en beneficio de sus inversiones.

● DOS FOTOS CONTRASTADAS ●

a] Porfirio Díaz junto al Calendario Azteca. La eternidad visita a la eternidad. El Poder en su búsqueda de espejos. El tiempo, el espacio se contraen, se confinan al exilio de una piel de zapa que, balzacianamente, se reduce mientras aumentan las condecoraciones. Lo único que nos falta para vencer a la biología es otro periodo de mando. ¿No está usted de acuerdo, Don Leandro Fernández? ¿No lo piensa así, Don José Ives Limantour? ¿No participa de la emoción de mis palabras, Don Ignacio Mariscal?

b] El primer grupo indiferente ante la mirada de Casasola. La cámara no se vuelve —y que Cecil Beaton los perdone— una extensión de los rostros que la contemplan. La cámara es un accidente más, la constancia de una falla reparable. En breve, partirán hacia las mazmorras de San Juan de Ulúa: son Manuel

M. Diéguez, Esteban Baca Calderón, el yaqui Javier Huitemea, José Ma. Ibarra, los "provocadores de los disturbios de Cananea". En 1906, los rostros de los revolucionarios no conceden. Mostrar abatimiento duplicaría la derrota. Revelar ira prevendría a los verdugos. Por lo demás, es difícil utilizar entonces a la cámara como confidente.

- IMAGEN DEL PODER COMO BASTÓN SAGRADO •

¡Quietecito por favor! Allí está el Rostro del Poder, inalterable, severo, sorprendido (deliberadamente) en sus insinuaciones de alegría, concentrado ante la adoración de una Patria que lo contempla estupefacta. El Archivo Casasola efectúa un display, la definición triunfal del Poder: duro y tenso como la entrega del Lábaro Patrio; recogido y ceremonioso como las Fiestas del Centenario; exacto como la lealtad al horario de las inauguraciones; medrosamente afable como el apretón de manos a un campesino anónimo; jubiloso como la convicción de que ningún partidario actúa por interés personal.

Como las de Cartier-Bresson (en la versión de Sartre) las fotografías de Casasola no conversan nunca. *No son* idea: nos la dan. La cámara es obsesiva: atrapa al Poder en el ejercicio del Poder. La vida íntima del Poder también es Poder. De allí la reiteración de grupos opuestos distribuidos de idéntica manera. ¿Costumbres de la época? Además, la antigua convicción: a un país se le gobierna desde los ritos. Cuidar de las apariencias es cuidar de las verdades primordiales: el gabinete de Díaz es hierático, el gabinete de Carranza es hierático, el gabinete de Ávila Camacho es hierático. Una foto del Poder no es relajable: nace discursiva, se despoja de rencores o amistades contraídas con anterioridad, se ofrece como una sola pregunta que reclama las respuestas de adhesión, se contrae para verse enmarcada y vigilar desde el muro la marcha de los escritorios oficiales. Es la regla del juego. O mejor, la regla que establece la ausencia del juego. El Poder es mortalmente serio. (Lo de *mortalmente* también va en serio.) ¿Qué misterio ocultan esas fotos? No es misterio, es renuncia. Renuncia a lo específico, a la "vida privada", a esa condición degradada del ser humano que a partir de la sonrisa se descompone hasta la carcajada.

El Poder es, simultáneamente la Fatiga: presidir, condecorar, jurar, recibir medallas, asentir a los vítores, recibir a las delegaciones, declararlo todo formalmente inaugurado. Por lo general, las fotografías son una tregua, el intermedio entre el deseo y la realidad. Un minuto antes de sentarse, el murmullo de la sublevación, el rumor de las traiciones, la insinuación de la componenda. Un minuto después el atentado, la sublevación, el cuartelazo. La Revolución no deja que sus hijos se aficionen al retrato. La Revolución sólo precisa de mártires a priori y de héroes a posteriori.

Falta de persistencia ante la cámara: con rapidez desfilan, atropellándose cuando es menester, Francisco León de la Barra, Francisco I. Madero, Victoriano Huerta, Francisco Carbajal, el Ejército Constituyente, la División del Norte, la División del Sur, Eulalio Gutiérrez, Roque González Garza, Francisco Lagos Cházaro, Venustiano Carranza, Adolfo de la Huerta, Alvaro Obregón, Gonzalo Escobar, Francisco Serrano, Arnulfo Gómez, Saturnino Cedillo, Felipe Ángeles, José Vasconcelos, Plutarco Elías Calles, Emilio Portes Gil, Pascual Ortiz Rubio, Abelardo Rodríguez. A partir del General Lázaro Cárdenas la cámara cesa en su veleidad y repasa morosamente sus placas. Ha adquirido confianza.

• IMAGEN DEL FUSIL COMO CETRO •

El Archivo Casasola inicia el montaje: Madero atraviesa la frontera y Porfirio Díaz presencia los vuelos de los pilotos extranjeros. En los primeros días del combate, conflicto de generaciones. El conflicto de culturas se manifestará después, al desatarse, sin contenciones ni bendiciones, la Revolución. Mientras la lucha es urbana, entre Reeleccionistas y Antirreeleccionistas, priva una sola actitud ante la foto: compostura y entiesamiento. Única diferencia: los rostros de los porfiristas son inañadibles: no hay sitio para un guiño, una expresión o una nariz de más.

El primer movimiento heterodoxo: Madero dobla la pierna y le pasa el brazo por el hombro al Dr. Rafael Cepeda, jefe rebelde en San Luis Potosí. El detalle, más que la hazaña de Aquiles Serdán, decreta lo inevitable de la Revolución. Por fin se resquebraja la pose monolítica. *La primera foto de carácter:* Pascual Orozco, de espaldas a una pared de adobe, asume el rifle, ni desafiante ni indiferente: preciso como la inminencia. *La Revolución al borde de su apogeo:* el General Ramón F. Iturbe rodeado de cuatro damas armadas hasta el feminismo. El sufragismo se inicia emulando el machismo. En las fotos, la duda (no de lo que se está haciendo, sino de todo lo demás) reemplaza a la ceremonia. Hemos llegado al siglo xx: el fusil es el símbolo. Hemos abandonado nuestro siglo xix: el sombrero se vuelve lo de menos. De aquí en adelante, quien anhele revolucionarse y revolucionar se dejará fotografiar con las armas en la mano. Confrontar Sandino, Che Guevara, Amílcar Cabral, los Black Panthers.

Una instantánea ejemplar: el diputado suplente Néstor Monroy y un grupo de obreros complotistas contra Huerta atienden a la cámara *después* de su aprehensión. En unas horas serán asesinados y lo saben de seguro. Sin prisa, mantienen su posición serena, irreprochable. Quizás los mueva una certeza: no hay historiadores en México en estos años. Y ante la ausencia de Mommsen y Ranke, le confían a la cámara la responsabilidad y la perpetuación de su digna memoria.

• LA IMAGEN COMO SALTO DIALÉCTICO •

El Archivo Casasola es la síntesis. Enunciación del dramatis personae de la Revolución Mexicana. Al estudiarlo reestablecemos los sitios específicos de la liberación y la tragedia. Ante esas fotos, no consumamos la catarsis ni reconstruimos los impulsos primordiales que obligaron a la Bola. Porque el Archivo Casasola, más que una lección histórica es (obviamente) una lección visual, no una clase de política nacional. Su propósito es mostrar la variedad, la monotonía, la riqueza, la uniformidad de rostros y actitudes mexicanos. Como sucede con *Memorias de un mexicano* de Salvador Toscano, con *Epopeyas de la Revolución Mexicana* de Gustavo Carrero, con *El compadre Mendoza* y *Vámonos con Pancho Villa* de Fernando de Fuentes, de las imágenes del Archivo Casasola solicitamos la enseñanza primigenia: queremos entender de qué modo —de acuerdo con el esquema cultural prevaleciente— son indescifrables o reveladores los rostros nacionales, y también en qué medida hemos abandonado o denunciado los ademanes y las acciones que eliminaron una estructura política, económica y social.

Entrada en materia: La Revolución Mexicana modifica, entre otras muchas cosas, el panorama facial de México. El fin del feudalismo se lee (se pregona) en la vacilante y grave compostura que despide a Porfirio Díaz en su Última Thule, el barco Ipiranga. La renovación fisonómica recibe distintos nombres: Emiliano Zapata, Eufemio Zapata, Lucio Blanco, Rodolfo Fierro, Rafael Buelna, Álvaro Obregón, Pablo González, Benjamín Argumedo, Maclovio Herrera, Pánfilo Natera, Otilio Montaño, Genovevo de la O., Saturnino Cedillo, Vicente Navarro. Más radical que el salto de Lilian Gish a Raquel Welch, más extremista que el éxodo de seguridades personales que va de Clark Gable a Dustin Hoffman, resulta el tránsito del rostro porfiriano al rostro de la Revolufia, tal y como lo comprueba el Archivo Casasola.

Mueren desprendimientos, desplantes, controles y entendimientos del movimiento corporal.

Desaparece una teoría y una práctica del manejo del rostro.

El ascetismo sustituye a la rigidez: Don Diego Redo, gobernador de Sinaloa o Don Joaquín D. Casasús, embajador de México en los Estados Unidos, se ostentan como una declaración de bienes. Su expresión no es lo más importante de su patrimonio. Hay también y qué bueno, posesiones, familia honorable, educación refinada, gusto gálico. En cambio, ¿de qué van a echar mano los alzados en San Luis Potosí, de qué van a echar mano el General Macías y su Estado Mayor? Le aportan a la Nación su jactancia, su asombro, sus desplantes, su hosco desafío. Su rostro sintetiza todas sus proclamas y todas sus biografías. Son ascéticos porque ya no hay espacio para gestos superfluos. Todavía se está lejos de la flexibilidad límite: ya nos hemos alejado del rostro como suma de respuestas a un acto público.

Si la Faz de la Nación es una entelequia y basta un discurso para enmendar su perspectiva, los sentimientos y las ideas históricas comprueban, por su parte, al verse encarnados, el límite de su poder y su vigencia. En su deliberado empeño de proporcionarle existencia facial a las ideas y los sentimientos radicales, acuden ante Casasola

Villa (la Revancha)
Zapata (la Reivindicación)
Obregón (la Justicia Social se llama como el que manda)
Calles (las Instituciones permanecen cuando el resto del país se ha marchado)
Cárdenas (la Independencia Económica y la Reforma Agraria).

De un modo u otro, le infunden, impregnan de dramatismo personal las nociones en pugna: estabilidad, venganza, patriotismo, ambición, demagogia, impulso democrático. Al prestarse a la fotografía, lo hacen al margen de cualquier aparato escénico, y sin embargo, no hubiesen podido ser más inolvidables: Francisco Villa en Palacio Nacional entrega en un solo golpe visual la magnitud del fenómeno. Con ánimo alegre, sin mucho énfasis, acude a la silla presidencial inmune a la pompa y muerto de risa con la circunstancia. Se ha ido lejos: al corazón de los poderes adviene la falta absoluta de respeto. Rodolfo Fierro junto a la silla presidencial: es el lugarteniente de Villa y no necesita decirlo. Está allí, sin anunciarse, sin exhibirse. ¿Para qué? Él es la sed de sangre, el conocimiento atávico de que en las revoluciones los muertos son anónimos. Su modestia de comparsa no niega la Fiesta de las Balas; sólo indica que no le interesa llamar la atención. Su crueldad no solicita recompensa. Los zapatistas en Sanborns: la instantánea, en su desnuda ausencia de comentarios, nos informa de los desterrados del porfiriato suspirando en Europa, de las haciendas abandonadas, de los muebles vieneses tirados a media calle mientras unos soldados se dirigen hacia un espejo enorme para reírse. Los soldados y las soldaderas, los generales fusilados y la ciudad de México que únicamente reserva sus apoteosis para cualquier vencedor, se someten a la curiosidad de Casasola. Sin exordios ni exégesis, el Archivo nos comunica sus impresiones. La Revolución Mexicana es enigmática, impulsiva, atroz, sólida, cruel, inconsciente, paternal, programática, socarrona, legalista, caótica, recelosa, idealista, entre el código de valores y el puritito desmadre, inflexible, paciente, suspicaz, noble, melancólica, risueña, grotesca, tenaz, inalterable. La acumulación de adjetivos no dibuja una conducta facial ni apunta hacia un paisaje. Traza líneas vitales que deliberan y se confunden. Productos surreales donde la acumulación de oídos o la proliferación de ojos desembocan en el encuentro de una estampa de la Virgen de Guadalupe y una ametralladora sobre la mesa donde se firman los armisticios.

● IMAGEN DE UN CAUDILLO AL GALOPE ●

No es dable soñar con el Poder en términos distintos a los del propio Poder. ¿Cuáles son esos términos? La rapidez y la habilidad. ¿Eso forja al héroe? No, eso fortalece a la clase dirigente. Ante el Archivo Casasola carecemos de abstenciones. De quienes lo pueblan sabemos demasiado y, en forma concomitante, lo ignoramos todo. Zapata, y valga la verbigracia, es en forma dual su realidad y nuestras atribuciones. Allí está Emiliano con su bigote zapatista, su voluntario parecido con Marlon Brando, su actitud de *poster,* sus manos que empuñan espada y rifle, sus soldados que parecen no observarlo, sus cananas y su majestuosidad, su mirada exenta de caudillismo o de humildad. ¿Lograríamos desentrañarlo si no lo supiésemos uno de los revolucionarios intachables, el mito incorruptible?

335

Villa galopa. Toda fotografía de estudio se desintegra. Su gesticulación es omnipresente: va desde el alarido en la toma de Zacatecas hasta el sollozo por el amigo que mandará fusilar. Más allá de una mínima atención hacia el señor Casasola o el Ingeniero Toscano, llora en el sepulcro de Madero, ríe sin premura, cultiva la tierra, se retrata folklórico junto a su mujer. Ignora la receta de la inmortalidad. Desconoce que la inmovilidad erguida y remota es la inmortalidad. Carece de lejanía, resulta accesible. No concibe al movimiento físico como un lujo.

Por muy pocas cosas los conoceréis. En la Historia Gráfica de la Revolución casi no hay mirada: viéndolo bien, a casi todos los mexicanos de entonces la cámara los torna inexpresivos. Pero no discretos: los revolucionarios formados en la cultura porfiriana suelen murmurarle a la cámara sus aspiraciones: ellos se dirigen siempre hacia el momento en que la gratitud de la nación exigirá el paso calmo, la voz reposada, la cámara lenta. *High Speed*: Ellos se desplazan y piensan en las razones de la estatuaria que los séquitos no comprenden. En vez de Casasola, preferirían a Praxiteles. En torno a un eje central, el presidente en turno, las pretensiones se agolpan y se distribuyen suavemente, con la amable parálisis de los intereses apenas postergados. A las ambiciones no las delata el ademán del parpadeo, sino algo mucho más simple: la presencia.

En cambio, Villa y Zapata se anticipan: si son los símbolos evidentes de la Revolución, es porque concentran, elaboran los elementos visuales. Sólo una revolución obra la hazaña de anticiparse al cine en la presentación del close up. Antes, el rostro había sido legado de la pintura. ¿Cuántos de los caudillos no intentaron asimilar el molde de un Hermenegildo Bustos? La Revolución irrumpe: Villa y Zapata son pre y post cinematográficos, *Zoom* o plano americano desde su apariencia. Le madrugan a Brando, a Wallace Beery, a Antonio R. Frausto, a José Elías Moreno, a Jack Palance, a Emilio Fernández, no por su condición de guerrilleros ni por la espectacularidad de sus acciones, aunque eso influye. Al defender su independencia corporal y facial del impulso embalsamador de la cámara, de la creencia en la cámara como un nicho o un destino, se revelan fuerzas visuales de primer orden.

● IMAGEN DEL PUEBLO COMBATIENTE ●

Inundación de imágenes: el oleaje blanco de los zapatistas. El estandarte de la Virgen Morena. Adhesiones. Aclamaciones. Trenes volados. Ahorcados. Gavillas. Cadáveres apiñados. Soldaderas. Salidas de tropas. Desfiles en la capital. Un médico con la pierna amputada de un federal. Tedium Vitae en los fusilamientos. Alianzas. Rupturas de pactos. Insurrecciones. Rendiciones. El pueblo es amigo de la confesión pública. Sin recato, sin el menor pudor redacta su autobiografía ante la curiosidad ajena. Ante la cámara, el hombre anónimo se yergue: como toda medida reglamentaria dispone de su estatura. Abraza a su juana, se estrecha a su fusil, se enorgullece de la enormidad de su sombrero. A la foto le cuenta de su pasado, presente y porvenir. Viene de la explotación, vive la reivindicación, va hacia el engaño. Nada oculta porque se sabe sin rostro. Vislumbra que sólo los jefes poseen perfiles memorables. A él le corresponde enfatizar que está allí junto a todos, en el lugar de todos, después de todos.

En su oportunidad, los muertos suelen ser (y la paradoja es que así suceda) poco comunicativos. Dice más de la marcha de la Revolución un caballo que un ahorcado. Los ahorcados son reiterativos: nos informan que la Revolución es la Revolución. Los caballos son descriptivos: de su aspecto se desprende por lo menos, la impotencia del vencido manifestada en la crueldad hacia su animal. Ante la cámara, en un segundo, quienes van a ser fusilados recuperan toda su vida. Al entrarle a la Revolufia aceptaron el trato y se la jugaron. Ahora recobran su inversión inicial y se la llevan. En materia de vidas, la Revolución no es cuantitativa ni cualitativa. Es de nuevo, la Revolución. Falso que nadie muere la víspera. Si algo, la Revolución es una víspera continua, los instantes anteriores a la revelación que a la letra dice: todos los iniciadores mueren como precursores. Los grupos de cadáveres modifican el rumbo de la tierra.

● ESPEJISMOS: DERROTA Y VICTORIA ●

El Archivo Casasola también es una ilusión óptica. De una página a otra las instantáneas ceden el mismo marco a diferentes jefes natos. *¿Quién te lo iba a decir?* ¿Quién se los iba a decir Bernardo Reyes, Francisco Madero, Victoriano Huerta, Felipe Ángeles, Emiliano Zapata, Francisco Serrano, Venustiano Carranza, Álvaro Obregón? ¿Quién te lo iba a decir, Plutarco Elías Calles, que acabarías tu maximato en un aeropuerto? Los vencedores y los derrotados se entreveran y se disocian brutalmente. La última visión de los vencidos es un pelotón de fusilamiento, un caricaturista, un amigo que se acerca para ofrecer su lealtad, una choza con un puñado de fieles, una calle de Parral, un Zócalo convertido en trampa, un tremodal, un fuerte en Estados Unidos, una recámara piadosa en París. El vencedor de hoy aparece junto al verdugo próximo. De improviso la doblez y el candor se abrazan frente al mismo fotógrafo. De esos retratos nadie aprende.

Se inicia el acertijo: adivinemos en los rasgos de héroes y antihéroes nuestros conocimientos previos. ¿No observan en el Presidente Madero un rictus de credulidad? ¿No intuyen tras los espejuelos del General Huerta la avidez del traidor? Trascendamos la percepción extrasensorial: allí está el Presidente Madero en compañía de los numerosos residuos porfiristas. ¿Para qué desprender de su rostro lo que nos enseñó la historia? Adivinemos su ingenuidad política a través de sus acompañantes. El General Huerta (y los títulos deben conservarse de vez en vez gracias a la índole protocolaria de las fotos, porque la función hace el rostro, porque los apellidos devienen extensiones del cargo) deposita una ofrenta floral en el Panteón de San Fernando ante el sepulcro de Don Benito Juárez. ¿Insidia sin fin? No, Huerta siente que ningún gobernante por asesino, por inepto que haya sido, debe visualizarse a sí mismo de modo condenatorio. El odio popular demostrará que se ha salvado a la patria a costa del prestigio histórico. Se le ha regalado a la estabilidad nacional el patrimonio más preciado: la gratitud de los maestros de primaria. El General Huerta, desencajado, pálido, con temor a la gente, insiste en otra regla de oro: de una u otra manera, el país le debe algo a todos sus gobernantes. A él, por ejemplo, le debe el ejercicio de su capacidad de desprecio.

● DE LAS ATMÓSFERAS ●

Los Casasola exploran los presidentes en turno. Las atmósferas van en segundo término. Esto no se explica sólo en función de la ciudad de México como sede natural de trabajo. Valga la obviedad: la lucha por el poder la libran los políticos. El vivac, el amanecer de los fusilamientos, las calles *sembradas* de cadáveres (predomina entonces el vocabulario agrícola), el compromiso o la reticencia del paisaje, la fuerza protagónica de los trenes, el terror de la gente decente, el saqueo y el pillaje, la importancia concedida a las últimas palabras, los desprendimientos individuales en el estilo de María Pistolas que maldice a Huerta por el asesinato de Madero y Pino Suárez, la llanura y el desierto, la montaña y la frontera como personajes, cuentan menos que los grupos de políticos \dando y recibiendo adhesiones. Predilecciones de los fotógrafos, se insinuará. Más bien, especialidades de la época. Entonces como ahora, el movimiento es el caudillo. Al no poseer los fotógrafos intenciones probadamente auténticas, los contrastes, los filtros y los claroscuros no disuelven el afán básico: la persecución, el sitio, la rendición gráfica de quien manda.

• CONTINUIDAD DE LAS IMÁGENES •

Durante muchos años, la intensa, generosa tradición fisionómica que va de Flores Magón al General Cárdenas leyendo el decreto de la Expropiación Petrolera, se vio rota, suspendida, abolida por la inmensidad de rostros complacientes, burocráticos, corruptos, represivos, indecisos. A partir de 1968, esa tradición se restablece. La entidad conocida como Revolución Mexicana se ha extinguido, pero continúa el impulso de esas series gráficas donde pueblo y poder, Poder y Pueblo, se afirman y se niegan, estallan o retroceden, se vivifican o se cubren de polvo. Han vuelto —o quizás nunca se alejaron— las berlinas y las chisteras. (*El neoporfirismo es una petición de principio: ¿verdad que a este país siempre lo han gobernado así? Si México no nos merece, que nos encumbre.*) Ante la cesación de las posibilidades transformadoras, 1968 multiplicó las instantáneas y accedió a lo imposible: a la nueva metamorfosis de los rasgos. De pronto, la tradición fisionómica se restableció, extendió sus fronteras conocidas y fuimos testigos del dramatismo de la conducta libre:

Una mujer anónima increpa a un general elevado sobre un tanque.

A la salida de la cárcel, los estudiantes recién liberados declaran su decisión de continuar en el Movimiento Estudiantil. Un grupo de pintores produce un hermoso mural colectivo en el tinaco que rodea una estatua trunca en la Ciudad Universitaria.

Mujeres enlutadas (madres, hermanas, parientes de estudiantes muertos o desaparecidos) desfilan por el centro de la ciudad y hablan frente a la Cámara de Diputados.

Los estudiantes, tirados en el suelo durante la toma de la Ciudad Universitaria por el ejército, hacen la señal de la V para los fotógrafos.

Continuidad de las imágenes: represión y decisión, anhelo democrático y bazucas enfiladas hacia las puertas que son un símbolo (sin que eso aminore su derrumbe). Fermento y premonición de la grandeza: manifestaciones, brigadas políticas en los mercados, asambleas y adolescentes que reparten volantes. El Rector de la Universidad presenta su renuncia. Los diputados aplauden, aplauden. Un mitin pacífico. Una luz de bengala. Por el micrófono se dice: "No se muevan. Es una provocación." Agonía y sueño. México 1910-1968.

Al país retorna una dimensión trágica, el instinto y el ejercicio de una voluntad moral, la capacidad de reducir a cenizas, con la sola imagen de un estudiante acosado y golpeado, el esplendor verbal del Milagro Mexicano.

[1969]

Imágenes del año de México

(2)

•••

Ella encabeza el cortejo fúnebre. Rostro magro, endurecido a través de larga familiaridad con las circunstancias ciegas, con las penumbras asfixiantes de la pobreza, rostro cuya firmeza se delata por la ausencia de rasgos impacientes, rostro dictaminado por el luto, incluso antes de que nadie se le hubiese muerto. Expresión concentrada, como el resumen de los siglos donde al porvenir se le ha confiado la felicidad, como el instrumento de reparación y de castigo que nadie ha empuñado todavía.

En el féretro el hijo único, victimado dos días antes en el Casco de Santo Tomás, al adueñarse el ejército de las escuelas del Politécnico. No, ella no ha acumulado reproches, ni maldiciones, ni injurias. Avanza y va demostrando, con desplazamientos irrevocables y exactos, la torpeza de la estatuaria cívica. Ella camina y su paso lo preside todo, restaura proporciones que el caos había olvidado. Sus brazos en alto concluyen en la V, detienen, mortifican la V. Un concepto del luto y de la pérdida se está enterrando ahora.

[1968]

☆☆☆☆☆☆☆☆ La educación sentimental

A José Alvarado

1 CRÓNICAS LOCALES DE ÍNDOLE COSTUMBRISTA

2 NADIE ENTRARE A ESTE LUGAR
SIN QUE AFIRME CON LA VIDA
QUE MARÍA FUE CONCEBIDA
SIN PECADO ORIGINAL

3 ELIJA USTED EL EPÍGRAFE CONVENIENTE:

Para que nada nos amarre:

> "Te juro por los dos,
> que me cuesta la vida,
> que sangrará la herida,
> toda una eternidad"
>
> Consuelo Velázquez.

El tiempo recobrado:

> "Y no olvidar jamás
> aquellas noches junto al mar"
>
> Gonzalo Curiel.

Atareado rumor de multitudes que se alejan:

"Cuando un amor se va, qué desesperación" ☐

Alberto Domínguez.

Melibeo soy:

"Sin ti, vivo sin mí,
vivir sin ti, querida,
quiere decir sin mí" ☐

Mario Clavel.

¿Por qué queréis que obren bien?:

"Yo no comprendía como se quería
en tu mundo raro" ☐

Frank Domínguez.

El amor y Occidente:

"Ese amor delirante que abraza mi alma
es pasión que atormenta mi corazón" ☐

César Portillo de la Luz.

¿Habéis rezado esta noche, Desdémona?:

"No me platiques ya, déjame imaginar
que no existe el pasado..." ☐

Vicente Garrido.

Y tan alta vida espero:

"Sabrá Dios, uno no sabe nunca nada" ☐

Álvaro Carrillo.

¿Quién se librará de este cuerpo de perdición?:

"Que me sirvan de una vez pa'todo el año" ☐

José Alfredo Jiménez.

343

Que si color moreno en mí hallaste:

> "Te quiere la escoba y el recogedor,
> te quiere el plumero y el sacudidor" □
>
> Gabilondo Soler *Cri-Cri.*

Que se cierre esa puerta:

> "y hasta la vida diera
> por vencer el miedo de besarla a usted" □
>
> Gabriel Ruiz-Elías Nandino.

Tú no sabes lo que es ser esclavo:

> "Junto contigo le doy un aplauso
> al placer y al amor" □
>
> Pedro Flores.

Agua de mis imágenes:

> "A cruzar otros mares de locura
> cuida que no naufrague tu vivir" □
>
> Roberto Cantoral.

Prosaísmo:

> "Ya que no podemos cambiar de país,
> cambiemos de tema" □
>
> James Joyce: *Ulises.*

● Y AL QUE NO LE GUSTE EL GUSTO TAMPOCO LE GUSTO YO ●

La educación sentimental. Las razones del corazón que la razón ignora. Se dictan, alrededor de un ring o de un escenario de carpa, cursos de violencia verbal. Cabarets. Orquestas tropicales. Máquinas tragamonedas. Mujeres fáciles graduadas en recepción de confidencias. Serenatas. Tres películas por un peso. Salón para familias. ¿Qué méritos atribuirle a estas iglesias, a estas instituciones, a estas festividades? Han forjado conductas tan personales como todo lo hecho en serie, han obligado a la memorización de los diálogos del amor no correspondido (amor añorante) (amor ofendido) (amor suplicante), han diseminado el manoteo y el aspaviento de las reclamaciones, han transmitido —de micrófono a mesa, de confidencia a llanto— los arquetipos de la angustia y la alegría, del insulto y la derrota.

Esos centros del mal gusto, de la profusión de albayalde, del color estridente, del grito oportuno que inaugura la gloria de este mundo, del aprendizaje de la noche como si se tratase de una prueba de fuego, han sido, inevitablemente, grandes establecimientos educativos, círculos de contaminación de un saber que fija y añade hábitos, impulsa frases para todas las ocasiones, ensaya la sugerencia irónica en la despedida:

no es necesario que cuando tú pases
me digas adiós,

y modera la juerga, los pasos tambaleantes, la obsesión de recuperar el ámbito de la primera vez, yo jamás lo había hecho, y esa noche me dijeron los cuates, órale, te invitamos...

Ahora, cuando los medios masivos de difusión han vulnerado y derruido ese mundo, explotando sus hallazgos, erigiéndose en nuestra paideia, sepultando y victimando a las otras formas —menos dinámicas— de la pedagogía social, conviene un mínimo homenaje a quienes construyeron una definición íntegra de "mexicano", a los creadores constantes y solícitos de las reacciones privadas (no siempre) del México anterior a la televisión.

• NUEVAMENTE VENDRÁS HACIA MÍ, YO LO ASEGURO, CUANDO NADIE SE ACUERDE DE TI, TÚ VOLVERÁS •

La carpa, ese tenderete escuálido que ridiculizó las aspiraciones del circo y magnificó toda acumulación de sillas de madera, fue el primer gran collage del México pop. Collage o qué modo más pretencioso de hablar del eclecticismo involuntario: tríos femeninos de voces muy dulces y brazos en jarras que sugerían rubor con el revoloteo de sus trenzas; vocalistas que patrocinaban con inadulterable languidez la trova yucateca; concursos de nuevos valores donde siempre perdía la vecinita y ganaba una desconocida de San Luis Potosí; diálogo lépero y belicoso donde se inventaban palabras y modos de conversar. El amasijo experimental demandaba la perfecta congruencia entre público y espectáculo: todo se abandonaba a la opinión de todos: reputaciones, desprestigios, sobrenombres, famas menores, el pre Hit Parade, los prolegómenos de un humor nacional. En la carpa se fundieron humor rural y humor de barrios bajos, arcaísmo y neologismo, palabrota y carcajada. Allí se inicia el humor urbano del siglo xx en México, mezcla de chiste con resignación, de autocelebración con autodeprecación, de insistencia en la risa con pena por no saber reír.

• LECTURA DE TESTAMENTO •

Instituciones que la carpa nos hereda: un duelo de albures entre dos payasos y un público sedicioso. El albur es elogio de la rapidez que la intuición le impone al habla.

Apunte usted, señor escribano: el debut mundial de Selene, la mejor bailarina de El Líbano.

La pluma en la mano: un ciego recrea en su serrucho "Nunca" de Guty Cárdenas, el tenor de alta escuela solemniza "Adiós mi chaparrita".

Y apunte usted: un joven moreno de bigote ralo, gabardina y pantalones caídos desbarata la sintaxis. "Hay momentos en la vida que son verdaderamente momentáneos." La mera verdá joven, Mario Moreno Cantinflas es el puritito tránsito hacia el lenguaje articulado. No es, como se ha creído, una sátira de la verborrea de los líderes: es un homenaje al deseo de adueñarse de un idioma. Allí está un joven cualquiera que explica en la comisaría por qué le partió la cabeza a un tipo, con dislalia que hizo a Cantinflas millonario y que a él sólo le vuelve ininteligible. ¿De qué se trata? Pos verá, yo estaba como quien dice no y entonces bueno, sí, como que por ahí y pa'pronto. Vámonos respetando porque le voy a ser sincero... ¿y qué sucede con el español, tan precariamente defendido por las fórmulas del agente del ministerio público que escucha inmutable, sin llevar aún el don de mando hasta la perfección de la calvicie? ¿Renunciamos al lenguaje, desistimos de su difícil aprendizaje y lo sustituimos con una explicación simultánea, desde cualquier ángulo, desde el cabeceo y el tono de voz, desde el movimiento rítmico del cuerpo, desde la repetición eufórica de las palabras? ¿O le pedimos al castilla que transe, que de vez en cuando nos la haga buena y nos sirva para declarar cualquier cosita, por ejemplo, que yo no se la partí, verá usted, así fue, yo llegué y como que nos quedamos así y entonces...? No abras, sólo son palabras.
Allí queda la carpa: cómo le extrañaría saber cuánto le debió

a ella (pobre, anónima y humilde) el idioma, el manejo corporal, la reunión de familia del mexicano.

• CONTRAPUNTO IMAGINADO: LA MARCHA •

De la provincia, de todos los barrios y rincones públicos y secretos de la capital se desprenden y se unen a la marcha. Previsiones climáticas: jorongos, cobijas, gorros de estambre, sombreros de muy dudoso fieltro, suéteres gruesos, chales, abrigos endebles o inermes. Caminan sin prisa, van conversando, hacen circular botellas, ríen y muestran ánimo respetuoso. Se han puesto de acuerdo: irán juntos, saldrán juntos de la vecindad o de la cuadra o del multifamiliar luego de cenar. Raúl llevará la guitarra. Juanito llevará la guitarra. Víctor llevará la guitarra. Ella lo merece todo, es la patrona, la devoción. Ya apúrese, ya vámonos, no sea comodino deje su coche un día que camine le hará bien un mínimo sacrificio le será recompensado le será tomado muy en cuenta.

No hay calles: el Distrito Federal abandona su máscara de ciudad. Hay el trayecto, la ascensión al Monte Carmelo que se inicia desde el pueblo de Tlalpan, la vía dolorosa que arranca de Azcapotzalco, el camino de perfección que se inaugura en la Calzada de la Viga, el menosprecio de la carne que se desencadena a partir de la Colonia Sifón, el recogimiento espiritual que se formaliza en el atrio de la Iglesia de Romita. No hay calles: hay un tramo de penitencia que se va cubriendo, que se va demoliendo colectivamente. La Avenida de los Insurgentes o la Calzada de Tlalpan o la Avenida Melchor Ocampo o la Ribera de San Cosme son rutas de tentación que el alma desatiende, caminos polvosos que hollan plantas peregrinas en su anhelo de beatitud. Es la noche del 11 de diciembre: la víspera de la Fiesta Religiosa.

PRODUCE GOCE EL ESTABLECIMIENTO
DE UN ORDEN PARA LOS FENÓMENOS

B. Brecht

¡Santa vocación de nostalgia de los corazones en estado de pureza! Agustín Lara, compositor y pianista de fama romántica, llega al cuartito de azotea, donde abismado, drogado, un último bohemio de la muerte, el Chamaco Sandoval, pasea miradas implorantes. Una hora después, Lara desciende guardando en el bolsillo la letra de "Noche de Ronda". Si las cosas suceden de otra manera no importa. ¿Qué interesa averiguar si fue Bacon o

Marlowe o Shakespeare o Shylock el autor de *El mercader de Venecia*? ¿En qué afecta a la improbable posteridad si fue Lara o el Chamaco Sandoval, si esas letras de canciones no ostentaron nunca el crédito debido, si Lara es el único responsable? Interesa el fenómeno Lara (Monumento, Emoción) y su promotor básico, el país, que una vez cierto de la solidez de sus instituciones, se apresura, al calor de los nuevos medios de difusión, a determinar semidioses, proezas de la ciudad aún no macrópolis. Lara sintetiza con perfección las ventajas de su momento: nace del modernismo y se deja promover por la modernidad. Su atmósfera se aferra al fin de siglo: él revive la fascinación de las casas de cita y del hombre como pasión inútil. Quizás no sea gratuita la fusión orgánica de Lara con el personaje de Hipólito, el músico ciego de *Santa,* la novela de Federico Gamboa. Leyenda y literatura, ambos son, en su lenguaje, gestos descritos o practicados, elocuencia y atmósfera, versiones extremas de la búsqueda de la virtud. Lara-Hipólito le restaura, en un acto de fe, la virginidad a Santa, le otorga la integridad del himen para desensualizarla. El victorianismo mexicano debe celebrarlo: la prostitución, las casas de cita, no son (siempre lo ha afirmado a través de poetas y rumores prestigiosos) necesidad sexual sino romántica. Bienaventurado el artista Julio Ruelas que murió junto a una prostituta. Gozosamente desdichado el poeta Antonio Plaza que pereció de enfermedad venérea. Junto al piano desafinado, una mujer de rostro cerúleo. Toses. Pañuelo ensangrentado. Miradas implorantes, la miseria del hombre, la grandeza de Eva, la redención imposible. Al recobrar la castidad de Santa, el victorianismo mexicano le devuelve a la sociedad su pureza.

La radio, el radio: retorna un sentimiento de pertenencia, de unidad primitiva. Jabones y analgésicos auspician esa relación de persona a persona, nos regalan —como una cortesía— la inventiva melódica y el repertorio de Lara, Curiel, Pepe Guízar, Guty Cárdenas, María Grever, Lorenzo Barcelata. Jabones y analgésicos apresuran la consigna de la Unidad Nacional. Colgate, Palmolive y la Sal de Uvas Picot cohesionan, retribalizan al país. *La radio, el radio:* cada persona se ve afectada de un modo íntimo. Únicamente para usted, María Luisa Landín advierte:

Tenemos que olvidarnos de ese amor
porque un amor así no puede ser.

Para usted, allí en la soledad de su oído, Elvira Ríos musita con fraseo demoniaco:

Y pienso si tú también
estarás recordando,
cariño, los sueños tristes
de este amor extraño.

Cuernos tribales: un motín en torno de la figura del momento, Emilio Tuero. *Tambores antiguos:* el dueto de moda, las Hermanas Águila, participa en un programa de homenaje a los Hermanos Domínguez ("Perfidia", "Frenesí", "Humanidad"). Es la XEW, corazón del sentimiento, Voz de la América Latina desde México. Pero no dejemos que la anécdota nos confunda. Es XEW y la introducción del control de un pueblo a partir de seducciones auditivas y el pregón negociado de sistemas de vida y métodos de pensamiento. Se apresura de modo casi instantáneo el paso del individualismo al colectivismo. El poder de la lengua vernácula: la XEW absolutiza la imitación: toda melodía, todo programa debe parecerse a su antecesor y así sucesivamente hasta llegar a la primera canción, al primer programa que deben parecerse a su más remoto descendiente. ¿Qué fue en el principio, el ser o el autoplagio? El estilo deja de ser una promesa y se convierte en una ratificación. El país crece y la radio inicia la tarea de conformar, de apaciguar el ánimo ante los sustitutos de la identidad. Ya sé que no eres así, pero así están siendo los demás. A la XEW le debemos un primer tratamiento de la gran obra manipuladora, de ese manejo que nos dispensa de las fatigas de la individuación.

PRODUCE GOCE LA JUSTIFICACIÓN
DEL PROPIO PUNTO DE VISTA

B. Brecht

El cine colabora: Tito Guízar, caporal obediente, empuña la guitarra en *Allá en el Rancho Grande* para defender el honor de Crucita (Ester Fernández) y en el duelo se promulgan las nuevas leyes: la afonía constituye la pérdida inmediata de la idiosincracia: la virilidad no desafina. Las canciones nos avasallan: toda sociedad que ya no pueda expresar ideas, debe ocupar en algo su garganta.

Las canciones decretan un ser unívoco: el mexicano, que consiste en

—el fracaso amoroso,
—la resignación ante la pérdida,

—el orgullo estatal,
—el dolor de la ausencia,
—el puntapié póstumo a la ingrata,
—la adoración incondicional,
—la autodestrucción como jactancia,
—el optimismo del afán de mando.

Y esa canción desesperada y desesperanzada, incomunicada y llorosa, chantaje sentimental y soborno afectivo, requiere de escenografía pertinente: cabarets donde impera una regenerable prostituta de proporciones magdalénicas; calles de medianoche con un organillero o una vendedora de elotes o un papelerito que desatienden (con unanimidad de coro griego) los anhelos del borracho que gira y se hinca demandando misericordia; cafés de chinos con meseras sufridas y clientes bondadosos; palenques donde los ojos aprensivos de la cantante ranchera delatan la proximidad de la tragedia; alboradas que complementan el desfile interminable de los instrumentos musicales y su comitiva; camerinos donde el villano intenta seducir floralmente a la reina de la opereta; neverías donde una joven —tierna, ingenua, leal como un perro— es cortejada de modo abrupto pero honrado. Una vez dispuesto el escenario, una vez ensayados los personajes, la canción se precipita inmisericorde.

Allí está ella, emocionada y envuelta en su feelin, pero desgraciadamente ya son las siete y media de la mañana y al Banco hay que llegar al cuarto para las nueve. Se peina y canta y sostiene con su voz grandes proposiciones existenciales: el amor es lágrimas y las lágrimas redimen, el amor es deseo y la entrega nos eleva por sobre nosotros mismos, trasciende la urgencia de resolver los problemas cotidianos, de enmendar un talento malogrado por la pasión. Todo lo necesario para hacer feliz su hogar: cruel incertidumbre, entrega total, sabor a mí, los dulces sueños del ayer, yo sé que soy una aventura más para ti. Y ella se pregunta: ¿vendrá hoy? y vierte su mejor perfume y el vendedor de seguros descubre que su mujer lo engaña y ella le ofrece una noche más pero es inútil: él ya parte hacia la frontera y la seducida recuerda al seductor y todo fue maravilloso mientras duró.

● PERO ANTES, UN COMERCIAL ●

El acto reflejo de la relación amorosa o de la convivencia ha menester de voces que lo encarnen. Las voces, para refrendar más aptamente su dominio, se amparan en la mitificación de sus poseedores. Y la ciudad se provee de estímulos comunales, de tótems, de síntesis de un espíritu colectivo que se desplaza de Lucha Reyes (El Sonido de los Gritos Atávicos) a Pedro Infante (la simpatía del mexicano no requiere de un enorme volumen de voz).

Infante es el último mito popular, generado a partes iguales por las estaciones de radio, el cine mexicano acaudillado por el director Ismael Rodríguez, las amas de casa, el arrabal, el lumpenproletariado, la clase media baja, la conspiración de las secretarias, la clientela fija de las cantinas y la aglomeración en torno a las sinfonolas de pueblo. Pedro Infante, con su naturalidad, su bigote bienintencionado, su origen carpintero, es el dios final, la clausura de la relación emocionante entre el pueblo y el espectáculo. Le dio al clavo: resultó el mexicano de este siglo, que, entre otras cosas, es una copia de sí mismo, es su propia reproducción mecánica. ¿Su descendencia? Un cartabón para los simpáticos de provincia, una serie de películas que infestan el late late show, la forja del bolero ranchero (atroz puente melódico entre el agro y la urbe) y la comprensión denigrante, al visualizar la edad de sus admiradoras y el culto que levantan a su memoria, de un verso de Ramón López Velarde:

Si soltera agonizas
irán a visitarte mis cenizas.

● CONTRAPUNTO IMAGINADO: LA GRATITUD ●

La manda, la promesa, la oferta de llagas. De rodillas van hacia el Santuario, sangrando, desfalleciendo, mortificados en la carne, afligidos en el espíritu, ciegos a esa manta que la mujer, que el marido van colocando y disponiendo para atenuar el sufrimiento, vulcanizados por la gratitud. *Te damos gracias, Virgen Santísima.* El favor se va transformando en dolor. Y la llaga, la herida abierta, la punzante vibrante agónica sensación de estar siendo traspasado por una rebelión de la piel, por la incapacidad de la piel para resistir la embestida del Tentador, es el precio, el complemento de la gratitud. La llaga es una reliquia, una ofrenda, un rescate. Uno —liberal, izquierdista, no católico— columbra en la manda sólo la odisea del castigo inútil. Allí están, afligiéndose, desgarrándose, deshechos en la empresa de acceder a la Virgen por medio de la pena. ¿Hay estremecimientos del alma, hay vida espiritual en estos padecimientos? ¿Cómo saberlo? ¿Cómo no insistir en la afirmación liberal, izquierdista, no católica, que condena el fanatismo en nombre de la razón? ¿Y

351

cómo demostrar en México las ventajas de la razón (proyecto) sobre el fanatismo (comunicación)? La manda se ha fundado en un accidente del cual se salió ileso o en un hijo paralítico que ahora duerme, con su sueño sobresaltado. La gratitud por el bien recibido, por el bien próximo, va definiendo la noción de pecado: pecado es haber nacido, pecado es seguir viviendo, pecado es la impotencia y pecado la paciencia, pecado haberle alzado la mano a la madre y pecado haber traído al mundo a estas infelices criaturas. El pueblo le corrige la sentencia a San Pablo: la paga del pecado no es la muerte sino la gratitud. Si le entregamos a la Virgen el agradecimiento del dolor, nos absolverá del pecado de seguir viviendo. ¿Y qué puede oponer el liberal Ignacio Ramírez, ateo, al magnicida Padre Pro, agradecido?

PRODUCE GOCE LA PERFECCIÓN TÉCNICA DE LAS REPRODUCCIONES

B. Brecht

Aunque desplazado por el cine y corroído por la televisión, el teatro frívolo, el teatro de revista, ese suceso de la vulgaridad, el ingenio popular y el sentimentalismo, retiene su éxito hasta el límite de la década de los cincuentas. Medio semimasivo que ahora, por su exigencia absoluta de participación, sería designado como *cool*, el teatro frívolo preserva los secretos y la maquinaria del chiste sin edad, anticipa o sirve de eco a los triunfos del cine nacional, es el postrer reducto del diálogo entre el pueblo y quien quiera que se halle sobre un escenario. La despedida ardiente de la etapa arcádica: 1950-1954. Entonces, la gallola (la gallera, el sitio de los gallos: ¡tiembla Shakespeare!), imposibilitada de aplaudir o censurar decisiones de Robespierre, segura de que ya ningún otro ejército retador desfilará en la ciudad recién conquistada, y siempre animada y voluntariosa y dócil y provocadora, se concede a sí misma la fabricación voluptuosa de tres criaturas: Dámaso Pérez Prado, Yolanda Montes Tongolele y María Victoria.

De María Victoria eternamente se citará su frase:
Muchas, muchas gracias querido público,
esta noche me han hecho la mujer
más feliz de toda mi vida

(sólo comparable al comentario atribuido a la actriz Fanny Cano, al término de un banquete de los cinematografistas al candidato a la presidencia:

352

*Me emocioné tanto con las palabras del Señor
Licenciado, que francamente ni oí lo que dijo.)*

pero además a María Victoria debe reconocérsele la exactitud de su estremecimiento, su inmersión en los primeros sonidos del deseo, su campaña subliminal en beneficio de la diversificación del gemido, su versión aculturada del escalofrío de placer. María Victoria, réclame sexual identificado con la figura de la sirvienta, le ha conferido al suspiro su calidad de voceo, de energía cumplida y de incitación arbitraria.

Ante Tongolele, su sojuzgamiento del escenario y su proletarización de María Montez, la gallola imita el arrobo de Herodes Antipa y le concede a Salomé el 10% sobre los ingresos de taquilla. Con desgano cuidadosísimo el bongocero acomete la consagración de la primavera y Yolanda Montes, sin mayores apoyos o influencias, suscribe y promueve un exotismo de vanguardia (poco después, descubrirán el otro indispensable exotismo, el de las ideas). Nombres de exóticas: sucesión de primeras fantasías sexuales, orgasmos convocados por la voluntad de quien anuncia las turgencias y los encantos paradisiacos de Su-Muy-Key, Kalantán, Gema, Kruma, Karla, Xtabay, la Millonaria del Burlesque.

El strip-tease o su insinuación, el strip-tease y las danzas trepidantes, rotatorias, explican sin problemas la posterior masiva afluencia a las calles aledañas al teatro frívolo, donde se practica, sin remilgos profilácticos, aquella didáctica ancestral que concluye en el benzetacil. El teatro Tívoli, el más abiertamente preocupado por la educación sexual, culmina en el encuentro de Naná y el diablo, el simulacro de posesión satánica: allí confluyen la obscenidad de los arrianos y la herejía del grafitti. Misa negra y music-hall.

● MI PERSONAJE INOLVIDABLE: LA QUINCEAÑERA ●

El experto en los valses como solución terapéutica exhorta al auditorio y al motivo de la reunión: "En este amanecer de tus quince años..." Para que haya sociedad, Caritino, es menester que quienes confían en ella la relacionen y la presenten a la nueva generación. Esta "sociedad" es una suma de confianzas: creo que existes y te muestro a mi hija; creo que existes y me caso por la iglesia para darte gusto; creo que existes y oculto de tu mirada rencorosa la preñez de mi hermana que ni a novio llega. Terror y regocijo: "Sobre las olas" y el grupo de chambelanes

353

se inmoviliza en un salón con aspecto de garage que quiere hacer las veces de salón. El sentido de este vals, Margarita, está ordenado de antemano: las aspiraciones persiguen a las pretensiones: la ingenuidad va en pos de la máscara. La sociedad es la misma en cualquier parte, aunque Scott Fitzgerald esté en lo cierto: la diferencia entre ricos y pobres es que los ricos tienen dinero. Baila el padre con la-feliz-fragancia-de-tu-edad y la quinceañera de este barrio pobre y trabajador se desdibuja, se vuelve espectral a medida que se agota la música de Juventino Rosas, ha brotado de lo borroso y se dirige hacia la neblina.

● CABALLO NEGRO, TÚ TIENES LA CÓ-LÁ PARÁA ●

Pachucos y caifanes, léperos o pelados, los integrantes de la claque de Dámaso Pérez Prado, el Care'foca, el rey del mambo, son entidad rijosa, puntual y divertida. Allí está un nuevo ritmo y hay que entrarle con fe, en el teatro de revista o en el dancing club. Se repite el Mambo Número Cinco y el muchacho de suéter de grecas y copete grasoso se trepa al escenario y baila con las Dolly Sisters. Hay que cuidar el paso, darle catego, hacerlo preciso, militar, como un rompanfilas ejecutado con propósito marcial. La claque ya no se ve muy decidida a uncirse al territorio desclasado y pachaqueril del Salón México o el Salón Smyrna, los grandes locales con dos orquestas dos, tres orquestas tres, y ahí agarras lo que sea su voluntad, en la debida reticencia ante la monogamia y el hispanglish. Los taxistas bailan su mambo, los zapateros bailan su mambo, los jóvenes de escudos universitarios bailan su mambo. Último aviso antes de que la ola de la explosión demográfica y la urbanización y la industrialización lo arrasen todo: una tour virgiliana prolonga, en los centros nocturnos al alcance de las mayorías, cada estreno mundial de Pérez Prado. La ciudad tradicional va a estallar. Ya se atrofia la relación de vecindad, ya se está desmoronando el barrio. Allí están los antiguos símbolos, las antiguas apropiaciones y estilos y monumentos y tiempos y ritmos, los espacios calificados y diferentes de la ciudad tradicional. Nada los reemplaza, pero su vigencia ha concluido. Pronto, su Regente protegerá a la ciudad de visiones y aficiones nocherniegas. Entretanto, con combustión ajena a extinciones y derrumbes, las exóticas intensifican la diferencia entre movimiento subversivo y movimiento licencioso y Pérez Prado subleva y amotina al pópulo contra la inmóvil tiranía del danzón.

La gallola es compartida: pásala, compadre, órale cuñado. Y

los albures, las profanaciones, la aplicación del apodo como marca de fábrica, la velocidad de la réplica en tus lomos'ta lloviendo, el aplauso prematuramente nostálgico a los primeros compases de la melodía de moda, los chiflidos y las expropiaciones, dibujan a una audiencia hambrienta, vivamente cursi, regocijante, escabrosa, reprimida, malévola, indomeñable. O quizás indomeñable sea el único adjetivo injusto: sin rebeldía, sin mayores quejas, este público desciende del desafío al murmullo, de la exigencia a la petición, de la protesta al rezongo. *¡Me prestas! Si yo no dije nada, jefe. ¿Por qué me lleva?*

● MI PERSONAJE INOLVIDABLE: EL LUCHADOR ●

La lucha libre. La colectividad exige sus diversiones. Y la lucha libre le permite conocer rápidamente los misterios de la representación dramática, le consigue una buena catarsis al módico precio de tres caídas. En esta esquina... incesto contra ceguera, lealtad familiar contra destierro, obtención del fuego contra buitres en las entrañas, máscara contra cabellera. Esquilo aplica un candado, Sófocles se lanza con un par de patadas voladoras, Eurípides estrangula a su rival entre las cuerdas. La lucha libre llama a las clases económicamente débiles a escena. Ya entenderán luego de política o de tragedia, ya distinguirán entre polis (ni sé cuál es mi distrito, ni sé cómo se llama el diputado) y pathos (debemos tres meses de renta y para colmo a Javier le quitaron su chamba). El respetable público se encrespa y se desahoga y aúlla y hace lo que puede por encabezar un linchamiento acústico. El aficionado enumera al Santo, a Tarzán López, a la Tonina Jackson, a Black Shadow, al Médico Asesino, a Blue Demon, a Sugi Sito, al Copetes Guajardo. Rudos contra científicos, el bien y el mal y en los camerinos el luchador se quita la máscara y todos los presentes aceptan sin discutir sus razones para seguir usándola.

● ¿A QUÉ ATRIBUYES LA SONRISA DEL LICENCIADO? ●

Los cómicos no perturban la quietud uniformada por una voluntad pretoriana. A lo sumo, deploran con alusiones físicas o agudezas para el buen entendedor, los males de la política. El cómico más notorio, Jesús Martínez Palillo, padece el mal inevitable: incapaz de sentido del humor, acepta lo que está a mano y empuña el insulto. "Sólo es visible —advierte Enzensberger— lo que no es transparente." El insulto (transparente) vuelve invisible, inexistente a la crítica. Esa entidad misteriosa, Las Autoridades, objeta esporádicamente agresiones y burlas. El insulto es válvula de escape, vía respiratoria. El habitante de la gallola se pone bravo, vocifera, se cura la conciencia, se enorgullece de un país donde se dicen en voz alta las verdades, se siente aliviado porque desafía al poderoso con risas y aplausos, le comenta al vecino la carestía de la vida, se va relajando y queda como nuevo, dispuesto a repetir al día siguiente en la fábrica, a la hora del almuerzo (mientras advierte con indiferencia a los proselitistas de la huelga), los chistes de Palillo. ¿Cuál sátira política? Nadie vocea en las calles *El Hijo del Ahuizote,* periódico contra la dictadura, ni la situación se considera intolerable. El Panzón Soto en los treintas, al burlarse de Luis N. Morones, líder obrero de la CROM, y Palillo en los cincuentas, al imitar a los altos ejecutivos del sindicalismo, desdeñaron la noción intolerante: los políticos mexicanos están más allá de la parodia porque ellos mismos son la caricatura de los dirigentes verdaderos. Es muy simple la pregunta que Palillo no ha podido formular: *¿Quién teme a Fidel Velázquez? Who's afraid of the big bad woolf?* Sin sentido del humor no es posible penetrar la epidermis de un poder complacido con la técnica del chiste irrespetuoso, tan halagador, tan manejable. ¡Santo Pascual Ortiz Rubio, Nopalito!

La gallola se debilita, la gallola enmudece. Incluso el insulto se ve proscrito y multado. La televisión despoja al teatro frívolo de su misión profética: adelantar ídolos. Como no queda otra, se admite la deprimente función ancilar: rehabilitar sin éxito a figuras nacionales y extranjeras pasadas de moda, aprovechar las importaciones de los night-clubs, raptar a los triunfadores eventuales de la televisión y la industria del disco. El hombre electrónico no baila mambo.

La gallola se va poblando de fantasmas. El teatro frívolo es prehistoria de una intimidad que ya disfruta de la grandeza del libertinaje sin moverse de su sala. El asesino multiplica instalaciones y canales en toda la república. Muere la gallola como fermento, como núcleo creador. Y las responsabilidades del humor en México recaen en una élite que, en ocasiones solemnes, se dignará acometer la feroz autocrítica de una leve sonrisa.

● POST-SCRIPTUM I ●

LA TRADICIÓN COMO PRODUCTO DE NUEVO CUÑO
[*Las estudiantinas*]

El supuesto básico de las estudiantinas, esos conjuntos que devastan todas las escuelas y las universidades mientras distribuyen un repertorio sentimental gastadísimo, es su lealtad arqueológica ante lo respetable de nuestro pasado. Son un viaje hacia la Nueva España o el porfiriato, un encuentro con las fuentes castizas, el recupere de la tradición que, de un largo sueño a lo Rip van Winkle salta a la vigilia, como atavío y hálito repertorial de infinitos grupos de jóvenes. La actitud responde a una dudosa asepsia de las costumbres. Mas basta un concierto para enterarse de que la búsqueda de la mitad de los orígenes (el fifty percent de las raíces) no desvela ni preocupa y que si por eso fuera nadie se vestiría así. En el atuendo, en los trajes supuestamente derivados del XVIII, en las panderetas, las guitarras y los listones, en el profuso abullonamiento sastreril, en los saltos, los murmullos, los chistes, los balanceos; en la exhibición vistosa y ruidosa de las estudiantinas, no es fácil rastrear homenajes concretos, la acción exhumadora y partidista. La razón de ser de estos conjuntos indumento-músico-vocales (al menos en su agobiante regreso en la década del sesenta) no es la tradición real, sino la posibilidad de cubrirse con una tradición, de manejarse como si se fuese el largo producto de una sola herencia.

• DETRÁS DE ESE BALCÓN DUERME MI AMADA •

Una explicación como hay muchas: en estos días de México, el significado de la tradición es necesariamente oscuro o confuso. ¿Qué es tradición? ¿Aquella parte de nuestra vida colectiva preservada, gracias a su inutilidad, de la norteamericanización, ya no digamos de las costumbres sino incluso de los ademanes? ¿O la pretendida justificación histórica de la inmovilidad? O tal vez las tradiciones no hayan desaparecido, sigan allí, y consistan en la permanente actualidad —no sólo en el campo de la música popular, aunque allí de modo sintomático— de todas las cosas vividas por el país. México acumula, no selecciona. Ni renglón de pérdidas, ni sistema de cambio: sólo cuentas de almacén.
Imperan sensaciones difusas: la tradición es algo que ya sucedió, el prólogo del porvenir en un sitio sin presente, no el pasado (que sería un concepto demasiado vasto), sino un sector del pasado, o mejor un conjunto indefinible de situaciones que ve en el pasado su tierra natal (y que por así decirlo, nace con pátina), y que importa y conmueve de la misma manera en que conmueve o importa el retrato de los abuelos, del modo en que emociona o contrista la falsa evocación de, digamos, ese picnic de la infancia donde ocurrió el *Hecho Decisivo* imposible de aclarar

y cuyas profundas repercusiones se transforman en la certeza pop-sicológica de que todo se resolvería (nuestra mediocridad, nuestro fracaso, nuestra avidez fallida) si lográsemos arrastrar esa memoria, ese picnic, a la superficie del análisis, a la tierra firme de la conciencia. No ha sido así, no asisten ni el recuerdo ni los datos esenciales de la tradición, que continúa siendo, de acuerdo con el esquema de la transmisión de sensibilidades, la suma de costumbres que heredamos de nuestros padres, quienes a su vez la heredaron del cine nacional (*Tradición es el sentido del pasado total como "ahora"*).

[Y ES LA LUNA LLENA QUE APARECE]

El aporte básico de las estudiantinas: esa reconstrucción sentimental que emerge de improviso, sin que nadie la conociese y sin afanes de perpetuarse, la tradición que se muerde la cola hasta devorarse entera. Los trajes y los paseos, bordaduras y quimeras, corresponden a las versiones del taparrabos virreinal o quizás acompañaron a laúdes, vihuelas y guitarras en la conquista callejera de la Nueva España. Pero las estudiantinas no parten del rechazo a una deforme "sensibilidad moderna". Son por el contrario, el reconocimiento de la anacrónica sensiblería mexicana de hoy, el orgullo por el presente que acepta una atmósfera retrospectiva para justificarse. El gusto memorioso o el tributo a juventudes ya consumidas no explican el éxito de las estudiantinas; el éxito de las estudiantinas radica en su hábil complacencia ante el gusto más actual de México, que sigue siendo el mismo —en términos generales y masivos— de hace treinta años, más los agregados inevitables. ¿O no se ha oído "Yesterday" y "Strangers in the Night" en los idílicos vericuetos de provincia, interpretadas por los celosos vigilantes de la tradición?

[DE COLORES / DE COLORES SON LOS ESTUDIANTES]

Las estudiantinas no expresan un romanticismo populista y dulzón; aspiran en voz alta a retener, arraigar, conservar un mundo desaparecido que jamás se ha ausentado, intentan la difícil añoranza del presente, las bodas de diamante de este preciso segundo. La estudiantina regresa para darle solución de continuidad al afán de venerar la reminiscencia, de aplazar la revelación ominosa. Las estudiantinas lo saben: siempre será difícil admitir que nuestro pasado sigue al día, que continúa siendo nuestro presente emotivo. (El descubrimiento dañaría la fe en el despegue, en el *takeoff* que nos depositará en el desarrollo.) Las estudiantinas llegaron para quedarse, entre otras cosas porque jamás se habían apartado de nosotros.

● POST SCRIPTUM II ●
LAS EXPERIENCIAS INCALIFICABLES

Sábado en la noche en el teatro Blanquita. La experiencia se deja preceder por una visión rápida, simultánea. Aquiles Serdán fue un héroe, hoy es una febril concentración, un fluir azaroso y despiadado, fluir que viene de San Juan de Letrán y se dirige a Santa María la Redonda, fluir que es una calle y una multitud impregnada del fulgor que suele acompañar al desengaño, la obviedad, la burla. El teatro Blanquita es un recinto sacro o mejor, es un museo, el frigorífico que guarda, que conserva una actitud popular, la confusión entre la mera insistencia y la tradición. El Blanquita es un almácigo, una alhóndiga, el sitio de la preservación y del rescate de todo lo rescatable y preservable: una canción, una seña significativa, un refrán.

—"Muy buenas noches, señoras y señores, el teatro Blanquita les desea. . ."

Vicky Villa, la exótica de entonces, vocea ahora el tema de presentación. Y al conjuro de coreografías inolvidables de Julián de Meriche o de Ricardo Luna la pasarela se estremece.

—"Pues tenemos los mejores artistas y del mundo los mejores artistas."

Y por la pasarela desfilan (poseídas por la alegría de quien cumple dolorosamente con su trabajo, abundantes, exiguas, magras, populosas, venidas a menos, desbordantes) las coristas, las vicetiples:

Mi papá y mi mamá no me dejan,
no me dejan ser bataclana,
pero yo quiero ser bataclana,
bataclana yo he de ser.

Son una leyenda o una referencia convencional y uno, si fuese leal a sus prejuicios visuales, sabría que los políticos radicalizan márgenes del foro, camerinos, bastidores, salidas, contemplaría la voracidad de los hombres calvos y ventrudos que, mientras fuman un puro y relatan una audiencia, acechan a las vicetiples desde el interior de dilatados automóviles negros, con un chofer de cara dividida por una cicatriz que suplica:

—Cuando ya no le interese Marieta, jefe, me la pasa. ¿De acuerdo?

Martilleo del cine: Ninón Sevilla recibe las flores en un camerino con la estatuilla de la Virgen de la Caridad; María Antonieta Pons parte con el gángster para salvarle la vida a su hermano; Lilia Prado le sonríe al político; Meche Barba premia con un beso el collar de perlas; Amalia Aguilar grita "¡gordito lindo!" y todo en el momento en que una voz exclama: "¡Ya te toca, Lupita, apúrate!"

—Me sentiría muy honrado con que usted aceptase cenar conmigo una noche de éstas.

¿Qué importancia tiene que la realidad de estas vicetiples no se corresponda con el aspecto ideal de sus pretendientes, con Rodolfo Acosta que aguarda en la penumbra con un cuchillo, con Joaquín Pardavé que enfría botellas de champagne, con Luis G. Barreiro que se frota las manos por anticipado? El teatro Blanquita es centro mitológico, no sociológico. Los jóvenes ya no saben quién fue Luis G. Barreiro y tampoco apetecen ese erotismo de la abundancia ("los mexicanos las prefieren gordas") tan bien satirizado en las figuras de las vicetiples. Las coristas agotan la pasarela, combinan ademanes mecánicos y exhiben lo que tal vez, algún día, resultó desenfado. Eso era antes: cuando las vicetiples se creían vicetiples, no guardianas de una tradición agonizante. Desde el foso, una orquesta desmayada ofrece su audición para el Juicio Final. Si hay componendas en ese gran día, es segura su condena sin apelación. A los cinco minutos uno rectifica: ya fueron condenados a tocar sin interrupción. Así estarán, por los siglos de los siglos, a menos que otra orquesta, compadecida, se apodere de sus instrumentos y se disponga a ejecutar "Los ojos de la española" o "El jarabe tapatío" por lo que falta de la eternidad.

[VIBRACIÓN DE COCUYOS]

Precedida de un ballet sorprendente, Toña la Negra (María Antonieta Peregrino) emite su "Noche triste y callada". Cantará, necesariamente, inolvidables y consentidas. ¿Podría diferir de esta

360

norma? ¿Tendría acaso la heterodoxia y la renovación? No lo creemos: ella es desde el principio, esto era en el principio, esto era el principio. Guardiana, depositaria de una sucesión de imágenes, Toña la Negra hace desfilar en cada una de sus canciones (así sean muy recientes) la juventud de nuestros padres, la época de oro de la idea de la época de oro, el mejor ceviche que he probado en vida, la parranda fabulosa, el momento de ternura, las poesías que nunca le enseñé a nadie, el primer baile, el carnaval de escándalo, la noche de la gran bronca. En tantos años, intérpretes como Toña se han convertido en el humus de todas las añoranzas. Son el equivalente de lo obligado: el viaje a Acapulco, la visita a la casa mala, la visita a la casa buena, el primer danzón, otra orden de mariscos. El pasado y la idealización, Toña y sus canciones, la crónica y sus estereotipos.

[VELOCIDAD ANTE TODO / HÁGALE CASO A SU PAPACITO]

Los cómicos en el teatro Blanquita. La gran Carmen Salinas. Pompín Iglesias Jr. y Nacho Contla. Amparo Arozamena y Celia Viveros. Mantequilla y Borolas. Hoy les corresponde a Fernando Soto y a Joaquín García revivir y perpetuar el género extinguible, el sketch, el teatro mínimo que compensó a varias generaciones de la ausencia del teatro máximo. Soto y García, Mantequilla y Borolas, con esos Nombres de Guerra aún olorosos a carpa, aún vinculados a la identificación primaria del cómico y el payaso, aún cargados de la aptitud bautizadora de una época que no distinguía entre circo y arte cómico. Mantequilla y Borolas, los Hermanitos Vivanco, enfundados en fláccidos, deteriorados, sublimes trozos de guardarropía, proceden a su sketch con entusiasmo. El chiste recurrente, el filo de la navaja es el juego con la homosexualidad: en un país de machos profesionales sólo el que ríe al último está a salvo de toda sospecha. El sketch es, para decirlo de una vez con palabras fatales, clásico en suma: todos sabemos quién mató a Layo, todos sabemos la última línea que rematará la prolongada anécdota de Mantequilla y Borolas. Y se representa el sketch longevo y se consuma el acto de fe, el acto de amor del público que se divierte y goza a Borolas y a Mantequilla, no para compensarlos del envejecimiento de su humor, sino para afirmarles que el ingenio verbal cuenta menos que la exactitud del movimiento, que la fiel reproducción del sonido popular, que la seguridad (el timing) de sus deteriorados parlamentos. El público les garantiza la nobleza de su elección: son cómicos populares porque siempre contarán de modo óptimo el mismo milenario chiste. No son originales y modernos: son tan sólo excelentes. ¿No es eso suficiente?

[QUERIDO PÚBLICO]

Querido público: ¿cómo describirte, cómo descubrirte esta noche, cualquier noche, sin caer en la sociología instantánea, falsa y vulgar? En rigor te imaginamos y eso es lo que más nos vale; creemos poder definirte a través de tu ropa, de los gestos y los gritos que te atribuimos. ¿No es una acción formidable? Nosotros te inventamos y tú nos ignoras; ignoras que se te calumnia o se te deforma. Muchas gracias, querido público. Todo te lo debemos. Tú nos has hecho y nosotros hemos trazado tu perfil posible. Allí estás, en nuestro inventario típico, con tu bolsa de papas fritas, tu ex-noviecita santa que hoy es tu cara mitad, tu palomilla de cafres, tu familia y tu vidorria y tu relajo. ¡Qué padre chamarra verde te compraste, qué suéter tan suavena, qué copetote, compa! Te inventamos un físico, un vestuario, un lenguaje, un caló, y esta noche, querido público, te inventamos y te inventariamos un deseo: el de recuperar tu feroz, bárbaro, íntimo contacto con tu criatura, el artista. ¡Charros, charros, de dónde salió este sapo! ¡Vóytelas, mi cuais! Que disque ya te domaron, que ya te educaron, que ya te domesticaron. Querido público: un día de estos debías tomarte unas cervecitas con los cuates y contarnos tu personal versión de los hechos. ¡Órale, anímate, canijo monstruo de las mil cabezas!

[YO TE CONMINO]

Y el fin de fiesta. ¿Dónde hemos oído ese punteo rococó de la guitarra, esas voces que acarician una serenata, esa miel de multifamiliares? Todo lo hemos oído en discos RCA Victor y el crédito de la portada ha caído sobre los Tres Diamantes. ¡Ah, nuestra pubertad! Uno tenía 13 y 14 años una vez. Y ya después, inútil esperar: los quince nunca llegan. Porque eso fue tu vida, una cosa que arrastran las rockolas. Lo siento Borges. Los tríos han enriquecido la historia del disfraz con un nuevo trasvestismo, el de la voz, anticipándose a Tiny Tim y a los coros de Joe Cocker. El público pide y aplaude, solicita y aplaude, recuerda y musita: "Divina ilusión", "Tango azul", "Nunca en domingo", "Amor, qué malo eres", "Miénteme". Y sin que falte "La gloria eres tú". El regreso a la pubertad es conflictivo, desgarrador: ¿cómo pudieron gustarme tanto los Tres Diamantes, cómo fui llevado por la sacarina, por el estragado concierto de gargantas que trazan el equivalente musical de Yolanda Vargas Dulché y de Amado Nervo? Hermosa claridad que resplandece sobre el misterio. El público, treintañero en su mayoría, sigue aplaudiendo, felicitando, reviviendo, aplaudiendo. Dios dice que la gloria está en el cielo, y hacia allá se dirige el armonioso ulular de los Tres Diamantes. Con Grand Finale, concluye la sesión del Blanquita. Afuera, prosigue la existencia del querido público. Y uno se pregunta, ¿que tú nunca has sentido remordimientos, ciudad de México? ¿que de veras no te arrepientes?

● CONTRAPUNTO IMAGINADO: LA PARTICIPACIÓN ●

En el atrio de la Basílica, mariachis y artistas entonan las mañanitas. La zona sagrada celebra con gusto este día de placer tan dichoso. En su cumpleaños, su fiesta. La romería, las naves henchidas de fieles, la concentración de tribus de danzantes, los ramos de flores, las bandas de música, los voladores de Papantla se integran a la prueba comunal. ¿Qué recursos le quedan al centro de la religiosidad mexicana? Porque es su día, los celebrantes se ciñen a una sola voluntad: divertirse, alegrarse para complacerla. Noche de intimidad, de muerte de las murallas entre ella y los fieles, entre el feligrés y su vecino. *Devoción:* globos, penachos de plumas, concheros, caballeros águila con mandolina, máscaras. *Diversificación:* cámaras de televisión, chinelos, instrumentos precortesianos, gente que se desmaya y se disfraza.

En las inmediaciones la gente riñe y se mata, viola y se emborracha. El brillo de la fiesta es aburridamente dual: reverencia y profanación. Un cordón revisa a quienes van al cerro del Tepeyac; se les registra, se evitan las armas para purificar el sacrilegio. La policía cuida a los fieles de la violencia en la transgresión. Los amigos se confiesan, los cuates se divierten, la familia se une en la diversión y en la contrición. La noche de los mexicanos está actuante.

Alrededor de la Basílica, las atracciones: funciones de títeres, la mujer con el cuerpo de víbora, la mujer barbuda, la casa de los espejos, los puestos de antojitos, la venta de estampitas y escapularios, los distintivos de las congregaciones. Campanas, largas velas encendidas, apretujamiento, oficios cantados. Nadie rebaje a lágrima o reproche esta declaración: la mística en México requiere, para consolidarse, de las bendiciones de un grupo. ¿En qué orden gregario nos movemos? De la nación a la pandilla, de la sociedad al gang. Reseñar es a veces interpretar. La enumeración interpreta cuando las apariencias son todo lo que nos queda de ese cliché, de ese lugar común llamado realidad.

[1969]

363

☆☆☆☆☆ México a través de McLuhan

PROYECTO DE GUIÓN RADIOFÓNICO A MANERA DE SKETCH.
HOMENAJE AL ESPÍRITU DIDÁCTICO DE LA CARPA.

—Marshall McLuhan. Síntesis tan breve como falsa como inevitable como rudimentaria: Marshall McLuhan, profesor y pensador canadiense. Sus teorías, acerbamente originales, sospechosamente aplicables a cuanto cabe entre cielo y tierra, se han difundido a través de un medio para él obsoleto: la imprenta. Sus libros básicos: (*The Mechanical Bride, The Gutenberg Galaxy, Understanding Media, The Medium is the Message, War an Peace in the Global Village, Verbo Voco Visual Explorations*) lo han situado bajo la peligrosa luz cotidiana de la mass media. Profeta de la era electrónica, se ha visto homologado con Einstein, descendido a farsante, ascendido a genio, rebajado a simulador.

—¿Y qué tiene que decirnos al respecto?

—*El individuo contra el Estado, el pensamiento contra el sentimiento, el arte contra el comercio y la ciencia contra el humanismo son los más familiares dentro de los estados esquizoides que reconocemos como el legado inevitable de la cultura en cualquier periodo de la humanidad.*

—Las estrellas son tan grandes. La tierra es tan pequeña. Perma-
nece en tu sitio.
—McLuhan anuncia la revolución que se consuma sin Perspectiva
Nievski. Aún no se sistematiza ese tránsito del hombre tipográfico
de la Galaxia de Gutenberg, al hombre electrónico, táctil y visual.
McLuhan es el principio de un método para captar la realidad tan
radicalmente modificada por la tecnología, la cibernética, la explosión demográfica, el viaje a la luna... y el fervor deportivo, que
declara el milésimo gol de Pelé más importante y significativo
que todo lo anterior.
—¿Los libros son obsoletos? También el Homo Sapiens.
—Hay que distraerse de la distracción por medio de la destruc-
ción.
—La no-poesía devora a la poesía convirtiéndola en cliché y en
slogan.

PROPÓSITO

—México a través de McLuhan: Una escenificación rudimentaria de instantes de la atmósfera nacional, organizada en torno a
frases culminantes de un profeta incierto.

TESIS

—Habla McLuhan: *A nombre del progreso, nuestra cultura ofi-*
cial está deseando obligar a los nuevos medios de información a
reiterar la función de los antiguos.

● ILUSTRACIÓN I ●

(Escenario: Un estudio de televisión. Un locutor y tres animadores reciben a un hombre de traje negro y portafolio.)

LOCUTOR: Y así, amable auditorio, esta noche el ganador del
    máximo galardón que este país otorga a sus hijos, el poseedor
    de la Estatua del Deber Cumplido 1969, Dr. Ceferino Casta-
    ñón se presenta en este su programa predilecto "Serpientes y Es-
    caleras. Águilas y Elevadores", con un mensaje de suma im-
    portancia... para usted.
DR. CASTAÑÓN: Querido auditorio: ¿por qué no?, ¿por qué no?
ANIMADORES: Sí, ¿por qué no? Otros pueden, ¿por qué no usted?
DR. CASTAÑÓN: Sí, a usted me dirijo. No huya con la disculpa
    de una cerveza en el refrigerador. Quédese y responsabilícese.

Usted puede obtener la recompensa más sublime del país, la Estatua del Deber Cumplido, que cada año se entrega a quienes hicieron de su vida un espejo donde sólo se asoman las virtudes. Recuérdelo: la Estatua del Deber Cumplido es suya con sólo un pequeño enganche (el comprobante de su ciudadanía) y cómodas mensualidades consistentes en...

ANIMADOR I: (alejando la voz) *Discreción burocrática:* ¿En qué puedo servirle? ¿Cuál es su asunto? ¿Podría usted dejar sus datos con una secretaria?

ANIMADOR II: (opacando la voz) *Paciencia infinita:* No esperaba tamaño honor. Siempre he creído, a lo largo de mis setenta y cinco años de labores en la Secretaría de Bienes Íntimos de la Nación, que el deber cumplido es la mayor recompensa.

ANIMADOR III: (engolando la voz) *Y solemnidad magnífica:* Dígame, querido amigo y compañero de infancia, adolescencia y juventud, ahora que nos hemos quedado a solas y aprovechándome de la enorme confianza que le profeso, una pregunta personal, ¿qué opina usted de la posibilidad de recuperar a corto plazo las inversiones compuestas en un país subdesarrollado?

DR. CASTAÑÓN: Sí, usted como yo y como otros muchos afortunados, puede adquirir su Estatua del Deber Cumplido y figurar, vuelto bronce disciplinado y estético, en el Paseo de la Gratitud Nacional. Apúntelo, sólo se necesita...

ANIMADORES: Discreción, paciencia y solemnidad.

● ILUSTRACIÓN II ●

—Habla McLuhan: *La nueva interdependencia electrónica recrea el mundo conforme a la imagen de una Villa Global.*

LETRERO: ¿POR QUÉ NO SALGO DE MÉXICO?

—Fuera de la Villa Global todo es Cuautitlán.

—¿Por qué no salgo de México? ¿En qué otro lugar del mundo viven tantos compatriotas?

—¿Villa Global? ¿De qué me habla? Mejor respóndame: ¿ha estado usted en Tlaquepaque? *Esos* son mariachis. ¿Ha estado usted en el Mezquital? *Esos* son pobres.

—¿Una biografía de Camilo Torres? ¿El Diario del Che Guevara? ¿La Autobiografía de Malcolm X? No, gracias, aquí no queremos mercado negro de héroes. Somos autosuficientes en materia de hazañas.

—¿Villa Global? Vamos por partes. Primero, nos reconocen y luego nos integramos. No en balde aquí brotó ella en el ayate. No, mi amigo. Villa Nacional primero. Aquí no necesitamos de santoral ajeno: con San Felipe de Jesús y Felipe Ángeles nos basta...

VARIACIONES SOBRE UN MISMO TEMA

—Y no obstante, la Villa Global...
—Yo hace veinte años que no leo un libro de autor mexicano.
—¿Pero tú compras cosas hechas en México?
—Pero si es un infeliz. Con decirte que se sabe de memoria todos los estados de la República.
—La Villa Global empieza en el Bravo y termina en el Suchiate. Eso si la geografía no se equivoca, porque para colmo, mi mapamundi es de fabricación nacional.

FUNDAMENTACIÓN

—Habla McLuhan: *El ambiente total, el environment como procesador de información es propaganda. La propaganda termina donde el diálogo empieza. Uno debe dirigirse a los medios masivos, no al programador. Hablarle al programador es como quejarse con un vendedor de hot dogs en un parque de beisbol por lo mal que está jugando tu equipo favorito.*
—La propaganda empieza cuando el diálogo termina.

LA ADHESIÓN

(Epopeya del cambio político en México. Participan el descubrimiento y la multitud, la perspicacia y la prontitud en la lucidez.)

—Es el mejor, la decisión perfecta. No hay otro como él. ¿Cómo no emocionarnos ante sus virtudes? Es el largamente anhelado, lo que siempre soñamos.
—¿Cómo abstenerse de enumerar sus virtudes?
MULTITUD: Valiente, generoso, capaz, magnánimo, elocuente, vivaz, penetrante, admirable, lejano, próximo, recatado, audaz.
NACIÓN: Definitivo, pródigo, justo, extraordinario, prudente, decidido, ordenado, amplio, vasto y maravilloso.
—Zacatecas como un solo hombre.
—Chihuahua al pie del cañón.

—Veracruz a su lado y hasta el fin.
—Chiapas en las duras y en las maduras.
MULTITUD: Espíritu de servicio, vocación de estadista, voluntad de transformación, lucha incesante contra la esclerosis en la vida nacional.
—*La propaganda empieza cuando el diálogo termina.*
MULTITUD: (desglosada en voces):
—¡Me miró!
—¡Me favoreció con su mirada!
—¡Sane a mi hijo, licenciado!
—¡Salve nuestras almas, licenciado, por piedad!

FUNDAMENTACIÓN

—Habla McLuhan: *Todos los medios masivos son extensiones de alguna facultad humana, psíquica o física.*
—La ropa es una extensión de la piel.

• ILUSTRACIÓN III •

(Un modisto y su cliente. El modisto da vueltas alrededor de la dama.)

DAMA: ¿Pero de veras me queda este vestido?
MODISTO: Se lo juro, señora, ya usted me conoce. Soy, además de gran modisto, experto en heráldica, consejero de las más nobles casas de México; asesor de lo más encumbrado y alto del panorama aristocrático nacional. No le diría que esa ropa le queda exquisita si así no lo fuera.
DAMA: ¿De verdad? ¿De veras? Bueno, pues confío en usted pero que conste. No, no, Rico, yo sería incapaz de desconfiar. Si es una broma. Después de lo que le oí a la señora de Corcuera Escandón Limantour Redo Fagoaga Pimentel Cortina y Re-elección, yo sería incapaz de no entregarme ciegamente a sus modelos. Pero yo soy la mujer del Subsecretario de Forrajes, mi marido ocupa elevada posición y además —aquí entre nos—, jé, jé, pues ya pasé los cincuenta años. ¿Está seguro, Rico, de que me va la minifalda?
La ropa es una extensión de la piel.
RICO: Como pocas cosas, mi señora, como pocas cosas. Precisamente el hecho de que su marido sea Subsecretario de Forrajes es un índice de lo mucho que usted necesita de elegancia y distinción y alcurnia y señorío y rango. La cónyuge de un hombre de la proyección...

DAMA: [con timidez] y de la talla.
RICO: Y de la talla de su marido requiere de una mujer elegante
a su lado. Un político elevado precisa, mi señora, de elegancia
y clase; ¿cómo le va a creer el pueblo si ve que anda a la moda
de hace cinco años, de hace diez años, o, lo que es más imperdonable, de hace un mes?
DAMA: Tiene razón, Rico. A ver, déjeme ver la minifalda.
La ropa es una extensión de la piel.

FUNDAMENTACIÓN

—Habla McLuhan: *El estilo prefiere 'violar nuestra atención antes que seducir nuestro entendimiento.*
Violar nuestra atención antes que seducir nuestro entendimiento.

• ILUSTRACIÓN IV •

ORADOR: Partiendo del pórfido puerto de la esperanza, donde los
bajeles de luz del pensamiento son construidos en astilleros de
sapiencia, me dirijo a vosotros, al compás rítmico de la sinfonía
orquestal de los ruiseñores de arcilla, para encontrar en un
génesis musical, el secreto alquimístico de la palabra.
Ahora que asistimos, engalanados de luz y estructurados de már-
mol, al milagro del verbo, abrevamos en la fuente de la ilusión
para recordar las rapsodias forradas de nigromancia de Ignacio
Ramírez.
MUCHEDUMBRE: *Naranja dulce, limón partido*
ORADOR: La santa cólera de Altamirano,
MUCHEDUMBRE: *Dame un abrazo que yo te pido*
ORADOR: Los arrebatos de Justo Sierra,
MUCHEDUMBRE: *Si fueran falsos mis juramentos*
ORADOR: El tridente reformista de Barreda,
MUCHEDUMBRE: *En otros tiempos me olvidarás*
ORADOR: Las milagrosas grecas del verbo inmarcesible de Justo
Sierra,
MUCHEDUMBRE: *Toca la marcha mi pecho llora*
ORADOR: Las estridencias juveniles de Luciano Kubli,
MUCHEDUMBRE: *Adiós señora*
ORADOR: La oratoria de Salvador Azuela y la siringa de oro en
el verbo peregrinante de Horacio Zúñiga.
MUCHEDUMBRE: *Ya ya me voy. A mi casita de sololoy.*
*El estilo prefiere violar nuestra atención antes que seducir nues-
tro entendimiento.*

FUNDAMENTACIÓN

—Habla McLuhan: *El círculo familiar se ha cumplido. El remo-*
lino de información patrocinado por los medios electrónicos: cine,
telestar, vuelos, sobrepasa con mucho cualquier posible influen-
cia que papá y mamá pudiesen tener. El carácter ya no es mol-
deado por dos severos expertos. Ahora todo el mundo es una
enseñanza.

• ILUSTRACIÓN V •

Mi casa es chica pero es mi casa.

[A]

MADRE: No es que yo quiera meterme en tu vida, hija mía. Ya
eres grande y sabes lo que haces. Y además en esta época,
en este nuestro México, ya los padres no son los que eran antes. Además tú me conoces y de sobra. ¿He sido una madre
exigente, opresiva, tiránica? ¿Me podrías comparar con un vam-
piro? Creo que no, mi vástaga, creo que no. Y además, ya tienes casi 40 años. Ya no eres una niña. No, ni mucho menos.
Aunque para mí siempre serás mi pequeñita, mi niñita, mi
carísimo pedacito de carne.

HIJA: Mamá, no te extralimites en tus metáforas. Y resuélveme
lo que te he planteado, ándale.

MADRE: Pues mi hijita, yo no soy una madre chapada a la antigua. Todo lo contrario. Así que te voy a complacer en tu gusto.

HIJA: ¿De veras, mami? ¿Me lo juras? Júramelo por la Guadalupana, por la morenita júramelo.

MADRE: Sí, hija mía, sí. El próximo domingo irás a Misa sin
Nana Agustina. Te lo prometo. Sólo te acompañará Nana Joa-
quina. Y ahora vete. Tienes mi palabra.

HIJA: Gracias, mamita, gracias.

El círculo familiar se ha ampliado.

[B]

PADRE: Lo único que me faltaba. Yo, un combatiente de la Revolución. Una gente de raíces. Y venirme a salir esto, este
engendro miserable. Mírate, contémplate, échate un look como
tú dices. Cadenitas, encajitos, crucecitas, medallitas... Taru-
gadas, eso es lo que es. Las cosas por su nombre que no por
nada mi padre peleó en Torreón y Zacatecas, para garantizarme

370

el derecho a decirlo todo sin pelos en la lengua... ¿Y qué tienes que decirme?

HIJO: Nada, daddy, Nel. Yo decía que me voy al rato a Acapulco y que mi jefa me prestó tu nave, tu vieja lámina. Tú quédate en la cueva con tu retrato del general Godínez, que ganó a topes la batalla de Topelejos.

PADRE: Canalla, miserable, ser indigno del apellido Asdrúbal. ¿Para eso hicimos la Revolución? ¿Para eso mi vida de funcionario pobre, probo e incorruptible? Anda, toma las llaves, llévate el carro y mi corazón de revolucionario quebrantado.

HIJO: Zabadaba, jefe. Zabadaba. Cómo ño.

FUNDAMENTACIÓN

—Habla McLuhan: *La cámara es una extensión del ojo.*

• ILUSTRACIÓN VI •

Fotógrafo y estrellita del cine nacional que posa.

ESTRELLITA: ¿Que me quede quieta? Por supuesto, sí, me quedo quieta. Si no en balde he sido estrellita mucho tiempo. Mucho, buti, no se llega con facilidad a ser Laura Body, la triunfadora de Pitita Square, la ganadora de la Olla de Cobre en el Festival Lacandón. ¿Qué así nomás como así se es gran estrella? En ese caso ya Petra Terrones estaría en lugar de María Félix. No chatito. Ya sé que los pinches envidiosos comentan sobre mi protector y me dicen María la Influyente / y ay sí ínfulas de casa chica con placa grande. Lo sé todo. Tantos años de ser marquesa y no tener intervenidos los teléfonos. Pero apréndase bien esto, paparazzi, fije esta placa: yo he triunfado por mi talento, no por mi padrino / y no me diga que me mueva si yo sé cómo se posa, jovenazi. Mire, en *Terremoto de virtudes* fui bella; en *Huracán sobre el corsé* lucí esplendente y en *Modisto de caudillos* amanecí gloriosa. He sido la cumbre, la lujuria, Eva sobre un nopal devorando a quien se deja. Es mi talento, no mis influencias, paparazzi, papamoscas. ¿Eh, me oye? ¿Me oye?

FUNDAMENTACIÓN

—Habla (o debiera hablar) McLuhan: *La historia es una extensión de la mercadotecnia. Las grandes hazañas responden a solicitudes específicas de la demanda.*

• ILUSTRACIÓN VII •

1810. La historia se nos volvió telecomedia. A nombre de la publicidad se reconstruye el ayer.
(Un hombre revisa papeles en un escritorio.)
—¿Sí? ¡Qué bueno, amigo Ignacio! ¿Conque en San Miguel el resultado de la encuesta ha sido positivo? ¿Cuál es exactamente el rating? 50% a favor de la Independencia; 24% a favor de seguir manteniéndonos bajo la tutela de España y 26% sin opinión. Magnífico, amigo Ignacio. Luego lo llamo. Debo atender otra llamada... ¿Josefa? Claro, no podías ser sino tú, querida Josefa. Tu voz amonedada. ¿Cómo te fue con la encuesta? Sí, nada más los resultados. Eso es lo que importa. A ver, déjame anotarlo: ¡Magnífico! 60% por la autonomía; 20% en favor del ancién régime y 20% sin opinión. Gracias. Luego llamo... Bueno, caballeros, ya lo vieron, las investigaciones de mercado arrojan un resultado muy favorable a nuestra empresa. De modo que podemos lanzarnos a nuestra tarea. Ánimo, que este mes de septiembre es siempre favorable —según últimos researchs— para los nacidos en Virgo, Tauro y Géminis.

TESIS IMPOSTERGABLE

La frase que centra, fija y otorga fulgor al pensamiento de McLuhan: *el medio es el mensaje.*

• ILUSTRACIÓN VIII •

El medio es el mensaje. El mensaje de los periódicos sin información es el medio que utilizan: el rotograbado a todo color.

MALÚ: No, no haré la fiesta. Not even as a joke.
REINA: Ni hablar, not iven.
WENDY: No entiendo bien. No acato, Malú. Si todos los invitados confirmaron su asistencia, si la cena te ha costado una fortuna y la orquesta el sueldo de una hora de un inspector de aduanas. Y además, Malú, y tú lo sabes bien Jeanne Guadalupe, y además Malú, es efectivamente tu cumpleaños.
MALÚ: Sí, sí, lo sé. Pero ha ocurrido una verdadera tragedia, lo que llaman una catástrofe. An earthquake. En ese gran centro de información documental, en *El clamor neoporfiriano*, el periódico que venera de hinojos lo que otros simplemente aplauden, la encargada de sociales está de vacaciones y no hay fotógrafos ni reporteros. ¿Tiene entonces caso el party?

REINA: Ni hablar, no hay caso.

WENDY: Sin fotógrafos y reporteros nadie que se respete da una fiesta. Te podrían demandar los invitados. Hacerlos vestirse de gala y que luego ningún flash. Preposterous!

REINA: Ni hablar. Prepóstero.

● TEORÍA CON ILUSTRACIÓN (IX) ●

El medio es el mensaje. El mensaje de las películas mexicanas es doble: inmovilidad de los actores y las imágenes y, una vez logrado el estatismo, emisión única de lugares comunes y frases sin sentido (lugares comunes). Inmovilidad y parálisis verbal.

TOÑO: Te digo que la dejes porque es mía y camarón que se duerme se lo lleva la corriente.

GÜICHO: Yo también la quiero y es terrible que lo hecho en México está bien hecho.

PEPE: Güicho, Toño, ¿qué van a hacer? Si ustedes son como dos hermanos y además son hermanos y el que nace pa'maceta no sale del corredor.

MARUCA: No permitiré que me disputen como si fuese alfombra y al ojo del amo engorda el caballo.

ELVIRA: Para qué, Maruca, para qué. Ya van rumbo al corral y tendiendo el muerto y soltando el llanto.

MARUCA: Tienes razón, Elvira. Es el ocaso, los caballos desfilan por la sierra, hay nubes y agua que no has de beber déjala correr.

FUNDAMENTACIÓN

—Habla McLuhan: *Los otros. El impacto del reconocimiento En ambiente total de información electrónica, los grupos minoritarios ya no pueden ser contenidos, ignorados. Demasiada gente sabe demasiado en relación a los demás. Nuestra nueva atmósfera total (environment) llama al compromiso y a la participación. Nuestra participación con los demás, nuestra responsabilidad hacia los demás es irrevocable.*

● ILUSTRACIÓN X ●

—No, a mí no me diga, ni me cuente. No lo voy a oír. Ni pierda su tiempo. Le soy franca.

—Pues mire, yo de eso no sé nada. ¿Para qué le miento? Pero mi marido ya me advirtió respecto a que yo de mi cocina a mi casa y me dijo: a los desconocidos no los dejes entrar ni les ayudes en nada y no les firmes ni el aire que respiran. No quiero ser grosera, pero de eso yo ni sé ni coopero ni deseo que me explique.

—Sí, ellos se lo buscaron. Lo que sea de cada quien. Se lo buscaron. Y además, yo en esas cosas ni me meto ni nada de nada y mejor ahí muere. ¿Pero cómo cree que le voy a dar dinero para gente que no conozco ni me importa ni es amiga de la familia ni se hace acompañar de gente respetable ni es de fiar y además de revoltosos y todo? No, lo siento, pero nanay.

—Señoras, ustedes me confunden. Yo estoy pidiendo dinero para los rezos poéticos. ¿Usted me oyó? No me diga que oyó... No, ¿de veras? No, si dije clarito *rezos poéticos*. De esos otros yo ni me ocupo.

—Perdón, fui una loca, me ofusqué. No, si para los rezos poéticos sí coopero.

—Yo también. Por supuesto, nomás eso faltaba.

Nuestra participación con los demás, nuestra responsabilidad hacia los demás es irrevocable.

• ILUSTRACIÓN XI •

SUBASTADOR: ¡Un momento de su atención, un momento! Dentro de unos instantes dará comienzo la magna subasta del Bazar de la Dádiva Ciega y hacemos un último llamado para que ustedes acudan y contribuyan a la causa más grande de entre todas: la caridad. Ya lo dice el refrán: Haz el bien y no mires a quien. O a caballo dado no se le ve colmillo. No, no, esto último es una broma de mal gusto. Bueno, como decíamos ya nos estamos disponiendo a iniciar el gran remate de este Bazar 69 de la Dádiva Ciega. Anímense a ayudar: hay un pobre si no a la vuelta de la esquina, por lo menos en un área de mil kilómetros a la redonda. Dispóngase a donar un óbolo. Los pobres lo esperan.

PERIODISTA: ¿Y cómo están las cuentas del baile, Doña María?

DOÑA MARÍA: Magníficas, no podían ser mejores. Si todo va como esperamos recaudaremos doce millones y medio de pesos. Cifra récord en nuestras obras de amor que no solicita recompensa.

PERIODISTA: ¿Y descontando gastos, cuál será el dinero que destinaremos a esas obras de beneficencia, Doña Luz?

DOÑA LUZ: Mire usted, señor Cordovanes, de orquesta y show un millón de pesos; publicidad y promoción cuatro millones de pesos; compra del castillo donde se desarrollará la fiesta y quema posterior del inmueble seis millones y medio de pesos; gastos de fotografía, televisión y cuentas varias, 499,980 pesos. Así pues, le anuncio con orgullo, queda un magnífico remanente de veinte pesos que irán directamente a manos de los más necesitados.

DOÑA MARÍA: Mi corazón quisiera cantar. Estamos cumpliendo la obra de caridad más sublime de todas. Sursum corda, amigas bizantinas, sursum corda.

FUNDAMENTACIÓN

—Habla McLuhan: *Tu vecindario. El circuito eléctrico ha derribado el régimen de "tiempo" y "espacio" y deposita en nosotros de modo instantáneo y continuo las preocupaciones de todos los demás hombres. Se ha reconstruido el diálogo en una escala total. Su mensaje es: Cambio Total, fin del parroquialismo político, psíquico, social y económico. Las viejas agrupaciones cívicas, estatales y nacionales, han dejado de ser funcionales. Nada puede apartarse más del espíritu de la nueva tecnología que "un lugar para cada quien y cada quien en su lugar". Tú no "puedes" regresar a casa.*

—Nada puede apartarse más del espíritu de la nueva tecnología que "un lugar para cada quien y cada quien en su lugar". Tú no "puedes" regresar a casa.

• ILUSTRACIÓN XII •

[A]

—Tú no *puedes* regresar a casa: las transformaciones de la filosofía popular (la difusión de la sabiduría oriental):

MORALEJA CATACLÍSMICA

DISCÍPULO: Maestro, ¿por qué los árboles no me dejan ver el bosque?

GURU: Porque están talados, hija mía.

MORALEJA CATACLÍSMICA: No busques el ascenso de tu ego sino la humildad en la belleza.

[B]

—Tú no *puedes* regresar a casa: las transformaciones de los discursos públicos:

EXHORTACIÓN A LAS NUEVAS GENERACIONES

"Mientras los pueblos de Oriente entronizaban en el mundo lo más granado en el pensamiento en labios de filósofos, en la inspiración de sus artistas y en la osadía de sus genios militares, mientras el espíritu de los amantes de la belleza se recreaba maravillado en las filigranas de la arquitectura griega y el golpe maestro que daba el gran Fídeas en la escultura, el mundo viajaba en el espíritu que llevaba por el camino hacia Jerusalén, culminación de un calvario donde se iluminaron los brazos abiertos de una cruz, México avizoraba el amanecer de una civilización y una cultura, que vivió los promisorios inicios a la sombra de las pirámides de su arquitectura primigenia y precolonial, para culminar entre vicisitudes, desconsuelos y esperanzas, en la cultura que hoy es motivo de orgullo para la nación.

"Partiendo de esta panorámica histórica que hemos referido, llegamos a la conclusión de que México, frente a la ancianidad de otros países, vive de una madurez cívica, base de nuestra actual estructura política, equilibrada y firme, a cuya sombra vive y progresa la técnica de la educación, la epopeya de las artes, y la consistencia de la ciencia en sus diversas latitudes.

"Comprendan entonces estudiantes del México nuevo y aún revolucionario, que un gobierno progresista y visionario les ha hecho el regalo inapreciable de sus aparatos científicos, y oportunidades de estudio al cobijo de sus aulas modernistas, matutinas y vespertinas, disponiendo generosamente un presupuesto nacional de 15 millones diarios, para su exclusivo provecho y beneficio en su educación.

"Pero si en un gesto de incomprensión y rebeldía injustificada como ingrata, desaprovechan lastimosamente la generosidad de un gobierno como el nuestro, serán ustedes una juventud frustrada y decadente que nada tiene que hacer en el escenario de mi Patria, que contrasta en sus vicisitudes y anhelos con la orografía violenta de sus volcanes y cordilleras, con el cálido amor de sus florestas en las zonas tórridas y la tristeza de las yermas llanuras de nuestros desiertos, pero sobre todas las cosas, serán la vergüenza para aquellos que les legaron con el holocausto de su heroísmo, el amor a México."

Fragmento del discurso pronunciado por el señor Licenciado Francisco Cortés Mendizábal el día 21 de junio de 1968, con motivo de la clausura de cursos de las Escuelas Secundarias y de Estudios Universitarios.

[C]

—Tú no *puedes* regresar a casa: las transformaciones de la mentalidad de la clase dirigente:

LLAMADO A LA CONCIENCIA

LILIA: Estás en la onda divinísima, Jenny, divinísima.

JENNY: Ser de la mejor sociedad, Lilia, es un peso sobre los hombros.

FELO: Como el del Pípila, Jenny, como el del Pípila.

JENNY: No seas vulgar, Felo. Pas de comentaire. Y atiende a mis simples words que te dicen que al pueblo mexicano le faltan sólo dos cosas fundamentales: el refinamiento y la elegancia. Claro que no todo es refinamiento y elegancia en la vida, no me creas tan insensible y superficial y frívola. También está la sencillez para vivir en medio del lujo y el buen gusto y la buena cuna y la devoción religiosa. Pero lo que más falta le hace al pueblo es refinamiento y elegancia. ¡Pedimos tan poco!

FELO: Tienes razón, Jenny. El otro día, me dijo uno de estos niños que dan shoe shine, boleritos o como se les llame, me dijo: sabe, señor, a mí lo único que me incita a superarme en la vida son las reseñas de fiestas elegantes. Siempre las leo porque quiero llegar a salir allí. Eso confirma lo que dices.

JENNY: ¡Pedimos tan poco!

LILIA: Estás en la onda, divinísima, Jenny, divinísima.

FELO: Y te ves sensass. Y tan fabuss y tan extraordinariss y tan groovy y tan esplendiss y tan magnifiss y tan deslumbrass y tan superb. Eso es lo que eres, Jenny, superb.

LILIA: En la onda divinísima, por supuesto, divinísima.

[D]

—Tú no *puedes* regresar a casa: las transformaciones de la filosofía popular (la difusión de la sabiduría oriental):

MORALEJA CATACLÍSMICA

DISCÍPULO: Maestro, ¿qué es este objeto? Lo admiro y no lo descifro.

GURU: ¿Qué te ofrece?

DISCÍPULO: Sólo mi rostro, maestro, sólo mi rostro.

GURU: Entonces, hijo mío, es un espejo.

MORALEJA CATACLÍSMICA: No todo lo que relumbra es oro.

377

—Habla McLuhan: *Los "trabajos" representan un esquema ocupacional relativamente reciente. Del siglo quince al siglo veinte, hay un progreso continuo de fragmentación de las etapas del trabajo que constituye la "mecanización" y el "especialismo". Estos procedimientos no pueden servir para la supervivencia o la salud en este tiempo nuevo.*

• ILUSTRACIÓN XIV •

PLANITÓLOGO I: Contemplen este organigrama. Están aquí ampliamente detalladas las funciones que le corresponden a cada departamento, al nivel de interés que es preciso depositar de acuerdo a los temas y la jerarquización de los procedimientos administrativos directos. Eso en lo que se refiere a la distribución inicial básica de proyectos escalafonarios ascendentes.

PLANITÓLOGO II: En cuanto al proyecto que hoy se propone a nuestra atención, a saber y dos puntos, la repartición de la parte de preocupación moral que le corresponde a cada mexicano ante la situación de las comunidades étnicas marginales, nuestra diagramación seccional establece, en materia de prioridades, el levantamiento de un estudio prolijo, que a efecto de trabajo llamaremos psicomapa etnodistributivo alternado, donde se consigne la edad variable de todos los habitantes de la República con sus actitudes psíquicas correspondientes.

PLANITÓLOGO III: Afirmamos que edad variable porque la tendencia cronológica de la población es a crecer.

PLANITÓLOGO I: Luego del psicomapa procederemos a inventariar los daños causados a las comunidades étnicas marginadas, por la sociedad de consumo, circunscribiéndonos en principio a los efectos de la distribución navideña del ingreso nacional bruto.

PLANITÓLOGO II: Y calculamos que de no haber contratiempos ni existir variables geopolíticas compuestas o tendencias inflacionistas y garantizándosenos toda la ayuda presupuestal, podremos presentar el primer trazo de nuestras conclusiones para el año 2050. Muchas gracias.

HAPPY END

—*El medio es el mensaje:* Patria, te doy de tu dicha la clave.
Sé igual y fiel, fiel a tu espejo diario
Cincuenta veces es igual el ave
taladrada en el hilo del rosario
y es más feliz que tú, Patria suave.

R. López Velarde

—*Viajero, detente:* La nueva interdependencia electrónica recrea
el mundo conforme a la imagen de una villa global.

El día 31 de diciembre de 1970 se terminó de imprimir el libro de crónicas *Días de guardar,* a un mes de distancia del fin del periodo presidencial del Lic. Gustavo Díaz Ordaz y en medio de una atmósfera de arco iris generalizado, borrón y cuenta nueva, buenos propósitos y dictámenes ponderados sobre la conclusión de una crisis —"lamentable pero pasajera"— de nuestras instituciones. Así, en concordancia con tan bien distribuido ámbito verbal y para honrar cualquier espíritu de optimismo, esta edición consta de cuatro mil ejemplares, cifra obligada y necesaria si se atiende a las correspondientes oficiales del desarrollo nacional.

Doy fe.

C.M.

Impresión:
Fuentes Impresores, S. A.
Centeno 109, 09810 México, D. F.
10-III-2000
Edición de 1000 ejemplares

Ensayo y testimonio en Biblioteca Era

Jorge Aguilar Mora
La divina pareja. Historia y mito en Octavio Paz
Una muerte sencilla, justa, eterna. Cultura y guerra
durante la revolución mexicana
Roger Bartra
El salvaje en el espejo
El salvaje artificial
Fernando Benítez
Los indios de México [5 volúmenes]
Los indios de México. Antología
Los primeros mexicanos
Los demonios en el convento. Sexo y religión en la Nueva España
El peso de la noche. Nueva España de la edad de plata a la edad de fuego
El libro de los desastres
Los hongos alucinantes
1992: ¿Qué celebramos, qué lamentamos?
José Joaquín Blanco
Función de medianoche
Un chavo bien helado
Jorge Boccanera
Sólo venimos a soñar. La poesía de Luis Cardoza y Aragón
Luis Cardoza y Aragón
Pintura contemporánea de México
Ojo/voz
Miguel Ángel Asturias (Casi novela)
Carlos Chimal (comp.)
Crines. Nuevas lecturas de rock
Will. H. Corral (comp.)
Refracción. Augusto Monterroso ante la crítica.
Gilles Deleuze y Félix Guattari
Kafka. Por una literatura menor
Isaac Deutscher
Stalin. Biografía política
Christopher Domínguez
Tiros en el concierto
Bolívar Echeverría
La modernidad de lo barroco
Mircea Eliade
Tratado de historia de las religiones

Emilio García Riera
México visto por el cine extranjero
Tomo I: 1894-1940
Tomo II: 1906-1940 filmografía
Tomo III: 1941-1969
Tomo IV: 1941/1969 filmografía
Tomo V: 1970-1988
Tomo VI: 1970-1988 filmografía
Jaime García Terrés
El teatro de los acontecimientos
Antonio Gramsci
Cuadernos de la cárcel [6 volúmenes]
Hugo Hiriart
Disertación sobre las telarañas
Sobre la naturaleza de los sueños
Bárbara Jacobs
Escrito en el tiempo
Meri Lao
Las Sirenas
José Lezama Lima
Diarios (1939-49 / 1956-58)
Héctor Manjarrez
El camino de los sentimientos
Antonio Marimón
Mis voces cantando
Carlos Monsiváis
Días de guardar
Amor perdido
A ustedes les consta. Antología de la crónica en México
Entrada libre. Crónicas de la sociedad que se organiza
Los rituales del caos
Nuevo catecismo para indios remisos
Augusto Monterroso
La palabra mágica
Edith Negrín (comp.)
Nocturno en que todo se oye. José Revueltas ante la crítica
José Clemente Orozco
Autobiografía
Cartas a Margarita
Octavio Paz
Apariencia desnuda (La obra de Marcel Duchamp)

Armando Pereira (comp.)
La escritura cómplice. Juan García Ponce ante la crítica
Sergio Pitol
El arte de la fuga
Pasión por la trama
Elena Poniatowska
La noche de Tlatelolco
Fuerte es el silencio
Nada, nadie. Las voces del temblor
Luz y luna, las lunitas
Silvestre Revueltas
Silvestre Revueltas por él mismo
José Rodríguez Feo
Mi correspondencia con Lezama Lima
María Rosas
Tepoztlán: Crónica de desacatos y resistencia
Guiomar Rovira
Mujeres de maíz
James C. Scott
Los dominados y el arte de la resistencia
Eduardo Serrato (comp.)
Tiempo cerrado, tiempo abierto. Sergio Pitol ante la crítica
Pablo Soler·Frost
Cartas de Tepoztlán
María Tsvietáieva
Natalia Goncharova
Hugo J. Verani (comp.)
La hoguera y el viento. José Emilio Pacheco ante la crítica
Jorge Volpi
La imaginación y el poder. Una historia intelectual de 1968
Paul Westheim
Arte antiguo de México
Ideas fundamentales del arte prehispánico en México
Escultura y cerámica del México antiguo
Eric Wolf
Pueblos y culturas de Mesoamérica
Varios autores
El oficio de escritor [Entrevistas con grandes autores]